Stadt in der Geschichte

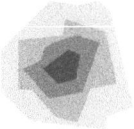

Veröffentlichungen
des Südwestdeutschen Arbeitskreises
für Stadtgeschichtsforschung

Begründet von
Erich Maschke und Jürgen Sydow

Herausgegeben von
Gabriele Clemens und Ulrich Nieß

Band 45

Stadt und Erinnerungskultur

Tagungsband der 58. Jahrestagung
des Südwestdeutschen Arbeitskreises für Stadtgeschichtsforschung

Herausgegeben von
Ulrich Nieß, Christian Groh und Andreas Mix

Vandenhoeck & Ruprecht

Der Band erscheint mit Förderung durch die Stadt Mannheim.

Bibliografische Information der Deutschen Nationalbibliothek:
Die Deutsche Nationalbibliothek verzeichnet diese Publikation in der
Deutschen Nationalbibliografie; detaillierte bibliografische Daten sind
im Internet über https://dnb.de abrufbar.

© 2023 Vandenhoeck & Ruprecht, Robert-Bosch-Breite 10, 37079 Göttingen,
ein Imprint der Brill-Gruppe
(Koninklijke Brill NV, Leiden, Niederlande; Brill USA Inc., Boston MA, USA;
Brill Asia Pte Ltd, Singapore; Brill Deutschland GmbH, Paderborn, Deutschland)
Koninklijke Brill NV umfasst die Imprints Brill, Brill Nijhoff, Brill Hotei, Brill Schöningh,
Brill Fink, Brill mentis, Vandenhoeck & Ruprecht, Böhlau, V&R unipress
und Wageningen Academic.

Alle Rechte vorbehalten. Das Werk und seine Teile sind urheberrechtlich geschützt.
Jede Verwertung in anderen als den gesetzlich zugelassenen Fällen bedarf der vorherigen
schriftlichen Einwilligung des Verlages.

Umschlagabbildung: Mannheimer Mahnmal zur Erinnerung an die jüdischen Opfer
des Nationalsozialismus (Foto: Kathrin Schwab, MARCHIVUM).

Umschlaggestaltung: SchwabScantechnik, Göttingen
Satz: textformart, Göttingen
Druck und Bindung: ⊕ Hubert & Co, Göttingen
Printed in the EU

Vandenhoeck & Ruprecht Verlage | www.vandenhoeck-ruprecht-verlage.com

ISSN 2940-2573
ISBN 978-3-525-31546-0

Inhalt

ULRICH NIESS, CHRISTIAN GROH, ANDREAS MIX
Einleitung 7

ERNST OTTO BRÄUNCHE
Denkmäler – Tafeln – Stelen – Straßennamen
Vom Archivstatut zum Leitfaden für Erinnerungskultur
im öffentlichen Raum in Karlsruhe 13

WILHELM KREUTZ
Das Hambacher Fest
Ein spät ›entdeckter‹ Erinnerungsort der deutschen Demokratiegeschichte .. 41

BERND BRAUN
»Von der ›historischen Klippschule‹ zum anerkannten Erinnerungsort
deutscher Demokratiegeschichte«
Die Reichspräsident-Friedrich-Ebert-Gedenkstätte in Heidelberg 69

HEIDRUN DEBORAH KÄMPER
Die Olympischen Spiele 1936 im kollektiven Gedächtnis
Instanziierung und Umdeutung 87

CHRISTIAN GROH
Angebote der Arolsen Archives zur Erinnerung und Forschung
der NS-Verfolgung 99

PETER STEINBACH, JOHANNES TUCHEL
Den Widerstand in seiner ganzen Breite und Vielfalt dokumentieren
Zur Arbeit der Gedenkstätte Deutscher Widerstand 115

WERNER JUNG
Der Teil und das Ganze
Das NS-Dokumentationszentrum der Stadt Köln
als multifunktionaler Allrounder 141

MARCO BRENNEISEN
Vernetzte Erinnerung
Die historisch-politische Bildungsarbeit der KZ-Gedenkstätte Sandhofen
und ihrer Partnerinstitutionen 175

Susan Frisch
Neues Besucherleitsystem und Ausstellungsbereiche auf dem Gelände
der Gedenkstätte Deutsche Teilung Marienborn und am Grenzdenkmal
Hötensleben
Neukonzeption der Vermittlungsangebote 189

Sarah Bornhorst
Oral History 30 Jahre nach dem Mauerfall
Erweiterte Perspektiven für die Zeitzeug*innenarbeit
der Stiftung Berliner Mauer 199

Sonja Rosenstiel
Vom »Schandfleck« zum zentralen Gedenk- und Lernort
Die Gedenkstätte Lindenstraße in Potsdam 219

Florian Peters
»Es begann in Danzig«
Polens Transformation von 1989 zwischen städtischer und nationaler
Geschichtskultur 233

Jochen Voit
Comics im Knast
Die Andreasstraße als publikumsorientierter Erinnerungsort
deutscher Diktatur- und Demokratiegeschichte 257

Autorinnen und Autoren 273

Register 277

Einleitung

Ulrich Niess, Christian Groh, Andreas Mix

Seit mehreren Jahren beschäftigt sich die Geschichtswissenschaft nicht allein mit der Erforschung von Ereignissen, Prozessen, Strukturen und dem Gewordenen, sondern auch damit, an was und wie sich Gesellschaften erinnern. Wie aktuell Fragen nach dem »Was« und dem »Wie« des Erinnerns sind, können auch historisch wenig interessierte Menschen fast täglich erleben: der Krieg in der Ukraine wird begleitet und begründet von unterschiedlichen Interpretationen der Vergangenheit; Jahrestage wie 2022 die fünfzigste Wiederkehr des Attentats auf israelische Sportler*innen während der Olympischen Spiele in München initiieren neue Debatten oder lassen alte aufleben. Das war selbstverständlich 2019, im Jahr der Tagung, deren Ergebnisse hier festgehalten sind, nicht anders. In ihrer Eröffnungsrede hob Gabriele Clemens die erinnerungspolitischen Kämpfe in Polen und Ungarn hervor, die damalige Instrumentalisierung des deutschen Demokratie-Ortes »Hambacher Schloss« durch die AfD und das »Humboldtjahr«.

Die Erinnerung an Vergangenes ist aber nicht in erster Linie in solchen aktuellen und teilweise politischen Debatten präsent, sie manifestiert sich auch auf andere und mannigfaltige Weise: Denkmäler, künstlerische und literarische Werke entstehen, Politiker*innen greifen Erinnerungen an Geschichte auf; auch Museen, Bibliotheken und Archive sind Manifestationen der Erinnerung. All diese Ausprägungen werden als Erinnerungskultur zusammengefasst und sind Gegenstand der historischen und sozialwissenschaftlichen Forschung geworden.[1]

Es kann indes keine homogene Erinnerungskultur geben. Vielmehr wird diese durch unterschiedliche Träger geprägt, Inhalte wie Formen werden immer wieder neu verhandelt und durch die Herausforderungen der Gegenwart verändert. Die Wechselwirkungen zwischen Inhalten, Trägern und staatlichen wie gesellschaftlichen Gegebenheiten auf die Erinnerung ist anschaulich am Beispiel der Erinnerung an die Verbrechen der NS-Zeit zu erkennen: 1958 ließ die Staatsführung der DDR am Ort des Konzentrationslagers Buchenwald eine Mahn- und Gedenkstätte mit Museum und Archiv errichten. Bis zur deutschen Einheit 1990 war diese als »nationale« Gedenkstätte ausgerichtet und legte inhaltlich den Schwerpunkt der Erinnerung und Erforschung auf den kommunistischen Widerstand gegen den Nationalsozialismus. An das größte Konzentrationslager auf dem Gebiet der früheren Bundesrepublik, Dachau, erinnert seit 1965 eine Gedenkstätte. Hier ging die Initiative von

---

1 Christoph Cornelißen, Erinnerungskulturen, Version: 2.0, in: Docupedia-Zeitgeschichte, 22.10.2012 (http://docupedia.de/zg/cornelissen_erinnerungskulturen_v2_de_2012), S. 5.

ehemaligen Häftlingen und deren Selbstorganisation, dem »Comité International de Dachau« (CID) sowie anderen gesellschaftlichen Trägern aus. Die bayrische Staatsregierung unterzeichnete mit dem »CID« eine Vereinbarung über die Errichtung einer Gedenkstätte. Der staatliche Einfluss war durch Finanzierungen auch hier gegeben, aber inhaltlich weniger stark als in der Gedenkstätte Buchenwald. Seit 1990 haben sich beide Gedenkstätten ebenso wie viele andere und später gegründete weiter verändert.

So unterschiedlich die Erinnerungskultur in den beiden deutschen Staaten auch war, so blieb die Auseinandersetzung mit dem Nationalsozialismus doch in beständiger Konkurrenz aufeinander bezogen, bis sie schließlich zur Staatsräson des vereinten Deutschlands wurde. Bis zu einem gewissen Grad waren und sind die Zeit der faschistischen wie kommunistischen Diktaturen, des Zweiten Weltkriegs und der alle Vorstellungen sprengenden nationalsozialistischen Verfolgungspolitik auch außerhalb Deutschlands bestimmende Themen der Erinnerungskultur.

Auch auf der Tagung des Arbeitskreises zum Thema »Stadt und Erinnerung« beschäftigte sich die Mehrzahl der Beiträge mit der Zeit des Nationalsozialismus oder den daraus resultierenden Folgen der Teilung zwischen »West« und »Ost«. Alle Beiträge, auch diejenigen, die die Erinnerung an andere Zeiten behandeln oder deren Fokus außerhalb Deutschlands liegt, wie Wilhelm Kreutz über die Erinnerung an das »Hambacher Fest«, Bernd Braun über die Friedrich Ebert-Gedenkstätte oder Florian Peters über die Erinnerung an die Systemtransformation in Polen erörtern Fragen der Demokratisierung, der Gefährdung oder der Schaffung von Demokratie; auch dies ist eine Folge der »großen Themen« der Erinnerungskultur des 20. Jahrhunderts. Zugleich verlegen die Mehrheit der hier verschriftlichten Vorträge die Perspektive von einer nationalen, staatlichen Ebene auf die Ebene regionaler, städtischer und anderer Träger.[2]

ERNST OTTO BRÄUNCHE stellt das Stadtarchiv Karlsruhe als erinnerungspolitischen Akteur im kommunalen Bereich vor. Seit seiner Gründung 1885 hat das Archiv der ehemals badischen Landeshauptstadt nicht nur die Aufgabe, das Geschehen in der Stadt zu dokumentieren, es soll auch aktiv an die Geschichte erinnern. Bräunche stellt die unterschiedlichen Formen der Erinnerungskultur in der Stadt vor, die das Archiv in Zusammenarbeit mit anderen städtischen Akteur*innen anhand eines vom Gemeinderat beschlossenen Leitfadens für Erinnerungskultur erarbeitet. Gleichzeitig gibt er einen Überblick, an wen und wie im Laufe der Zeit in der Stadt erinnert worden ist, sei es mit Tafeln, Straßenbenennungen oder anderen öffentlich sichtbaren Formen.

---

2 Cornelißen fordert in seinem Überblick über Erinnerungskultur und deren Erforschung einerseits die Internationalisierung der Perspektive wie auch den genaueren Blick auf nichtstaatliche Träger, vgl. ebd., S. 6.

Ein weiteres Beispiel für eine von der Kommune getragene Erinnerungspolitik stellt WERNER JUNG mit dem bundesweit ersten NS-Dokumentationszentrum in Köln vor. Dabei ordnet er die Geschichte der aus bürgerschaftlichem Engagement erwachsenen Einrichtung auch in übergreifende erinnerungspolitische Entwicklungen ein, etwa die Ausstrahlung der US-Fernsehserie »Holocaust« 1979 oder die Aufhebung der Verjährung von Mordtaten im selben Jahr, durch die die Weiterverfolgung von NS-Täter*innen möglich wurde. Die Entwicklung des Dokumentationszentrums von einer zunächst lediglich durch einen Wissenschaftler besetzten reinen Sammelstelle zum Ausstellungs-, Forschungs- und Bildungsort ist auch eine Geschichte der erinnerungspolitischen Auseinandersetzung zwischen Stadtverwaltung, Politik und engagierten Bürger*innen. Heute informiert das Kölner NS-Dokumentationszentrum nicht »nur« über die NS-Zeit in Köln, sondern wirkt auch in die Gegenwart durch Begegnungen, Beratungen und schließlich die Dokumentation antisemitischer Taten. Alle Aktivitäten, die für andere später gegründete ähnliche Dokumentationsorte Beispiele gaben und geben, stellt Jung in seinem Beitrag vor.

Eine lebendige Erinnerungskultur an die Zeit des Nationalsozialismus gibt es auch schon lange in Mannheim. Zu den vielfältigen Erinnerungsformen entsteht hier nun ein NS-Dokumentationszentrum, das organisatorisch am MARCHIVUM, dem vormaligen Stadtarchiv, angebunden ist und mit einer Dauerausstellung zur NS-Zeit ab Dezember 2022 Maßstäbe setzen will. Eine seit vielen Jahren bestehende und bewährte Zusammenarbeit zwischen dem MARCHIVUM und einer Erinnerungsstätte stellt MARCO BRENNEISEN vor. Die Gedenkstätte Mannheim-Sandhofen erinnert an ein Außenlager des Konzentrationslagers Natzweiler und arbeitet eng mit dem Archiv zusammen. Wie wichtig Vernetzung und Kooperation in der Erinnerungsarbeit sind, verdeutlicht der Beitrag von Brenneisen auch anhand des Beispiels der Zusammenarbeit der Gedenkstätten im ehemaligen »Natzweiler-Komplex« untereinander.

Dass Erinnerungspolitik nicht nur Erinnerung an das Scheitern von Demokratie bzw. an die Diktaturen des 20. Jahrhunderts ist, sondern dass der Wert der Demokratie auch durch die Erinnerung an positive Vorbilder herausgestellt werden kann, zeigen die Aufsätze von BERND BRAUN über die Friedrich-Ebert-Gedenkstätte in Heidelberg und von WILHELM KREUTZ über den »spät entdeckten Erinnerungsort« des Hambacher Fests.

Die Gedenkstätte für Friedrich Ebert war eine kommunale Gründung seiner Geburtsstadt Heidelberg und wurde erst nach mehr als zwanzig Jahren ihres Bestehens in staatliche Hände gelegt. Das Geburtshaus Eberts in der Heidelberger Altstadt war bereits zu Zeiten der Weimarer Republik ein gerne besuchter Ort, hier entstand ein Erinnerungsort gewissermaßen aus einem Bedürfnis aus der Bevölkerung bzw. von namhaften Vertreter*innen und Verfechter*innen der ersten deutschen Demokratie. Hier schloss die Stadt Heidelberg 1955 an, als sie mit Unterstützung der Ebert-Stiftung in Bonn die Wohnung erwarb und dort eine Gedenkstätte errichten ließ. Unter Mitwirkung von bzw. ermutigt durch namhafte SPD-Bundespolitiker*innen wurde die Gedenkstätte dann in den späten 1980er-Jahren zu einer Bundeseinrichtung.

Braun resümiert, dass Friedrich Ebert zwar vielen Deutschen »irgendwie bekannt« ist, aber nicht sonderlich populär. Auch seine Bedeutung für die Weimarer Republik und Wächterrolle für die erste Demokratie sind wenig bekannt.

Noch weniger bekannt dürfte – zumindest überregional – das »Hambacher Fest« sein, wenngleich es, so WILHELM KREUTZ, einer der wichtigsten Erinnerungsorte der deutschen Demokratiegeschichte« ist. 1832 trafen sich auf dem Hambacher Schloss sowie im gleichnamigen Ort und dem benachbarten Neustadt Vertreter der bürgerlichen Opposition gegen die damals herrschende Restauration. Die Erinnerung daran blieb über Jahrzehnte lang regional begrenzt. Zuweilen verhinderten gar staatliche Verbote, dass sich die Erinnerung an erste demokratische Bestrebungen in Deutschland überregional verbreitete. In der Weimarer Republik wurden erstmals einige der Forderungen von Hambach verfassungsmäßige Realität, Demokratinnen und Demokraten feierten 1925 einen »Republikanischen Tag« in Hambach und Neustadt und nahmen damit auf das »Hambacher Fest« Bezug. Doch die ohnehin regional begrenzte und obendrein wenig politische Erinnerung an frühe demokratische Bestrebungen konnte sich angesichts der bevorstehenden zwölf Jahre nationalsozialistischer Herrschaft nicht entwickeln. Erst durch diverse auch von bundespolitischer Prominenz begleitete Feierlichkeiten zum 150. Jubiläum 1982 und schließlich durch Gründung einer »Hambach-Stiftung« im Jahr 2002 wurde das »Hambacher Fest« zu einem Erinnerungsort.

In der kollektiven Erinnerung fester verankert, ist der Beitrag, den die Stadt Gdańsk (Danzig) im Rahmen der Demokratisierung Polens spielte. Die Überwindung des »Eisernen Vorhangs« begann nicht mit dem Mauerfall in Berlin, sondern in Gdańsk mit der Opposition der »Solidarność«-Bewegung. Darauf wies die polnische Regierung in einer erinnerungspolitischen Initiative 2009 hin. Nur ein Jahrzehnt später war von dieser selbstbewusst und mit Stolz vorgetragenen Erinnerung nicht mehr viel übrig. Vielmehr war 2019 innerhalb Polens umstritten, wie erfolgreich die Revolution in Polen gewesen war. FLORIAN PETERS weist diesen Weg anhand nationaler wie städtischer Akteure der polnischen Erinnerungspolitik nach. Die Stadt und ihre Repräsentant*innen erinnerten gerne daran, dass Gdańsk der Schauplatz erster demokratischer Bestrebungen der Gewerkschaftsbewegung »Solidarność« Anfang der 1980er-Jahre gewesen war. Lange entsprach diese Haltung auch der nationalen Erinnerung in Polen, doch spätestens mit dem Wahlsieg der national-konservativen Partei »Recht und Gerechtigkeit« war der Konsens des liberalen Gdańsk mit dem nationalen Gedenken dahin. Anhand des Beispiels des »Europäischen Solidarność-Zentrum«, dem Museum über die Solidarność sowie dem »Museum des Zweiten Weltkriegs«, beide in Gdańsk liegend, aber mit europäischem Anspruch, verfolgt Peters' Beitrag die Konflikte polnischer Erinnerungspolitik.

Umbrüche wie 1989 wirken sich auf Menschen unterschiedlich aus. SARAH BORNHORST lenkt den Blick auf Menschen im Osten und Westen Deutschlands, die den Mauerfall sehr unterschiedlich erlebt haben. Die Oral History-Interviews der Stiftung Berliner Mauer mit Zeitzeug*innen des Mauerfalls wollen neue Fragen stellen und vor allem das vorherrschende Narrativ hinterfragen bzw. um lebensweltliche Aspekte erweitern. Dies geschieht unter anderem durch Interviews mit ehemaligen Grenzsoldaten, die die beiden beschriebenen Erinnerungsorte Berliner Mauer und Flüchtlingsaufnahmelager Marienfelde nicht als einen Ort »ihrer« Erinnerung wahrnahmen, aber selbstverständlich Erinnerungen zu deren Geschichte beitragen konnten. Auch Interviews mit Migrant*innen ergänzen das Bild vom »happy end« der Berliner Mauer 1989 um durchaus auch kritische Stimmen zum Mauerfall, etwa der begründeten Angst vor einem Erstarken des Rassismus oder homophober Tendenzen.

Neue Herangehensweisen erprobt auch die »Gedenkstätte Deutsche Teilung Marienborn«. Wo während der deutschen Teilung, durch Überwachungsanlagen deutlich sichtbar, die innerstaatliche Grenze verlief und der Verkehr zwischen Ost und West kontrolliert wurde, rauscht heute der Verkehr auf der Autobahn A 2 vorbei. Mit einem 2017–2019 entwickelten Vermittlungsangebot, das SUSAN FRISCH vorstellt, will die Gedenkstätte den verlorenen, für heutige Besucher*innen nicht mehr klar erkennbaren Bezug zum Grenzregime wieder verdeutlichen. Bezüge am und zum authentischen Ort sowie biographische Zugänge sind wesentliche Elemente der Neugestaltung.

Ähnlich wie für die Grenzanlagen Marienborn gilt auch für das ehemalige Gerichtsgefängnis in der Potsdamer Lindenstraße, dass das Gebäude erhalten, sein ehemaliger Zweck aber nicht mehr auf den ersten Blick deutlich ist. Mitten in der Stadt befand sich in der Lindenstraße 54/55 ein Gericht und Gefängnis. Über alle Umbrüche hinweg und in allen Regimen wurden hier Menschen gefangen gehalten und verurteilt. Zwischen 1933 und 1945 diente der Ort als Gefängnis für politische Gegner des Nationalsozialismus, nach 1945, nachdem dort zwischenzeitlich nationalsozialistische Funktionsträger festgehalten worden waren, wurde die Lindenstraße zum Gefängnis für Gegner des SED-Regimes. SONJA ROSENSTIEL zeigt in ihrem Beitrag, wie sich diese »doppelte Diktatur-Vergangenheit« auf die Entstehung und Entwicklung der Gedenkstätte bis heute auswirkt(e).

Die von JOCHEN VOIT vorgestellte »Gedenk- und Bildungsstätte Andreasstraße« in Erfurt ist ein durch das Land Thüringen getragener Erinnerungsort an die friedliche Revolution von 1989/90. In einem städtischen Umfeld, das die Zeitgeschichte zugunsten anderer, weniger belasteter Themen in seiner Selbstdarstellung eher vernachlässigt, versucht die Gedenkstätte immer wieder auch über das eigentliche Thema der ersten Besetzung einer Stasizentrale hinaus zu blicken. Wie das Gefängnis in der Potsdamer Lindenstraße hat auch der Ort Andreasstraße in Erfurt eine weitreichende Geschichte als Haftanstalt in unterschiedlichsten Staatsformen, deren Geschichte Voit ebenso wie die Entwicklung zur Gedenkstätte nachvollzieht. Die Gedenkstätte freilich erinnert in erster Linie an diese erste Besetzung einer Stasizentrale in der ehemaligen DDR, die zum »Meilenstein der Friedlichen Revolution« wurde.

Nur wenige Monate vor dem Mauerfall eröffnete in Berlin eine Ausstellung, die erstmals den Widerstand gegen das NS-Regime umfassend dokumentierte. PETER STEINBACH und JOHANNES TUCHEL zeigen in ihrem Beitrag über die »Gedenkstätte Deutscher Widerstand« auf, welchen Einfluss die unterschiedlichen Auffassungen über den Widerstand in der alten Bundesrepublik und die in die Eröffnungszeit fallende Wiedervereinigung auf die Gestaltung der Ausstellung hatten. Am historischen Ort, in den ehemaligen Diensträumen der Vertreter des militärischen Widerstands um von Stauffenberg, den gleichen Räumen, in denen Jahre zuvor Hitler den Militärs seine Expansionspläne erläutert hatte, zeigt die Gedenkstätte in ihrer 2014 eröffneten neuen Dauerausstellung die unterschiedlichen Formen des Widerstands gegen den Nationalsozialismus. Bewusst werden dabei auch die Handlungsspielräume der einzelnen Akteur*innen mitgedacht. Insbesondere beim Vermittlungsprogramm der von Bund und Land Berlin getragenen Gedenkstätte werden somit auch Anschlussmöglichkeiten an die Lebenswelt heute junger Besucher*innen gesucht.

Damit folgt die Gedenkstätte der Idee des interaktiven und forschend-aktivierenden Lernens. Auch die Arolsen Archives ermutigen mit ihren archivpädagogischen Angeboten Schüler*innen und andere Zielgruppen zum eigenen forschenden Lernen. Anders als die übrigen vorgestellten Gedenkstätten leben die Arolsen Archives nicht von der Authentizität des Ortes, wohl aber von einer einzigartigen Sammlung zur NS-Verfolgungsgeschichte, die nahezu komplett digitalisiert verfügbar ist. CHRISTIAN GROH stellt die Arolsen Archives, deren Bestände sowie digitale Vermittlungsangebote vor.

Kein halbes Jahr nach der Tagung, deren Ergebnisse hier von den Autor*innen dankenswerter Weise verschriftlicht wurden, hatte die Corona-Epidemie große Auswirkungen auf Besucherfrequenz und somit auch auf die Möglichkeiten der vorgestellten Institutionen. Es wäre sinnvoll, aber womöglich noch zu früh, nach den Veränderungen zu fragen, die die zeitweise Schließung des Besuchsverkehrs oder die Digitalisierung weiterer Arbeitsbereiche für Erinnerungsstätten und die Erinnerungsarbeit generell mit sich brachten. Wurden diese eher als Bedrohung oder auch als Chance begriffen, wie hat sich Erinnerung gewandelt?

Die etwas länger als geplante Geschichte des Tagungsbands selbst hat nur bedingt etwas mit der Pandemie zu tun gehabt. Die Herausgeber hoffen, dass der Band in neuer Aufmachung und mit neuem Verlag die Erinnerung an die Tagung zur Erinnerungskultur auffrischt und darüber hinaus möglichst viele interessierte Leser*innen findet. Wir bedanken uns bei den Referent*innen und Autor*innen für die erwiesene Geduld und die gute Zusammenarbeit über alle Veränderungen und Umbrüche hinweg.

Denkmäler – Tafeln – Stelen – Straßennamen

Vom Archivstatut zum Leitfaden für Erinnerungskultur im öffentlichen Raum in Karlsruhe

Ernst Otto Bräunche

Am 19. März 1885 beantragte der Karlsruher Stadtrat beim Bürgerausschuss dessen Zustimmung zu dem »Ortstatut über die Verwaltung des städtischen Archivs«. In der Begründung heißt es: »Während fast alle badischen Städte von irgend welcher Bedeutung ihre Geschichtsschreiber gefunden haben und die größeren und älteren unter ihnen wohlgeordnete Archive besitzen, kann sich Karlsruhe bis jetzt weder des einen noch des anderen rühmen. Man wird aber diesen Mangel nicht etwa von unpatriotischer Gesinnung der Bevölkerung herleiten dürfen, sondern mit dem jugendlichen Alter der Stadt erklären und mit dem Umstande entschuldigen dürfen, daß die Jugend nicht die Zeit ist, Erinnerungen zu pflegen, sondern zu hoffen und zu streben. Indessen erreicht Karlsruhe ... im kommenden Sommer ein Alter von 170 Jahren, und es dürfte daher nicht verfrüht sein, wenn nun auch den historischen Beziehungen dieses Gemeinwesens einige Aufmerksamkeit zugewendet wird.«[1] Dieses Ortstatut ist die Gründungsurkunde des Stadtarchivs, in der auch dessen Aufgaben festgelegt wurden. Neben dem Auftrag, Dokumente und Bildwerke zur Geschichte der Stadt zu sammeln und eine Stadtgeschichte zu schreiben, hatte das Stadtarchiv auch dafür Sorge zu tragen, »daß die Häuser der Stadt, wo bedeutende Männer wohnten, oder die Plätze, wo sich bedeutende Ereignisse abspielten, durch Erinnerungstafeln oder sonst auf geeignete Weise kenntlich gemacht werden.« Präzisiert wurde dieser Auftrag allerdings nicht, so dass es die Entscheidung der mit dem Archivstatut eingerichteten Archivkommission war, wem diese Ehrung zuteilwerden sollte. Die Arbeit der Archivkommission bei der Anbringung von Erinnerungstafeln steht im Folgenden zunächst im Vordergrund. Anhand des unter Federführung des Stadtarchivs in Zusammenarbeit mit dem Liegenschaftsamt und dem Stadtplanungsamt erarbeiteten und vom Gemeinderat am 22. November 2016 verabschiedeten Leitfadens für Erinnerungskultur im öffentlichen Raum in Karlsruhe wird der Blick erweitert auf andere haptische Erinnerungsmöglichkeiten, die auf der Homepage des Stadtarchivs unter der Rubrik »Erinnerungskultur im öffentlichen Raum« vorgestellt werden.[2]

1 Stadtarchiv Karlsruhe (StadtAK) 1/H-Reg 953.
2 Vgl. Erinnerungskultur im öffentlichen Raum https://stadtgeschichte.karlsruhe.de/erinnerungskultur/erinnerungskultur-im-oeffentlichen-raum (Zugriff am 16. Februar 2023).

Näher werden auch die Praxis der politischen Straßenbenennungen nach 1945 und die Diskussionen über umstrittene Namensgeber vorgestellt.

1. *Erinnerungstafeln 1886–1945*

Die Archivkommission setzte sich unter dem Vorsitz des Bürgermeisters und späteren langjährigen Oberbürgermeisters Karl Schnetzler[3] aus den Stadträten Adolf Bielefeld, Hofbuchhändler,[4] dem Kaufmann Adolf Römhildt[5] und Heinrich Vierordt, Schriftsteller und Heimatdichter,[6] sowie den weiteren Mitgliedern Otto Ammon,[7] Rentner, Friedrich Baumberger, Intendantursekretär a. D.,[8] und Josef Häußner, Professor und Direktor des Karlsruher Gymnasiums, zusammen. Besonders aktiv war Otto Ammon, der immer wieder Vorschläge einreichte.

Die ersten Tafeln wurden bereits 1886 angebracht, darunter sechs für den in der badischen Haupt- und Residenzstadt Karlsruhe sehr verehrten Schriftsteller, Theologen und Pädagogen Johann Peter Hebel[9] an den Häusern, in denen er in sei-

---

Zur Erinnerungskultur ist eine Vielzahl von Publikationen erschienen, vgl. z. B.: Christoph Cornelißen: Erinnerungskulturen, Version: 2.0, in: Docupedia-Zeitgeschichte, 22.10.2012, http://docupedia.de/zg/cornelissen_erinnerungskulturen_v2_de_2012, DOI: http://dx.doi.org/10.14765/zzf.dok.2.265.v2, hier auch Hinweise auf weitere Literatur.

3 Vgl. Manfred Koch: Karl Schnetzler: Karl Schnetzler, in Stadtlexikon Karlsruhe https://stadtlexikon.karlsruhe.de/index.php/De:Lexikon:bio-0023 (Zugriff am 15. März 2021).

4 Vgl. Marco Wagner: Adolf Bielefeld, in: Stadtlexikon Karlsruhe https://stadtlexikon.karlsruhe.de/index.php/De:Lexikon:bio-0651 (Zugriff am 15. März 2021),

5 Adolf Römhildt, geb. 1826, gest. 9. Dezember 1891, Karlsruhe, Kaufmann und Stadtrat, nationalliberal?. Vgl. Nachruf, in: Chronik der Haupt- und Residenzstadt Karlsruhe für das Jahr 1891, Jg. 7. Im Auftrag der städtischen Archivkommission bearbeitet, Karlsruhe 1891, S. 88 https://stadtgeschichte.karlsruhe.de/materialien-zur-stadtgeschichte/publikationen-zur-stadtgeschichte-digital/chronikbaende-1885-1923-1 (Zugriff am 16. Februar 2023).

6 Vgl. René Gilbert/Jürgen Schuhladen-Krämer: Heinrich Vierordt, in: Stadtlexikon Karlsruhe https://stadtlexikon.karlsruhe.de/index.php/De:Lexikon:bio-0302 (Zugriff am 15. März 2021) hier auch weitere Literaturhinweise.

7 Otto Ammon, geb. 7. Dezember 1842, Karlsruhe, gest. 14. Januar 1916, Karlsruhe, war als Ingenieur und Verleger tätig. Der überzeugte Gegner der Sozialdemokratie gilt als »Anhänger der rassentheoretischen Schule der Soziologie, vgl. Karl Saller: Ammon, Otto Georg, in: Neue Deutsche Biographie (NDB) Bd. 1, Berlin 1953 https://daten.digitale-sammlungen.de/0001/bsb00016233/images/index.html?seite=273 (Zugriff am 15. März 2021) und Hilkea Lichtsinn, in: Badische Biographien NF 3, 4–6 https://www.leo-bw.de/web/guest/detail/-/Detail/details/PERSON/kgl_biographien/118824457/Ammon+Otto+Georg (Zugriff am 15. März 2021).

8 Friedrich Baumberger, geb. 6. Februar 1841, Karlsruhe, gest. 19. Juni 1888, Karlsruhe. Eltern Karl Baumberger, Revisor, und Amalie, geb. Deimling, vgl. StadtAK 3/B A/III/030 Sterberegister Karlsruhe 1888.

9 Vgl. Katja Förster: Johann Peter Hebel, in: https://stadtlexikon.karlsruhe.de/index.php/De:Lexikon:bio-0272 (Zugriff am 15. März 2021) hier auch weitere Literaturhinweise.

ner Karlsruher Zeit gewohnt hatte. Am Beginn des Ersten Weltkrieges waren es schließlich 23 Erinnerungstafeln, die an zwölf Personen und fünf Orte erinnerten. Mehr als die Hälfte, zwölf Tafeln, waren Dichtern und Schriftstellern gewidmet: Johann Peter Hebel,[10] Josef Viktor von Scheffel[11] (zwei Tafeln), Emil Wilhelm Frommel,[12] Friedrich Georg Klopstock,[13] Max von Schenkendorf[14] und Johann Heinrich Jung-Stilling.[15]

Die Politik war vertreten durch den langjährigen badischen Minister und liberalen Politiker August Lamey,[16] der 1893 auch als erster Politiker die Karlsruher Ehrenbürgerwürde verliehen bekommen hatte. Nach ihm wurde 1914 eine Straße, 1946 ein Platz benannt, so dass er bis heute der am häufigsten geehrte Politiker ist. Außerdem erhielt der schon 1855 mit der Aufstellung eines Denkmals ausgezeichnete liberale Politiker und langjährige Minister Georg Ludwig Winter neben der Gedenktafel 1891 noch eine weitere Ehrung durch die nach ihm benannte Straße.[17] Karlsruhe war

---

10 Vgl. Katja Förster: Johann Peter Hebel, in: Stadtlexikon Karlsruhe https://stadtlexikon. karlsruhe.de/index.php/De:Lexikon:bio-0272 (Zugriff am 15. März 2021) hier auch weitere Literaturhinweise.

11 Vgl. René Gilbert: Joseph Victor von Scheffel, in: Stadtlexikon Karlsruhe https://stadt lexikon.karlsruhe.de/index.php/De:Lexikon:bio-0292 (Zugriff am 15. März 2021) hier auch weitere Literaturhinweise.

12 Vgl. Katja Förster: Wilhelm Emil Frommel, in: Stadtlexikon Karlsruhe https://stadtlexikon. karlsruhe.de/index.php/De:Lexikon:bio-0275 (Zugriff am 15. März 2021) hier auch weitere Literaturhinweise.

13 Vgl. Günter Häntzschel: Klopstock, Friedrich Gottlieb, in: Neue Deutsche Biographie 12 (1980), S. 116–121 https://www.deutsche-biographie.de/pnd118563386.html#ndbcontent (Zugriff am 16. Mai 2021).

14 Vgl. Christof Dahm: Schenkendorff, Max von in: Neue Deutsche Biographie 22 (2005), S. 680–681 https://www.deutsche-biographie.de/pnd118754599.html#ndbcontent (Zugriff am 16. Mai 2021).

15 Vgl. René Gilbert: Johann Heinrich Jung, genannt Jung-Stilling, in: Stadtlexikon Karlsruhe 0292 https://stadtlexikon.karlsruhe.de/index.php/De:Lexikon:bio-0259 (Zugriff am 15. März 2021) hier auch weitere Literaturhinweise.

16 Vgl. Lothar Gall: Lamey, August, in: Neue Deutsche Biographie 13 (1982), S. 446 [Online-Version]; URL: https://www.deutsche-biographie.de/pnd118778536.html#ndbcontent (Zugriff am 16. Mai 2021).

17 Vgl. Friedrich von Weech: Winter, Ludwig Georg« in: Allgemeine Deutsche Biographie 43 (1898), S. 465–468 https://www.deutsche-biographie.de/pnd117409820.html#adbcontent (Zugriff am 16. Mai 2021), und Gerlinde Brandenburger: Georg-Ludwig-Winter-Denkmal, in: Gerlinde Brandenburger/Manfred Großkinsky/Gerhard Kabierske/Ursula Merkel/Beatrice Vierneisel: Denkmäler, Brunnen und Freiplastiken in Karlsruhe 1715–1945, 2. Aufl. Karlsruhe 1989, S. 559 f. (= Veröffentlichungen des Karlsruher Stadtarchivs Bd. 7) https://stadtgeschichte.karlsruhe.de/materialien-zur-stadtgeschichte/publikationen-zur-stadtgeschichte-digital/buecher-zur-stadtgeschichte/vergriffene-publikationen-stadtarchiv (Zugriff am 16. Februar 2023).

Abb. 1: Eine der ersten 1886 angebrachten Gedenktafeln für Johann Peter Hebel in der Karl-Friedrich-Straße 13, Stadtarchiv Karlsruhe 8/BA VV 1170.

bis ins 20. Jahrhundert eine nationalliberal geprägte Stadt, was sich nicht zuletzt in der Erinnerungskultur im Kaiserreich deutlich niederschlug.

Für den Bereich der Musik stehen Eduard Devrient[18] und Johann Wenzel Kalliwoda.[19] Ebenso wurde der Erfinder Freiherr Karl v. Drais[20] (zwei Tafeln) und Ferdinand Redtenbacher,[21] Begründer des Maschinenbaus an der Technischen Hochschule, gedacht. Die Tafel für Redtenbacher war die einzige realisierte aus einer

---

18 Vgl. Max Schlenker: Eduard Philipp Devrient, in: Stadtlexikon Karlsruhe https://stadtlexikon.karlsruhe.de/index.php/De:Lexikon:bio-0648 (Zugriff am 15. März 2021) hier auch weitere Literaturhinweise.
19 Vgl. Meinrad Welker: Wilhelm Kalliwoda, in: Stadtlexikon Karlsruhe https://stadtlexikon.karlsruhe.de/index.php/De:Lexikon:bio-0322 (Zugriff am 15. März 2021) hier auch weitere Literaturhinweise.
20 Vgl. Peter Pretsch: Karl Friedrich Freiherr Drais von Sauerbronn, in: Stadtlexikon Karlsruhe https://stadtlexikon.karlsruhe.de/index.php/De:Lexikon:bio-0109 (Zugriff am 15. März 2021) und Christine Beil: Karl von Drais, Karlsruhe 2017 (= Karlsruher Köpfe. Schriftenreihe des Stadtarchivs Karlsruhe. Band 4).
21 Vgl. Kurt Mauel: Redtenbacher, Ferdinand, in: Neue Deutsche Biographie 21 (2003), S. 251–252 [Online-Version]; URL: https://www.deutsche-biographie.de/pnd116389605.html#ndbcontent (Zugriff am 16. Mai 2021).

Abb. 2: Von der Stadt 1894 angebrachte Gedenktafel für Freiherr Karl Friedrich Sauerbronn von Drais, Stadtmuseum Karlsruhe 3579.

umfangreichen, elf Personen umfassenden Liste, die der Rektor der Technischen Hochschule Carl Engler[22] auf eine Initiative Ammons vorgelegt hatte. Angebracht werden sollten die Tafeln zum 75-jährigen Jubiläum der Technischen Hochschule im Jahr 1900. Obwohl die notwendige Zustimmung der Hauseigentümer rasch erfolgte, verlief die Aktion bis auf die Tafel für Redtenbacher im Sande, ohne dass dafür ein Grund zu ermitteln ist. Möglicherweise sah es die Stadt dann doch nicht als ihre Aufgabe an, die Erinnerungskultur für die Technische Hochschule in einem solch großen Umfang zu übernehmen.

An das alte Karlsruhe erinnerte eine Tafel am Standort des ersten, 1728 fertig gestellten ersten Rathauses, je eine Tafel an die ehemaligen Stadttore, das Mühlburger Tor, das alte Rüppurrer Tor, das neue Rüppurrer Tor und das alte Linkenheimer Tor. Der Bedeutung der Stadt als Sitz der Badischen Ständeversammlung, des badischen Landtags, trug die Tafel am ersten Tagungsort vor dem Bau des Ständehauses am Rondellplatz Rechnung.[23]

---

22 Vgl. Arthur Mehlstäubler / Manfred Koch: Carl Engler, in: Stadtlexikon Karlsruhe https://stadtlexikon.karlsruhe.de/index.php/De:Lexikon:bio-0111 (Zugriff am 15. März 2021).
23 Hans Wolfgang Behm: Amtlicher Führer durch die badische Landeshauptstadt Karlsruhe, hrsg. vom Verkehrsverein Karlsruhe, Karlsruhe 1921.

2. Erinnerungskultur in der Weimarer Republik

In der Weimarer Republik kamen nur noch wenige Tafeln hinzu, darunter eine für Richard Wagner, die der Bayreuther Bund der deutschen Jugend stiftete. Die Stadt selbst ehrte den Geographen Friedrich Ratzel[24], den Maler Hans Thoma,[25] den Architekten Wilhelm Jeremias Müller[26] und den Heimatdichter Christoph Vorholz.[27] Es wurde also die Erinnerungskultur des Kaiserreichs im öffentlichen Raum durch Gedenktafeln, wenn auch reduziert, weitergeführt. Erinnerungen an Demokraten oder Ereignisse wie die Kämpfe um freiheitliche Rechte im 19. Jahrhundert unterblieben und wurden auch nicht diskutiert.

Nur bei der Benennung von Straßen gab es Stimmen, die verstärkt auch die Einbeziehung von Politikern forderten und dies auch erreichten. So hatte Stadtrat Adolf Kühn (Zentrum) am 6. November 1924 noch bemängelt, »daß man an die Republik zu wenig Zugeständnisse mache. Man habe hier noch die alten Plätze und Straßen, die an die Monarchie erinnerten.«[28] Realisiert wurden 1925 die Ebertstraße und die Erzbergerstraße, beide wurden nach der nationalsozialistischen Machtübernahme sofort umbenannt in Reichsstraße bzw. Dietrich-Eckart-Straße. Nicht realisiert werden konnten die Rathenaustraße und der Platz der Republik.[29] Am 8. November 1928 beschloss der Stadtrat, die Ebertstraße vom Kühlen Krug um die bisherige Reichsstraße bis zum Hauptbahnhof zu verlängern, um eine der Bedeutung der Person angemessene Straßenlänge zu erreichen.[30] In Ebertstraße war ursprünglich nur die Walhallastraße in der Weststadt nach dem Tode des ersten Reichspräsidenten umbenannt worden. Die Straße lag in einem Gebiet, das sich schon früh zu einer nationalsozialistischen Hochburg entwickelt hatte. Nicht überraschend wurden die neuen Straßenschilder in einer Nacht- und Nebelaktion wieder herausgerissen.[31]

---

24 Vgl. Manfred Koch: Friedrich Ratzel, in: Stadtlexikon Karlsruhe https://stadtlexikon. karlsruhe.de/index.php/De:Lexikon:bio-0287 (Zugriff am 15. März 2021) hier auch weitere Literaturhinweise.
25 Vgl. Katja Förster: Hans Thoma, in: Stadtlexikon Karlsruhe https://stadtlexikon.karlsruhe. de/index.php/De:Lexikon:bio-0068 (Zugriff am 15. März 2021) hier auch weitere Literaturhinweise.
26 Vgl. Katja Förster: Wilhelm Jeremias Müller, in: Stadtlexikon Karlsruhe https://stadt lexikon.karlsruhe.de/index.php/De:Lexikon:bio-0218 (Zugriff am 15. März 2021) hier auch weitere Literaturhinweise.
27 Vgl. Ernst Otto Bräunche: Christoph Vorholz, in: Stadtlexikon Karlsruhe https://stadt lexikon.karlsruhe.de/index.php/De:Lexikon:bio-0304 (Zugriff am 15. März 2021) hier auch weitere Literaturhinweise.
28 StadtAK 1/H-Reg 4525
29 Vgl. StadtAK 1/H-Reg 4526.
30 Vgl. StadtAK 1/H-Reg 4526.
31 Vgl. Volksfreund vom 26. August 1925 https://digital.blb-karlsruhe.de/blbz/periodical/pa geview/3664680?query=ebertstra%C3%9Fe (Zugriff am 16. Mai 2021).

Schon im August 1923 war in diesem Gebiet das Straßenschild der Nelkenstraße mit der Aufschrift »Schlageterstraße« übermalt worden.[32] Albert Leo Schlageter war am 26. Mai des Jahres während des Ruhrkampfes wegen Sabotageaktionen von einem französischen Kriegsgericht zum Tode verurteilt und hingerichtet worden. Er galt rechtsgerichteten Kreisen, darunter auch der NSDAP, bald als einer der »nationalen Helden«.

1927 hatte der Stadtrat in einer für die doch nach wie vor eher bürgerliche Stadt bemerkenswerten Aktion zudem die Benennung von Straßen im Osten u. a. nach »bekannten Republikanern und Volksmännern«[33] nach linken Politikern wie August Bebel, Ludwig Frank, Anton Geiß, Ferdinand Lasalle und Karl Marx, aber auch nach Liberalen wie Rudolf von Bennigsen, Emil Fieser oder Eugen Richter sowie dem badischen Zentrumsführer Theodor Wacker beschlossen. Da die Straßen noch nicht hergestellt waren und dies auch bis 1933 so blieb, wurden sie von den Nationalsozialisten kurzerhand aus dem Adressbuch gestrichen, ohne dass sie dies propagandistisch verbreiteten. Erst 1954 erinnerte man sich an das Vorhaben und beauftragte das inzwischen zuständige Vermessungsamt, bei neuen Straßenbenennungen verstärkt Politiker als Namensgeber zu berücksichtigen.[34] Offiziell umbenannt wurden im November 1933 dagegen die 1929 benannte Eugen Geck-Straße, der die SPD-Bürgerausschussfraktion lange angeführt hatte, in Saarbrücker Straße und die 1929 nach dem linksliberalen Stadtrat und Gründer der gemeinnützigen Baugenossenschaft Hardtwaldsiedlung Albert Braun benannte Straße in Danziger Straße.[35]

Bestehen blieb die 1929 nach der Zentrumspolitikerin Maria Matheis benannte Straße, die als eine der ersten Frauen 1919 dem Karlsruher Stadtrat angehörte. Sie war erst die zweite bürgerliche Namensgeberin; vor ihr war nur die Schauspielerin Amalie Haitzinger zusammen mit ihrem Mann Anton 1903 mit einer Straßenbenennung geehrt worden. Dazu kamen zehn adelige Namensgeberinnen und zwei aus literarischen Vorlagen.[36] 1933 wurde noch die Lina-Sommer-Anlage nach der

---

32 Vgl. StadtAK 1/H-Reg 4525.
33 Vgl. Volksfreund vom 5. November 1927 https://digital.blb-karlsruhe.de/blbz/periodical/pageview/3672497?query=Ebertstra%C3%9Fe (Zugriff am 16. Mai 2021).
34 Vgl. StadtAK 1/H-Reg 11051.
35 Vgl. Der Führer vom 14. November 1933 https://digital.blb-karlsruhe.de/blbz/periodical/pageview/3438927?query=Stra%C3%9Fenbenennung (Zugriff am 16. Mai 2021). Zu Eugen Geck vgl. Manfred Koch: Eugen Geck, in: Stadtlexikon Karlsruhe https://stadtlexikon.karlsruhe.de/index.php/De:Lexikon:bio-0751 (Zugriff am 16. Mai 2021). Zu Albert Braun vgl. Jürgen Schuhladen-Krämer: Albert Braun, in: Stadtlexikon Karlsruhe https://stadtlexikon.karlsruhe.de/index.php/De:Lexikon:bio-0796 (Zugriff am 16. Mai 2021).
36 Vgl. Straßennamen in Karlsruhe, Karlsruhe 1994 (= Karlsruher Beiträge Nr. 7). Die erste war die 1811 nach Markgräfin Amalie benannte Straße in der westlichen Innenstadt, gefolgt von der Stephanienstraße, 1814 benannt nach der mit Großherzog Karl vermählten Adoptivtochter Napoleons. Später wurden noch Straßen benannt nach Großherzogin Sophie (1865), der Tochter von Großherzog Friedrich und Großherzogin Luise, der späteren

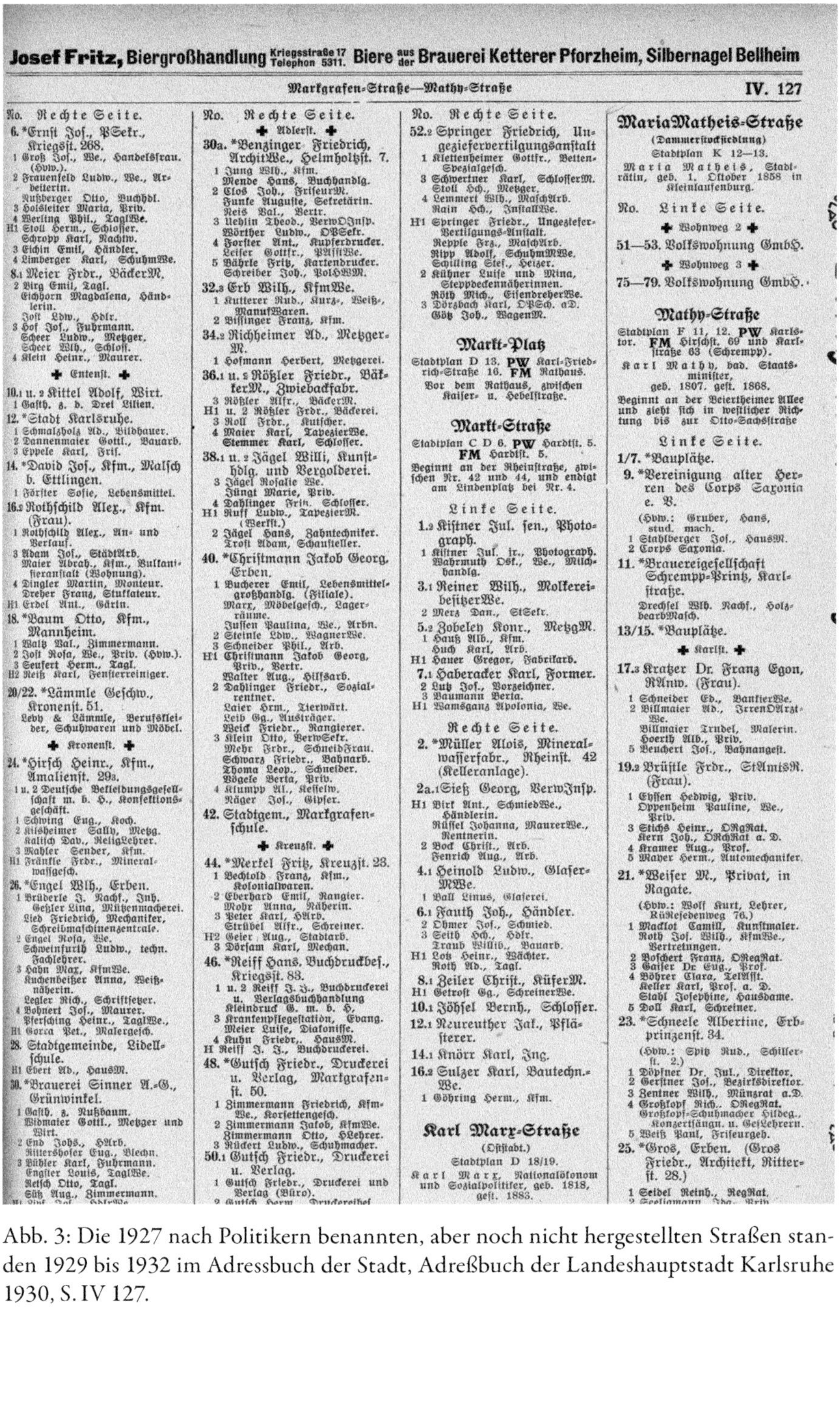

Josef Fritz, Biergroßhandlung Kriegsstraße 17 Telephon 5311. Biere aus der Brauerei Ketterer Pforzheim, Silbernagel Bellheim

Markgrafen-Straße—Mathy-Straße IV. 127

No. Rechte Seite.
6. *Ernst Jos., PSekr., Kriegsst. 268.
1 Groß Jos., We., Handelsfrau. (Hvw.).
2 Frauenfeld Ludw., We., Arbeiterin.
Nußberger Otto, Buchhdl.
3 Holsleiter Maria, Priv.
4 Werling Phil., TaglWe.
H1 Stoll Herm., Schlosser.
Schropp Karl, Nachtw.
3 Eichin Emil, Händler.
4 Limberger Karl, SchuhmWe.
8.1 Meier Frdr., BäckerM.
2 Birg Emil, Tagl.
Eichhorn Magdalena, Händlerin.
Jost Ldw., Hdlr.
3 Hof Jos., Fuhrmann.
Scheer Ludw., Metzger.
Scheer Wlh., Schloss.
4 Klein Heinr., Maurer.
✚ Entenst. ✚
10.1 u. 2 Kittel Adolf, Wirt.
1 Gasth. z. d. Drei Lilien.
12. *Stadt Karlsruhe.
1 Schmalzholz Ad., Bildhauer.
2 Dannenmaier Gottl., Bauarb.
3 Eppele Karl, Fris.
14. *David Jos., Kfm., Malsch b. Ettlingen.
1 Förster Sofie, Lebensmittel.
16.2 Rothschild Alex., Kfm. (Frau).
1 Rothschild Alex., An- und Verkauf.
3 Adam Jos., StädtArb.
Maier Abrah., Kfm., Vulkanisieranstalt (Wohnung).
4 Dingler Martin, Monteur.
Dreher Franz, Stukkateur.
H1 Erdel Ant., Gärtn.
18. *Baum Otto, Kfm., Mannheim.
1 Waltz Val., Zimmermann.
2 Jost Rosa, We., Priv. (Hvw.).
3 Seufert Herm., Tagl.
H2 Reiß Karl, Fensterreiniger.
20/22. *Lämmle Geschw., Kronenst. 51.
Levy & Lämmle, Berufskleider, Schuhwaren und Möbel.
✚ Kronenst. ✚
24. *Hirsch Heinr., Kfm., Amalienst. 29a.
1 u. 2 Deutsche Bekleidungsgesellschaft m. b. H., Konfektionsgeschäft.
1 Schwing Eug., Koch.
2 Kilsheimer Sally, Metzg.
Kalisch Dav., ReligLehrer.
3 Mahler Sender, Kfm.
H1 Fränkle Frdr., Mineralwassgesch.
26. *Engel Wlh., Erben.
1 Brüderle J. Nachf., Inh. Geßler Lina, Mützenmacherei.
Lied Friedrich, Mechaniker, Schreibmaschinenzentrale.
2 Engel Rosa, We.
Schweinfurth Ludw., techn. Fachlehrer.
3 Hahn Max, KfmWe.
Kuchenbeißer Anna, Weißnäherin.
Legler Rich., Schriftsetzer.
4 Bohnert Jos., Maurer.
Pfersching Heinr., TaglWe.,
H1 Gorca Pet., Malergesch.
28. Stadtgemeinde, Lidellschule.
H1 Ebert Ad., HausM.
30. *Brauerei Sinner A.-G., Grünwinkel.
1 Gasth. z. Nußbaum.
Widmaier Gottl., Metzger und Wirt.
2 End Johs., HArb.
Rittershofer Eug., Blechn.
3 Bühler Karl, Fuhrmann.
Engster Louis, TaglWe.
Retsch Otto, Tagl.
Süß Aug., Zimmermann.

No. Rechte Seite.
✚ Adlerst. ✚
30a. *Benzinger Friedrich, ArchitWe., Helmholtzst. 7.
1 Jung Wlh., Kfm.
Mende Hans, Buchhandlg.
2 Clos Joh., FriseurM.
Funke Auguste, Sekretärin.
Reis Val., Vertr.
3 Uehlin Theod., VerwOInsp.
Wörther Ludw., OPSekr.
4 Forster Ant., Kupferdrucker.
Leiser Gottfr., PAsstWe.
5 Bährle Fritz, Kartendrucker.
Schreiber Joh., PolHWM.
32.3 Erb Wilh., KfmWe.
1 Kutterer Rud., Kurz-, Weiß-, ManufWaren.
2 Bissinger Franz, Kfm.
34.2 Richheimer Ad., MetzgerM.
1 Hofmann Herbert, Metzgerei.
36.1 u. 2 Rößler Friedr., BäckerM., Zwiebackfabr.
3 Rößler Alfr., BäckerM.
H1 u. 2 Rößler Frdr., Bäckerei.
3 Roll Frdr., Kutscher.
4 Maier Karl, TapezierWe.
Stemmer Karl, Schlosser.
38.1 u. 2 Jägel Willi, Kunsthdlg. und Vergolderei.
3 Jägel Rosalie We.
Jüngt Marie, Priv.
4 Dahlinger Fritz, Schlosser.
H1 Ruff Ludw., TapezierM. (Werkst.)
2 Jägel Hans, Zahntechniker.
Trost Adam, Schausteller.
40. *Christmann Jakob Georg, Erben.
1 Bucherer Emil, Lebensmittelgroßhandlg. (Filiale).
Marx, Möbelgesch., Lagerräume.
Jussen Paulina, We., Arbn.
2 Steinle Ldw., WagnerWe.
3 Schneider Phil., Arb.
H1 Christmann Jakob Georg, Priv., Vertr.
Walter Aug., Hilfsarb.
2 Dahlinger Friedr., Sozialrentner.
Laier Hrm., Tierwärt.
Leib Gg., Austräger.
Weick Friedr., Rangierer.
3 Klein Otto, VerwSekr.
Mehr Frdr., SchneidFrau.
Schwarz Friedr., Bahnarb.
Thoma Leop., Schneider.
Vögele Berta, Priv.
4 Klumpp Al., Kesselw.
Näger Jos., Gipser.
42. Stadtgem., Markgrafenschule.
✚ Kreuzst. ✚
44. *Merkel Fritz, Kreuzst. 23.
1 Bechtold Franz, Kfm., Kolonialwaren.
2 Eberhard Emil, Rangier.
Mohr Anna, Näherin.
3 Peter Karl, HArb.
Strübel Alfr., Schreiner.
H2 Geier Aug., Stadtarb.
3 Dörsam Karl, Mechan.
46. *Reiff Hans. Buchdruckbes., Kriegsst. 83.
1 u. 2 Reiff J. J., Buchdruckerei u. Verlagsbuchhandlung Kleindruck G. m. b. H,
3 Krankenpflegestation, Evang.
Meier Luise, Diakonisse.
4 Kuhn Friedr., HausM.
H Reiff J. J., Buchdruckerei.
48. *Gutsch Friedr., Druckerei u. Verlag, Markgrafenst. 50.
1 Zimmermann Friedrich, KfmWe., Korsettengesch.
2 Zimmermann Jakob, KfmWe.
Zimmermann Otto, HLehrer.
3 Rückert Ludw., Schuhmacher.
50.1 Gutsch Friedr., Druckerei u. Verlag.
1 Gutsch Friedr., Druckerei und Verlag (Büro).

No. Rechte Seite.
52.2 Springer Friedrich, Ungeziefervertilgungsanstalt
1 Klettenheimer Gottfr., Betten-Spezialgesch.
3 Schwertner Karl, SchlosserM.
Stoll Hch., Metzger.
4 Lemmert Wlh., MaschArb.
Rain Hch., InstallWe.
H1 Springer Friedr., Ungeziefer-Vertilgungs-Anstalt.
Repple Frz., MaschArb.
Ripp Adolf, SchuhmMWe.
Schilling Stef., Heizer.
2 Kühner Luise und Mina, Steppdeckennäherinnen.
Röth Mich., EisendreherWe.
3 Dörzbach Karl, OPSch. aD.
Götz Joh., WagenM.

Markt-Platz

Stadtplan D 13. PW Karl-Friedrich-Straße 16. FM Rathaus.
Vor dem Rathaus, zwischen Kaiser- u. Hebelstraße.

Markt-Straße

Stadtplan C D 6. PW Hardtst. 5. FM Hardtst. 5.
Beginnt an der Rheinstraße, zwischen Nr. 42 und 44, und endigt am Lindenplatz bei Nr. 4.

Linke Seite.
1.2 Kistner Jul. sen., Photograph.
1 Kistner Jul. jr., Photograph.
Wahrmuth Osk., We., Milchhandlg.
3.1 Reiner Wilh., MolkereibesitzerWe.
2 Merz Dan., StSekr.
5.2 Zobeley Konr., MetzgM.
1 Hauß Alb., Kfm.
Huch Karl, Arb.
H1 Hauer Gregor, Fabrikarb.
7.1 Haberacker Karl, Former.
2 Lutz Jos., Vorzeichner.
3 Baumann Berta.
H1 Wamsganz Apolonia, We.

Rechte Seite.
2. *Müller Alois, Mineralwasserfabr., Rheinst. 42 (Kelleranlage).
2a.1 Sieß Georg, VerwInsp.
H1 Birk Ant., SchmiedWe., Händlerin.
Rüssel Johanna, MaurerWe., Rentnerin.
2 Bock Christ., Arb.
Fenrich Aug., Arb.
4.1 Heinold Ludw., GlaserMWe.
1 Ball Linus, Glaserei.
6.1 Fauth Joh., Händler.
2 Ohmer Jos., Schmied.
3 Seith Hch., Hdlr.
Traub Willib., Bauarb.
H1 Lotz Heinr., Wächter.
Roth Ad., Tagl.
8.1 Zeiler Christ., KüferM.
H1 Getrost Gg., SchreinerWe.
10.1 Jöhsel Bernh., Schlosser.
12.1 Neureuther Jak., Pflästerer.
14.1 Knörr Karl, Ing.
16.2 Sulzer Karl, Bautechn.-We.
1 Göhring Herm., Kfm.

Karl Marx-Straße

(Oststadt.)
Stadtplan D 18/19.
Karl Marx, Nationalökonom und Sozialpolitiker, geb. 1818, gest. 1883.

MariaMatheis-Straße

(Dammerstocksiedlung)
Stadtplan K 12—13.
Maria Matheis, Stadträtin, geb. 1. Oktober 1858 in Kleinlaufenburg.

No. Linke Seite.
✚ Wohnweg 2 ✚
51—53. Volkswohnung GmbH.
✚ Wohnweg 3 ✚
75—79. Volkswohnung GmbH.

Mathy-Straße

Stadtplan F 11, 12. PW Karlstor. FM Hirschst. 69 und Karlstraße 63 (Schrempp).
Karl Mathy, bad. Staatsminister, geb. 1807. gest. 1868.
Beginnt an der Beiertheimer Allee und zieht sich in westlicher Richtung bis zur Otto-Sachsstraße

Linke Seite.
1/7. *Bauplätze.
9. *Vereinigung alter Herren des Corps Saxonia e. V.
(Hvw.: Gruber, Hans, stud. mach.
1 Stahlberger Jos., HausM.
2 Corps Saxonia.
11. *Brauereigesellschaft Schrempp-Printz, Karlstraße.
Drechsel Wlh. Nachf., HolzbearbMasch.
13/15. *Bauplätze.
✚ Karlst. ✚
17.3 Kratzer Dr. Franz Egon, RAnw. (Frau).
1 Schneider Ed., BankierWe.
2 Billmaier Ad., IrrenOArzt-We.
Billmaier Trudel, Malerin.
Hoerth Alb., Priv.
5 Beuchert Jos., Bahnangest.
19.2 Brüstle Frdr., StAmtsR. (Frau).
1 Eyssen Hedwig, Priv.
Oppenheim Pauline, We., Priv.
3 Stichs Heinr., ORgRat.
Kern Joh., ORchRat a. D.
4 Kramer Aug., Prof.
5 Mayer Herm., Automechaniker.
21. *Weiser M., Privat, in Ragate.
(Hvw.: Wolf Kurt, Lehrer, RüResedenweg 76.)
1 Macklot Camill, Kunstmaler.
Roth Jos. Wilh., KfmWe., Vertretungen.
2 Boschert Franz, ORegRat.
3 Gaiser Dr. Eug., Prof.
4 Böhrer Clara, TelAsst.
Keller Karl, Prof. a. D.
Stahl Josephine, Hausdame.
5 Doll Karl, Schreiner.
23. *Schneele Albertine, Erbprinzenst. 34.
(Hvw.: Spitz Rud., Schillerst. 2.)
1 Döpfner Dr. Jul., Direktor.
2 Gerstner Jos., Bezirksdirektor.
3 Zentner Wilh., Münzrat a.D.
4 Großkopf Rich., ORegRat.
Großkopf-Schuhmacher Hildeg., Konzertsängn. u. GesLehrern.
5 Weiß Paul, Friseurgeh.
25. *Gros, Erben. (Gros Friedr., Architekt, Ritterst. 28.)
1 Seidel Reinh., RegRat.

Abb. 3: Die 1927 nach Politikern benannten, aber noch nicht hergestellten Straßen standen 1929 bis 1932 im Adressbuch der Stadt, Adreßbuch der Landeshauptstadt Karlsruhe 1930, S. IV 127.

Pfälzer Mundartdichterin benannt. Erst in der Nachkriegszeit folgten, beginnend mit einer Initiative der FDP-Politikerin Melitta Schöpf 1957, weitere nichtadelige Frauen als Namensgeberinnen.[37]

Eine besondere Ehrung hatte auch der zweite Reichspräsident Paul von Hindenburg erfahren. Die ihm gewidmete Gedenktafel war noch während des Ersten Weltkriegs 1915, also wegen der ihm zugeschriebenen militärischen Erfolge, in der Kaiserstraße 184 angebracht worden, die heute noch bzw. wieder dort hängt: »In diesem Hause wohnte und wirkte seine Exzellenz Generalfeldmarschall Paul von Hindenburg als Kommandeur der 28. Division von 1900–1903.« Als ihm 1915 auch die Ehrenbürgerwürde verliehen wurde, war Karlsruhe nach Magdeburg und vor Hannover die zweite Stadt, die den später noch vielfach so Geehrten mit der höchsten Auszeichnung der Stadt bedachte. 1921 folgte die Benennung der Hindenburgstraße. Die von Hindenburg mit zu verantwortende Niederlage im Ersten Weltkrieg verhinderten diese neuerliche Ehrung ebenso wenig wie seine Rolle bei der Entstehung und Verbreitung der »Dolchstoßlegende«, der zufolge nicht die militärische Führung, sondern allein das Versagen der »Heimatfront« den Kriegsausgang bestimmt hätte. Erst 2018 annullierte der Karlsruher Gemeinderat in einem symbolischen Akt diese Ehrenbürgerschaft wieder, vor allem wegen Hindenburgs Rolle in der Endphase der Weimarer Republik als einer der Totengräber der ersten deutschen Demokratie.[38] Die Tafel war bereits 1946 auf Anordnung des Justizministeriums Württemberg-Baden entfernt worden, da alles zu vermeiden sei, »was die Aufrichtigkeit und Entschiedenheit der Abkehr von dem nationalsozialistischen Regime in Zweifel ziehen kann«. Ebenso war die 1921 nach Hindenburg benannte Straße in der heutigen Nordstadt in Erzbergerstraße umbenannt worden, ohne dass dies ebenso wie die Umbenennung der Hindenburgstraße in den Badischen Neuesten Nachrichten seinen Niederschlag gefunden hätte.[39] Im September 1954 beantragte der in Karlsruhe gebürtige und dort wohnhafte Generalmajor a. D. Helmut Bachelin – erfolglos – die

---

Königin von Schweden Viktoria (1865), Marie Maximilianowa Prinzessin Romanowski, Ehefrau des Prinzen Wilhelm von Baden (1870), Großherzogin Luise (1874), Kaiserin Augusta (1879), Prinzessin von Baden und Großfürstin von Rußland Cäcilia Auguste (1907), Prinzessin von Baden Marie Alexandra (1907) und Markgräfin Agathe von Baden-Durlach (1913). 1885 wurde die Dorothenstraße nach Goethes »Hermann und Dorothee« und 1911 die Brunhildenstraße nach der mythischen Brunhilde aus dem Nibelungenlied benannt.

37 Vgl. StadtAK 1/H-Reg 11051.
38 Vgl. Sitzung des Gemeinderats der Stadt Karlsruhe vom 11. Dezember 2018, TOP 23 https://sitzungskalender.karlsruhe.de/db/ratsinformation/termin-4930 (Zugriff am 16. Februar 2023).
39 Im Adressbuch 1945/46, u. a. S. I 11, ist die Hindenburgstraße noch aufgeführt, im Adressbuch 1947, S. I 30, heißt sie schon Erzbergerstraße https://digital.blb-karlsruhe.de/blbihd/ periodical/structure/421072 und https://digital.blb-karlsruhe.de/blbihd/periodical/ structure/421074 (Zugriff am 16. Mai 2021).

Rücknahme der Umbenennung. Als sich aber im Jahr 1957 die Arbeitsgemeinschaft Karlsruher Soldatenverbände an das für das Gebäude zuständige baden-württembergische Justizministerium wandte, hatte man keine Bedenken. Die Soldatenverbände hatten darauf hingewiesen, dass die »alten Soldaten »schon immer lebhaft bedauert« hätten, »daß sich dieses Erinnerungszeichen an einen verdienten Soldaten und Ehrenbürger der Stadt Karlsruhe nicht mehr an der alten Stelle befinde.«[40] Auch der Kameradendienst der 35. Infanterie-Division, von der heute bekannt ist, dass sie maßgeblich an Verbrechen der Wehrmacht in der Sowjetunion beteiligt war, war an das Justizministerium herangetreten. Daraufhin fragten Finanzminister Karl Frank und Oberlandesgerichtspräsident Max Silberstein bei der Stadt Karlsruhe an, ob sie Einwände gegen die Wiederanbringung an dem Haus in ihrer Hauptstraße habe. Beide erhielten von Oberbürgermeister Günther Klotz die Antwort, dass er nichts einzuwenden habe. Die Tafel wurde vor dem 1. September 1958 wohl ohne eine offizielle Veranstaltung und ohne Presseresonanz wieder angebracht und hängt heute noch an dem inzwischen nach § 2 des Denkmalschutzgesetzes als Kulturdenkmal eingestuften Haus.[41] Ebenso wurde eine erneute Straßenbenennung weiter betrieben. Der Straßenbenennungsausschuss lehnte 1959 zwar eine Rückumbenennung der Erzbergerstraße erneut ab, nahm Hindenburg aber vorläufig wieder in die Vormerkliste auf.[42] Schon 1899 war eine eigene Straßenbenennungskommission eingesetzt worden, der Oberbürgermeister Schnetzler, vier Stadträte und ein Stadtverordneter angehörten.[43]

Auch bei der Genehmigung des 1964 auf Betreiben derselben Gruppierungen aufgestellten Ehrendenkmals für die 35. Infanterie-Division hatten Oberbürgermeister Günther Klotz und die Stadt keine Bedenken gegen das Denkmal. Nach einem öffentlichen, von der Partei Die Linke angestoßenen Diskussion und einem vom Stadtarchiv veranstalteten Symposium im November 2014 beschloss der Gemeinderat rund 50 Jahre später, das Denkmal mit einer kommentierenden Stele zu versehen.[44] Diese Zustimmung der Stadt und vor allem des Oberbürgermeisters steht

---

40 Stadtarchiv Karlsruhe 1/H-Reg 11949. Vgl. dort auch zum Folgenden.
41 Datenbank der Kulturdenkmale, Notariat, Kaiserstr. 184, Innenstadt-West https://web1.karlsruhe.de/db/kulturdenkmale/detail.php?id=02222 (Zugriff am 15. März 2021).
42 Vgl. StadtAK 1/H-Reg 11051.
43 StadtAK 1/H-Reg 803.
44 Vgl. dazu: Karlsruhe erinnert. Stele als Kommentierung des Ehrenmals der 35. Infanterie-Division https://www.karlsruhe.de/b1/stadtgeschichte/stelen/infanteriedivision.de (Zugriff am 15. März 2021). Die Vorträge des Symposiums sind veröffentlich in: Ernst Otto Bräunche, Jürgen Schuhladen-Krämer (Hg.): Der Zweite Weltkrieg – Last oder Chance der Erinnerung? Widerspruch gegen das Ehrenmal der 35. Infanterie-Division in Karlsruhe. Symposium am 6. November 2014 in der Erinnerungsstätte Ständehaus, Karlsruhe 2015 https://www.karlsruhe.de/b1/stadtgeschichte/stelen/infanteriedivision/HF_sections/content/ZZmieNt4DMKCZr/ZZmieQhuE7VriP/Symposium-webkl.pdf (Zugriff am 18. April 2021).

vor allem aus heutiger Sicht in einem Widerspruch zu der Karlsruher Vorreiterrolle bei der Erinnerung an die NS-Verbrechen durch die Initiative um Federführung bei der Übernahme der Pflege des Lagerfriedhofs Gurs in Südfrankreich, wohin die badischen und saarpfälzischen Jüdinnen und Juden im Oktober 1940 verschleppt worden waren.[45] Dies belegt einmal mehr, in welchem Umfang es den »alten Kameraden« gelungen war, das Bild von der »sauberen Wehrmacht« in der Nachkriegszeit aufzubauen und zu festigen. Hinzu kam, dass aus nahezu jeder Familie ein oder mehrere Mitglieder bei der Wehrmacht waren, so dass sehr viele sich das Ausmaß der Verbrechen nicht vorstellen konnten und wollten, und die Soldaten selbst haben geschwiegen. Zum anderen war der durch die Siegermächte durchgesetzte kritische Blick auch auf Akteure wie von Hindenburg schon bald verloren gegangen.

1945 entfernt wurde die an Hermann Göring erinnernde, 1935 auf Initiative der Stadt angebrachte Tafel an der früheren Kadettenanstalt, an der Göring ausgebildet worden war. Ansonsten gab es nach 1933 nur zwei weitere auf Privatinitiative angebrachte Tafeln an den Heimatdichter Heinrich Vierordt und den Oberrheinischen Turnerbund. Die Nationalsozialisten inszenierten die Erinnerung an ihre zu ehrenden Parteimitglieder und »Märtyrer« wie Paul Billet und Albert Leo Schlageter auf wirkungsvollere Weise durch Ehrenbürgerschaften oder Denkmäler.[46]

Von den historischen Tafeln der ersten Generation existieren heute neben der Hindenburgtafel nur noch wenige, so die für Kalliwoda und Frommel. Die am Wohnhaus des Fahrraderfinders Freiherr Karl von Drais angebrachte Tafel wird im Magazin des Stadtmuseums aufbewahrt. Neben und vor den Gedenktafeln gab und gibt es in Karlsruhe klassische Denkmale, Gedenksteine, Skulpturen, Ehrengräber, spezifische Brunnenanlagen und auch Straßen, Plätze und Brücken sowie Gebäude und Räume in öffentlichen Bauten, die dem Bereich der Erinnerungskultur zuzuordnen sind. Von den 60 bis 1945 errichteten Denkmalen sind aus naheliegenden Gründen die beiden für Paul Billet und Leo Schlageter 1945 entfernt worden.

---

45 Vgl. Ernst Otto Bräunche: »Die badischen Juden sind nicht vergessen«, in: Badische Heimat 85, 2005, S. 425–437 und ders.: Gedenkarbeit in Gurs – Die Arbeitsgemeinschaft zur Unterhaltung und Pflege des Deportiertenfriedhofs in Gurs, in: Ernst Otto Bräunche/Volker Steck (Hg.): Geschichte und Erinnerungskultur. Die Deportation der badischen und saarpfälzischen Juden in das Lager Gurs, Karlsruhe 2010, S. 35–44

46 Zu Billet vgl. Katja Förster: Paul-Billet-Denkmal, in: Stadtlexikon Karlsruhe https://stadtlexikon.karlsruhe.de/index.php/De:Lexikon:top-3256 (Zugriff am 25. März 2020), hier auch weitere Literaturhinweise. Zu Schlageter vgl.: Beatrice Vierneisel: Albert-Leo-Schlageter-Denkmal, in: Gerlinde Brandenburger/Manfred Großkinsky/Gerhard Kabierske/Ursula Merkel/Beatrice Vierneisel: Denkmäler, Brunnen und Freiplastiken in Karlsruhe 1715–1945, 2. Aufl. Karlsruhe 1989, S. 632–643 (= Veröffentlichungen des Karlsruher Stadtarchivs Bd. 7) http://www.karlsruhe.de/b1/stadtgeschichte/literatur/stadtarchiv/HF_sections/content/ZZmmY1PdXpuoNV/Denkm%C3%A4ler%20Brunnen%20und%20Freiplastiken%20in%20Karlsruhe%201715-1945.pdf (Zugriff am 25. März 2021).

Abb. 4: Einweihung der Gedenktafel für Hermann Göring (am Rednerpult) an der früheren Kadettenanstalt in der Moltkestraße 10 mit Oberbürgermeister Adolf Friedrich Jäger, links neben dem Rednerpult, und Gauleiter Robert Wagner, rechts stehend in Uniform, Stadtarchiv Karlsruhe 8/PBS III o217.

3. Gedenktafeln seit 1945

Wie sehr die Anbringung von Gedenktafeln auch in der Nachkriegszeit politisch besetzt war, belegen die Diskussionen im Vorfeld des Gedenktages für die Opfer des Faschismus am 7. September 1952. Die Vereinigung der Verfolgten des Naziregimes (VVN) beabsichtigte, temporäre Gedenktafeln für August Dosenbach[47], Reinhold Frank[48] und Ludwig Marum[49] aufzustellen. Die Verdienste der drei Widerstandskämpfer und Opfer des NS-Terrors waren schon 1946 durch die Benennung von Straßen im öffentlichen Raum präsent. Den von dem Stadtrat und ehemaligen Bürgermeister Berthold Riedinger unterschriebenen Antrag lehnte Oberbürgermeister

47 Vgl. Manfred Fellhauer: August Dosenbach, in: Stadtlexikon Karlsruhe https://stadtlexikon.karlsruhe.de/index.php/De:Lexikon:bio-0873 (Zugriff am 15. März 2021), hier auch weitere Literaturhinweise.
48 Vgl. Manfred Koch: Reinhold Frank, in: Stadtlexikon Karlsruhe https://stadtlexikon.karlsruhe.de/index.php/De:Lexikon:bio-0531 (Zugriff am 15. März 2021), hier auch weitere Literaturhinweise.
49 Vgl. Manfred Koch: Ludwig Marum, in: Stadtlexikon Karlsruhe https://stadtlexikon.karlsruhe.de/index.php/De:Lexikon:bio-0541 (Zugriff am 15. März 2021), hier auch weitere Literaturhinweise.

Klotz in einem Gespräch mit Riedinger am 26. August allerdings ab. Immerhin wurden weitere Mitglieder des Stadtrats eingebunden. Nach einer Rückfrage bei der Witwe des 1945 hingerichteten Widerstandskämpfers Reinhold Frank lehnte der Ältestenrat am 9. September 1952 die Gedenktafel ab, da die VVN eindeutig der Kommunistischen Partei Deutschlands (KPD) zuneige und, wie der CDU-Stadtrat und Verleger der Badischen Neuesten Nachrichten (BNN) Wilhelm Baur betonte, Frank und Marum sicherlich nicht im Sinne der KPD als Streiter für das Recht »gefallen« seien. Angebracht wurden später nur noch wenige Gedenktafeln in der Art der Vorkriegstafeln, so für den Dichter Alfred Mombert,[50] den Komponisten Hans Erich Apostel[51] und den Maler Carl Hofer.[52]

4. Die Blauen Tafeln

Bis wieder eine städtische Beschilderungsaktion mit neuen Erinnerungstafeln, diesmal aber flächendeckend, startete, sollte es noch bis Ende der 1980er dauern. Die ersten, in der Gestaltung bewusst an Straßenschilder angelehnten Blauen Tafeln wurden 1989 in der Innenstadt, dann in den einzelnen Stadtteilen seit den 1990er Jahren nach einem vom Stadtarchiv und dem Liegenschaftsamt entwickelten Konzept angebracht. Die vom Stadtplanungsamt grafisch gestalteten bis heute 187 Tafeln wurden unter Einbindung der Bürgervereine bzw. der Ortsverwaltungen angebracht und dienen der historischen Stadtinformation. Informiert wird über historisch bedeutsame Nutzungen der Gebäude oder über Ereignisse, die mit ihnen verbunden sind. Das Konzept war von Anbeginn so angelegt, dass weitere Tafeln ergänzt werden können. Grundsätzlich ist es so auch möglich, mit den Blauen Tafeln an bedeutende historische Persönlichkeiten zu erinnern, was ursprünglich nicht vorgesehen war. Da nur knappe Text- und keine Bildinformationen vermittelt werden können, gab es im Vorfeld des 300. Stadtjubiläums im Jahr 2015 Überlegungen, in ähnlicher Weise wie dies vorbildlich z. B. in Mannheim zum 400. Stadtjubiläum unter Federführung des Stadtarchivs Mannheim – Institut für Stadtgeschichte (ISG), heute MARCHIVUM, erfolgt ist, Stelen aufzustellen und größere Tafeln mit Text- und Bildinformation

---

50 Text: IN DIESEM HAUSE WURDE DER DICHTER / ALFRED MOMBERT / AM 6.2.1872 GEBOREN / ER STARB AM 8.4.1942 IM EXIL«, vgl.: StadtAK 11DigA 43/157 DO. Zu Mombert vgl.: René Gilbert: Alfred Mombert, in: Stadtlexikon Karlsruhe https://stadtlexikon.karlsruhe.de/index.php/De:Lexikon:bio-0283 (Zugriff am 16. Mai. 2021).

51 Text: vgl.: StadtAK 11DigA 43/158 DO. Zu Apostel vgl.: René Gilbert: Hans Erich Apostel, in: Stadtlexikon Karlsruhe https://stadtlexikon.karlsruhe.de/index.php/De:Lexikon:bio-0306 (Zugriff am 16. Mai. 2021).

52 Vgl. StadtAK 11/DigA43, 159 DO, zu Hofer vgl.: Manfred Koch/Max Schlenker: Karl (Carl) Hofer, in: Stadtlexikon Karlsruhe https://stadtlexikon.karlsruhe.de/index.php/De:Lexikon:bio-0779 (Zugriff am 16. Mai. 2021).

Abb. 5: »Blaue Tafeln« zur historischen Stadtinformation. In ehemals selbstständigen Stadtteilen enthalten sie neben dem Karlsruher auch das Gemeindewappen. Hauptsächlich zur Information über die Bedeutung des Gebäudes angebracht, erinnern sie im Einzelfall auch an eine Person, die mit dem Gebäude verbunden ist. Versuchsweise wurden ausgewählte Tafeln mit QR-Code zum Aufrufen der englischen oder französischen Übersetzung des Tafeltextes versehen.

anzubringen.⁵³ Angesichts der u. a. wegen des Baus der U-Bahn extremen Baustellensituation in der Innenstadt, wurde der Ansatz nicht weiter verfolgt und bis heute nicht wieder aufgegriffen. Stattdessen sind in Einzelfällen, z. B. am Stadtarchiv inzwischen weitere Hintergrundinformationen, Fotos und Pläne über QR-Codes verfügbar. So wären auch Verlinkungen zu den vom Stadtarchiv erarbeiteten Artikeln des Stadtlexikons oder zusätzliche Übersetzungen in mehreren Sprachen möglich.

Außerdem wurden unter Federführung des Stadtplanungsamts seit 1978 insgesamt 17 Bronzetafeln an herausragenden Kulturdenkmalen wie dem Rathaus, der Staatlichen Kunsthalle oder dem Basler Tor in Durlach angebracht.⁵⁴ Die eigentlich abgeschlossene Aktion wurde 2002 auf Initiative von CDU-Mitgliedern um eine Tafel für den ehemaligen Reichsfinanzminister Heinrich Köhler am Dienstsitz 1945–1949 in der Karlstraße⁵⁵ ergänzt. Das Projekt ist abgeschlossen und wird nicht fortgesetzt.

5. Erinnerungs- und Informationsstelen

Fortgesetzt wird dagegen die Aufstellung von in starker Anlehnung an die Mannheimer Stadtpunkte entwickelten Stelen »Karlsruhe erinnert«. Sie werden aktuell nur noch zur Erinnerung an nationalsozialistische Verbrechen aufgestellt. Die erste Stele dieser Art war allerdings aus zwei Gründen entwickelt worden. Einmal galt es, an die große Karlsruher Fußballtradition, zum anderen an die beiden einzigen jüdischen Fußballnationalspieler Deutschlands Gottfried Fuchs und Julius Hirsch und deren Schicksal in der NS-Zeit zu erinnern. Zum 100. Jahrestag des Gewinns der Deutschen Fußballmeisterschaft durch den Karlsruher Fußballverein (KFV) im Jahr 1910 ist eine Seite den sportlichen Erfolgen des Vereins gewidmet, der vor dem Ersten Weltkrieg zu den erfolgreichsten Clubs gehörte. Er hatte zahlreiche deutsche Nationalspieler in seinen Reihen, darunter Gottfried Fuchs, bis heute mit zehn Toren in einem Spiel deutscher Rekordtorschütze, und Julius Hirsch, der gleich zweimal einer Meistermannschaft angehörte, dem KFV und dann der Spielvereinigung Fürth, an deren Meisterschaft 1912 er maßgeblichen Anteil hatte.⁵⁶ Fuchs konnte

---

53 Vgl. STADTPUNKTE, https://www.marchivum.de/de/stadtgeschichte/stadtpunkte (Zugriff am 15. März 2021).

54 Liste der Tafeln: Alter Friedhof, Basler Tor, Durlach, Bundesgerichtshof, Evangelische Stadtpfarrkirche, Karlsburg (Schloss Durlach), Kleine Kirche, Markgräflich Hochberg'sches Palais, Naturkundemuseum, Orangerie, Prinz-Max-Palais, Rathaus, Schloss, Schwedenpalais, Staatliche Kunsthalle, Staatliche Münze, Stephanskirche, Universität (KIT), Hauptgebäude, vgl. StadtAK 11/DigA43 247 DO.

55 Vgl. StadtAK 11/DigA43, 160 DO, zu Köhler vgl.: Manfred Koch: Heinrich Köhler, in: Stadtlexikon Karlsruhe https://stadtlexikon.karlsruhe.de/index.php/De:Lexikon:bio-0048 (Zugriff am 16. Mai. 2021).

56 Vgl. Ernst Otto Bräunche: Fußballhochburg Karlsruhe, in: Sport in Karlsruhe. Von den Anfängen bis heute, hrsg. vom Stadtarchiv Karlsruhe durch Ernst Otto Bräunche und

1938 noch über England nach Kanada vor der nationalsozialistischen Verfolgung fliehen, Hirsch wurde 1943 in Auschwitz ermordet. An sie wird auf der zweiten Seite der Stele erinnert.[57] Auch die zweite »Fußballstele« am Engländerplatz hatte beide Funktionen: Auf der einen Seite wird die Geschichte des Platzes vorgestellt, auf dem die Karlsruher Fußballgeschichte begann und auf dem 1899 auch eines der »Urländerspiele« vor der Gründung des Deutschen Fußballbundes (DFB) stattfand. Auch an die beiden jüdischen Nationalspieler Fuchs und Hirsch wird hier erinnert. Die Rückseite widmet sich dem Fußballpionier Walther Bensemann, der den Fußball nach Karlsruhe brachte und 1933 vor den Nationalsozialisten in die Schweiz fliehen musste.[58] Vier weitere Stelen erinnern ausschließlich an NS-Verbrechen, die Stele zur Bücherverbrennung in Karlsruhe,[59] die Stele zu Réseau Alliance,[60] die Stele zur Deportation der Jüdinnen und Juden am 22. Oktober 1940[61] und die Stele als Kommentierung des Ehrenmals der 35. Infanterie-Division.[62]

Auch diese Aktion soll fortgesetzt werden mit der Kommentierung von zunächst vier Kriegerdenkmälern der Stadt durch begleitende Informationsstelen: Kriegerdenkmal Lindenplatz/Mühlburg (1870/71 und 1914–1918), Leibdragonerdenkmal beim Mühlburger Tor (1914–1918), Gefallenenmal für städtische Beschäftigte (1914–1918) im nördlichen Innenhof des Rathauses am Marktplatz und Sanitätsgefallenenmal (1914–1918) am Turmberg.[63]

Volker Steck, Karlsruhe 2006, S. 168–218 (= Veröffentlichungen des Karlsruher Stadtarchivs Bd. 28).
57 https://stadtgeschichte.karlsruhe.de/erinnerungskultur/erinnerungskultur-im-oeffentlichen-raum/stele-des-kfv (Zugriff am 16. Februar 2023).
58 Vgl. Stele zur Erinnerung an die Bedeutung des Engländerplatzes und an den Fußballpionier Walther Bensemann https://stadtgeschichte.karlsruhe.de/erinnerungskultur/erinnerungskultur-im-oeffentlichen-raum/karlsruher-stelen/stele-englaenderplatz (Zugriff am 16. Februar 2023).
59 Vgl. https://stadtgeschichte.karlsruhe.de/erinnerungskultur/erinnerungskultur-im-oeffentlichen-raum/karlsruher-stelen/stele-buecherverbrennung (Zugriff am 16. Februar 2023).
60 Vgl. Stele zu Réseau Alliance https://stadtgeschichte.karlsruhe.de/erinnerungskultur/erinnerungskultur-im-oeffentlichen-raum/karlsruher-stelen/stele-reseau-alliance (Zugriff am 16. Februar 2023).
61 Vgl. Stele zur Deportation der Jüdinnen und Juden am 22. Oktober 1940 https://stadtgeschichte.karlsruhe.de/erinnerungskultur/erinnerungskultur-im-oeffentlichen-raum/karlsruher-stelen/stele-deportation-1940 (Zugriff am 16. Februar 2023).
62 Vgl. Stele als Kommentierung des Ehrenmals der 35. Infanterie-Division https://stadtgeschichte.karlsruhe.de/erinnerungskultur/erinnerungskultur-im-oeffentlichen-raum/karlsruher-stelen/stele-35-infanterie-division (Zugriff am 16. Februar 2023). Leitfaden (wie Anm. 2), S. 17
63 Vgl. Leitfaden (wie Anm. 2), S. 17.

DENKMÄLER – TAFELN – STELEN – STRASSENNAMEN

Abb. 6: Erinnerungsstele an die Bücherverbrennung 1933 (aufgestellt 2013) und Erinnerungsstele für die 1944 im Hardtwald hingerichteten 14 belgischen und französischen Widerstandskämpfer (aufgestellt 2014).

6. Leitfaden zur Erinnerungskultur im öffentlichen Raum in Karlsruhe

Die Blauen Tafeln, die Informationsstelen und die Stelen »Karlsruhe erinnert« sind bis heute Bestandteil der städtischen Erinnerungskultur und auch in dem Leitfaden zur Erinnerungskultur im öffentlichen Raum in Karlsruhe aufgeführt. Der Leitfaden entstand unter Federführung des Stadtarchivs in Zusammenarbeit mit dem Liegenschaftsamt und dem Stadtplanungsamt und wurde vom Gemeinderat am 22. November 2016 verabschiedet. Angesichts einer Vielzahl von verschiedenen Initiativen zur Erinnerungskultur in der Stadt war es notwendig geworden, eine kurze Bilanz zu ziehen und vor allem Richtlinien für die städtische Erinnerungskultur einmal prägnant zusammenzufassen. So wurden auch die Richtlinien zur Benennung von Straßen modifiziert und im Anhang veröffentlicht. Das Ziel einer Vereinheitlichung aller Erinnerungstafeln wurde aber nicht erreicht und konnte wohl auch nicht erreicht werden, da viele Einzelpersonen, Vereine oder Organisationen eigene Vorstellungen davon haben, wie und woran erinnert werden soll.

Der Bürgerverein Südweststadt lehnt sich dabei am engsten an die Gestaltung der städtischen Tafeln an, die mit dem »im Rahmen der Kulturpflege ..., an ehemalige Mitbürgerinnen und Mitbürger bzw. wichtige Ereignisse in der Südweststadt zu erinnern.« So wird an Emil Nolde erinnert, der kurz in der Karlstraße 80 wohnte. Unabhängig von der ja gerade erst wieder öffentlich diskutierten Nähe des Malers zum Nationalsozialismus wäre diese Tafel wohl eher nicht in das städtische Erinnerungsprogramm der Blauen Tafeln aufgenommen worden. Dasselbe gilt für die Tafel, die an die Sopranistin Erika Köth erinnert. Am ehesten hätte die Tafel für die Schremppsche Bierhalle Aufnahme finden können, die an die ehemalige Brauerei Schrempp erinnert, die auf die große Tradition Karlsruhes als bedeutender Brauereistandort verweist.[64] Blaue Tafeln sind schon den Brauereien Höpfner, Moninger und Wolf gewidmet.

Zuvor war schon eine private Initiative im Stadtteil Durlach vorgeprescht, um mit so genannten Amoretten an Durlacher Häusergeschichten zu erinnern. Da es zur Anbringung einer wie auch immer gestalteten oder formulierten Tafel keiner Zustimmung der Stadt bei nicht denkmalgeschützten Gebäuden bedarf, ist dem Gestaltungswillen grundsätzlich keine Grenze gesetzt. Dass solche Tafeln auch viele Fragen offen lassen, ggf. hohe Anforderungen an die Betrachtenden stellen können und in Einzelfällen sogar Fehler aufweisen, belegt eine 2015 auf private Initiative ohne Einschaltung des Stadtarchivs angebrachte Gedenktafel für den Erfinder des Fahrrads Karl Friedrich Freiherr Drais von Sauerbrunn. Der Text »Hier wohnte der Erfinder und Demokrat Karl Drais bereits vor der Revolution« setzt voraus, dass bekannt ist, dass Drais sich 1848 zur Revolution bekannte und seinen Adelstitel

---

64 Vgl. Der Bürgerverein erinnert https://www.suedweststadt.de/der-buergerverein-erinnert/ (Zugriff am 16. Mai 2021).

Abb. 7: Zusatzschilder wie unter diesem Straßenschild kommentieren und drücken zugleich die heutige Distanzierung von der historischen Straßenbenennung aus.

ablegte, ihn später aber wieder annahm. Dass Drais der Erfinder des Fahrrads war, erfährt man aber immerhin durch die Abbildung der 1894 angebrachten Gedenktafel. Diese wird aber fälschlicherweise ins Jahr 1893 datiert und dem Deutschen Radfahrerbund zugesprochen. Angebracht hatte sie aber die Stadt auf Beschluss der Archivkommission. Sie lagert allerdings nicht schon seit 1898 sicher in dem Depot des Stadtmuseums, als das Haus Zähringerstraße 63 abgerissen worden war, sondern gelangte erst in der Nachkriegszeit dorthin. Die Tafel war an dem im Zweiten Weltkrieg zerstörten 1898 erbauten Haus wieder angebracht worden und konnte aus den Trümmern des Gebäudes gerettet werden.

Abb. 8: Innerhalb eines Jahres seit 2015 in privater Initiative angebrachte Erinnerungstafeln, deren Konzeptionen teils noch weiter fortgeführt werden sollen.

7. Straßenumbenennungen seit 1945

Die älteste und wohl auch nachhaltigste Form der Erinnerung im öffentlichen Raum, zunächst an Personen und dann auch an Ereignisse oder Institutionen, ist die Benennung von Straßen. Die Geschichte der Straßenbenennung in Karlsruhe bis in die 1990er ist vor einiger Zeit ausführlich dargestellt worden.[65] Es geht deshalb im Folgenden um Umbenennungen und Zusatzinformationen zu den Straßenschildern in der Nachkriegszeit.

Dass sich der Personenkreis abhängig vom politischen System und auch vom Blick auf so geehrte Personen ändert, ist kein neues Phänomen. Im Kaiserreich kamen z. B. staatliche oder kommunale Stellen nicht auf die Idee, an die revolutionären Akteure von 1848/49 zu erinnern.[66] Die umfangreichsten Änderungen gab es auch in Karlsruhe am Beginn und am Ende der nationalsozialistischen Herrschaft. Gleich nach der Reichstagswahl am 5. März 1933 wurden in Karlsruhe NS-Größen geehrt: Neben den externen Parteifunktionären Dietrich Eckart, Hermann Göring und Adolf Hitler waren dies aus Baden und Karlsruhe Paul Billet, Walter Köhler,[67] Fritz Kröber,[68] Robert Roth,[69] Albert Leo Schlageter[70] und Robert

---

65 Vgl. die einleitenden Kapitel von Straßennamen in Karlsruhe (wie Anm. 34) von Ernst Otto Bräunche: Von Adeligen, Gasthäusern und Bürgern – Karlsruher Straßennamen bis 1945, S. 9–21, Jochen Karl Mehldau: Regeln und Ausnahmen – Straßennamen 1845–1993, S. 23–35, und Annette Nysyto: Man(n) machte sich einen Namen. Frau und Straßennamen, S. 37–39 (Zugriff am 20. Februar 2018). Vgl. auch: Hans-Ulrich Thamer: Ehren und erinnern. Straßennamen in der Geschichtskultur einer Stadt https://www.muenster.de/stadt/strassennamen/pdf/thamer_eroeffnung-ausstellung2012-01-25.pdf (Zugriff am 16. Mai 2021).

66 Vgl. Ernst Otto Bräunche: Die Gegenwart des Erinnerns. Revolutionsjubiläen und Archiv, in: Badische Heimat, Jg. 78, 1998, S. 83–100.

67 Vgl. Ernst Otto Bräunche: Walter Köhler, in: Stadtlexikon Karlsruhe https://stadtlexikon.karlsruhe.de/index.php/De:Lexikon:bio-0049 (Zugriff am 16. Mai. 2021), hier auch weitere Literaturhinweise.

68 Fritz Kröber, geb. 24. April 1908 in Durlach, gest. 26. April 1925 in Durlach. Der Hitlerjunge kam bei einer Straßenschlacht zwischen Reichsbannerleuten und Nationalsozialisten ums Leben, vgl. Susanne Asche: Die Bürgerstadt, in: Susanne Asche/Olivia Hochstrasser: Durlach – Staufergründung, Fürstenresidenz, Bürgerstadt, Karlsruhe 1996, S. 147–444, 387–391 (= Veröffentlichungen des Karlsruher Stadtarchivs Bd. 17) https://stadtgeschichte.karlsruhe.de/materialien-zur-stadtgeschichte/publikationen-zur-stadtgeschichte-digital/buecher-zur-stadtgeschichte/vergriffene-publikationen-stadtarchiv (Zugriff am 16. Februar 2023).

69 Vgl. Konrad Dussel: Albert und Robert Roth. Zwei nationalsozialistische Reichstagsabgeordnete aus dem nordbadischen Liedolsheim, Ubstadt-Weiher 201, (= Beiträge zur Geschichte des Landkreises Karlsruhe Bd. 10).

70 Vgl. Christof Strauß: »Schlageter ist nicht mehr!« Eine »Märtyrerfigur« der Weimarer Republik aus Schönau im Schwarzwald, in: LEO BW https://www.leo-bw.de/themen/

Wagner.⁷¹ Diese Benennungen wurden 1945 auf Anordnung der Besatzungsmacht allesamt rückgängig gemacht, zusätzlich wurden 1946 Straßen umbenannt, die mit dem Ersten Weltkrieg zusammenhingen. Dies waren die nach Personen benannten Boelckestraße, Hindenburgstraße, Immelmannstraße, Lettow-Vorbeck-Straße, Ludendorffstraße, Mackensensraße, Richthofenstraße und Weddigenstraße sowie die nach Kriegsschauplätzen oder nach verlorenen Ostgebieten benannten Egerländer-Platz, Flandernstraße, Langemarck-Platz, Masurenstraße, Skagerrakplatz und Tannenberg-Straße.⁷² Stattdessen entstand im Stadtteil Knielingen ein kleines Namensfeld mit nach Protagonisten der Revolution von 1848/49 (Friedrich Hecker, Georg Herwegh, Gustav Struve, Carl Schurz) benannten Straßen, denen 1954 auch noch die Lasallestraße, 1960 die Blenkerstraße und die Blindstraße hinzugefügt wurden.⁷³ Im folgenden Jahr folgten Benennungen nach den bereits in der Weimarer Republik vorgesehenen Politikern August Bebel, Eugen Richter und Ludwig Windhorst in der Nordweststadt, 1956 die Ehler-, die Friedrich-Naumann und die Kurt-Schuhmacher-Straße.

Durch das Sieb fiel 1945/46 der Kolonialist und Rassist Carl Peters, nach dem 1937 eine Straße im Stadtteil Daxlanden benannt worden war. Nur die 1937 erfolgte Benennung der Lettow-Vorbeck-Straße nach dem Kommandeur der Kolonialtruppen in Deutsch-Ostafrika, war damals rückgängig gemacht worden. Peters rückte erst 1986 wieder ins Blickfeld, als eine Anfrage der SPD gegen den heftigen Widerstand der Anwohner mit der Umbenennung endete. Die Straße heißt heute Besselstraße nach dem Astronomen und Mathematiker Friedrich Wilhelm Bessel.⁷⁴

Weitere Umbenennungen von »Kolonialisten« und anderen Problemfällen wurden danach zwar immer wieder gefordert, sind aber nicht erfolgt. Stattdessen ging die Stadt den Weg der kommentierenden Zusatzschilder, der 2010 bei der Treitschke-, der Lüderitz-⁷⁵ und der Wißmannstraße⁷⁶ gewählt wurde.

Zu einer zweiten Kommentierungsaktion kam es 2015, nachdem die Stadt Freiburg i. Br. den Abschlussbericht der Kommission zur Überprüfung der Freiburger

landesgeschichte/die-revolution-1918/albert-leo-schlageter-eine-propagandafigur (Zugriff am 16. Mai 2021).

71 Vgl. Ernst Otto Bräunche: Robert Wagner, in: Stadtlexikon Karlsruhe https://stadtlexikon.karlsruhe.de/index.php/De:Lexikon:bio-0064 (Zugriff am 16. Mai. 2021), hier auch weitere Literaturhinweise.
72 Vgl. Badische Neueste Nachrichten (BNN) vom 14. Januar 1947 https://digital.blb-karlsruhe.de/blbz/periodical/pageview/4706725?query=Umbenennungen (Zugriff am 16. Mai 2021).
73 Vgl. StadtAK 1/H-Reg 11051.
74 Vgl. Alfred Becher: Besselstraße, in: Stadtlexikon Karlsruhe https://stadtlexikon.karlsruhe.de/index.php/De:Lexikon:top-0337 (Zugriff am 16. Mai 2021).
75 Vgl. Alfred Becher: Lüderitzstraße https://stadtlexikon.karlsruhe.de/index.php/De:Lexikon:top-1789 (Zugriff am 16. Mai 2021).
76 Vgl. Alfred Becher: Wißmannstraße https://stadtlexikon.karlsruhe.de/index.php/De:Lexikon:top-2994 (Zugriff am 16. Mai 2021).

Abb. 9: Beschilderung für die 1987 von Carl-Peters-Straße in »Besselstraße« umbenannte Besselstraße in Daxlanden, 1. Februar 1990, StadtAK 8/BA Schlesiger 1990 A59_22_7_24.

Straßennamen veröffentlicht worden war.[77] Der Bauausschuss stimmte der vom Liegenschaftsamt und dem Stadtarchiv vorbereiteten Vorlage[78] weitgehend zu, so dass dem Freiburger Vorbild folgend die Arndtstraße,[79] die Fichtestraße,[80] die Hans-

---

77 Vgl. Abschlussbericht der Kommission zur Überprüfung der Freiburger Straßennamen https://www.freiburg.de/pb/site/Freiburg/get/params_E-1906631749/1028363/Strassennamen_Abschlussbericht.pdf (Zugriff am 16. Mai 2021).
78 https://web3.karlsruhe.de/Gemeinderat/ris/bi/to0040.php?smcred=1&__ksinr=5825
79 Vgl. Manfred Koch: Arndtstraße, in: Stadtlexikon Karlsruhe https://stadtlexikon.karlsruhe.de/index.php/De:Lexikon:top-0208 (Zugriff am 16. Mai 2021).
80 Vgl. Antje Gillich: Fichtestraße, in: Stadtlexikon Karlsruhe https://stadtlexikon.karlsruhe.de/index.php/De:Lexikon:top-0208 (Zugriff am 16. Mai 2021).

jakobstraße,[81] die Jahnstraße,[82] die Körnerstraße, die Staudingerstraße[83] und die Richard-Wagner-Straße kommentiert wurden.

Zuständig für Straßenbenennungen und -umbenennungen war eine Kommission, die noch 1945 eingerichtet worden war und die am 10. Dezember das erste Mal unter dem Vorsitz des 1. Bürgermeisters Fridolin Heurich (CDU) tagte. Beraten wurde auch die Benennung nach »Opfern des Dritten Reichs«, womit die ermordeten Widerstandskämpfer August Dosenbach, Reinhold Frank und Ludwig Marum gemeint waren. In dieser und den folgenden Sitzungen wurden etliche Vorschläge diskutiert, wobei man sich einig war, dass es keine abgelegenen Straßen sein sollten, so dass z. B. auch die Umbenennung der Kriegsstraße, ganz oder teilweise, diskutiert wurde. Für Frank war zunächst die Kaiserallee, für Dosenbach die Kriegsstraße westlich der Schillerstraße vorgesehen, doch am 18. März einigten sich Mitglieder der Kommission Fritz Aschinger (KPD), Albert Kessler (DVP), Dr. Siegfried Kühn (CDU) und Friedrich Töpper (SPD) auf die Umbenennung der Westendstraße in Reinhold-Frank-Straße, der Blücherstraße in Ludwig-Marum-Straße und der schon 1945 in Eckenerstraße umbenannten Wilhelm-Gustloff-Straße. Laut Adressbuch von 1947 gab es die Blücherstraße noch. Stattdessen war die Maxaustraße in Ludwig-Marum-Straße umbenannt. Die Gründe dafür gehen aus den Akten nicht hervor, vermutlich war aber die Nähe zum Wohnhaus Marums in der Wendstraße entscheidend.[84]

Anfang 1949 beschloss der Ausschuss, künftig keine weiteren Umbenennungen mehr vorzunehmen, wie sie von der Deutschen Friedensgesellschaft z. B. für die Kaiserstraße beantragt worden war. Dafür ausschlaggebend waren die mit Umbenennungen verbundenen hohen Kosten und die zu erwartende Proteste der Anwohner – bis heute ein Argument in der Diskussion über Umbenennungen. Und auch der Vorschlag, das Kaiserdenkmal und das Bismarckdenkmal zu entfernen, fand keine Zustimmung. Einzig die Umbenennung der Neuen Poststraße in Finterstraße zu Ehren des 1933 von den Nationalsozialisten abgesetzten linksliberalen Oberbürgermeister Julius Finter wurde noch beschlossen. Dies sollte für längere Zeit die letzte – politische – Straßenumbenennung sein.[85]

Zu einer Neubenennung eines kleinen Teilstücks des Karlsruher Wegs kam es 2013, als der Abschnitt Hertz- bis zur Berliner Straße in Julius-Hirsch-Straße umbenannt wurde. Der zuvor namenlose Platz mit einem kleinen Spielplatz und dem

---

81 Zur Hansjakob vgl. Katja Förster: Heinrich Hansjakob, in: Stadtlexikon Karlsruhe https://stadtlexikon.karlsruhe.de/index.php/De:Lexikon:bio-0269#Heinrich_Hansjakob (Zugriff am 16. Mai 2021).
82 Vgl. Antje Gillich: Jahnstraße, in: Stadtlexikon Karlsruhe https://stadtlexikon.karlsruhe.de/index.php/De:Lexikon:top-1390#Jahnstra.C3.9Fe (Zugriff am 16. Mai 2021).
83 Vgl. Ernst Otto Bräunche: Staudingerstraße, in: Stadtlexikon Karlsruhe https://stadtlexikon.karlsruhe.de/index.php/De:Lexikon:top-2633#Staudingerstra.C3.9Fe (Zugriff am 16. Mai 2021).
84 Vgl. StadtAK 1/H-Reg 11051.
85 Vgl. ebenda.

Um- und Neubenennungen von Straßen und Plätzen von Mai 1945 bis Herbst 1947

Vorher:	Jetzt:
Argonner Straße	Lörracher Straße
Boelcke-Straße	Hecker-Straße
Dietrich Eckart-Straße	Entenfang
Egerländer-Platz	fällt weg
Flandern-Straße	Schopfheimer Straße
Forstner-Straße	Kanalweg
Gänsloch	Gerold-Straße
Gerhardt-Straße	Nördliche Verbindungsstraße zwischen „An der Bahn" und „Gänsloch"
Hermann Göring-Platz	Gottesauer Platz
Wilhelm Gustloff-Straße	August Dosenbach-Straße
Hagdornweg (Stadtrand-Siedlung)	Dornröschenweg
Reinhard Heydrich-Straße	Reinhold Frank-Straße
Hindenburg-Straße	Erzberger-Straße
Adolf Hitler-Platz	Marktplatz
Adolf Hitler-Straße	Pfinztal-Straße
Holzweber-Straße	Alter Graben
Immelmann-Straße	Struve-Straße
Walter Köhler-Straße	Am Steinbruch
Fritz Kröber-Straße	Karlsruher Allee
Langemarck-Platz	Karlsplatz
Lettow Vorbeck-Straße	Kopernikus-Straße
Lindenallee (Verlängerung)	Hohloh-Straße
Lorettoplatz	keine besondere Bezeichnung mehr (zählt zu Kaiserst. 217)
Ludendorff-Straße	Hertz-Straße
Mackensen-Straße	Kepler-Straße
Maikoswky-Straße	Gänsloch
Masuren-Straße	Waldshuter Straße
Maxau-Straße	Ludwig Marum-Straße
Merkurweg	Weg entlang dem Waldrand im Gewann „Heidenstücker"
Herbert Norkus-Straße	Hagdorn-Straße
Planetta-Straße	Grenz-Straße
Platz der SA.	Festplatz
Günther Quandt-Straße	Gartenstraße Nr. 57—83 und 56 b—74
Reichsstraße	Ebert-Straße
Richthofen-Straße	Herwegh-Straße
Hans Schemm-Straße	Ruschgraben
Albert Leo Schlageter-Hain	Alter Friedhof
Albert Leo Schlageter-Straße	An der Bahn
Skagerrakplatz	Engländerplatz
Tannenberg-Straße	Wettersbach-Straße
Fritz Todt-Straße	Ettlinger Straße
Robert Wagner-Allee	Durlacher Allee
Weddigen-Straße	Bruchsaler Straße
Horst Wessel-Ring	Parkring

Abb. 10: Adreßbuch der Stadt Karlsruhe 1947, S. I 30.

Gefallenendenkmal des Karlsruher Fußballvereins (KFV) an der Ecke zur Berliner Straße wurde dabei zum Gottfried-Fuchs-Platz.[86]

86 Vgl. Beschlussvorlagen für den Gemeinderat vom 14. Mai 2013, Hauptamt Stadt Karlsruhe, Alfred Becher: Karlsruher Weg, in: Stadtlexikon Karlsruhe https://stadtlexikon.karlsruhe.de/index.php/De:Lexikon:top-1480 und Alfred Becher: Julius-Hirsch-Straße, in ebenda, https://stadtlexikon.karlsruhe.de/index.php/De:Lexikon:top-1421 (Zugriff am 16. Mai 2021).

Federführend bei der Benennung von Straßennamen ist in Karlsruhe heute das Liegenschaftsamt, der Bauausschuss ist inzwischen das beschließende Gremium, Einzelfälle werden im Kulturausschuss vorberaten. Das Stadtarchiv ist als für die Stadtgeschichte zuständige Fachinstanz in (fast) alle Vorgänge mit historischem Bezug eingebunden und erstellt die historischen Texte zu den Vorlagen. Bei neuen Straßen geht es zunächst einmal um eine Stellungnahme, ob aus stadthistorischer Sicht eine vorgeschlagene Benennung angemessen ist. Bei der Straßenbenennung in einem neuen Wohnviertel im Stadtteil Neureut 2006 unterblieb allerdings die Rückkopplung, wodurch es hier auch eine Hermann-Höpker-Aschoff-Straße gibt. Es ist inzwischen bekannt, dass der erste Präsident des Bundesverfassungsgerichts seit 1940 als leitender Jurist in der Haupttreuhandstelle Ost tätig war. In deren Zuständigkeit fiel die Beschlagnahmung und Verwertung jüdischen und polnischen Vermögens.[87]

8. Zusatzinformationen zu Straßennamensschildern

Da die Personen oder Ereignisse, an die die Straßennamen erinnern sollen, häufig in Vergessenheit geraten sind und auch lokale Prominenz auswärtige Gäste oft ratlos lässt, wurden seit 1964 sukzessive alle in Frage kommenden Straßen mit einem kleinen Zusatzschild versehen.[88] Auf den Zusatzschildchen stehen nur knappe Informationen zu einer ersten Einordnung, wie das Beispiel des von den Nationalsozialisten ermordeten Hermann-Müller-Würtz belegt: »1873–1933, Stadtverordneter, Gegner des Nationalsozialismus, wurde vermutlich ermordet.« Eine mehr als knappe Information also, die auch im Karlsruher Adressbuch, solange es erschien, nachzulesen ist. Ziel war es, »in aller Kürze einen Fingerzeig auf die Tätigkeitsfelder und Verdienste der Geehrten zu geben.«[89]

Bei einer Straßenbenennung kam es 1994 zu einer Teilumwidmung. Die im Kaiserreich 1888 nach Generalfeldmarschall Graf Helmuth von Moltke benannte Straße erhielt ein neues Zusatzschild: »Generalfeldmarschall Graf Helmuth von Moltke, geb. 1800, gest. 1891. Helmuth James Graf von Moltke, 1907–1945, als Gegner des Nationalsozialismus hingerichtet.« Ausgangspunkt war eine Initiative des Leiters und des Kollegiums der im westlichen Teil der Moltkestraße in einem ehemaligen Kasernengebäude untergebrachten Erich-Kästner-Schule für Schwerhörige und Sprachbehinderte, heute Sonderpädagogisches Bildungs- und Beratungszentrum mit den Förderschwerpunkten Hören und Sprache, die Straße lieber nach einem Widerstandskämpfer, »ein sinnvolleres und erstrebenswerteres Vorbild«, als nach einem

---

87 Vgl. René Gilbert: Hermann Höpker-Aschoff, in: Stadtlexikon Karlsruhe https://stadtlexikon.karlsruhe.de/index.php/De:Lexikon:bio-0926 (Zugriff am 15. März 2021) hier auch weitere Literaturhinweise.
88 Vgl. StadtAK 1/H-Reg 11051.
89 Jochen Karl Mehldau (wie Anm. 42), S. 26.

Abb. 11: Enthüllung des Schildes für die Hermann-Müller-Würtz-Straße 1993 durch den Ersten Bürgermeister Erwin Sack und der Tochter vor Hermann Müller-Würtz, Frau Alma Reil im November 1993, Stadtarchiv Karlsruhe 8/PBS oXI 490.

»preußischen Feldherren und Krieger« zu benennen. Die Fraktion der Grünen machte daraus einen Antrag, der den oben zitierten Kompromiss als Ergebnis hatte.[90] Da diese Zusatzschildchen sehr knappgehalten werden müssen, lassen sie Fragen offen. Im Falle der Moltkestraße bleiben so die Hintergründe der Entscheidung für zwei doch recht unterschiedliche Namensgeber im Dunklen. Die Alternative wäre eine Neubenennung nur nach dem Widerstandskämpfer gewesen.

Dieses Verfahren wurde ein zweites Mal in modifizierter Form angewandt. Auf einen Hinweis aus der Bürgerschaft, dass der Namensgeber der Vierordtstraße in Palmbach, der Heimatdichter und Schriftsteller Heinrich Vierordt (1855–1945), wegen seiner Unterstützung der NS-Ideologie und seiner nationalistischen und

---

90 Vgl. Amtsblatt der Stadt Karlsruhe vom 22. April 1994.

z. T. Hass propagierenden Werke als Namensgeber nicht mehr tragbar war.[91] Die Straße wurde allerdings nicht umbenannt, sondern dem Großvater, dem Bankier und Stifter Heinrich Vierordt gewidmet, dessen Stiftung 1867 den Bau des nach ihm benannten Vierordtsbades ermöglicht hatte.[92]

9. Resümee

Zum 27. Januar 2021 hat das Stadtarchiv Karlsruhe in Zusammenarbeit mit dem Liegenschaftsamt eine interaktive Karte »Erinnerungsorte für die Opfer des Nationalsozialismus« auf seiner Homepage eingestellt, die einen raschen Zugriff auf viele der aufgeführten Beispiele der Erinnerungskultur im öffentlichen Raum ermöglicht.[93] Dies belegt eindrücklich, in welchem Umfang sich der Auftrag an das junge Stadtarchiv aus dem Jahr 1885, »die Häuser der Stadt, wo bedeutende Männer wohnten, oder die Plätze, wo sich bedeutende Ereignisse abspielten, durch Erinnerungstafeln oder sonst auf geeignete Weise kenntlich« zu machen weiterentwickelt hat. Die Stadt Karlsruhe nimmt den Auftrag der Erinnerungskultur im öffentlichen Raum in den eigenen Gedächtnisinstitutionen mehr denn je wahr und fördert nichtstädtische Initiativen. Diese Aufgabe wird sich sicher in Teilbereichen modifizieren und neue Formen finden, aber, so bleibt zu hoffen, als grundsätzliche Daueraufgabe im Sinne einer demokratischen Traditionsbildung erhalten bleiben.

91 Zu Vierordt jun. vgl. René Gilbert/Jürgen Schuhladen-Krämer: Heinrich Vierordt, in: Stadtlexikon Karlsruhe https://stadtlexikon.karlsruhe.de/index.php/De:Lexikon:bio-0302 (Zugriff am 16. Mai 2021).
92 Vgl. StadtZeitung vom 3. August 2017, StadtAK 8/Ze.
93 Erinnerungsorte für die Opfer des Nationalsozialismus https://stadtgeschichte.karlsruhe.de/erinnerungskultur/erinnerungskultur-im-oeffentlichen-raum/erinnerungsorte-fuer-die-ns-opfer (Zugriff am 16. Februar 2023).

Das Hambacher Fest

Ein spät ›entdeckter‹ Erinnerungsort der deutschen Demokratiegeschichte*

Wilhelm Kreutz

Das »Hambacher Fest«, das am 27. Mai 1832 20.000 bis 30.000 sowie bis Ende Mai mindestens weitere 10.000 Männer, Frauen und Kinder auf den Hambacher Schlossberg lockte, gehört zu den wichtigsten Erinnerungsorten der deutschen Demokratiegeschichte.[1] Nicht übersehen werden darf dabei jedoch sein spezifisch pfälzischer Charakter, denn ohne die Fortdauer des gesellschaftlichen wie juristischen Erbes von französischer Revolution und napoleonischer Herrschaft wäre das Fest nicht möglich gewesen. Zu den Sonderrechten des »bayerischen Rheinkreises«, die die Zeitgenossen als »französische Institutionen« feierten, zählten die entschädigungslose Bauernbefreiung, die freie Verfügung über Grund und Boden, die freie Ansässigmachung, die Freizügigkeit, die Gewerbefreiheit, der Freihandel, die Unabhängigkeit der Justiz sowie die Öffentlichkeit und Mündlichkeit der Schwurgerichtsverhandlungen. Die durch die bayerische Verfassung von 1818 bestätigten, wenngleich nicht garantierten Sonderrechte machten den damaligen »bayerischen Rheinkreis«, dem König Ludwig I. erst 1838 den historisierenden Namen Pfalz verlieh, zur fortschrittlichsten Region des Deutschen Bunds und bereiteten dem Fest, wie die Querelen zwischen der Münchner Regierung und den Juristen des Zweibrücker Appellationsgerichts belegen, den Boden. All dies ist in der Vergangenheit detailliert analysiert

---

* Überarbeitete und wesentlich erweiterte Fassung meines Beitrags »Zur Vorgeschichte. Neustadt, das Hambacher Fest und dessen Nachwirken, in: Markus Raasch (Hg.): Volksgemeinschaft in der Gauhauptstadt. Neustadt an der Weinstraße und der Nationalsozialismus, Münster 2020, S. 61–70.

1 Dieter Schiffmann: Das Hambacher Fest – Ein deutscher Erinnerungsort. Die Nachgeschichte des Hambacher Fests im Spannungsfeld von kollektivem Gedächtnis und Geschichtspolitik. In: Joachim Kermann/Gerhard Nestler/Dieter Schiffmann (Hg.), Freiheit. Einheit. Europa. Das Hambacher Fest von 1832. Ursachen, Ziele, Wirkungen, Ludwigshafen 2006, S. 333–386. (Ein Beitrag zum Hambacher Fest fehlt freilich in Etienne François/Hagen Schulze (Hg.): Deutsche Erinnerungsorte, 3 Bde., München 2001). Vgl. u. a. auch die Ausführungen von Albert Becker: Der Geist von Hambach. In: Pfälzisches Museum. Pfälzische Heimatkunde 49, 1932, S. 134–161.

worden.² Demgegenüber stieß die Frage nach der Rolle der Bürger Neustadts in der Forschung bis heute auf geringeres Interesse, obgleich erst sie die Voraussetzungen für das Fest und dessen Gelingen schufen.³

1. Das »Hambacher Schloss« wird Privatbesitz

Dies gilt vor allem für die Tatsache, dass die ursprünglich Kastanien- bzw. Kästenburg genannte Ruine sich seit 1823 in Privatbesitz befand. In diesem Jahr ersteigerten sie drei Neustadter Bürger für 625 Gulden, zusammen mit dem umliegenden Wald ein Gelände von insgesamt knapp fünfzehn Hektar.⁴ Weitere elf Neustadter Bürger – und zwei aus nahe gelegenen Dörfern – traten der Eigentümergemeinschaft bei. Vergleicht man ihre Namen mit den Mitgliederlisten der in Neustadt aktiven Vereine – auf die seit 1790 bestehende »Lesegesellschaft«, den »Schützenverein«, den »Musikverein«, den »Polen-Verein«, den »Frauenverein zugunsten der Polen« und nicht zuletzt den »Preß- und Vaterlandsverein« – so kristallisieren sich zahlreiche gesellschaftlich und politisch aktive Familien heraus. Allen voran zu nennen sind der Apotheker Franz Heinrich Schop[p]mann und sein Sohn, der Jurist, Gutsbesitzer, Handelsmann und Landtagsabgeordnete Johann Jakob Schop[p]mann. Franz Heinrich Schopmann war in den 1780er Jahren Mitglied des »Illuminatenordens« und zusammen mit seinem Sohn gehörte er der »Lesegesellschaft«, dem »Schützenverein« sowie dem »Press- und Vaterlandsverein« an.⁵ Unter den Eigentümern findet sich auch der in Mannheim geborene Jude Abraham Lembert, der sich 1792 dem

---

2 Vgl. hierzu und im Folgenden vor allem Cornelia Foerster: Der Preß- und Vaterlandsverein von 1832/33. Sozialstruktur und Organisationsformen der bürgerlichen Bewegung in der Zeit des Hambacher Festes, Trier 1982; Cornelia Foerster/Joachim Kermann (Bearb.): 1832–1982. Hambacher Fest. Freiheit und Einheit, Deutschland und Europa (Katalog zur Ausstellung des Landes Rheinland-Pfalz zum 150-jährigen Jubiläum des Hambacher Festes. Hambacher Schloss, 18. Mai bis 19. September 1982), Neustadt an der Weinstraße 1982; Joachim Kermann/Gerhard Nestler/Dieter Schiffmann (Hg.): Freiheit. Einheit. Europa. Das Hambacher Fest von 1832. Ursachen, Ziele, Wirkungen, Ludwigshafen 2006; Helmut Gembries (Hg.): 175 Jahre Hambacher Fest, Neustadt an der Weinstraße 2006; Wilhelm Kreutz: Das Hambacher Fest. Politischer und sozialer Protest im deutschen Südwesten (Veröffentlichung der Landeszentrale für politische Bildung Rheinland-Pfalz), Mainz 2007.
3 Vgl. vor allem Lutz Frisch: Deutschlands Wiedergeburt. Neustadter Bürger und das Hambacher Fest 1832, Neustadt an der Weinstraße 2012.
4 Dies waren die Gutsbesitzer Georg Frey, Ludwig Grohé und Philipp Zinkgraff. Vgl. Frisch (wie Anm. 3), S. 10.
5 Vgl. Wilhelm Kreutz: Aufgeklärte Gesellschaften in Neustadt an der Haardt/Weinstraße am Ende des Alten Reichs. In: Klaus Frédéric Johannes (Hg.): Mobilitas. Festschrift zum 70. Geburtstag Werner Schreiners, Neustadt an der Weinstraße 2017, S. 593–603 sowie Frisch (wie Anm. 3), S. 25–41.

Straßburger Jakobinerklub angeschlossen hatte und ab 1797 in der Verwaltung des Departements Donnersberg tätig gewesen war. 1809 wurde er in die napoleonische Freimaurerloge »Trois flammes vivifiantes« aufgenommen und in bayerischer Zeit amtierte der glühende Philhellene bis zu seinem Tod am 2. Mai 1832 als Notar in Mutterstadt und Neustadt.[6] Anfang der 1830er Jahre traten sowohl sein Sohn Gustav als auch seine Tochter Rosa, die dem Vorstand des »Frauenvereins zugunsten der Polen« angehörte, in seine Fußstapfen.[7] Der Lesegesellschaft und der Freimaurerloge gehörten ferner die miteinander verwandtschaftlich verbundenen Schlosseigentümer, Gutsbesitzer und Bankiers Ludwig Dacqué und Ludwig Grohé an.[8] Alle Eigentümer verpflichteten sich[9], die Schlossruine »auf keine Weise zu demolieren«[10], vielmehr diese »zum Genuß des allgemeinen Publikums zu verschönern [...]«.[11] Wie von ihnen erhofft, entwickelte sich die bald »Hambacher Schloss« genannte Burgruine zu einem beliebten Ausflugs- und Veranstaltungsort:

> »Vorzüglich war es der blühende Frühling, welcher frohe Gesellschaften auf unserem Schloßberge vereinte. Allmählich wurde besonders der Pfingstmontag hierzu ausersehen. Von nahe und ferne zogen da jährlich viele Waller zu den Ruinen hinauf, um bei fröhlichem Gesange, vollem Becher und lustigem Scherze sich des irdischen Daseyns zu erfreuen«.[12]

1828 lud der »Musikverein des Königlich-Bayerischen Rheinkreises« hierher zu seinem Musikfest ein, und erstmals führte eine »Promenade« die Teilnehmer vom Neustadter Marktplatz hinauf zum Schloss.[13] Am 29. Juli 1831 versammelten sich

---

6 Vgl. Andreas Roth: Abraham Lembert – Juden, Jakobiner, Jurist. Ein Leben zwischen Revolution, Emanzipation und rheinischem Recht. In: Jens Eisfeld/Martin Otto/Louis Pahlow/Michael Zwanzger (Hg.): Naturrecht und Staat in der Neuzeit. Diethelm Klippel zum 70. Geburtstag, Tübingen 2013, S. 213–232.
7 Vgl. Hellmut G. Haasis: Morgenröte der Republik. Die linksrheinischen Demokraten 1789–1849, Frankfurt am Main/Berlin/Wien 1984, S. 221.
8 Kreutz (wie Anm. 5), S. 599–601; Winfried Dotzauer: Lesegesellschaft und Loge ›Trois flammes vivifiantes‹. In: Blätter für pfälzische Kirchengeschichte und religiöse Volkskunde 42 (1975), S. 59–70, hier: 69 f.
9 Die weiteren Eigentümer waren der Gutsbesitzer Goswin Tischleder, der Rentier Johann Heinrich Klein senior, der Steuer- und Gemeindeeinnehmer Casimir Hecht aus Mußbach, der Gutsbesitzer Melchior Otterstaetter, der Privatmann Christian Mattil, der Gutsbesitzer Conrad Horning, der Rentier Georg von Bie(h)l und der Gutsbesitzer Christian Adam Schimpf aus Winzingen; vgl. Frisch (wie Anm. 3), S. 59.
10 Ebenda, S. 10.
11 Joachim Kermann: Das Hambacher Schloss als Hochzeitsgeschenk der Pfälzer an Kronprinz Maximilian von Bayern (1842). In: Mitteilungen des Historischen Vereins der Pfalz 80 (1982), S. 199–231, hier: S. 219.
12 Franz Xaver Remling: Die Maxburg bei Hambach, Neustadt 1981 (Nachdruck der Ausgabe Mannheim 1844), S. 130, zitiert nach Frisch (wie Anm. 3), S. 12 f.
13 Frisch (wie Anm. 3), S. 13.

dort gut zweihundert Personen, unter ihnen die Notare Abraham Lembert und Mathäus Joseph Müller, Bürgermeister Ludwig Dacqué, Friedensrichter Max Isidor dall'Armi, und die Lehrer der Lateinschule, Friedrich Conrad Bruckner, der Herausgeber einer mehrbändigen »Jugendbibliothek deutscher Classiker«, sowie Philipp Peter Bumb, zum Gedenken an die französische Julirevolution des Vorjahres. Viele Feiernde hätten dreifarbige Kokarden getragen, wie der Aktuar des Landkommissariats berichtete; ob auch die französische Trikolore gehisst worden sei, vermochte der auf dem Schlossberg nicht Anwesende nicht zu sagen.[14]

2. Das Hambacher Fest und die Folgen (1832–1835)

Es überrascht deshalb nicht, dass am 20. April 32 Neustadter Bürger den von Philipp Jakob Siebenpfeiffer verfassten Aufruf unterzeichneten und zu »Der Deutschen Mai« auf das Hambacher Schloss einluden.[15] Manches deutet sogar darauf hin, dass Siebenpfeiffer, der ab 29. März im Haus des Bankiers Georg Friedrich Grohé-Henrichs in Haardt Unterschlupf gefunden hatte, das Maifest bereits Anfang April mit den Mitgliedern des Neustadter »Preß- und Vaterlandsvereins« geplant hatte.[16] Neben den bereits Genannten gilt es auf den Mitarbeiter Johann Georg August Wirths, den Vorsitzenden des Neustadter Filialkomitees des »Preß- und Vaterlandsvereins«, das spätere Mitglied des Frankfurter Vorparlaments, des bayerischen Landtags und der pfälzischen Revolutionsregierung von 1849, den Arzt Dr. Philipp Hepp hinzuweisen, der in Vertretung des erkrankten Johann Jakob Schop[p]mann das Fest eröffnete.[17] Hinzu kommen der Kaufmann und Weingutsbesitzer Friedrich Deidesheimer sowie der Student der Rechte Ludwig Frey, ein Sohn Georg Freys, der ebenfalls 1848/49 noch einmal aktiv in das Revolutionsgeschehen eingriff. Alle drei, Hepp, Deidesheimer und Frey, hielten am 27. Mai 1832 Reden auf dem Schlossberg, Notar Mathäus Joseph Müller sowie Johann Jakob Schop[p]mann sprachen zudem bei der Einholung der deutschen und der polnischen Fahne am 1. Juni 1832.[18]

All dies belegt, dass Neustadt zu den Zentren der pfälzischen Opposition der Vormärzjahre zu zählen ist. Ebenso wie gegen die übrigen »Hambacher« gerieten die Neustadter Redner in den Fokus der polizeilichen Ermittlungen; diese wurden jedoch eingestellt, da »ihren Reden keine direkte Aufforderung zum Umsturz ent-

---

14 Ebenda, S. 13 f.
15 Frisch (wie Anm. 3), S. 92.
16 Ebenda, S. 87–89.
17 Ronald Burger: Johann Adam Philipp Hepp (26. Oktober 1797–5. Februar 1867) – ein Pollichianer. Mitgründer und Vorsitzender der Pollichia (1842–1849) – Eröffnungsredner beim Hambacher Fest (1832) – Finanzminister der pfälzischen Revolutionsregierung (1849). In: Pollichia Kurier 25(2) (2009), S. 4–7.
18 Frisch (wie Anm. 3), S. 142–149 und S. 158.

nommen werden« konnte.[19] Sie wurden jedoch – ebenso wie die Gebrüder Philipp und Ludwig Abresch – nach den »blutigen Ereignissen« am Jahrestag des Fests[20] – 1834/35 erneut wegen »Widersetzlichkeit und Empörung wider die Vollziehung obrigkeitlicher Befehle« angeklagt.[21] Aufgeschreckt durch den gescheiterten »Frankfurter Wachensturm« vom 3. April 1833 hatte der Stadtrat bereits Tage vor dem 27. Mai neben der Bürgergarde weitere zweihundert Bürger als »Sicherheitsgarden« rekrutiert und die bayerische Regierung, um Demonstrationen im Keim zu ersticken, zusätzlich vier Kompanien Infanterie in die Stadt und die Region verlegt und bei den Bürgern einquartiert.[22] Dennoch ließen es sich am Pfingstmontag 500 bis 1.000 Bürger nicht nehmen, auf den – von bayerischem Militär besetzten – Schlossberg zu wandern. Nach »fröhlichem Zechen« – gerade auch der Soldaten – eskalierten am Nachmittag die Ereignisse. Ob die Bürger sie tatsächlich durch Freiheitslieder wie die Marseillaise oder durch Rufe nach Freiheit provozierten, muss dahin gestellt bleiben. Feststeht, dass die Soldaten Männer, Frauen und Kinder mit z. T. brutaler Gewalt attackierten und den Schlossberg schließlich gewaltsam räumten, um in der Stadt weiter zu wüten.[23] Selbst vor Mitgliedern der Sicherheitswache machten sie keinen Halt. Viele erlitten durch Bajonettstiche und Schüsse offene Wunden. Ein 21-jähriger, durch einen Bajonettstich verletzter Messerschmiedgeselle starb noch am Abend und wurde – ohne dass man seine Familie benachrichtigte – sofort beerdigt.[24] Das Frankenthaler Zuchtpolizeigericht sprach im Januar 1835 alle Angeklagten – mit Ausnahme des Fahnenträgers von 1832, Philipp Abresch, der wegen Beleidigung zu einem Monat Gefängnis verurteilt wurde – frei.[25] Den Schlusspunkt der seit 1832 verschärften Verfolgung der Hambacher setzte der Landauer Assisen-Prozess, in dem jedoch keiner der Neustadter Aktiven zu den Angeklagten zählte.[26] Doch all dies konnte das Hambacher Fest nicht aus dem Bewusstsein vieler Pfälzer verdrängen, das Fest blieb zunächst präsent, wie Wirtshausschilder und Devotionalien belegen.

19 Theophil Gallo: Die Verhandlungen des außerordentlichen Assisengerichts zu Landau in der Pfalz im Jahre 1833. Verlauf, Grundlagen und Hintergründe, Sigmaringen 1996, S. 49.
20 Reinhard Hechel: Die »Blutigen Ereignisse«. Das Pfingstfest von 1833 auf dem Hambacher Schloßberg im Dorfe Hambach und in Neustadt an der Haardt. 175 Jahre »1. Jahrestag« des Hambacher Festes vom 27. Mai 1832, Neustadt an der Weinstraße 2008.
21 Johannes Mährlen: Die Geschichte unserer Tage. Das Jahr 1835. 4 Bde., Stuttgart 1837, S. 147.
22 Hechel (wie Anm. 20), S. 20 f.
23 Ebenda, S. 31–52.
24 Ebenda, S: 51.
25 Mährlen (wie Anm. 21), S. 147 f.
26 Vgl. Gallo (wie Anm. 19).

3. Die »Maxburg« als Hochzeitsgeschenk der Pfälzer für Kronprinz Max

Bemerkenswerterweise bot die Heirat des bayerischen Kronprinzen Max mit seiner preußischen Braut Marie den Anlass, die Scharte von 1832 auszuwetzen und dem Königshaus die Treue seiner Pfälzer zu beweisen. Die Initiative ging im April 1842 von Kirchheim aus und diese führte am 22. Mai 1842 zur Konstituierung eines Zentral-Komitees in Kaiserslautern, das auch das Sammeln der Spenden organisieren sollte. Schnell setzte sich der Vorschlag durch, der königlichen Familie eine »würdige und wohnliche Stätte [...] und dadurch der schönen Pfalz die freudige und beglückende Aussicht auf ein längeres Weilen der erhabenen Regenten-Familie« zu schenken.[27] Als Gabe in Betracht gezogen wurden der Trifels, die Hardenburg, die Limburg und die Madenburg, bevor Valentin Möhl, der Mannheimer Altbürgermeister und Gutsbesitzer in Mußbach, am 18. Juni 1842 in einem persönlichen Schreiben an König Ludwig I. das Hambacher Schloss vorschlug. Neben der reizvollen geographischen Lage verwies er auf die politische Bedeutung dieses Geschenks:

> *»Die Pfälzer würden dadurch an den Tag legen, daß die Richtung vom Mai 1832 nicht mehr bestehe, es wäre in dieser Beziehung eine Thatsache, die mehr als alles andere von den Gesinnungen zeugt, welche die Pfälzer gegen Ihren Erlauchten Pfalzgrafen und allerhöchst dessen hohes Haus erfüllen. Die Maxburg! Schon zweifeln die Pfälzer nicht mehr, Seine Majestät der König werde ihnen gestatten, die Burg nach seiner Königlichen Hoheit dem Kronprinzen mit diesem Namen zu schmücken«.*[28]

Am 4. Juli begrüßte König Ludwig diesen Vorschlag und konterkarierte damit alle weiteren Aktivitäten des Zentral-Komitees, das in der Folge nur noch den Kauf des von Ludwig favorisierten Geschenks organisieren konnte. Ohne Widerspruch blieb dies nicht. Im September 1842 rief ein Korrespondent der »Mannheimer Abendzeitung« zur Gründung eines Vereins auf, der das Hambacher Schloss erwerben und »das Andenken an jene Zeit (27. Mai 1832) zu schätzen wisse[.], und durch Acquisition dieser merkwürdigen Ruine, dem Streben jener wackern Männer, die dort ihr freies Wort erschallen ließen, gewissermaßen Anerkennung zollen würde[.]«.[29] Trotz weiterer Proteste vor allem radikalliberaler badischer Abgeordneter – wie Adam von Itzstein oder Georg Adolf Sander – ersteigerte das Zentral-Komitee Ende September das Schloss und das umliegende Gelände für 3.165 Gulden und sandte am 1. Oktober 1842 eine Glückwunschadresse an das Brautpaar.[30] Bald begann der

---

27 Kermann (wie Anm. 11), S. 203.
28 Ebenda, S. 213 f.
29 Ebenda, S. 217.
30 Ebenda, S. 225.

Ausbau nach den Plänen August von Voits und Kronprinz Maximilians, der jedoch 1844 abgebrochen wurde, nachdem Ludwig und Maximilian während einer Pfalzreise die Anhöhe bei Edenkoben entdeckt hatten, auf der in der Folge die »Villa Ludwigshöhe« erstand.[31] Dennoch mutierte das Hambacher Schloss zur Maxburg. Und der neue, bis nach dem Zweiten Weltkrieg tradierte Name verdrängte die Erinnerung an den »Hambacher Skandal« von 1832.

4. Die Revolution von 1848/49

Dennoch gedachten die Pfälzer während der Märzbewegung von 1848 des Maifests.[32] Am »Gedächtnistag« versammelte man sich auf dem Schlossberg, die eigentliche »Erinnerungsfeier« fand jedoch einen Tag später auf der Neustadter Wolfsburg statt. Vor 5.000 bis 6.000 Menschen sprachen u. a. Dr. Philipp Hepp und Johann Philipp Abresch, der erneut die Traditionsfahne trug, und priesen die »Errungenschaften der jüngsten Zeit«, in denen sie die Resultate der sechzehn Jahre zuvor »in die Brust des deutschen Mannes niedergelegten Ideen« sahen.[33] Wie stark das »Hambacher Fest« in der Pfalz nachwirkte, unterstreichen die Wahlen zum Nationalparlament im Frühjahr und zum bayerischen Landtag im Spätherbst 1848. In die Paulskirche bzw. das Stuttgarter Rumpfparlament zogen 1848/49 vier ehemalige Hambacher ein.[34] Noch stärker dominierten die Althambacher die neunzehnköpfige pfälzische Fraktion im bayerischen Landtag, wo sich die Pfälzer – wie in Frankfurt – alle der parlamentarischen Linken anschlossen. Fünf Hambacher erhielten ein Mandat.[35] Fünf weitere Deputierte waren mit ehemaligen Hambachern verwandt.[36] Im Juni besuchte eine Delegation der Linken der Nationalversammlung unter der Führung Robert Blums auf ihrer Pfingstreise auch Neustadt, wo sich am

---

31 Berthold Roland: Villa Ludwigshöhe. Ludwig I. und sein Schloß in der Pfalz, Amorbach 1986.
32 Vgl. hierzu und im Folgenden Erich Schneider: Hambacher Fest und 1848/49er Revolution. In: Erich Schneider/Jürgen Keddigkeit (Hg.): Die Pfälzische Revolution von 1848/49, Kaiserslautern 1999, S. 23–28.
33 Ebenda, S. 25.
34 Dies waren Friedrich Schüler, Georg Friedrich Kolb, August Ferdinand Culmann und Adolf Ernst Theodor Berkmann. Hinzuzurechnen ist der als Ersatzmann für Frankfurt nominierte August Christian Scharpff. Vgl. Wilhelm Kreutz: Revolution – Reform – Reaktion. Regierungspolitik und Parlamentarismus im nachmärzlichen Bayern. Habil. Masch., Mannheim 1991, S. 36.
35 Dies waren Adolf Ernst Theodor Berkmann, Dr. Philipp Johann Adam Hepp, Johann Philipp Michael Kohlhepp, Georg Friedrich Kolb und Friedrich Schüler. Vgl. Kreutz (wie Anm. 33), S. 32–34.
36 Dies waren Peter Eymann, Johann Peter Gelbert, Adam Müller, Karl Scharpff und Dr. Georg Jakob Stockinger. Vgl. Kreutz (wie Anm. 33), S. 34 f.

12. Juni auf dem Bahnhofsplatz 8.000 bis 10.000 Frauen und Männer versammelten. Blum und erneut Hepp priesen die »junge deutsche Freiheit« und ließen das »freie, deutsche Vaterland« hochleben.[37]

5. Das Zeitalter der Reichseinigung

Dass in der auf das Scheitern der Reichsverfassungskampagne folgenden Ära der Reaktion jede noch so zaghafte Erinnerung an Hambach, die Märzrevolution oder die deutsche Trikolore unterdrückt wurde, liegt auf der Hand. 1872, ein Jahr nach der Reichsgründung, die auch viele ehemals entschiedene Liberale mit wehenden Fahnen ins Bismarck'sche Lager hatte wechseln lassen, formierte sich am 40. Jahrestag erstmals wieder ein Festzug zum Schloss:

> »Daß die Hambacher recht eigentlich die unmittelbaren Vorläufer und echten ›Pioniere der deutschen Einheit‹, so wie sich dieselbe 1870/71 unter preußischer Führung ergeben hat, gewesen seien, dies war auch die Überzeugung der Initiatoren und Festgestalter der großen Jubiläumsfeier im Mai 1872 auf dem Hambacher Schlossberg«.[38]

Den nationalliberalen Initiatoren ging es darum, kurz nach der glorreichen Gründung des deutschen Reiches den Vorläufern ein loyales, nationales »Dank- und Erinnerungsfest« zu widmen. Erneut strömten – mit Genehmigung König Ludwigs II. – mindestens 10.000 Männer und Frauen – andere Quellen sprechen sogar von 30.000 – auf den Schlossberg, unter ihnen einige Hambacher Veteranen, allen voran Friedrich Deidesheimer, Theodor Frey und Georg Friedrich Stammberger. Andere »Veteranen« wie Johann Philipp Becker, Daniel Pistor oder Friedrich Schüler blieben dem Spektakel demonstrativ fern.[39] Die von nationalem Pathos erfüllte Hauptrede hielt der Neustadter Buchhändler Eduard Witter. Weitere Redner und Grußadressen zollten ebenfalls der überschäumenden Euphorie der Reichsgründungszeit Tribut und gaben selbst kulturkämpferischen Parolen Raum. Prägnant spiegelt das zum Jubiläum publizierte Gedenkblatt unter dem Titel »Deutschlands Erhebung 1870« mit der allegorischen Darstellung des deutsch-französischen Krieges die genannten Aspekte wider Abb. 1). Das Gewitter der Schlachten verzieht sich, die mit Krone, Schild und Schwert ausgestattete Germania trägt die siegreiche schwarz-rot-goldene Fahne; im Hintergrund sieht man zum einen das Hambacher Schloss, zum anderen die fliehenden Franzosen. Das Gedicht von Christoph Weiss

---

37 Schneider (wie Anm.32), S. 25–27.
38 Vgl. hierzu und im Folgenden Erich Schneider: Die Hambacher Festjubiläen 1872 und 1882 und das Hambach-Bild der politischen Parteien nach der Reichsgründung. In: Alois Gerlich (Hg.): Hambach 1832. Anstöße und Folgen, Wiesbaden 1984, S. 100–130, hier: S. 106.
39 Ebenda, S. 109.

Abb. 1: Deutschlands Erhebung 1870. Einigkeit macht stark. Zur Erinnerung an das Hambacher Fest den 27. Mai 1832. Gedenkblatt zur 40-Jahr-Feier des Hambacher Fests 1872. In: Anton Maria Keim/Helmuth Mathy: Ein politisches Lese- und Bilderbuch zur Geschichte von Freiheit und Demokratie. Hambach 1832–1982. Ereignis. Grundwerte. Perspektiven, Mainz 1982, S. 359.

»Einigkeit macht stark« »verherrlicht ausschließlich den deutschen Waffengang und führt den Bezug auf Hambach ad absurdum:[40]

»Germania richtet empor das Haupt, / Weil krähte der gallische Hahn, / Die Horden die schmählich uns einst beraubt, / Sie rücken auch jetzt wieder an. /// Sie schlägt an den Heerschild mit kräft'ger Hand. / Und ruft alle Mannen zum Schwert, / Es gilt ja dem herrlichen deutschen Land, / Es gilt ja dem heimischen Herd. /// Jetzt schwebet sie stolz von Sieg zu Sieg, / Voran ihrer muthigen Schaar, / Denn das ist ein Krieg, der heiligste Krieg, / Der würget den Corsischen Aar«.[41]

Im Festzug führte man zwar die im Hause Abresch aufbewahrte Traditionsfahne von 1832 mit und verteilte schwarz-rot-goldene Abzeichen, aber sie verblassten angesichts der Dominanz schwarz-weiß-roter Fahnen und Schärpen. So verwundert es nicht, wenn die oppositionelle Presse die Schweifwedelei vor Kaiser, Bismarck und allen Fürsten geißelte. Vor allem Georg Friedrich Kolb attackierte die Feier, an der »auch nicht eine politische Nobilität mitgewirkt habe«, als »ekelhafte Karikatur«, als »Affenkomödie«, die nachträglich das Fest der Freiheit und Völkerverbrüderung von 1832 entweihe.[42]

6. Das Feierverbot von 1882

Die Tilgung des demokratischen Erbes von Hambach war in vollem Gange. Und dieser Kampf setzte sich anlässlich des 50. Jahrestages fort. Die Versuche der pfälzischen Mitglieder der linksliberalen demokratischen Volkspartei der Pfalz, das Jubiläum als »ein Fest der deutschen Demokratie glänzend und würdig zu feiern«[43], liefen ins Leere. Denn die mit großer Mehrheit sowohl in der Pfalz als auch in Bayern beschlossenen Pläne der Volkspartei wurden vom Königlichen Bezirksamt Neustadt in Absprache mit München ebenso verboten wie die danach ins Auge gefasste Veranstaltung im Neustadter Saalbau. Bemerkenswerterweise war in einem Teil der nationalliberalen Presse das Lob für die »Vorkämpfer von 1832« harschen Urteilen über den »kosmopolitisch-radikale[n]« Geist gewichen und die »geistigen Leiter« als »Polen, Franzosen und Unzufriedene aller Länder« denunziert.[44] Pfälzische wie nicht-pfälzische Journale geißelten den »unwürdigen Franzosen- und Polenschwindel« und nahmen nur Johann Georg August Wirth, »vielleicht der einzigste [sic!] in der Pfalz, dem die Liebe zu Deutschland das leitende Motiv seiner Bestrebungen

---

40 Helmuth Mathy: Perspektiven. In: Anton Maria Keim/Helmuth Mathy: Ein politisches Lese- und Bilderbuch zur Geschichte von Freiheit und Demokratie. Hambach 1832–1982. Ereignis. Grundwerte. Perspektiven, Mainz 1982, S. 359.
41 Ebenda, S. 139.
42 Schneider (wie Anm. 38), S. 117.
43 Ebenda, S. 119.
44 Ebenda, S. 122.

war«.⁴⁵ Parallel versuchten die durch die Sozialistengesetze ausgegrenzten Sozialdemokraten aus dem Streit politisches Kapital zu schlagen. Zum einen verbreiteten sie illegal eine von Johann Philipp Becker verfasste Flugschrift »Offener Brief an die deutschen Parteigenossen bei Gelegenheit der Fünfzigjährigen Gedenkfeier des Hambacher Fests«, zum anderen scheiterte der Versuch einiger Sozialdemokraten um Franz Joseph Ehrhart, auf der Schlossruine die rote Fahne zu hissen. Gerade diese Aktionen aber dienten den Gegnern der Gedenkfeiern dazu, die linksliberalen Pläne zu diskreditieren.⁴⁶

7. Die Feiern des Hambacher Pfälzerwald-Vereins

Zu explizit politischen Aktionen kam es bis zum Ende des Kaiserreichs nicht mehr. 1907 unterblieben selbst Feiern zur 75-Jahr-Feier des Hambacher Fests.⁴⁷ Erst der Hambacher Pfälzerwald-Verein bemächtigte sich im Zuge seiner allgemeinen pfälzischen Traditionspflege seines vermeintlichen Erbes von 1832.⁴⁸ Bereits 1913 fand in Anlehnung an das Fest des Heiligen Georg und zur Erinnerung an das Hambacher Fest am 26. April 1913, also gut einen Monat vor dem Jahrestag, im Gasthaus »Zum Engel«, das »Jörgenfest«, ein Pfälzer Brauchtumsabend statt. Winzerinnen und Winzer in vermeintlich »altpfälzischer Tracht« sangen pfälzische Lieder, Paul Münch rezitierte aus der »Weltgeschicht« und Anna Jung aus dem »Schneidersche vun Mackebach«.⁴⁹ Anlässlich der 100. Wiederkehr der Völkerschlacht von Leipzig organisierte der Pfälzerwald-Verein am 19. Oktober 1913 eine große Beleuchtung der Maxburg.⁵⁰ Ihren Höhepunkt erreichte die Traditionspflege des Pfälzerwald-Vereins mit ihrem »ersten Hambacher Aufruf« zur Feier ihres Jörgenfests am 25./26. April 1914. »Ein wahrhaft ›Neues Hambacher Fest‹ ist da aus der Taufe gehoben«.⁵¹ In seiner Einladungsbroschüre wurde die Problematik des zu gedenkenden Festes so thematisiert:

> »Länger als ein halbes Jahrhundert ist der fertige Begriff »das Hambacher Fest« in alle Hirne gehämmert worden, lief der Begriff »das Hambacher Fest« als griffige Münze durch alle Hände. Und wer – vor allem außerhalb der Pfalz – davon hörte, verband sofort die fertige Vorstellung damit, daß hier eine gefährliche Sache

---

45 Ebenda, S. 122.
46 Ebenda, S. 126 f.
47 Paul Habermehl: Aus den Anfängen der Hambacher Ortsgruppe (1906–1914). In: Pfälzerwald-Verein Ortsgruppe Hambach (Hg.): 100 Jahre Pfälzerwald-Verein Hambach 1906–2006. 95 Jahre Trachtengruppe Hambach 1911–2006. Festschrift, Neustadt an der Weinstraße 2006, S. 16–42, hier: S. 40.
48 Vgl. hierzu und im Folgenden Habermehl (wie Anm. 45).
49 Ebenda, S. 31.
50 Ebenda.
51 Ebenda, S. 38.

im Munde der Leute auflebte. Denn wo von Hambacher Hüten und Hambacher Bärten die Rede ging, sprach man von übler Revoluzzerei und Aufsässigkeit gegen die Oberen und die Weise von aufrührerischer Tatenlust klang in den Ohren wider. Und die Farben der dort flatternden Fahne wurden verpönt. Weil man das Lied vergessen hatte, das vom deutschen Kaiser Rotbart her ihre Symbolik suchte«.[52]

War die deutsche Trikolore auf diese Weise symbolisch mit der deutschen Kaisergeschichte versöhnt, wollten die Veranstalter einen Blick rückwärts werfen auf »das Ringen und Sehnen der Väter und Großväter« und vor allem dem »wenig gekannten Ausspruch Metternich', ›Das Hambacher Fest kann, wenn es gut benutzt wird, das Fest der Guten werden‹«, mehr Aufmerksamkeit widmen.[53] In den Mittelpunkt des Jörgen- und »neuen Hambacher Fests« rückten jedoch erneut die folkloristischen Darbietungen, die noch deutlicher als zuvor den pfälzischen Charakter hervorhoben. Im Zeichen eines eben erst konstruierten pfälzischen Stammesbewusstseins feierte man das bäuerliche Volksleben, garniert mit pfälzischen Trachten, Volkstänzen und anderen Jahrmarktattraktionen.[54] Seinen deutlichsten Ausdruck fand der neue, unpolitische Charakter der Feiern im traditionsreichen Festzug:

»Überall die Tausende [...] warteten auf den Festzug, der denn auch schließlich kam und bald nach 3 Uhr nachmittags die Schloßgasse herabzog. Malerisch das Ganze, malerisch schon die zwei Polizisten von anno dazumal, hoch zu Roß [...], gefolgt von der Musik und der Feuerwehr, hinter der die drei Bannerträger kommen: Der eine mit der weiß-blauen, der andere mit dem deutschen und der dritte mit dem schwarz-rot-goldenen Banner. Dahinter der Kriegerverein und die Waffenbrüder. Echt in schlichter blauer Tracht die Küfer [...], dann die Tanzpaare und Trachtengruppen in der echten, schmucken Pfälzer Tracht [...]«.[55]

Dass auch der Kriegsausbruch vom August 1914 diese Idylle nur unmerklich tangierte, belegt der Artikel »Hambach und die Maxburg«, den Karl Röder 1916 im Vereinsblatt der BASF publizierte:[56]

»Nun stehen wir vor dem uralten Gasthaus zum Engel, [...] gehen hinein, essen unser trocknes Knerzel mitgebrachtes Kriegsbrot und Trinken, [...] unter alten Winzern sitzend und dankbar derer gedenkend, die draußen mit ihrem Blut

---

52 Pfälzerwald-Verein Hambach: Einladung zur Feier des Hambacher Fests am 25./26. April 1914, Neustadt an der Weinstraße, o. S. [S. 3].
53 Ebenda, [S. 4].
54 Vgl. Wilhelm Kreutz: Die Pfälzer – ein deutscher Stamm? Eine überrepräsentative Fallstudie. In: Richard Faber/Olaf Briese (Hg.): Heimatland – Vaterland – Abendland. Über alte und neue Populismen, Würzburg 2018, S. 105–120.
55 Habermehl (wie Anm. 47), S. 36.
56 Karl Röder: Hambach und die Maxburg. In: Vereinsblatt der Badischen Anilin- und Sodafabrik 1916, S. 84–86.

Abb. 2: Hambach. Titelseite des Programmheftes für ein »wahrhaft Neues Hambacher Fest« der Ortsgruppe Hambach des Pfälzerwald-Vereins im Jahr 1914. In: Pfälzerwald-Verein Ortsgruppe Hambach (Hg.): 100 Jahre Pfälzerwald-Verein Hambach 1906–2006. 95 Jahre Trachtengruppe Hambach 1911–2006, Neustadt an der Weinstraße 2006, S. 32.

und Leben unsere schöne Pfalz behüten, ein Schöpplein duftigen Hambacher Fünfzehner. Der Wein erfreut des Menschen Herz. Bald schlägt [...] echtes Pfälzer Gekrisch an unser Ohr. Jetzt stimmt irgend einer unser schönes Pfälzer Lied an und wir singen begeistert mit: Da steh' ich auf des Berges Gipfel / Und schau auf dich in süßer Ruh / Und jubelnd ruft's in meinem Herzen / O Pfälzer Land, wie schön bist Du«![57]

8. Die Erinnerungsfeiern der Weimarer Republik

Erst mit der Weimarer Republik schienen die Ideen von 1832 endlich politische Realität zu werden. Doch allein die Tatsache, dass weder die Reichsverfassung noch die deutsche Trikolore[58] von allen Parteien anerkannt wurden,[59] unterstreicht, auf welch schwankendem Boden die junge Republik von Anfang an stand. Trotz Behinderungen durch die französische Besatzungsmacht erinnerten 1922 die pfälzischen Landesverbände der Deutschen Demokratischen Partei und der Sozialdemokraten in Neustadt in getrennten Kundgebungen an 1832. Bei der sozialdemokratischen Gedenkfeier an Pfingsten sprachen der Jurist und pfalz-bayerische Landtagsabgeordnete (1919–1933) Friedrich Ackermann und der führende Sozialdemokrat Badens, der im pfälzischen Frankenthal geborene Ludwig Marum.[60] Am Christi Himmelfahrtstag sprachen beim »Sommerfest« der DDP hochkarätige auswärtige Parteimitglieder: Neben der späteren Alterspräsidentin des Bundestags, Frau Dr. Marie-Elisabeth Lüders und dem späteren Bundesminister Ernst Lemmer[61] war dies zum einen das Mitglied des Badischen Landtags (1919–1924) und Staatspräsident der Republik Baden (1922), Hermann Hummel,[62] zum anderen der Mitgründer der DDP

---

57 Ebenda, S. 86.
58 Zum Flaggenstreit vgl. u. a. Michael Seeger: Der Flaggenstreit der Weimarer Republik. In: dtv-Lexikon politischer Symbole, München 1970 sowie Jens Menge: Der Flaggenstreit in der Weimarer Republik, Norderstedt 1997.
59 Sowohl die Deutsche Volkspartei (DVP) als auch die Deutsch-nationale Volkspartei (DNVP) forderten in ihren Parteiprogrammen die Verwendung der kaiserlichen Reichsfarben Schwarz-Weiß-Rot [vgl. Menge (wie Anm. 57), S. 7]. Die DNVP lehnte 1919 auch die Annahme der Reichsverfassung ab.
60 Kurze Chronik der Erinnerungsfeiern des Hambacher Festes. In: Die Pfalz am Rhein 30 (1957), S. 90.
61 Vgl. ebenda.
62 Vgl. Auf zum Hambacher Fest! 1832–1922. Die Deutsche Demokratische Partei, Landesverband Pfalz, feiert den 90. Gedenktag des Hambacher Fests [...] durch ein Sommerfest auf dem historischen Hambacher Schloß [...] Redner: Hermann Hummel, Erich Koch [...] Neustadt an der Haardt 1932 [Plakat], zitiert nach Johann Adam Brein: Das Hambacher Fest. Eine Bibliographie. In: Mitteilungen der Pfälzischen Landesbibliothek 3 (1932), S. 183–222, hier: S. 220.

und vielfache Reichsminister, Erich Koch[-Weser],[63] die sich beide dem Reichsbanner »Schwarz-Rot-Gold – Bund der republikanischen Kriegsteilnehmer im e. V.« anschlossen, dessen erst im November 1924 gegründeter pfälzischer Gau zur Feier der Weimarer Verfassung im Mai 1925 seinen ersten »Republikanischen Tag« in Neustadt und Hambach abhielt.[64]

> *»[Diese Feier] markiert die eigentliche Geburtsstunde der von SPD, Zentrum und DDP getragenen, republikanischen Schutzorganisation der Pfalz. Zwar hatten bis dahin die wenigen pfälzischen Reichsbannerortsgruppen auf lokaler Ebene kleinere Versammlungen zugunsten des am 22. Februar 1924 in Magdeburg auf Initiative des sozialdemokratischen Oberpräsidenten Otto Hörsing gegen rechte und linke Feinde der Weimarer Republik ins Leben gerufenen überparteilichen Schutzbundes durchgeführt. Aber die Hambacher Verfassungsfeier am 6. Jahrestag der am 11. August 1919 verabschiedeten Weimarer Reichsverfassung, bei der mehr als 10.000 Teilnehmer ihr Bekenntnis zur jungen Weimarer Demokratie ablegten, war die erste große politische Machtdemonstration des pfälzischen Reichsbanners«.*[65]

Ein eigens einberufener Presseausschuss erstellte eine Festschrift, die in der Pfälzischen Verlagsanstalt Liesenberg gemeinsam mit der 1916 erstmals publizierten Abhandlung »Neustadt an der Haardt und seine Umgebung« der Verlegergattin Tilly Liesenberg aufgelegt wurde.[66] Mit dem Festprogramm im Saalbau, der Ehrung der Gefallenen, der Massenkundgebung mit prominenten Rednern auf dem Hambacher Schloss sowie dem abschließenden Volksfest im Schöntal bot das Wochenende das Repertoire der Festkultur des Reichsbanners und trug entscheidend dazu bei, dessen Attraktivität auch in der Pfalz zu stärken.[67] Nach dem – auch bei anderen Verfassungsfeiern von 1925 – vorgetragenen Festprolog Fritz von Unruhs eröffnete der Gauvorsitzende, Justizrat Dr. Richard Müller von der DDP, den Reigen der Redner. Ihm folgten der ehemalige Reichsinnenminister Wilhelm Sollmann von der SPD und der ehemalige und zukünftige Reichskanzler des Zentrums, Wilhelm Marx, der bei der Reichspräsidentenwahl desselben Jahres Paul von Hindenburg unterliegen sollte. Ihre Reden sind ebenso wenig überliefert wie jene des zweiten Tags, allen voran die des Nürnberger Nationalökonomen und Jung- bzw. Radikaldemokraten Otto

---

63 Ebenda; vgl. in diesem Zusammenhang auch den Sonderdruck der Frankfurter Zeitung von Wilhelm Cohnstaedt: Junge Demokratie 1832 und 1922. Auf dem Dörnberg und dem Hambacher Schloß.
64 Vgl. Jörg Kreutz: Die Verfassungsfeier des Reichsbanners Schwarz-Rot-Gold auf dem Hambacher Schloss am 8. und 9. August 1925. In: Jahrbuch der Hambach Gesellschaft 24 (2017), S. 57–77.
65 Ebenda.
66 Vgl. ebenda.
67 Vgl. ebenda, S. 77.

Abb. 3: Titelblatt der Festschrift des Reichsbanners Schwarz-Rot-Gold Gau Pfalz anlässlich der Verfassungsfeier vom 11. August 1925, Neustadt an der Haardt 1925

Stündt.[68] Überschattet wurden die Vorbereitungen des Fests durch vielstimmige Proteste von den politisch Rechtsstehenden sowie von der Hinhaltetaktik der konservativen und nationalistischen Gemeinderäte Neustadts. Da sie der entscheidenden Sitzung des Stadtrats fernblieben und dieser damit beschlussunfähig war, verhinderten sie die offizielle Beflaggung der Stadt mit der deutschen Trikolore, was jedoch durch das Engagement zahlreicher Bürger, die ihre Häuser mit schwarz-rot-goldenen Fahnen oder Fähnchen schmückten, wettgemacht werden konnte.[69]

68 Vgl. ebenda, S. 77 ff.
69 Vgl. ebenda.

9. Das 100-jährige Jubiläum von 1932

Signalisierten die Verfassungsfeiern von 1925[70] ebenso wie jene von Hambach mit ihrem »defensiven Hoffnungstrotz« und ihrem »Appell an innere Einheit und Versöhnung« den Beginn der Stabilisierungsphase der Weimarer Republik,[71] so stand die Einhundertjahrfeier von 1932 bereits im Zeichen ihres verzweifelten Abwehrkampfs.[72] Konservative und Katholiken kritisierten noch immer die antimonarchische und antiklerikale Ausrichtung der Hambacher wie der Liberalen; die bayerische Landesregierung lehnte eine Beteiligung rundweg ab. So überrascht es nicht, dass die Feiern – entgegen dem Wunsch des mehrfachen Reichsinnenministers Dr. Joseph Wirth (Zentrum) – von unpolitischen Vereinigungen, dem »Verkehrsverein Neustadt« und der »Arbeitsgemeinschaft der pfälzischen Presse«, organisiert wurden, Parteipolitik sollte außen vor bleiben. Dass die Veranstalter aber den Empfehlungen der bayerischen Regierung folgten und den konservativen Münchner Historiker und Republikgegner, Karl Alexander von Müller, der bald mit den Nazis kollaborieren sollte, eingeladen hatten, auf dem Schlossberg die Rede zum »Tag der Deutschen Einheit und Freiheit« zu halten, zeigt jedoch, wie sich die politischen Gewichte seit 1925 verschoben hatten. Aber da Müller erkrankte (er erkrankte häufiger, wenn er außerhalb Münchens reden sollte),[73] empfahl er einige infrage kommende Kollegen. Unter allen Umständen sei jedoch ein Engagement des linksliberalen Außenseiters der Historikerzunft, Veit Valentin, zu unterlassen, wenngleich dieser 1932 die erste wissenschaftliche Studie zum Hambacher Fest vorgelegt hatte.[74] So begnügte man sich schließlich damit, die Festrede des jungen schwäbischen Abgeordneten der »Deutschen Staatspartei« und Journalisten, Dr. Theodor Heuß, die für den Abend im Neustadter Saalbau vorgesehen war, am 28. Mai 1832 bereits am Nachmittag vor der Schlossruine halten zu lassen.[75] Bereits zwei Tage zuvor hatte er das Fest in einem Rundfunkvortrag, der von 18.30 bis 18.54 Uhr gesendet wurde, gewürdigt – zwanzig Jahre nach seinem ersten Artikel

---

70 Zum »Deutschen Tag« des Reichsbanners versammelten sich in Berlin nicht weniger als 600.000 Menschen.
71 Manfred Funke: Verfassung, Staat, Volk. Vor neunzig Jahren wurde die Weimarer Republik gegründet. In: Die Politische Meinung, Nr. 479 Oktober 2009, S. 67.
72 Vgl. hierzu und im Folgenden Schiffmann (wie Anm. 1).
73 Matthias Berg: Karl Alexander von Müller. Historiker für den Nationalsozialismus, Göttingen 2014.
74 Veit Valentin: Das Hambacher Nationalfest, Berlin 1932.
75 Am Abend des 28. Mai 1932 sprach neben den Grußworten von Vertretern der pfälzischen Presse deswegen allein der Gründer und Direktor des Deutschen Instituts für Zeitungskunde und Professor für Zeitungswissenschaft und Allgemeine Publizistik an der Friedrich-Wilhelm-Universität Berlin, Emil Dovifat, im Saalbau.

in der Neckar-Zeitung.⁷⁶ An seinen Parteifreund Reinhold Maier hatte am 14. Mai berichtet:

*»Ende Mai halte ich in Neustadt die Gedenkrede zur 100. Wiederkehr des Hambacher Festes, auf die ich mich schon gefreut habe, die mir aber auf einmal Sorge macht, weil sie rundfunkmäßig übertragen werden soll und vorher einer Münchener Überwachungsstelle vorgelegt werden muß«.*⁷⁷

Es würde den Rahmen dieses Beitrags sprengen, die Unterschiede und Gemeinsamkeiten beider Reden herauszuarbeiten, festzuhalten aber ist, dass Heuß in beiden Reden das Hambacher Fest als »die erste politische«⁷⁸ bzw. »erste große Volksversammlung der neueren deutschen Geschichte« feierte.⁷⁹ Und beide Reden schlossen – keineswegs euphorisch – mit dem Hinweis auf die wechselvolle Geschichte der deutschen Demokratie:

*»Drei Tage der Begeisterung, des Glaubens an Deutschland und an bürgerliche Freiheit führen zu einer Serie zerstörter Leben. Das ist der deutsche Vormärz. Die Geschichtsschreibung hat lange über ihn die Achseln gezuckt, seine verschwärmte Gläubigkeit gering geachtet; aber ein spätes Erkennen hat jene Urteile revidiert und sie begreifen gelernt, daß die geistigen und sittlichen Elemente auch dieser Epoche in den Fundamenten späterer Geschichte bindende Kräfte geworden sind«.*⁸⁰

*»Dann aber folgte eine Serie von Prozessen wegen der Beleidigung in- und ausländischer Behörden, folgte ein Katalog von Gefängnisstrafen, Flucht, Exil, zerstörten Leben. […] Viel enttäuschter Glaube und leidvolles Märtyrerschicksal ist in die Fundamente des Werdens vom Volk und Reich der Deutschen eingebaut. […] Jede Generation sieht ihre Aufgabe neugestellt, spürt sich als Anfang oder Aufbruch, aber sie müßte arm sein oder gar verächtlich, wüßte sie sich nicht auch als Verwalterin eines Erbes, das über ein Jahrhundert hinweg ihr die ewigen Worte reicht: Freiheit und Vaterland«.*⁸¹

Dessen ungeachtet standen 1932 wie schon im Kaiserreich volkstümliche Aktivitäten wie ein Trachtenzug zum Hambacher Schloss und ein Volksfest im Vorder-

---

76 Theodor Heuss: Das Hambacher Fest. In: Neckar-Zeitung/Unterhaltungsblatt. 169. Jahrgang vom 25. Mai 1912.
77 Brief von Theodor Heuss an Reinhold Maier vom 14. Mai 1932. In: Theodor Heuss. Bürger der Weimarer Republik. Briefe 1918–1933, hrsg. von Michael Dormann, München 2008, S. 467.
78 Theodor Heuss: Manuskript des Rundfunkvortrags vom 26. Mai 1932. In: BArch N 1221,1, S. 2.
79 Theodor Heuss: Entwurf der Gedenkrede an das Hambacher Fest. 28. Mai 1932. In: BArch N 1221,1, S. 7.
80 Heuss (wie Anm. 78), S. 9.
81 Heuss (wie Anm. 79), S. 10 f.

Abb. 4: Plakat zur Einhundert-Jahr-Feier des Hambacher Festes am 28. Mai 1832. In: https://www.demokratiegeschichte.eu/index.php?id=78 (Hambacher Fest 1932)

grund. Doch im Umfeld dieser weitgehend entpolitisierten Feiern polemisierten die pfälzischen Nationalsozialisten gegen die grenzenlose Naivität der Freiheitsapostel von 1832, die sich mit Börne und Heine zwei Juden zu literarischen Wortführern erkoren hätten. Und dass Neustadter SA-Männer ein Jahr später die deutsche Trikolore durch den Straßenschmutz zogen, ließ keine Zweifel daran aufkommen, was sie von Hambach und den dort proklamierten politischen Ideen hielten.[82] Dies hinderte den nationalsozialistischen Gauleiter der Pfalz, Josef Bürckel, aber nicht, sich ab 1937 – wenn auch vergeblich – um den Kauf der Ruine zu bemühen, die er seinem »Führer« schenken wollte. Dies hätte die Hambacher Tradition vollends in ihr Gegenteil verkehrt.[83]

10. Die Feiern der Nachkriegsjahre

In der Bundesrepublik rückten das Hambacher Schloss und das Fest erstmals 1957 in den Blickpunkt. Eine Initiative von 1952, die 120. Wiederkehr des Fests zu benutzen, um dieses unter der Schirmherrschaft von Bundespräsident Theodor Heuss wiederzubeleben, verlief im Sand, wie der Briefwechsel des rheinland-pfälzischen Ministers für Unterricht und Kultus, Dr. Albert Finck, und Theodor Heuss belegt. Darin teilte er dem Bundespräsidenten mit, dass die Bevölkerung in und um Hambach »für die politische Bedeutung des Festes kein Verständnis« habe. In Gesprächen mit den Initiatoren habe er festgestellt, dass »es ihnen gar nicht so sehr auf die Pflege des demokratischen Gedankens [...] ankomme, als vielmehr darauf »ein großes Volksfest zu veranstalten, das nach Hambach Geld« bringe. Ja, der Verantwortliche des Verkehrsvereins von Hambach sei sogar der Auffassung gewesen, dass »man die schlagenden Verbindungen von den benachbarten Universitäten in Vollwichs aufmarschieren lassen solle«.[84] Der Bundespräsident antwortete, dass die Pfälzer »mit dem Dürkheimer Wurstmarkt zufrieden« sein sollten, zu dem er »übrigens auch nicht gegangen« sei, da man erwartet hätte, dass er die »Weinkönigin« küsse und er habe nicht die Absicht »ein Fremdenverkehrsartikel« zu werden.[85] Zudem hatte eine rheinland-pfälzische Delegation eine der Hambacher Traditionsfahnen Konrad Adenauer überreicht und gehofft, diese würde in Bonn einen würdigen Platz finden, aber weit gefehlt. Nach einiger Zeit kam die Fahne zurück, da man dort für sie keine Verwendung hatte.[86] Der Geist Hambachs strahlte noch immer kaum über die regionalen Grenzen hinaus.

---

82 Foerster/Kermann (wie Anm. 2), S. 295.
83 Schiffmann (wie Anm. 1), S. 362.
84 Theodor Heuss: Der Bundespräsident. Briefe 1949–1954, hrsg. und bearb. von Ernst Wolfgang Becker/Martin Vogt/Wolfram Werner, Berlin/Boston 2012, S. 300.
85 Ebenda, S. 301.
86 Schiffmann (wie Anm. 1), S. 371.

Abb. 5: Titelblatt der Festschrift von 1957. Institut für Staatsbürgerliche Bildung in Rheinland-Pfalz (Hg.): Hambacher Fest 1832–1957. Eine Schrift zur 125jährigen Wiederkehr »der ersten politischen Volksversammlung der neueren deutschen Geschichte«, Mainz 1957.

Bei der Gedenkstunde der Landesregierung am 26. Mai 1957 im rheinland-pfälzischen Landtag, in dessen Sitzungssaal bis heute eine Traditionsfahne ihren Platz hat, sprachen mit Ministerpräsident Peter Altmeier (CDU), Bundestagsvizepräsident Carlo Schmid (SPD) und dem Fraktionsvorsitzenden der FDP Max Becker Vertreter aller drei damals in den bundesrepublikanischen Parlamenten vertretenen Parteien. Vor allem Schmid hob – wie fünf Jahre zuvor Kultusminister Finck – darauf ab, wie gering das Wissen um Hambach war:

»Fast keiner meiner Bekannten – es sind recht gebildete Leute darunter – konnte sich unter dem Hambacher Fest irgendetwas vorstellen. Das ist schlimm, denn

Abb. 6: Europamarke 150 Jahre Hambacher Fest 1982 nach Entwurf des deutschen Künstlers Karl Oskar Blase. Trotz des Charakters der »Europamarke« sind bei dieser Darstellung des Festzugs nur schwarz-rot-goldene Fahnen zu sehen.

wir Deutsche haben nicht sehr viele Tage zu feiern, an denen eines Kampfes des Volkes, das seine Freiheit und Einheit gegen die sture Obrigkeitlichkeit gedacht werden könnte. [...] Schlimmer als diese Unwissenheit war aber die Ironisierung des Hambacher Festes, die bei deutschen Historikern und Publizisten üblich geworden war, seitdem Bismarck die Einheit des deutschen Reiches mit Blut und Eisen geschaffen hatte. Da pflegte man denn zu sagen, wer wirklich etwas bewirken wolle, müsse an die Stelle der Humanitätsduseleien des Hambacher Festes die harte Realpolitik der Kanonen setzen«.[87]

Diesem Urteil stellte Schmid seine ›Lehre‹ von Hambach gegenüber:

»Schließlich: Einheit und Freiheit der deutschen Nation finden ihren letzten Sinn darin, dass damit endlich ein Europa möglich werden könnte, das seinen Namen verdient«.[88]

Bereits am Vortag hatte der christdemokratische Bundesminister Ernst Lemmer, der 1922 noch als Abgeordneter der DDP in Hambach gesprochen hatte, bei der Pressekundgebung des »Deutschen Journalistenverbands« auf dem Hambacher Schloss eine Rede gehalten und ebenso wie Carlo Schmid die damalige »Begeisterung« für ein »konföderiertes Europa« hervorgehoben. Daneben erinnerte er jedoch daran, wie »teuer der Weg aus der Unfreiheit zur Demokratie« gerade in Deutschland bezahlt werden müsse und richtete zum Schluss seinen Blick »auf die Brüder und Schwestern in der Sowjetzone« und forderte die »Wiedervereinigung« auf der Basis der Freiheits- und Bürgerrechte«.[89] Immerhin hatte man in den Jahren vor dem Jubiläum die Ruine vom Schutt und Unrat der zurückliegenden Jahrzehnte befreit, sie gesichert und eine Straße von Oberhambach zum Burgberg asphaltiert. Ab 1967 bis 1969 erhielt der große Festsaal eine Betondecke und Fenster, sodass er in der Folge für Veranstaltungen genutzt werden konnte.

---

87 Carlo Schmid: Hambacher Fest. In: LA Speyer V 167 Nr. 158 [7 Seiten], S. 1.
88 Ebenda, S. 7.
89 Ernst Lemmer: Das Hambacher Fest soll uns eine Lehre sein! In: Pfälzer Heimat 8 (1957), S. 72 f.

11. 150 Jahre Hambacher Fest: Die Feiern von 1987

Deutschlandweite Aufmerksamkeit wurde Hambach und seiner Tradition erstmals 1987 im Rahmen der aufwändig vorbereiteten 150-Jahrfeiern zuteil. Zum Jubiläum wurde dank der Initiative von Ministerpräsident Bernhard Vogel, der am 18. Mai 1982 mit einem Festakt des Landtags die Feiern eröffnete, das Schloss – vor allem der Festsaal und die dank einer Zwischendecke darüber liegenden neuen Räume – mit Millionenaufwand weiter ausgebaut. Diesen Ausbau vollendete die Errichtung einer Tagungsstätte mit Restaurationsbetrieb, die Sanierung der Ringmauer und die Neugestaltung des Außenbereichs. Seitdem erstrahlt, zumindest die Front, im Glanz jenes pseudo-venezianischen Stils, mit dem einst Max das Schloss zum Domizil des bayerischen Königshauses hatte machen wollen – eine nachträgliche Referenz an das Haus Wittelsbach? Das renovierte Schloss mit der wehenden Deutschlandfahne konnten ab 1985 alle deutschen Fernsehzuschauer, die bis zum Sendeschluss vor der Mattscheibe ausgeharrt hatten, immer wieder für die Dauer der Nationalhymne in Augenschein nehmen und somit dessen Bedeutung für die deutsche Demokratie – sagen wir – assoziativ erschließen.

Der parteiübergreifende Konsens der frühen Nachkriegsjahre kam jedoch im Vorfeld der 150-Jahrfeiern von 1982 zum Erliegen, da die CDU-Landesregierung alle anderen politischen Kräfte von der Planung ausschloss und zu alternativen Veranstaltungen mit unterschiedlichen Akzentsetzungen zwang.[90] So sah Bundespräsident Karl Carstens in seiner Festrede in Hambach einen wichtigen Markstein des Kampfs für Freiheit und Bürgerrechte in Deutschland, die in der Bundesrepublik endlich erreicht worden seien.[91] Ein Widerstandsrecht könne es deshalb in der Gegenwart zwar gegen diktatorische Regime, aber nicht gegen den demokratischen Staat geben. Unüberhörbar waren in diesem Zusammenhang die Anspielungen auf die zurückliegende Studentenrevolte und vor allem den Terror der RAF. Dass er in seiner Rede die Hoffnung auf eine baldige Wiedervereinigung ebenso wachhielt wie eine weitere Annäherung der europäischen Völker, liegt auf der Hand. Den europäischen Charakter des Jubiläums unterstrichen die Redner der »Europa-Kundgebung« vom 23. Mai 1982, der Europaratsvorsitzende und Bürgermeister von Straßburg, Pierre Pflimlin, und der ehemalige Bundespräsident Walter Scheel, sowie der Auftritt des Präsidenten des europäischen Parlaments, Piet Dankert, beim offiziellen Festakt am 27. Mai 1982. Demgegenüber rückte in den Mittelpunkt der sozialdemokratischen Veranstaltungen – u. a. mit dem ehemaligen Bundeskanzler und Parteivorsitzenden Willy Brandt – neben der Betonung der Freiheitsforderungen und des damaligen

---

90 Schiffmann (wie Anm. 1), S. 380 f.
91 Vgl. hierzu und im Folgenden Karl Carstens: Die Demokratie schützen. Rede beim Festakt anlässlich der 150. Wiederkehr des Hambacher Festes im Hambacher Schloß (27. Mai 1982). In: Ders.: Reden und Interviews, Bonn 1982, S. 386–394.

Volksprotests vor allem die europäische Solidarität – aus historischem wie aktuellem Anlass mit der polnischen Gewerkschaftsbewegung Solidarność.[92] In der Öffentlichkeit noch umstrittener waren der Besuch und die Rede des amerikanischen Präsidenten Ronald Reagan, der im Rahmen seines Deutschlandbesuchs zum 40. Jahrestag der Landung in der Normandie nicht nur den Soldatenfriedhof in Bitburg, sondern am 6. Mai 1985 auch das Hambacher Schloss besuchte und die Sozialdemokraten zur Feier eines »Fests für den Frieden« mit dem Ministerpräsidenten des Saarlands, Oskar Lafontaine, herausforderte.[93]

1982 war zugleich das Jahr einer breit einsetzenden und seitdem kontinuierlich fortgesetzten historiographischen Auseinandersetzung mit Hambach. Ich erinnere nur an die wichtigen Arbeiten von Cornelia Foerster und Joachim Kermann,[94] die auch die erste Ausstellung auf dem Schloss erarbeiteten. Zurzeit zu sehen ist dort die mittlerweile dritte Ausstellung, für die das »Institut für Geschichtliche Landeskunde« in Mainz verantwortlich zeichnet. 1986 konstituierte sich die Hambach-Gesellschaft für historische Forschung und politische Bildung, in deren Vorträgen und Jahrbüchern nicht nur das Fest und sein Nachleben, sondern auch aktuelle politische wie sozialpolitische Probleme analysiert und diskutiert werden.[95]

12. Im neuen Jahrtausend

Auf eine völlig neue Grundlage gestellt wurden die Aktivitäten rund um das Schloss 2002 mit Gründung der Hambach-Stiftung, der das Land Rheinland-Pfalz, der Bezirksverband Pfalz, die Stadt Neustadt, der Landkreis Bad Dürkheim und nicht zuletzt die Beauftragte der Bundesregierung für Kultur und Medien aufgrund eines Beschlusses des Deutschen Bundestags angehören.[96] Seitdem wendet sich ein reichhaltiges Kulturprogramm an unterschiedliches Publikum. An die Seite der seit den sechziger Jahren eingeführten »Hambacher Gespräche« und verschiedene »Demokratieforen« treten Konzerte jeder Art und Theateraufführungen. Zur 175-Jahr-Feier sprach Richard von Weizsäcker, in dessen Rede – wenig überraschend – die Vereinigung der Bundesrepublik und der Deutschen Demokratischen Republik brei-

---

92 Sara Anil/Hans Berkessel/Karl-Michael Sprenger/Sarah Traub (Hg.): Hoher Besuch und starke Worte – Zwei Jahrhunderte politischer Reden auf dem Hambacher Schloss, Mainz 2020, siehe Inhaltsverzeichnis.
93 Vgl. ebenda.
94 Foerster (wie Anm. 2), Foerster/Kermann (wie Anm. 2).
95 Siehe Homepage der Hambach-Gesellschaft für historische Forschung und politische Bildung: https://hambach-gesellschaft.de.
96 Vgl. Homepage der Hambach-Stiftung https://hambacher-schloss.de/index.php?option=com.content&view=article&id=293&Itemid=132.

ten Raum einnahm.[97] Doch der Bundespräsident verwies mit deutlichen Worten auch auf den hohen Preis eines übersteigerten Nationalismus, den die Deutschen im 20. Jahrhundert zwei Mal bezahlen mussten, um im Anschluss für eine fortschreitende europäische Einigung zu werben. Dieser europäische Aspekt dominierte fünf Jahre später die Rede des damaligen Präsidenten des europäischen Parlaments, Martin Schulz, anlässlich der gemeinsamen Feierstunde von Landtag und Landesregierung zur 180. Wiederkehr des Hambacher Fests.[98]

Weitere Aufmerksamkeit fand das Hambacher Schloss durch die am 7. September 2007 feierlich eröffnete »Straße der Demokratie«, die an die demokratischen Aufbrüche der »Mainzer Republik« (1792/93), der Konstitutionsfeste von 1832 und der Revolution von 1848/49 erinnert. Sie führt von Frankfurt über Mainz und Hambach zur Rastatter »Erinnerungsstätte für die Freiheitsbewegungen in der deutschen Geschichte« und von dort über Offenburg nach Lörrach.[99]

Am 1. Juni 2017 haben zudem in Berlin 34 Organisationen und Institutionen aus ganz Deutschland im Beisein von Monika Grütters, der Staatsministerin für Kultur und Medien, die Arbeitsgemeinschaft »Orte der Demokratiegeschichte« gegründet. Als Gründungsdokument hat die Arbeitsgemeinschaft das »Hambacher Manifest zur Demokratiegeschichte« verabschiedet, in dem die wichtigsten Forderungen zusammengefasst sind. Gemeinsames Ziel ist es, die Wahrnehmung der deutschen Demokratie- und Freiheitsgeschichte lokal, regional und deutschlandweit zu fördern. Der zeitliche Bogen reicht dabei von der Französischen Revolution bis zur »Friedlichen Revolution« im Jahr 1989.[100]

Weitere bemerkenswerte Reden hielten 2016 Bundestagspräsident Norbert Lammert anlässlich des 200-jährigen Bestehens des pfälzischen Bezirkstags, der einst in napoleonischer Zeit gegründet worden war,[101] sowie im April 2017 Europa-Staatsminister Michael Roth anlässlich der »Hambacher Konferenz zur grenzüberschreitenden Zusammenarbeit zwischen Deutschland und Frankreich«.[102] Zu erinnern

---

97 Richard von Weizsäcker: Rede zum 175. Jahrestag des Hambacher Festes. Hambach, 26. Mai 2007. In: Landeszentrale für politische Bildung Rheinland-Pfalz (2020). Als Download verfügbar unter: https://politische-bildung.rlp.de/fileadmin/files/downloads/Rede_Weizsaecker_Hambach_26.5.2007.pdf.

98 Martin Schulz: Ansprache. In: Der Präsident des Landtags Rheinland-Pfalz (Hg.): 180 Jahre Hambacher Fest. Gemeinsame Feierstunde von Landtag und Landesregierung Rheinland-Pfalz am 25. Mai 2012 auf dem Hambacher Schloss, Mainz 2013, S. 15–24. Als Download verfügbar unter: https://www.landtag.rlp.de/de/service/publikationen/?no_cache=1&txrlp_publications_list%5Baction%5D=list&tx_rlppublica-tions_list%5Bcontroller%5D=Publication.

99 Vgl. Susanne Asche/Ernst-Otto Bräunche/Thomas Lindemann (Hg.): Die Straße der Demokratie. Ein Routenbegleiter auf den Spuren der Freiheit, Bretten, 2. Aufl. 2011.

100 Vgl. Homepage der Orte der Demokratiegeschichte: https://demokratie-geschichte.de.

101 Vgl. Anil/Berkessel/Sprenger/Traub (wie Anm. 92).

102 Vgl. ebenda.

Abb. 7: Sonderbriefmarke Hambacher Fest zur 175-Jahr-Feier 2007 nach dem 1948 entstandenen Gemälde des polnischen Künstlers Hans Mocznay. Bei dieser Variation der zeitgenössischen Darstellung des Festzugs wird im Vordergrund – neben der schwarz-rot-goldenen – auch die weiß-rote Fahne Polens geschwenkt; im Mittelgrund ist zudem die französische Trikolore zu erkennen; weitere Fahnen in Mittelgrund und am linken Bildrand variieren die Farben der polnischen wie der bayerischen Fahne.

ist des Weiteren an das »Hambacher Freiheitsfest 2017«, das die Hambach-Stiftung zusammen mit der Landeszentrale für politische Bildung durchführte,[103] sowie an das dreitägige »Demokratiefestival der Metropolregion«, das die Ministerpräsidentin von Rheinland-Pfalz und gebürtige Neustadterin, Malu Dreyer, eröffnete und das vom 14. bis 16. September 2018 eine europäische Gemeinschaft aus Künstlern, Politikern und vor allem Bürgern auf dem Hambacher Schloss und in Neustadt an der Weinstraße zusammenbrachte. Mit den Mitteln der Bildenden Kunst, Theater und Musik sollte – in einer Zeit, in der demokratische Werte und die europäische Idee infrage gestellt werden – zur Zukunft der Demokratie in Europa Stellung genommen werden.[104]

Aber trotz des erfreulichen Publikumszuspruchs fanden beide Veranstaltungen nicht die öffentliche Resonanz und Publizität wie das am 5. Mai 2018 erstmals von dem Volkswirt, Ökonom und Fondsmanager Max Otte veranstaltete »Neue Hambacher Fest«. Laut eigenen Angaben der Veranstalter folgten 1.300 – laut Polizeiangaben 350 – Personen dem neuerlichen Ruf »Hinauf Patrioten aufs Schloss, aufs Schloss«, wo sie den Reden von Thilo Sarrazin, Markus Krall, Willy Wimmer, Imrad Karim, Max Otte, Vera Lengsfeld, Joachim Starbatty und Jörg Meuthen zuhörten. In ihnen dominierte neben der lauthalsen Kritik an der »illegalen Masseneinwanderung«, der Absage an Europa sowie der Warnung vor einer neuen Finanzkrise, dem »Draghi-Crash«, vor allem die Aussage, Hambach sei ein nationales Fest gewesen und werde durch die vermeintliche Überbetonung seiner europäischen Bezüge missinterpretiert.[105] Noch abenteuerlicher war und ist die These, die politischen Verhält-

---

103 Zum Programm siehe https://www.metropolnews.info/mp257962/neustadt-hambacher-freiheitsfest-mit-musik-tanz-und-gesang. Die Festrede von Wilhelm Kreutz als Download verfügbar unter https://politische-bildung.rlp.de/fileadmin/files/downloads/Ref3/Hambach_Freiheitsfest.pdf und der Homepage der Hambach-Gesellschaft.
104 Vgl. die Homepage https://www.hambach-festival.de/.
105 Vgl. die Homepage https://neues-hambacher-fest.de/sowie Max Otte: Neues Hambacher Fest 2019, Köln 2019.

nisse von 2018 entsprächen jenen von 1832: die Beschneidung freier Meinungsäußerungen, die Einschränkung der Pressefreiheit, kurz die Diktatur des »links-grün versifften Mainstreams«.[106] Im Juni 2019 wiederholte Otte seinen Patriotenmarsch auf das Schloss, auf den einen Tag später im Neustadter Saalbau sein »Kongress für Frieden und Sicherheit in Europa« folgte, bei dem er selbst, Markus Krall, Imrad Karim und Daniele Gansert das Wort ergriffen. Bei dieser Veranstaltung verlieh Otte erstmals seinen »Courage-Preis«, an den Leipziger Maler Axel Krause, wie Otte Mitglied der AfD-nahen Desiderius-Erasmus-Stiftung.[107] Beide Veranstaltungen fanden – angefacht von einer großsprecherischen Werbung vor allem in den sozialen Medien, aber auch in der Presse – eine Resonanz wie keine andere Aktivität seit den 150-Jahr-Feiern.[108] Das Hambacher Fest war plötzlich ein weit über Rheinland-Pfalz hinaus diskutiertes Thema und es gewann – fatalerweise – in einem politisch polarisierten Kontext aktuelle Brisanz. Doch der – auch andernorts zu beobachtende – Versuch die Symbole und Orte der deutschen Demokratiegeschichte zu okkupieren, hat entschiedene Gegenkräfte geweckt, wenngleich bis heute eine erfolgreiche Gegenstrategie fehlt.

13. Fazit

Das Hambacher Fest ist damit erneut zum politisch-ideologischen Streitobjekt geworden. Aber standen sich im gesamten 19. und frühen 20. Jahrhundert die Verteidiger der liberalen, demokratischen und trotz aller nationalen Tendenzen europäischen Ideen auf der einen und die Verächter von Republikanismus, Demokratie und Transnationalismus gegenüber, so gilt es heute – paradoxerweise – die Ideen von Hambach gegen deren extrem konservative und nationalen Verehrer zu verteidigen. Die schwarz-weiß-roten Apologeten der Vergangenheit haben sich einen schwarz-rot-goldenen Mantel übergezogen. Vor mehr als vierzig Jahren stellte Bundespräsident Gustav Heinemann fest, dass Traditionen und die Auseinandersetzung mit der Ge-

---

106 Die Thesen und Argumente der Tagung finden sich auch in dem in Ottes Privatinvestor-Verlag erschienenen Buch von Johann Braun: Hambacher Feste. Nationale Einheit und Freiheit gestern und heute, Köln 2019.
107 Vgl. u. a. https://arcadi-online.de/hambach-sachsen-europa-zum-neuen-hambacher-fest-2019/. Zum Streit um Krause vgl. u. a. den Zeit-Artikel von Charlotte Theile: Die Absage der Absage vom 8. Juni 2019; Download unter https://www.zeit.de/kultur/kunst/2019-06/axel-krause-maler-afd-leipziger-jahresausstellung-ausladung-kunstszene/seite-2.
108 2020 fand das »Neue Hambacher Fest« unter den Bedingungen der Corona-Pandemie im kleineren Rahmen auf dem Hambacher Schloss statt; den Courage-Preis erhielten ins »wertunionistisch«- neokonservative Lager abgedriftete ehemalige Bürgerrechtlerin der DDR und Abgeordnete von Bündnis90/Die Grünen bzw. der CDU, Vera Lengsfeld, sowie der emeritierte Virologe und Infektionsepidemiologe Sucharit Bhakdi, dessen gemeinsam mit seiner Ehefrau, der Biochemikerin Dr. Karina Reiss, verfasstes Buch »Corona Fehlalarm« kontroverse Diskussionen und heftige Kritik ihrer Fachkollegen auslöste.

schichte nicht das Privileg konservativer oder reaktionärer Kräfte seien, auch wenn diese am lautesten von ihnen sprächen. Vielmehr müsse man »in der Geschichte unseres Volkes nach jenen Kräften spüren und ihnen Gerechtigkeit widerfahren lassen, die dafür gelebt und gekämpft haben, damit das deutsche Volk politisch mündig und moralisch verantwortlich sein Leben [...] selbst gestalten« könne.[109] Dieser Appell ist auf fruchtbaren Boden gefallen. Sowohl in der Historiographie als auch in zahlreichen Geschichtswerkstätten, Geschichtsvereinen und den oben genannten regionalen und republikweiten Initiativen wurden und werden die langen verdrängten demokratischen Traditionen endlich gewürdigt – darunter auch das Hambacher Fest. Seien wir auf der Hut, dass die revisionistischen und reaktionären Kräfte seine Geschichte nicht für ihre politischen Ziele missbrauchen.

---

109 Gustav Heinemann: Präsidiale Reden. Einleitung von Theodor Eschenburg, Frankfurt am Main 1975, S. 127–132, hier: S. 132.

»Von der ›historischen Klippschule‹ zum anerkannten Erinnerungsort deutscher Demokratiegeschichte«

Die Reichspräsident-Friedrich-Ebert-Gedenkstätte in Heidelberg

BERND BRAUN

Die Stiftung Reichspräsident-Friedrich-Ebert-Gedenkstätte in Heidelberg gehört zu den mittlerweile sieben Politikergedenkstiftungen des Bundes, die an herausragende Persönlichkeiten der deutschen Demokratiegeschichte an einem mit der Biographie ihres Namensträgers eng verknüpften Ort erinnern sollen; dass neben Konrad Adenauer (gegründet 1978), Friedrich Ebert (1986), Theodor Heuss (1994), Willy Brandt (1994), Helmut Schmidt (2016) und Helmut Kohl (2021) auch Otto von Bismarck (1996) mit einer solchen Stiftung geehrt wurde, zeigt, dass dieses Konzept staatlicher Erinnerungskultur nicht immer so konsequent und kongruent umgesetzt wurde, wie das auf den ersten Blick erscheinen mag.[1] Außer dem »eisernen Kanzler« haben alle anderen sechs Protagonisten auch während der Weimarer Republik gelebt und zum Teil politisch gewirkt, aber nur Friedrich Ebert kann als einer der herausragenden Weichensteller und Politikgestalter der ersten deutschen Demokratie bezeichnet werden.[2] Die Ebert-Gedenkstätte gehört nicht zur Mehrheit derjenigen Erinnerungsorte, die sich mit der Geschichte und den Opfern der beiden so wenig vergleichbaren Diktaturen in Deutschland beschäftigen, sondern sie veranschaulicht den lange vernachlässigten Freiheits- und Demokratiestrang der deutschen

---

1 Zur Binnensicht auf ihre Aufgaben vgl. den von den fünf zuerst gegründeten Stiftungen gemeinsam herausgegebenen Band: Erinnern an Demokratie in Deutschland. Demokratiegeschichte in Museen und Erinnerungsstätten der Bundesrepublik, hrsg. von Thomas Hertfelder, Ulrich Lappenküper und Jürgen Lillteicher, Göttingen 2016; zur Eigenwahrnehmung der Gedenkstätte vgl. die Beiträge in: Walter Mühlhausen (Hg.), Erinnern und Gedenken. 20 Jahre Reichspräsident-Friedrich-Ebert-Gedenkstätte, Heidelberg 2009.
2 Vgl. zur Person Friedrich Eberts: Walter Mühlhausen, Friedrich Ebert 1871–1925. Reichspräsident der Weimarer Republik, 2. Aufl. Heidelberg 2007; Bernd Braun/Walter Mühlhausen (Hg.), Vom Arbeiterführer zum Reichspräsidenten. Friedrich Ebert (1871–1925). Katalog zur ständigen Ausstellung in der Reichspräsident-Friedrich-Ebert-Gedenkstätte, Heidelberg 2012; sowie zahlreiche weitere Publikationen des Ebert-Hauses zu Teilaspekten der Biographie Eberts und der Geschichte der Weimarer Republik.

Geschichte. 2017 gehörte die Stiftung daher zu den Gründungsmitgliedern der bundesweit agierenden Arbeitsgemeinschaft »Orte der Demokratiegeschichte«.[3]

Das Friedrich-Ebert-Haus in der Heidelberger Altstadt wird in vier Abschnitten vorgestellt. Zuerst soll das Verhältnis von Friedrich Ebert zu Heidelberg und umgekehrt bis zur Errichtung der ersten kommunalen Gedenkstätte in seiner Heimatstadt im Jahr 1962 kurz umrissen werden, bevor dann zweitens die Geschichte dieses kleinen Museums geschildert wird, das immerhin ein Vierteljahrhundert Bestand hatte. Ausführlicher soll auf die Errichtung der Bundesstiftung im Jahr 1986 eingegangen werden, durch welche die kommunale in eine nationale Gedenkstätte umgewandelt wurde, vor allem auf die dabei im Vorfeld ausgetragenen Kontroversen. Abschließend wird dann die Entwicklung der Gedenkstätte seit ihrer Eröffnung 1989 unter dem Blickwinkel der Akzeptanz und Verwurzelung innerhalb der Heidelberger Stadtgesellschaft analysiert.

1. Friedrich Ebert und sein Verhältnis zu Heidelberg

Es gibt insgesamt drei prägende Städte in Friedrich Eberts Leben: Heidelberg, Bremen und Berlin.[4] Seine Geburtsstadt verließ der 17-Jährige vermutlich Anfang 1889 nach Beendigung seiner Sattlerlehre, um sich auf eine zweieinhalbjährige Gesellenwanderschaft zu begeben. Das Außergewöhnliche an dieser Wanderschaft waren die zurückgelegten großen Distanzen, die ihn bis nach Norddeutschland führten, und die Tatsache, dass er danach nicht nach Heidelberg zurückkehrte. Er ließ sich vielmehr als Sattler in Bremen nieder, ohne in diesem Beruf reüssieren zu können; nacheinander arbeitete er als Redakteur der sozialdemokratischen »Bremer Bürgerzeitung«, als Pächter einer Gastwirtschaft und als Leiter des Bremer Arbeitersekretariats. Diese in fast allen größeren deutschen Städten eingerichteten Institutionen waren zumeist von der SPD und den Gewerkschaften gemeinsam finanzierte Auskunftsbüros für ratsuchende Arbeiter, die in erster Linie Fragen bzw. Probleme mit dem Arbeiterschutz oder der Sozialversicherung hatten. Parallel zu Eberts beruflichen Tätigkeiten erfolgte sein Aufstieg vom einfachen Parteimitglied zum Multifunktionär der Bremer Arbeiterbewegung und Abgeordneten im Landesparlament, der Bürgerschaft. Mit seiner Eheschließung 1894 und der Geburt seiner fünf Kinder in den Jahren 1894 bis 1900 hatte sich Ebert in Bremen auch privat etabliert. Die Wahl in den zentralen Parteivorstand der SPD auf dem Parteitag in Jena im September 1905 machte den Umzug nach Berlin notwendig. In der Reichshauptstadt lebte Ebert als Sekretär des Parteivorstands (1905 bis 1913), Reichstagsabge-

---

3 Vgl. zum Selbstverständnis der AG deren Informationen auf der Homepage: http://demokratie-geschichte.de/. (1. März 2020)
4 Zur politischen Sozialisierung Eberts bis zu seiner Wahl in den Parteivorstand vgl. Ronald A. Münch, Von Heidelberg nach Berlin. Friedrich Ebert 1871–1905, München 1991.

ordneter (1912 bis 1918), (Mit-) Parteivorsitzender (1913 bis 1919), (Mit-) Fraktionsvorsitzender (1917 bis 1918) und Reichspräsident (1919 bis 1925) bis zu seinem frühen Tod am 28. Februar 1925.

Nach dem Aufbruch zu seiner Wanderschaft Ende 1888/Anfang 1889 kam Ebert nur noch für kurze Besuche nach Heidelberg, etwa anlässlich des Todes und der Beisetzung seines Vaters Karl 1892 und seiner Mutter Katharina 1897. Aus der Tatsache, dass Ebert 1891 nicht dauerhaft nach Heidelberg zurückkehrte und es in den folgenden Jahrzehnten nur noch selten aufsuchte, kann man allerdings nicht auf eine Distanzierung von seiner Vaterstadt schließen. Ganz im Gegenteil: Heidelberg blieb ihm lebenslang ein Sehnsuchtsort, an dem er auch plante, seinen Lebensabend nach dem Ausscheiden aus der Politik zu verbringen. Als Reichspräsident nutzte er offizielle Termine in der Nähe, um einen kurzen Abstecher nach Heidelberg einzuschieben. Am 22. Februar 1922 kam er von Frankfurt am Main aus, wo er Veranstaltungen der Goethe-Woche beigewohnt hatte, inoffiziell für eine Stunde nach Heidelberg-Handschuhsheim, um dort in einer Traditionsgaststätte »einen Schoppen Pfälzer Wein und ein Stück Brot mit Schwartenmagen, Leberwurst und Griebenwurst« zu verzehren. Dieses Beispiel der Heimatverbundenheit und Bodenständigkeit Eberts wurde sicher von den Lesern des »Heidelberger Tageblatts«, das über die Stippvisite berichtete, wohlwollend zur Kenntnis genommen.[5] Auf seinen eigenen Wunsch hin wurde Friedrich Ebert nicht in der Hauptstadt Berlin, was man von einem Staatsoberhaupt hätte erwarten dürfen, sondern in Heidelberg auf dem Bergfriedhof beigesetzt. Das Staatsbegräbnis am 5. März 1925 unter Teilnahme der Stadt- und Universitätsspitze, des badischen Staatspräsidenten Willy Hellpach, des SPD-Vorsitzenden Hermann Müller und Tausenden, wenn nicht Zehntausenden von Trauernden und Schaulustigen, stellte eines der spektakulärsten Ereignisse der Stadtgeschichte dar.

Ebert war also nicht nur ein geborener, sondern auch ein bekennender Heidelberger; umgekehrt war die Erinnerung an ihn innerhalb der Stadtgesellschaft der Universitätsstadt stets präsent. Als ihm sein ehemaliger Volksschullehrer Heinrich Zeuner, der ihn in der Abschlussklasse 1884/85 unterrichtet hatte, 34 Jahre später zu seiner Wahl zum Reichspräsidenten am 11. Februar 1919 gratulierte, bedankte sich Ebert bereits am 18. Februar mit einem zweiseitigen, handgeschriebenen Brief, der mit den bescheidenen Worten schließt: »Seien Sie herzlichst gegrüßt von Ihrem dankbaren Schüler Fr. Ebert«.[6] Es muss Ebert trotz seines übervollen Terminkalenders und der tiefgreifenden Probleme, die den Beginn der ersten deutschen Demokratie begleiteten, extrem wichtig gewesen sein, sich für einen solchen Brief im wahrsten Sinne des Wortes *Zeit* zu nehmen. Und auch als sein Lehrherr Johannes Schmitt, bei dem Ebert seine Sattlerlehre in den Jahren 1885 bis 1888 absolviert

---

5 Vgl. Walter Mühlhausen/Bernd Braun (Hg.), Friedrich Ebert und seine Familie. Private Briefe 1909–1924, München 1992, S. 57 f.
6 Der Brief ist in Gänze abgedruckt ebenda, S. 113 f., Zitat S. 114.

hatte, wenige Monate später starb, versäumte es der Reichspräsident nicht, dessen Kindern telegraphisch zu kondolieren: »Herzliches Beileid zum Tode Ihres unvergesslichen Vaters!«.[7]

Die in diesen beiden Beispielen zum Ausdruck kommende Verbundenheit Friedrich Eberts mit seinem Geburtsort wurde nach 1945 noch dadurch verstärkt, dass seine in Melchiorshausen südlich von Bremen geborene Witwe Louise, die 1943 in Berlin ausgebombt worden war, und der gemeinsame, ebenfalls in der Weserstadt geborene jüngste Sohn Karl Ebert nach Heidelberg zogen. Louise Ebert ist 1955 dort verstorben, Karl Ebert 1975; zuvor hatte er von 1946 bis 1964 als eher unauffälliger Abgeordneter der SPD den Heidelberger Wahlkreis in den Landtagen von Württemberg-Baden bzw. ab 1952 Baden-Württemberg vertreten. An Friedrich Ebert in der Neckarstadt auch institutionell zu erinnern, war also in den 1950er und 1960er Jahren eine folgerichtige Entscheidung. Diese Memorialkultur wurde nicht von außen implementiert, sie musste nicht künstlich erzeugt werden, sondern entwickelte sich sozusagen organisch aus der Mitte der Stadtgesellschaft heraus.

2. Die Geschichte der kommunalen Friedrich-Ebert-Gedenkstätte

Die Familie Ebert hatte die Wohnung im Hinterhaus der Unteren Straße 27, in der Pfaffengasse 18, bereits 1886 wieder verlassen und war ganz in die Nähe in die Untere Straße 31 gezogen; bis zum Tod des Vaters 1892 folgten noch zwei weitere Umzüge innerhalb der Altstadt. Trotzdem entwickelte sich die Geburtswohnung Eberts nach seiner Wahl zum Reichspräsidenten und vor allem nach seinem Tod 1925 zu einem Ort, der von vielen Menschen aufgesucht wurde. Ein zu Ostern des Todesjahres einsetzendes Besucherbuch vermerkt bis 1933 über 1200 Namen, deren Schwerpunkt auf das Jahr 1925 fällt.[8] Dazu zählten etwa zahlreiche Delegierte des SPD-Parteitages, der zu Ehren des Verstorbenen im September 1925 im Heidelberger Kongresshaus stattfand, darunter auch die beiden Parteivorsitzenden Otto Wels und Artur Crispien. Ein zeitgenössisches Foto dokumentiert zahlreiche Menschen, die sich vor der schmalen, zur Geburtswohnung führenden Holztreppe stauen. Wie sich diese Besichtigungen praktisch abspielten – Hunderte von Menschen, die sich die Wohnung einer ihnen völlig unbekannten und mit Ebert nicht verwandten Familie ansahen – ist leider nicht überliefert. (Abb. 1) Zu den Besuchern zählten Heidelberger wie Gäste aus ganz Deutschland, aber auch aus Großbritannien, der Sowjetunion und den USA. Höchstrangiger Besucher war am 16. Februar 1928 der frühere Reichskanzler der Jahre 1922/23 und nunmehrige Vorstandsvorsitzende der Hamburger Reederei HAPAG Wilhelm Cuno, der sich auf der ersten Seite des

---

7 Vgl. Braun/Mühlhausen, Vom Arbeiterführer [wie Anm. 2], S. 90.
8 Archiv der Stiftung Reichspräsident-Friedrich-Ebert-Gedenkstätte, Bestand: alte Besucherbücher.

Abb. 1: Besuch der Geburtswohnung Eberts durch Delegierte des SPD-Parteitages in Heidelberg 1925, Archiv der Stiftung Reichspräsident-Friedrich-Ebert-Gedenkstätte (SRFEG).

Gästebuches eintragen durfte. Zu Pfingsten 1927 wurde dann vom Reichsbanner Schwarz-Rot-Gold eine Gedenktafel an der Hausfassade in der Pfaffengasse 18 mit dem Text »Geburtshaus des Reichspräsidenten Friedrich Ebert 1871–1925« angebracht, sodass auch nicht Ortskundige das Haus leichter finden konnten bzw. erst auf seine historische Bedeutung aufmerksam gemacht wurden. Das Geburtshaus oder genauer die Geburtswohnung Friedrich Eberts war also bereits ein Ort, der besucht und an dem seiner gedacht wurde, Jahrzehnte bevor es eine institutionalisierte Erinnerung an dieser Stelle gab.

Vermutlich angeregt durch den Tod von Louise Ebert 1955, entschloss sich die Stadt Heidelberg mit tatkräftiger Unterstützung durch die Friedrich-Ebert-Stiftung in Bonn und deren späteren Vorsitzenden Alfred Nau, die im Zweiten Weltkrieg wie (fast) ganz Heidelberg nicht zerstörte Geburtswohnung Friedrich Eberts langfristig anzumieten und dort eine Ausstellung über den berühmtesten Sohn der Stadt einzurichten.⁹ Die Friedrich-Ebert-Gedenkstätte, wie sie seitdem heißt, wurde am 7. Mai 1962 mit einem Festakt in der Neuen Aula der Universität eröffnet. Der aus Bonn angereiste Bundespräsident Heinrich Lübke sagte in seiner Eröffnungsrede über die nur knapp 46 Quadratmeter große Gedenkstätte: »So bescheiden Friedrich Ebert Zeit seines Lebens war, so schlicht ist auch die Stätte, die die Erinnerung an ihn wachhalten soll. [...] Die einfache Wohnung in der Pfaffengasse ist alles andere als ein Denkmal, an dem sich ein Heroenkult entzünden könnte.«¹⁰

Tatsächlich war die Enge der vier Räume (eine nicht aus dem 19. Jahrhundert stammende Trennwand wurde anlässlich der Umbauten ab 1986 wieder entfernt, so dass die Wohnung in ihrem heutigen Zustand wieder nur drei Räume umfasst) sehr eindrucksvoll, die noch durch die niedrige Deckenhöhe verstärkt wurde und wird, denn ein durchschnittlich groß gewachsener Mensch kann problemlos mit der Hand an die Decke fassen. Der Verfasser dieses Beitrags war 1980 im Rahmen eines Schulausflugs der Klasse 10a des Kepler-Gymnasiums in Pforzheim mit seinem damaligen Geschichtslehrer in der Pfaffengasse; die Ausstellung in diesen winzigen Räumen blieb ihm im Gedächtnis haften, weil sie den Aufstieg Eberts aus so kleinen Verhältnissen bis an die Spitze des Staates umso erstaunlicher erscheinen ließ.¹¹ Aber natürlich gab es in dieser kleinen kommunalen Gedenkstätte auf rund 46 Quadratmetern nichts, was für ein den heutigen Ansprüchen genügendes Museum selbstverständlich ist, nicht einmal feste Öffnungszeiten. 1980 musste man einen ehrenamtlichen Hausmeister herbeiklingeln, einen Rentner, der dann mit Filzpantoffeln und einem weißen Leibchen – und natürlich einer Hose – bekleidet aus der Kulisse trat und die Wohnung für Besucher extra aufschloss.

Trotz des fast schon improvisierten Charakters der Ausstellung in der Ebert-Geburtswohnung fungierte sie als Vorzeigeeinrichtung der Stadt, etwa beim Besuch von Bundespräsident Gustav Heinemann am 17. Februar 1971.¹² Die in jeder Hinsicht beschränkten Möglichkeiten der Gedenkstätte waren jedoch allen Beteiligten bewusst; eine mögliche Erweiterung der Räumlichkeiten stand deshalb immer auf der Agenda, allerdings lange Zeit ohne realisiert zu werden. (Abb. 2)

9   Vgl. Walter Mühlhausen, Zur Entstehungsgeschichte der Gedenkstätte, in: ders. (Hg.), Erinnern und Gedenken [wie Anm. 1], S. 63–90.
10 Manuskript der Rede in: Stadtarchiv Heidelberg, AA 79/14.
11 Vgl. zur ersten Ausstellung in der Ebert-Geburtswohnung: Die Friedrich-Ebert-Gedenkstätte in Heidelberg, Bilder und Texte aus der Ausstellung in den Räumen des Friedrich-Ebert-Hauses in der Heidelberger Pfaffengasse, hrsg. von der Stadt Heidelberg und der Friedrich-Ebert-Stiftung, Köln 1962.
12 In Heinemanns Amtszeit jährten sich sowohl der Geburtstag Eberts wie die Bismarck'sche Reichsgründung zum 100sten Mal. Die jeweiligen Gedenkreden des Staatsoberhaupts sind abgedruckt in dem Bändchen: Gustav W. Heinemann, Zur Reichsgründung 1871, zum 100. Geburtstag Friedrich Eberts, Stuttgart (u. a.) 1971.

Abb. 2: Besuch des Bundespräsidenten Gustav Heinemann in der Geburtswohnung des Reichspräsidenten zum 100. Geburtstag Friedrich Eberts im Februar 1971, Archiv der SRFEG.

3. Die Errichtung der Bundesstiftung Reichspräsident-Friedrich-Ebert-Gedenkstätte 1986

Im Zuge der umfassenden Heidelberger Altstadtsanierung gelang es der Stadtverwaltung im Laufe des Jahres 1984, fast das gesamte Areal rund um den Innenhof der Gedenkstätte anzukaufen. Erste Planungen zur Gestaltung der zu erweiternden kommunalen Gedenkstätte liefen an; der Zeitplan, diese zum 600-jährigen Universitätsjubiläum der Ruperto Carola 1986 zu eröffnen, erwies sich allerdings als viel zu ehrgeizig. (Abb. 3)

Großen Schub für die Gedenkstätte brachte ein Gipfeltreffen der besonderen Art: Anlässlich des 60. Todestages von Friedrich Ebert am 28. Februar 1985 statteten Bundespräsident Richard von Weizsäcker, der baden-württembergische Minister-

Abb. 3: Die Rettung eines maroden Altstadt-Gevierts: Die Sanierung der Ebert-Gedenkstätte Ende der 1980er Jahre, Archiv der SRFEG.

präsident Lothar Späth, der SPD-Vorsitzende Willy Brandt sowie Heinz Kühn, der Vorsitzende der Friedrich-Ebert-Stiftung und ehemalige Ministerpräsident des Landes Nordrhein-Westfalen, Heidelberg einen Besuch ab, gedachten des Reichspräsidenten im Rathaus, legten einen Kranz an seinem Grab nieder und besuchten die Geburtswohnung. Die prominenten Politiker bestärkten die Stadt Heidelberg, ihre Vorüberlegungen weiterzuverfolgen, die Gedenkstätte zu vergrößern und als Institution auf der nationalen Ebene anzusiedeln. Das Erinnern an Friedrich Ebert sollte gesamtstaatlich organisiert und getragen werden. Vorbild war die 1978 ins Leben gerufene Stiftung Bundeskanzler-Adenauer-Haus rund um das letzte Wohnhaus des ersten Bundeskanzlers in Rhöndorf bei Bonn, eine bundesunmittelbare Stiftung öffentlichen Rechts unter der Rechtsaufsicht des Bundesinnenministers, ausgestattet mit ehrenamtlichen Stiftungsgremien: einem Vorstand, einem Kuratorium und einem wissenschaftlichen Beirat.

Im Herbst 1986 hatten nach maßgeblicher Initiative des Heidelberger SPD-Bundestagsabgeordneten Hartmut Soell die Fraktionen von CDU/CSU, SPD und FDP einen gemeinsamen Antrag auf Errichtung einer Stiftung Reichspräsident-Friedrich-Ebert-Gedenkstätte eingebracht, der am 19. Dezember 1986 vom Deutschen Bundestag verabschiedet wurde – allerdings nicht einstimmig, sondern *gegen* die Stimmen der grünen Bundestagsfraktion.

Die Errichtung der Stiftung erfolgte weder in Heidelberg noch auf Bundesebene im Konsens, sondern gegen die zum Teil massive Kritik der erst wenige Jahre zuvor gegründeten Grünen, in Heidelberg in Form der Grünalternativen Liste GAL. Im Finanzausschuss des Heidelberger Stadtrates hatte der lokale GAL-Vorsitzende Reinhard Bütikofer die Ablehnung des Projektes mit den auch in der überregionalen Presse kolportierten Worten begründet: »Für das Reich war Ebert ein Held, für die Demokratie eine Flasche!«[13] Im Deutschen Bundestag hatte der Abgeordnete und ehemalige RAF-Anwalt Christian Ströbele am 23. Oktober 1986 dieses Flaschen-Zitat aufgegriffen und die Kritik daran als Beweis gewertet, dass man einen offenen Diskurs über die Person Eberts scheue.[14] Die Haltung seiner grünen Fraktionskollegen begründete Ströbele folgendermaßen: »1918/19 gab es in Deutschland durchaus noch die Alternative zwischen einer aktiven Selbstregierung des Volkes, getragen von Arbeiter- und Soldatenräten auf der einen Seite, und einer gehaßten und nur zwangsweise geduldeten bürgerlich bestimmten parlamentarischen Demokratie zu wählen. Ebert und mit ihm die Mehrheit der Sozialdemokraten haben sich ohne Zögern mit den militärischen und bürgerlichen Kräften verbündet. Ihr Ziel war nichts anderes als die Wiederherstellung der Ordnung. Historisch ist diese Entscheidung mitverantwortlich für das Scheitern der Weimarer Republik.«

Ähnlich hatte Reinhard Bütikofer im Heidelberger Gemeinderat am 12. Juni 1986 die Sozialdemokratie und Friedrich Ebert maßgeblich verantwortlich für die Machtergreifung Hitlers gemacht: »Man sollte auch nicht vergessen, meine ich, die Art und Weise, wie die Mehrheitssozialdemokratie, unter Führung von Friedrich Ebert, die Weimarer Republik begründet hat [...], wesentliche Verantwortung, historische Verantwortung dafür trägt, daß diese 12 Jahre überhaupt passieren konnten.«[15] Am Schluss dieser Gemeinderatssitzung hatte sich noch folgender kabarettreifer Dialog ergeben. Der SPD-Stadtrat Rainer Nimis hatte Bütikofer nach seiner Kritik an der 1919 verhinderten Einführung des Rätemodells gefragt: »Können Sie mir ein Beispiel dafür sagen, wo dieses Modell der ›direkteren‹ Demokratie funktioniert seit 1918?« Die Antwort Bütikofers »Ich kann es nicht sagen, weil es historisch keine Chance hatte«, kommentierte Oberbürgermeister Reinhold Zundel mit den Worten: »Weil der Herr Stadtrat Bütikofer daran noch nicht geistig kritisch beteiligt war, kann das gar keinen Erfolg gehabt haben.«[16]

---

13 Zitiert in: »Rhein-Neckar-Zeitung« vom 25. Oktober 1985 (»Mehrheit will Projekt vorwärts bringen«).
14 Deutscher Bundestag, Stenographische Berichte, 10. Legislaturperiode, 241. Sitzung vom 23. Oktober 1986, S. 18670 f. Die »Frankfurter Allgemeine Zeitung« fasste die Bundestagsdebatte am 25. Oktober 1986 in einem Artikel mit der Überschrift: »Gotteslästerung. Grüne Respektlosigkeit gegenüber einem SPD-Heiligen« zusammen.
15 Stadtarchiv Heidelberg, Protokolle der Sitzungen des Gemeinderats, Protokoll der 29. Sitzung vom 12. Juni 1986, S. 21–30, Redebeitrag Bütikofer S. 24–27, Zitat S. 26.
16 Ebenda S. 27.

Diese fundamentale und zum Teil verunglimpfende und ahistorische Kritik der Grünen sagt nun weit weniger aus über die zeitgenössische Sicht auf Friedrich Ebert in Teilen der deutschen Gesellschaft im Allgemeinen und der Heidelberger Stadtgesellschaft im Besonderen, als vielmehr über die Herkunft eines Teils der Ökopartei aus dem linksextremen politischen Spektrum. Reinhard Bütikofer war während seines übrigens nicht abgeschlossenen Studiums an der Universität Heidelberg Mitglied der Kommunistischen Hochschulgruppe und im maoistisch orientierten Kommunistischen Bund Westdeutschland KBW gewesen. Christian Ströbele hatte noch bei seinem Ausscheiden aus dem Deutschen Bundestag 2017 gesagt, er habe in den 1970er Jahren »von der parlamentarischen Demokratie nicht viel gehalten«.[17] Anlässlich des 40-jährigen Gründungsjubiläums der Grünen in Baden-Württemberg hatte Verkehrsminister Winfried Hermann im September 2019 über die Gründungsphase seiner Partei gesagt: »Am Anfang war das Spektrum sehr breit. Wir haben praktisch alle schrägen Vögel angezogen, die woanders gescheitert waren, auch Linksextremisten, Stadtindianer mit Kinder-WGs und braunlastige Landwirte. Es hat mindestens zehn Jahre gedauert, bis sich das sortiert hatte.«[18]

Aber auch bei den Grünen mussten die hehren ideologischen Grundsätze nur wenige Jahre später vor realpolitischen Zwängen kapitulieren. Rund zwölf Jahre nach der zitierten Fundamentalkritik an Friedrich Ebert trugen die Grünen als Juniorpartner der rot-grünen Bundesregierung unter Bundeskanzler Gerhard Schröder den ersten Kriegseinsatz deutscher Soldaten seit 1945 mit (im Rahmen des NATO-Einsatzes gegen die Bundesrepublik Jugoslawien); und Reinhard Bütikofer als Parteivorsitzender der Grünen von 2002 bis 2008 unterstützte die Agenda 2010 und die Hartz-4-Gesetzgebung. Das Gesetz über die am 7. Juli 2016 als sechste und bisher vorletzte Politikergedenkstiftung installierte Helmut-Schmidt-Stiftung in Hamburg wurde im Deutschen Bundestag übrigens einstimmig verabschiedet, also mit den Stimmen der Bundestagsfraktion von Bündnis 90/Die Grünen, obwohl die Partei die Nachrüstungspolitik des zweiten sozialdemokratischen Bundeskanzlers vehement bekämpft hatte.

Nach über zweijähriger intensiver Umbauzeit, in der die teils völlig marode Bausubstanz der Pfaffengasse 18, vor allem der Hofgebäude, grundlegend saniert und für den Betrieb eines Museums umgestaltet worden war, konnte die Friedrich-Ebert-Gedenkstätte am 28. Februar 1989, dem 64. Todestag ihres Namensgebers, mit einem Festakt in der Heidelberger Stadthalle in Anwesenheit des Bundespräsidenten Richard von Weizsäcker eröffnet werden. Die nunmehrige Ausstellungsfläche ist mit rund 250 Quadratmetern fast fünfmal so groß wie die bisherige. Neben einer nachgestellten Sattlerwerkstatt in der Hofeinfahrt und der Geburtswohnung, die als

---

17 Interview von Tatjana Heid mit Hans-Christian Ströbele »Von der parlamentarischen Demokratie habe ich nicht viel gehalten« in: »Frankfurter Allgemeine Zeitung« vom 20. Juni 2017.
18 Roland Muschel, »Die Erneuerbaren. Vor 40 Jahren gründeten sich die Südwest-Grünen« in: »Rhein-Neckar-Zeitung« Nr. 220 vom 21./22. September 2019.

Abb. 4: Liederfest im Hof der Gedenkstätte 2019, Archiv der SRFEG.

solche wieder mit Möbeln eingerichtet wurde, ohne den Anspruch der originalgetreuen Rekonstruktion erheben zu wollen oder zu können, folgt ein chronologisch aufgebauter Rundgang in der ersten Etage durch Friedrich Eberts Biographie in zehn kleinen Räumen. Die erste Dauerausstellung »Friedrich Ebert – sein Leben, sein Werk, seine Zeit« wurde im Jahr 2007 komplett erneuert und präsentiert sich seither mit dem Titel »Vom Arbeiterführer zum Reichspräsidenten – Friedrich Ebert (1871–1925)« im modernen Museumsdesign.[19] Sie ist weniger textlastig als ihre Vorgängerin und setzt auf großformatige Abbildungen. Sogenannte »Zeitrahmen«, also raumfüllende Holzrahmen, in denen Text- und Fotobanner versetzt hängen, vermitteln den Eindruck der Dreidimensionalität und kaschieren gleichzeitig denjenigen einer überwiegenden Flachwaren-Ausstellung. Durch den Erwerb eines weiteren Nachbarhauses in der Pfaffengasse kam im Jahr 1996 unter anderem das »Atrium« dazu, das einen angemessenen Platz für Sonderausstellungen bzw. Vorträge und Veranstaltungen aller Art bietet. Außerdem kam im Erweiterungsbau die Bibliothek der Stiftung mit ihren langsam aber stetig wachsenden Beständen unter, die über das System Heidi der Heidelberger Universitätsbibliothek weltweit recherchiert werden können.

19 Vgl. zur ersten Dauerausstellung in der Reihe Westermanns Museumshefte: Reichspräsident-Friedrich-Ebert-Gedenkstätte Heidelberg, Braunschweig 1989; Walter Mühlhausen (Hg.), Friedrich Ebert. Sein Leben, sein Werk, seine Zeit, Begleitband zur ständigen Ausstellung in der Reichspräsident-Friedrich-Ebert-Gedenkstätte, Heidelberg 1999; vgl. zur zweiten Dauerausstellung: Braun/Mühlhausen (Hg.), Vom Arbeiterführer [wie Anm. 2].

4. Entwicklung und Akzeptanz der Friedrich-Ebert-Gedenkstätte seit 1989

Die Kritik an Friedrich Ebert aus einem Teil des linksalternativen Spektrums hielt auch nach der Eröffnung der Gedenkstätte im Februar 1989 an. Der Heidelberger Schriftsteller Michael Buselmeier hat die erste ständige Ausstellung der Gedenkstätte in der ersten Auflage seiner 1991 erschienenen »Literarischen Führungen durch Heidelberg. Eine Kulturgeschichte im Gehen« als »historische Klippschule« bezeichnet, die mit 124 Schrifttafeln den Eindruck vermitteln wolle, so und nicht anders sei die Geschichte verlaufen: »So wird sich, fürchte ich, keine Streitkultur entwickeln, allenfalls der bekannt blasse Konsens der Demokraten, dem zufolge der gute Hirte, ein Mann der Mitte, zwischen rechts und links aufgerieben wurde. Es wäre meines Erachtens sinnvoller gewesen, zumindest im Westflügel Sozialwohnungen einzurichten.«[20] Soweit Michael Buselmeier, der sein grundsätzlich unterstützungswertes Plädoyer für den sozialen Wohnungsbau in Heidelberg nicht wiederholt hat, als 1997 in der Altstadt das Dokumentationszentrum der Deutschen Sinti und Roma eröffnet wurde.

Anwürfe dieser Art sind nicht nur deshalb verstummt, weil die linksalternativen Urheber mittlerweile in die Jahre gekommen, ergraut und weitgehend verbürgerlicht sind, während sich die SPD gerade auch in Heidelberg vergrünt hat und nicht zuletzt aus diesem Grund um ihr Überleben kämpft, sondern weil die Gedenkstätte sich in mittlerweile über 30 Jahren Anerkennung durch ihre praktische Arbeit erworben hat, und das mit einem vergleichsweise geringen Budget für Veranstaltungen, von dem das Deutsch-Amerikanische-Institut in Heidelberg nicht einmal albträumen würde. Indirekter Beleg für diese Anerkennung sind die bereits erwähnten »Literarischen Führungen« von Michael Buselmeier. In der zweiten Auflage dieses lokalen Bestsellers aus dem Jahr 1996 ist der oben zitierte Abschnitt vom »guten Hirten« Ebert ganz entfallen. In der dritten Auflage aus dem Jahr 2007 (und in der vierten von 2016) ist dann die polemische Abwertung von der »historischen Klippschule« verschwunden und durch die sachliche Formulierung ersetzt worden, man habe einen »modernen Rundgang installiert, der die Stationen von Eberts Leben erhellen soll«.[21]

Aufgabe des Ebert-Hauses, so hat es der Deutsche Bundestag im Gesetz zur Einrichtung der Stiftung definiert, ist es, »das Andenken an das Wirken des ersten deutschen Reichspräsidenten Friedrich Ebert zu wahren und einen Beitrag zum Ver-

---

20 Michael Buselmeier, Literarische Führungen durch Heidelberg. Eine Kulturgeschichte im Gehen, Heidelberg 1991, S. 68 f., Zitat S. 69.
21 Die zweite und dritte Auflage Heidelberg 1996 bzw. 2007 ist jeweils mit dem Untertitel »Eine Stadtgeschichte im Gehen« erschienen; in der vierten Auflage, Heidelberg 2016, ist »Stadtgeschichte« wieder durch »Kulturgeschichte« ersetzt worden. Vgl. S. 89–91 (2. Aufl.), S. 104–106 (3. Aufl.) und S. 111–113 (4. Aufl.).

ständnis der deutschen Geschichte seiner Zeit zu leisten.«[22] Während die Leitungsgremien der Stiftung dieses Zeitkorsett anfangs allzu eng schnürten, hat sich in den vergangenen drei Jahrzehnten mehr und mehr die Überzeugung Bahn gebrochen, dass »Eberts Zeit« nicht nur die Jahre 1871 bis 1925 umfasst und dass sie nicht an den Landesgrenzen Deutschlands oder den inhaltlichen Grenzpfählen der reinen Politikgeschichte endet. Mittlerweile weist die Arbeit der Gedenkstätte zeitlich und inhaltlich weit über die eng begrenzte Biographie Eberts hinaus, ohne allerdings bei den Veranstaltungen und Forschungsgegenständen der Willkür und Beliebigkeit Tür und Tor zu öffnen.

Die historiographische Forschung im Ebert-Haus hat neben der ersten wissenschaftlich haltbaren Friedrich-Ebert-Biographie von Walter Mühlhausen zu weiteren beachtlichen Ergebnissen geführt, etwa mit dem völlig neuen Ansatz, die zwölf Weimarer Reichskanzler kollektivbiographisch zu deuten.[23] Die Stiftung führt in regelmäßigem Turnus Forschungssymposien zum Kaiserreich, zur Weimarer Republik und zur Geschichte der Arbeiterbewegung durch, deren Beiträge in der mittlerweile 19 Bände umfassenden Schriftenreihe der Stiftung nachzulesen sind. Ergebnisse der hausinternen Forschung sind auch die drei Wanderausstellungen, die seit Jahrzehnten kreuz und quer durch die Republik reisen; neben einer Wanderversion der ständigen Ausstellung sind dies die Reichskanzler-Ausstellung »Die Reichskanzler der Weimarer Republik – Zwölf Lebensläufe in Bildern« und die Karikaturenausstellung »Darüber lacht die Republik – Friedrich Ebert und ›seine‹ Reichskanzler in der Karikatur«. Seit 1989 hat die Stiftung rund 80 Sonderausstellungen externer Träger übernommen, neben denjenigen mit rein politischen Themen auch solche, die sich mit Literaten oder Künstlern beschäftigt haben, etwa Ausstellungen über Heinrich Mann, über Erich Maria Remarque, den Startenor Joseph Schmidt oder die russischen Schriftsteller Warlam Schalamow und Ossip Mandelstam; das Ebert-Haus war auch die einzige Einrichtung in Heidelberg, die 2015 mit einer sehr gut besuchten Vortragsveranstaltung an den 100. Jahrestag des Völkermords an den Armeniern erinnert hat.

Solange dies physisch möglich war, wurden im Ebert-Haus Begegnungen zwischen Schulklassen und Widerstandskämpfern gegen das NS-Regime bzw. Holocaustüberlebenden organisiert, die auf eine breite positive Resonanz gestoßen sind. Vier Zeitzeugen sollen namentlich genannt sein, welche die Gedenkstätte mehrfach besuchten: die in Wien geborene und in Berlin aufgewachsene spätere US-Bürgerin Susan Cernyak Spatz (1922–2019), die Theresienstadt, Auschwitz und Ravensbrück überlebt hatte; die niederländische Jüdin deutscher Herkunft Carlotta Marchand (1918–2007), deren Familie 1923 aus wirtschaftlichen Gründen aus dem Rheinland

---

22 Vgl. Bundesgesetzblatt 1986, Nr. 69, Gesetz über die Errichtung einer Stiftung Reichspräsident-Friedrich-Ebert-Gedenkstätte vom 19. Dezember 1986, S. 2553 f., Zitat S. 2553.
23 Vgl. zu Mühlhausens Ebert-Biographie die Anm. 2; zu den Reichskanzlern: Bernd Braun, Die Weimarer Reichskanzler. Zwölf Lebensläufe in Bildern, Düsseldorf 2011; ders., Die Reichskanzler der Weimarer Republik. Von Scheidemann bis Schleicher, Stuttgart 2013.

nach Den Haag ausgewandert war, von wo aus ihre Eltern und ihre jüngere Schwester 1942 deportiert und im Vernichtungslager Sobibór ermordet worden waren, während sie von ihrem niederländischen Ehemann versteckt wurde – eine Anne Frank, welche die Verfolgung im Untergrund überlebt hat; Ludwig Gehm (1905–2002), ein Frankfurter Sozialdemokrat, der ab 1933 im Widerstand war, in Hamburg-Fuhlsbüttel inhaftiert wurde, das KZ Buchenwald überlebte, danach ins Strafbataillon 999 versetzt wurde und während eines Einsatzes in Griechenland zu den dortigen Partisanen desertierte; und schließlich Franz Josef Müller (1924–2015), Mitglied der Weißen Rose, Angeklagter im zweiten Prozess gegen diese studentische Widerstandsgruppe – er war noch Gymnasiast in Ulm gewesen –, wo er von Roland Freisler zu fünf Jahren Haft verurteilt worden war, und Mitbegründer der »Weiße Rose Stiftung e.V.« in München. Die ersten drei Genannten haben auch autobiographische Zeugnisse verfasst; dass die Erinnerungen von Carlotta Marchand, ein ergreifend ehrliches Buch, eine dritte Auflage erlebten, ist der Initiative der Gedenkstätte zu verdanken.[24]

Eine Vielzahl prominenter Zeitgenossen hat seit 1989 das Ebert-Haus besucht, von denen nur die wichtigsten in Auswahl genannt werden können: die Bundespräsidenten Richard von Weizsäcker, Roman Herzog, Johannes Rau, Horst Köhler und Joachim Gauck (nach Ende seiner Amtszeit), der seinerzeitige Staatspräsident von Botswana, Dr. Quett Masire, Bundeskanzler Gerhard Schröder, die amtierenden oder ehemaligen SPD-Vorsitzenden Willy Brandt, Hans-Jochen Vogel, Oskar Lafontaine, Franz Müntefering und Kurt Beck; die Bundestagspräsidenten Annemarie Renger, Rita Süßmuth und Wolfgang Thierse; außerdem zahlreiche Ministerpräsidenten, Bundes- und Landesminister. Zu den prominenten Gästen ohne hohe Staatsämter zählte 1991 der letzte damals noch lebende SPD-Reichstagsabgeordnete, der am 23. März 1933 gegen Hitlers Ermächtigungsgesetz gestimmt hatte, Josef Felder, der Vorsitzende des Zentralrats der Juden, Ignatz Bubis, der spanische Schriftsteller Jorge Semprún sowie last but not least Literaturnobelpreisträger Günter Grass.

Die prominenten Besucher allein sind allenfalls das Salz, das ohne die dazugehörige Suppe nutzlos herumläge. Das deutlichste Zeichen der Akzeptanz des Friedrich-Ebert-Hauses ist die Abstimmung mit den Füßen (Abb. 4). Die Besucherzahlen haben sich langsam aber stetig gesteigert, im Jahr 2008 konnte der millionste Besucher in Gestalt einer Schülerin aus Speyer begrüßt werden, und wenn die Corona-Krise nicht sämtliche Hochrechnungen über den Haufen geworfen hätte, dann hätte die Gedenkstätte im Jahr 2021 den zweimillionsten Besucher seit 1989 registrieren können. An diesen beeindruckenden Zahlen haben die verkehrsgünstige Lage mitten in der Heidelberger Altstadt und damit die Tatsache, dass fast alle Stadtführungen mit Touristen auch einen Abstecher ins Ebert-Haus machen, sowie der zentrale Stellenwert, den die Weimarer Republik nach wie vor im Geschichtsunterricht aller Schularten besitzt und der zu Vertiefungen an diesem Originalort der Geschichte anregt, einen erheblichen Anteil (Abb. 5).

---

24 Carlotta Marchand, Wie durch ein Nadelöhr. Erinnerungen einer jüdischen Frau, 3. Auflage Berlin 2000 (nach den beiden ersten Auflagen 1985 und 1988).

Abbildung 5: Indische Austauschschüler besuchen das Ebert-Haus 2011, Archiv der SRFEG

Eingebettet ist diese Anerkennung über die geleistete Arbeit der letzten drei Jahrzehnte in einem gesamtgesellschaftlichen Wandel bei der Beurteilung der Weimarer Republik. Besonders deutlich wurde dieser Wandel 2018 und 2019 anlässlich der 100sten Jahrestage der Revolution und der Weimarer Nationalversammlung, erkennbar an den staatlichen Festveranstaltungen wie an den aus diesem Anlass erschienenen Publikationen. Jahrzehntelang gab es vor allem vier Kritikpunkte am politisch verantwortlichen Personal in der Übergangsphase vom Kaiserreich zur Weimarer Republik:

1. Es sei kein Rätemodell in Deutschland errichtet worden, sondern eine parlamentarische Demokratie nach westeuropäischem Vorbild.
2. Es sei kein Elitenaustausch vollzogen worden, vielmehr seien die alten Eliten des Kaiserreiches im Amt geblieben und hätten sich als destruktiver Faktor erwiesen.
3. Es habe keine Umstrukturierung des Wirtschaftssystems stattgefunden, vor allem sei keine Verstaatlichung wichtiger Industriezweige vorgenommen worden.
4. Die Aufstandsversuche linksextremer Kräfte gegen die Gründung einer parlamentarischen Demokratie seien von staatlicher Seite mit brutaler Härte niedergeschlagen worden.

Die Kritikpunkte Nummer 1 und 2 sind durch den sang- und klanglosen Zusammenbruch der DDR 1989 fast völlig aus der öffentlichen Debatte verschwunden. Einige wenige versprengte Rätenostalgiker haben sich auch jüngst dahingehend geäußert, dass ein in Deutschland installiertes Rätesystem ein mögliches basisdemokratisches Bollwerk gegen den erst ab 1930 systemgefährdenden Nationalsozialismus hätte bilden können.[25] Diese Kritiker vermögen aber nicht zu erklären, wie sich die Räte als progressives Gremium bei den bestehenden Mehrheiten, wie sie sich bei den reichsweiten Wahlen 1919 und vor allem 1920 abzeichneten, hätten behaupten wollen, es sei denn, man hätte ihnen den Charakter einer vom Wählerwillen unabhängigen Avantgarde zugebilligt.

Beim Vorwurf des nur ansatzweise durchgeführten Elitenaustausches wird oft übersehen, dass die SPD am Ende des Kaiserreiches nicht über ein Reservoir ihr nahestehender Juristen, Universitätslehrer, Offiziere, Wirtschaftsführer oder Publizisten verfügte. Vergleicht man die Umbruchsituationen in Deutschland 1918/19, 1933, 1945 und 1989/90, dann zeigt sich, dass der umfassendste Elitenaustausch ab 1933 unter der NS-Herrschaft vollzogen wurde, gefolgt von der Zeit ab 1945 in der sowjetischen Besatzungszone. Diktaturen scheinen für Elitenwechsel prädestinierter zu sein als Demokratien. Die Zusammenarbeit Eberts mit den bisherigen Eliten des Kaiserreiches kann man zudem nicht als systembelastend einstufen, wenn man gleichzeitig Adenauers Kollaboration mit den NS-Eliten in der frühen Bundesrepublik Deutschland als systemstabilisierend bewertet.

Zur Überwindung des Kapitalismus und zur Errichtung der klassenlosen Gesellschaft hat die Weimarer Republik lediglich marginale Beiträge geliefert. Bis heute ist diese Forderung eine gesellschaftliche Utopie geblieben. Auch wenn die Verwerfungen des Versailler Vertrages und seiner gerade auch einschneidenden ökonomischen Folgen denkbar ungünstig für Experimente in Form von Eingriffen in die Wirtschaftsstrukturen waren, so hätte die Vergesellschaftung einiger Schlüsselindustrien die Enttäuschung der sozialdemokratischen Anhänger- und Wählerschaft über die Errungenschaften der Revolution etwas abmildern können. Als Zeichen dieser Enttäuschung musste die SPD bei den Reichstagswahlen 1920 die schmerzlichste Niederlage ihrer Geschichte einstecken.

Dieser dritte Punkt, die Neuordnung der Wirtschaft betreffend, ist mittlerweile in den Hintergrund der Wahrnehmung gerückt, sodass die Gewaltfrage als einziger Kritikpunkt bis heute überlebt hat, weshalb die Studie des irischen Historikers Mark Jones »Am Anfang war Gewalt« 2018 ein so breites mediales Echo auslösen konnte.[26] Seine völlig überzogene zentrale These, dass die staatliche Gewalt des Jahres 1919, die zwar legal war, aber zugegebenermaßen die Novemberrevolution durch ihre Härte in Teilen delegitimierte, die Vorlage für Hitlers Brutalisierung der politischen Prozesse gewesen sei, war der letzte Strohhalm, an den sich die Weimarkritiker klammerten. Dabei waren alle deutschen Soldaten, sofern sie nicht als Etappenhasen ein-

---

25 So Tenor und Bekenntnis der beiden Autoren Heidi und Wolfgang Beutin, in: Fanfaren einer neuen Freiheit. Deutsche Intellektuelle und die Novemberrevolution, Darmstadt 2018.
26 Mark Jones, Am Anfang war Gewalt. Die deutsche Revolution 1918/19 und der Beginn der Weimarer Republik, 3. Auflage Berlin 2018.

gesetzt gewesen waren, bereits durch die unmittelbare Gewalterfahrung des Ersten Weltkrieges traumatisiert. Diesem Versuch der Dämonisierung der Weimarer Gründungsphase durch Mark Jones stand der Versuch ihrer Kanonisierung gegenüber, auf die Spitze getrieben und des Guten zu viel getan in dem Buch von Robert Gerwarth »Die größte aller Revolutionen«.[27]

Als Fazit des Jubiläumsjahres 2019 kann man im Rückblick bilanzieren: Die Weimarer Republik ist heute unumstrittener und ihre Gründergeneration anerkannter als jemals in der deutschen Geschichte seit 1919. Dieser Bewertungswandel hat sich auch auf den ersten Reichspräsidenten übertragen. Allerdings stellt die Umstrittenheit Friedrich Eberts auch einen gewissen Schutzmechanismus dar. Geschichte als nicht eindeutige Wissenschaft lässt Spielraum für Interpretationen offen, wobei sich in den letzten Jahrzehnten für die herrschende Meinung der Begriff der »Meistererzählung« oder des »Narrativs« durchgesetzt hat. Von der Meistererzählung bis zur Legendenbildung ist es oft nur ein kleiner Schritt. Wer sich erinnerungspolitisch mit einer einzigen historischen Figur auseinandersetzt, läuft zwangsläufig Gefahr, diese einseitig zu überschätzen bzw. zu idealisieren. Bei Friedrich Ebert ist diese Gefahr nicht völlig gebannt, aber geringer als bei manchen vergleichbaren Einrichtungen.

Beim zentralen Festakt der Bundesrepublik Deutschland am 6. Februar 2019 im Nationaltheater von Weimar hat Bundespräsident Frank-Walter Steinmeier Friedrich Ebert direkt angesprochen: »Da klingt mir Eberts Ruf wieder in den Ohren: ›So wollen wir an die Arbeit gehen!‹ Lieber Friedrich Ebert, möchte ich zurückrufen: Wir sind mittendrin! Die Ärmel sind hochgekrempelt, es knirscht wohl auch einiges, und sicher wird's nicht einfacher. Aber wir stecken mittendrin in der Arbeit der Demokratie, und wir tragen unsere Verantwortung mit Kraft und mit Zuversicht.«[28] Am 11. Februar 2019 fand dann aus Anlass des 100. Jahrestages der Wahl Friedrich Eberts zum Reichspräsidenten eine Matinee im Schloss Bellevue statt.[29] Die ungewohnt emotionale Ansprache des Westfalen Steinmeier in Weimar sollte aber nicht darüber hinwegtäuschen, dass die Distanz zu Friedrich Ebert aus einem schlichten chronologischen Grund größer geworden ist: Durch die letzte Jahrhundertwende ist Ebert noch weiter in die Geschichte zurückgesunken; er ist jetzt eine Persönlichkeit, die im *vorletzten* Jahrhundert geboren wurde und im ersten Viertel des *letzten* politisch aktiv war. In wenigen Jahren jährt sich sein 100ster Todestag.

---

27 Robert Gerwarth, Die größte aller Revolutionen. November 1918 und der Aufbruch in eine neue Zeit, München 2018; mit ähnlicher Stoßrichtung: Lars-Broder Keil/Sven Felix Kellerhoff, Lob der Revolution. Die Geburt der Demokratie in Deutschland, Darmstadt 2018.
28 Frank-Walter Steinmeier, »Schwarz-Rot-Gold, das sind unsere Farben! Überlassen wir sie niemals den Verächtern der Freiheit!« Festakt »100 Jahre Weimarer Reichsverfassung«, in: Frank-Walter Steinmeier, Sie alle sind Teil dieser Demokratie, Reden und Interviews Bd. 3, Berlin 2020, S. 39–53, Zitat S. 53.
29 Die Beiträge dieser Matinee sind abgedruckt im Band 36 der Kleinen Schriften der Stiftung Reichspräsident-Friedrich-Ebert-Gedenkstätte, Heidelberg 2019.

Anders als bei den Protagonisten der übrigen Politikergedenkstiftungen (mit Ausnahme von Bismarck) lebt niemand mehr, der Ebert bewusst erlebt hat. Als das Zweite Deutsche Fernsehen im Jahr 2003 für seine Fernsehsendung »Die größten Deutschen« den Zuschauern eine Namensliste mit 300 lebenden und verstorbenen Persönlichkeiten aus allen beruflichen Sparten vorlegte (allerdings ohne Vertreter der NS-Eliten), gehörte auch Friedrich Ebert zu den von der Redaktion Vorgeschlagenen. Der erste Reichspräsident schaffte es aber nicht unter die ersten 200 der vom Publikum ausgewählten »größten Deutschen«. Dass bei der Abstimmung neben den traditionellen Postkarten auch SMS und das Internet zum Einsatz kamen, erleichterte es bestimmten Einrichtungen, ihre Helden nach oben zu hieven. Anders ist es nicht zu erklären, dass der eher unbekannte katholische Geistliche Josef Kentenich, der Gründer der internationalen Schönstattbewegung, auf Platz 17 landete. Auf Platz 16 kam der seinerzeitige Teenie-Schwarm und euphemistisch als »Sänger« deklarierte Daniel Küblböck, auf Platz 87 die Erotikunternehmerin Beate Uhse, auf Platz 160 Till Eulenspiegel mit der originellen Berufsbezeichnung »Unterhalter«. So unseriös diese ganze Sendung und deren Auswahlkriterien auch waren – im Jahr 2014 wurden Manipulationsvorwürfe beim Ranking der Nachfolgesendung »Unsere Besten« publik, was zum Rücktritt des ZDF-Unterhaltungschefs führte –, es bleibt festzuhalten, dass Ebert im Jahr 2003 nicht unter die 200 populärsten Deutschen gewählt wurde und es niemand für notwendig erachtete, ein klein wenig für eine bessere Platzierung nachzuhelfen. Vermutlich würde Ebert heute bei einer seriösen Abstimmung gerade angesichts seiner häufigen Namensnennung im Zusammenhang mit den Weimar-Jubiläen etwas weiter vorne landen, aber es würde an dem schlichten Faktum nichts ändern, dass Ebert den meisten heutigen Deutschen zwar irgendwie bekannt ist, aber er war und ist keine populäre Gestalt der deutschen Geschichte.

Somit lässt sich zusammenfassen, dass sich die Friedrich-Ebert-Gedenkstätte seit 1989 zu einer fest etablierten, nur noch gelegentlich von linken Sektierern bekrittelten Heidelberger Institution entwickelt hat. Nicht die Kritik von Linksaußen stellt heute die größte Herausforderung für diesen Erinnerungsort deutscher Demokratiegeschichte dar, sondern die Bewältigung der Datenschutzgrundverordnung (mit der etwa das Anlegen von Einladungsdateien oder das Fotografieren von Teilnehmern unnötig erschwert wird), die Problematik, Besucher vom Internet und Smartphone weg und in unsere Veranstaltungen hinein zu locken sowie nicht zuletzt das Siechtum der klassischen Arbeiterbewegung und das Erstarken geschichtsrevisionistischer Kräfte. Die Auswirkungen der Corona-Pandemie auf die politische Bildung, Öffentlichkeitsarbeit und Erinnerungskultur, ja auf die politische und ökonomische Stabilität unseres Landes, sind zwar spürbar, jedoch abschließend noch gar nicht einzuschätzen. Ob der Ukrainekrieg und die dadurch ausgelösten Verwerfungen der deutschen Wirtschaft und des Bundeshaushalts Einfluss auf die Finanzierung der Ebert-Gedenkstätte und ihrer vielfältigen Projekte nehmen werden, bleibt abzuwarten.

Die Olympischen Spiele 1936 im kollektiven Gedächtnis

Instanziierung und Umdeutung

Heidrun Deborah Kämper

1. Einführung

Ohne Frage – die Olympischen Spiele von 1936 bilden als Ereignis-Komplex einen Teil des kollektiven Gedächtnisses. Welcher Aspekt dieses Komplexes evoziert wird, mag unterschiedlich sein: Personen – Leni Riefenstahl, Jesse Owens, Gretel Bergmann; Einzelereignisse – der Fackellauf (von dem Historiker wissen, dass er eine Erfindung nicht von Carl Diem, sondern seines Freundes, des jüdischen Sportfunktionärs Alfred Schiff, war); Orte – das Maifeld, die Freilichtbühne, das Olympiastadion.

Nachdem Hitler vor 1933 olympische Spiele wegen ihrer Internationalität ablehnte, sah er nach seinem Machtantritt ihre Ausrichtung als gegenwartspolitisches Instrument der Aufmerksamkeitssteuerung und Imagebildung.

Die diskursive Vorbereitung dazu wird bereits vor Beginn der Spiele aktiv unternommen. Seitens des nationalsozialistischen Regimes wurde intensiv bei der Bevölkerung um Zustimmungsbereitschaft geworben – als Spiele, die als »die ersten Medienspiele in die Geschichte ein[gingen]. Die umfangreiche Medienberichterstattung war Teil eines großen Propaganda-Plans, mit dessen Umsetzung man bereits Jahre vor den Spielen begonnen hatte.«[1]

Es wurde der »Olympia-Propagandaausschuss/Amt für Sportwerbung« gegründet, der eine unübersehbare Vielfalt an Werbestrategien entwickelte. Es gab Heft- und Broschürenmaterial (Erläuterung der Regeln, »Berlin – Kampfstadt der XI. Olympischen Spiele«, Olympiazeitungen, die Zeitschrift »Olympische Spiele« in vier Sprachen weltweit verbreitet u. a. m.), die Olympia-Wanderausstellung (der »Olympia-Zug« bestand aus zwölf LKWs, Start 1. September 1935), Plakate, Prospekte, Filme, Diavorträge, Auslandswerbung durch Niederlassungen der Reichsbahnzentrale in 44 Städten.

Aber die Spiele sind auch Teil eines Verewigungs-Konzepts, das sie in das kollektive Gedächtnis einschreiben sollte. Dieser Plan lässt sich z. B. aus einer Rede Hitlers

---

[1] Frank Eckhardt: Olympia im Zeichen der Propaganda. Wie das NS-Regime 1936 die ersten Medienspiele inszenierte. In: Berndt Heidenreich/Sönke Neitzel (Hg.): Medien im Nationalsozialismus, Paderborn 2010, S. 235.

anlässlich des Empfangs des Internationalen Olympischen Komitees schließen: »Ich habe mich nun entschlossen, zur bleibenden Erinnerung an die Feier der XI. Olympiade in Berlin die im Jahre 1875 begonnenen Ausgrabungen der olympischen Fest- und Sportstätten wieder aufzunehmen und zu Ende zu führen. [...] Ich hoffe, daß dies mithilft, für alle Zeiten die Erinnerung wachzuhalten an die Feier der Olympischen Spiele des Jahres 1936.«[2]

In höchster Explizitheit referiert Hitler hier auf die olympischen Spiele als künftige Instanz des kollektiven Gedächtnisses: »zur bleibenden Erinnerung« und »für alle Zeiten die Erinnerung wachzuhalten« sind die entsprechenden Formulierungen, die zudem deutlich machen, dass die Verewigung ein Konzept der NS-Diktatur bzw. des Faschismus generell ist. Insbesondere das Formelmuster »für alle Zeiten« drückt sprachlich das faschistische Konzept des 1000-jährigen Reichs aus.

Die Ausgrabungen sind es nun zwar nicht, die den Olympischen Spielen einen Platz im kollektiven Gedächtnis verschafft haben, sicher aber ihr Status als »Prestigeveranstaltung« mit einem höchst komplexen multimodalen und multimedialen, in unterschiedlichen semiotischen Dimensionen stattfindenden Diskurs.[3] Aspekte dieses Diskurses sind Gegenstand meiner folgenden Ausführungen.

2. Beispiel Olympiastadion

Wir können nicht den gesamten Komplex »Olympische Spiele 1936« betrachten. Ich konzentriere mich auf das »Olympiastadion«, und zwar zum einen hinsichtlich seiner Konzeption während des Baus 1934 bis 1936 und seiner Funktion als Austragungsort der Spiele, zum andern als erhalten gebliebenes Gebäude, mit dem man nach 1945 umgehen musste (und wollte). Die Konzeption während der NS-Zeit gibt die Perspektive derjenigen wieder, die das Olympiastadion faschistisch kontaminieren und stellt insofern die Voraussetzung dar für den Umgang mit der Instanz nach 1945.

Mit den Geschichten, die über das Stadion erzählt werden, wird es in den Status eines Erinnerungsorts versetzt. Etienne Francois und Hagen Schulze definieren Erinnerungsorte als »langlebige, Generationen überdauernde Kristallisationspunkte kollektiver Erinnerung und Identität, die in gesellschaftliche, kulturelle und politische Üblichkeiten eingebunden sind und die sich in dem Maße verändern, in dem sich die Weise ihrer Wahrnehmung, Aneignung, Anwendung und Übertragung

---

2   Max Domarus: Hitler, Reden und Proklamationen 1932–1945. Kommentiert von einem deutschen Zeitgenossen. Teil I: Triumph, Band 2: 1935–1938, Leonberg 1988.
3   Die nachfolgende Darstellung beruht auf Ian Kershaw: Popular opinion and political dissent in the Third Reich, Oxford 2002; Frank Eckhardt: Olympia im Zeichen der Propaganda. Wie das NS-Regime 1936 die ersten Medienspiele inszenierte. In: Berndt Heidenreich/Sönke Neitzel (Hg.): Medien im Nationalsozialismus, Paderborn 2010, S. 235–251.

verändert.«[4] Wir sprechen von einem Ort, der seine Bedeutung und seinen Sinn durch seine Bezüge und seine Stellung inmitten sich immer neu formierender Konstellationen und Beziehungen erhält.

Bezogen auf unseren Gegenstand: Wir markieren sozusagen den Beginn der Karriere des Olympiastadions als »langlebige[n] Kristallisationspunkt [...] kollektiver Erinnerung und Identität«[5], der seine Entstehung als Erinnerungsort diversen Erfahrungen diverser Kollektive verdankt.

Noch ein Wort zu der Kategorie »kollektives Gedächtnis«, wie ich sie verwende: Es besteht aus Instanzen (Ereignissen, Gebäuden, Personen etc.) der Vergangenheit, deren Aktualisierungen in der und für die Gegenwart mit außerhalb ihrer selbst liegenden Bedeutung versehen werden. Das bedeutet: Sie sind symbolhaft aufgeladen und stehen für etwas. Kollektivgedächtnisse haben »ihren Ursprung in der Kommunikation über die Bedeutung der Vergangenheit, die in der Lebenswelt der Individuen verankert ist, die am Gemeinschaftsleben des jeweiligen Kollektivs teilnehmen.«[6]

Sprachlichkeit ist also Existenzbedingung des kollektiven Gedächtnisses. Insofern betrachten wir im Folgenden Bezugnahmen auf den Gegenstand »Olympiastadion«. Ich nenne diese Bezugnahmen Relevantsetzungen, mit denen die Instanz »Olympiastadion« auf spezifische Weise als Erinnerungsort konzipiert, modifiziert und verstetigt wird.

Ich werde im Folgenden zwei große Phasen unterscheiden, deren Verlauf zeigt, wie ein diskursiver Gegenstand, in unserem Fall das Olympiastadion, zu einer Instanz des kollektiven Gedächtnisses gemacht wird (Instanziierungsphase) und wie eine solche Instanz im Zeitverlauf modifiziert und verstetigt wird (Aneignungsphase).

3. Instanziierungsphase

In der Instanziierungsphase wird ein Ereignis, eine Person, ein Sachverhalt zu einer Instanz des kollektiven Gedächtnisses gemacht, er ist ein diskursiv brisanter und hoch frequent thematisierter Gegenstand, Ziel häufiger und den Gegenstand exponierender Relevantsetzungen, der als solcher die Prägung eines Elements des kollektiven Gedächtnisses erfährt.

Wir beziehen uns im Folgenden exemplarisch auf Tagebucheinträge Joseph Goebbels' und Artikel der Olympiazeitung. Aus beiden Medien lässt sich exemplarisch die Konstituierung des Gegenstands rekonstruieren.

---

4 Etienne François/Hagen Schulze (Hg.): Deutsche Erinnerungsorte, 3 Bände, München 2001, S. 18.
5 Ebenda, S. 18.
6 Wulf Kansteiner: »Postmoderner Historismus – Das kollektive Gedächtnis als neues Paradigma der Kulturwissenschaften«. In Friedrich Jaeger/Jürgen Straub (Hg.): Handbuch der Kulturwissenschaften. Paradigmen und Disziplinen. Bd. 2, Weimar 2004, S. 127.

Musterhaft in Bezug auf die Konzeption des Olympiastadions sind die Planungs-Vorbereitungen, die auf die künftige memoriale Heraushebung verweisen und die bereits 1933 beginnen: »Beim Chef Besprechung über Olympiade. Neue, grandiose Stadionanlage. Chef wie immer ganz großzügig. So liebe ich ihn. Er ist sonst sehr ernst.«[7]

Weitere Kennzeichen sind sprachliche Bezugnahmen auf den entstehenden Raum. Goebbels berichtet in seinem Tagebuch über die Baufortschritte der Stadionanlage und des olympischen Dorfs. Mit seinen Referenzen und Zuschreibungen konstituiert er diese Räume: »grandios, prachtvoll, mächtig gebaut«[8] sind die in raumkonstituierender Funktion verwendeten Emotionsausdrücke, die ebenso Voraussetzung für die Einschreibung ins kollektive Gedächtnis sind, wie die Anordnung Hitlers vom Mai 1936: »Stadion darf nicht benutzt werden vor Olympiade.«[9]

Ein weiteres Momentum im Konstituierungs-Prozess ist die Konzeption des Stadions als ein Ergebnis eines Führerbefehls und Ausdruck seines Willens: Das »Stadion [ist] nach dem Willen unseres Führers entstanden«, heißt es in der ersten Ausgabe der Olympiazeitschrift.

Weiterhin wird es in der Olympiazeitung zusammen mit dem gesamten Reichssportfeld inszeniert als Ergebnis einer »Gemeinschaftsarbeit von Stirn und Faust« und realisiert damit das Leitprinzip der »Volksgemeinschaft« sowie die gesellschaftlichen Leitfiguren des NS, zusätzlich versehen mit einer mystischen (»Wunder«) und räumlichen (»gigantisch«) Überhöhung:

> *»Millionen deutscher Arbeiterhände [waren] nötig [...] und Ströme von Schweiß [wurden] ergossen ... der deutsche Genius aller Künste und Wissenschaften [hat] sich machtvoll erhoben [...] um [...] das Wunder des Reichssportfelds und des Olympischen Dorfes hinzuzaubern. [...] Heute steht es fertig vor unseren Augen, das Reichssportfeld, mit seinen gigantischen Bauwerken des Olympia-Stadions, des Schwimmstadions, [...]«*[10]

---

7   Joseph Goebbels: Tagebucheintrag 11.10.1933. In: Joseph Goebbels: Die Tagebücher von Joseph Goebbels. Teil I Aufzeichnungen 1923–1941, München 2006.

8   »Auf dem Berliner »Reichssportfeld« wurde von 1934 bis 1936 ein Olympiastadion für 100.000 Zuschauer errichtet. Weiter gehörten zum Gelände das Deutsche Sportforum, ein Schwimmstadion, eine Freilichtbühne, ein grosses Aufmarschgelände, die an den Ersten Weltkrieg erinnernde Langemarck-Halle, ein Glockenturm, die Deutschlandhalle, ein Reiterstadion und weitere Sportanlagen. Das Ensemble atmete bereits den Gigantismus der Planungen für die nie realisierte Reichshauptstadt »Germania« sowie für das ebenfalls von Albert Speer entworfene »Deutsche Stadion« in Nürnberg, das nach dem Willen Hitlers mit einem Fassungsvermögen von 400.000 Personen sämtliche Olympischen Spiele ab 1944 hätte beherbergen sollen.« (https://www.sozialarchiv.ch/2016/07/12/vor-80-jahren-proteste-gegen-die-olympischen-spiele-in-nazi-deutschland/)

9   Joseph Goebbels: Tagebucheintrag 22.05.1936. In: Joseph Goebbels: Die Tagebücher von Joseph Goebbels. Teil I Aufzeichnungen 1923–1941, München 2006.

10 Fred A. Angermayer: Berlin ist gerüstet. In: Olympia Zeitung. Offizielles Organ der XI. Olympischen Spiele 1936 in Berlin 1 (1936).

Abb. 1: Berlin, XI. Olympiade, Eröffnung (Bild: Bundesarchiv)

Am 1. August dann die Eröffnungsfeier, bei der Goebbels das Stadion als Ort eines überdimensionalen wohl inszenierten Festes relevant setzt:

»*Fahrt zum Stadion. Durch Hunderttausende. Erst Regen, dann aufklarend. Stadion bietet einen wunderbaren Anblick. [...] Alle sind berauscht von den Eindrücken. Der Führer. Das Fest beginnt. [...] Schrei, als die Flamme ankommt. Tausende von Brieftauben fliegen hoch. Olympiahymne von Strauß. Der erste Marathonsieger Louis überreicht dem Führer einen Lorbeerkranz aus Olympia. Halleluja von Händel. Große, mitreißende Feier. [...]*«[11]

Während der Stadion-Bau als Umsetzung des Führerwillens konzipiert wird, lässt Goebbels den Ort der Eröffnungsfeier der Spiele als Ort erscheinen, an dem sich der »Wille der Nation« ausdrückt, als Ort auch der Symbolik (Brieftauben, Überreichung des Lorbeerkranzes) und der Festmusik (Olympiahymne, Halleluja), als Ort der großen kollektiven Effekte: »alle sind berauscht; Schrei, als die Flamme ankommt; mitreißend.«

Zu den Auslösern kollektiver Effekte gehört auch der Fackellauf, dessen Schlussphase mit dem Olympiastadion eine Einheit bildet. Während die sprachliche Um-

---

11 Joseph Goebbels: Tagebucheintrag 02.08.1936. In: Joseph Goebbels: Die Tagebücher von Joseph Goebbels. Teil I Aufzeichnungen 1923–1941, München 2006.

Abb. 2: Berlin, Olympiastadion, Olympiade (Bild: Bundesarchiv)

setzung des Beginns des Fackellaufs in Olympia – aus der Berichterstattung in der Olympiazeitung lässt sich dies ablesen – während also die Berichte über den Beginn des Fackellaufs geprägt sind von der Suggerierung einer geistigen Linearität humanistischer Werte, die von der griechischen Antike bruchlos in das »Dritte Reich« führt,[12] inszeniert der Berichterstatter das Olympiastadion räumlich als den Ort der Vollendung, indem er in der Nummer 1 der Zeitung zehn Tage vor Beginn der Spiele den Plan vorstellt und imaginiert:

> *»Wenn Fanfaren die Ankunft des letzten Fackelläufers, der seinen Weg über die Straßen: Unter den Linden, durch den Berliner Tiergarten, Bismarckstraße [...] zum Osttor des Berliner Stadions nimmt, ankündigen und wenn die Olympische Flamme im Marathontor des Berliner Stadions aufleuchtet.«*[13]

Halten wir fest: Das Stadion wird, als Teil der olympischen Sommerspiele 1936, von den Vertretern des NS-Regimes als Instanz zur Einschreibung in das kollektive Gedächtnis inszeniert. Die hierzu angewendeten (sprachlichen) Strategien sind:

12 Chapoutot, Johann: Der Nationalsozialismus und die Antike. Darmstadt 2014.
13 Werner Klingeberg: Der Weg der Fackel, In: Olympia Zeitung. Offizielles Organ der XI. Olympischen Spiele 1936 in Berlin 1 (1936).

intensive mediale Bezugnahmen mit der Berichterstattung in der Olympiazeitung, überhöhende Relevantsetzungen bzgl. der baulichen Größe, emotionalisierende Relevantsetzungen bzgl. der Fest-Inszenierung am Ort des Stadions. Die NS-Akteure wollten das Stadion derart in das kollektive Gedächtnis einschreiben, dass es als in seiner Architektur und hinsichtlich seiner Evokationskraft mit den Olympischen Spielen 1936 positiv besetztes Symbol nationalsozialistische Macht und Größe ausdrücken sollte.

4. Diskursive Aneignung eines Erinnerungsortes

Nachdem wir Schlaglichter auf Strategien der NS-Akteure geworfen haben, die versuchten, das Olympiastadion mit aus ihrer Sicht hohen Werten versehen in das kollektive Gedächtnis einzuschreiben, fragen wir nunmehr danach, wie es zu einem Mahnmal der nationalsozialistischen Verbrechensherrschaft wurde.

1950 wurde das »Reichssportfeld« umbenannt in »Olympiastadion«, 1966 wurde es zum Baudenkmal erklärt. In der zweiten Hälfte der 1990er Jahre wird der Ort Ziel von Besichtigungen: »Unter dem Titel »Olympia 1936: Spiele mit dem Tod« stehen Rundgänge am 6. Mai und 3. Juni auf dem Programm (Beginn jeweils um 14 Uhr auf dem U-Bahnhof Olympiastadion/Ost).«[14]

Parallel zu diesem Geschichtsstrang wird das Stadion in einen weiteren Kontext gestellt. Seit Gründung der Bundesliga am 24. August 1963 trägt Hertha BSC mit Unterbrechungen seine Heimspiele im Olympiastadion aus, es wurde anlässlich der Fußball-WM 1974 teilüberdacht.

Zu einem explizit markierten Erinnerungsort wird das Stadion Anfang der zweitausender Jahre. Im Jahr 1998 beschloss der Berliner Senat die Sanierung des Olympiastadions. Beauftragt wurde nach einem Wettbewerbsverfahren das Büro Gerkan, Mark und Partner. Am 3. Juli 2000 erfolgte der Spatenstich. Die Aufgabe lautete Historisierung bei gleichzeitiger Modernisierung. Damit ist gemeint: die Markierung des Ortes als historischen, politisch in höchstem Maß kontaminierten Ort, und die Ertüchtigung (Modernisierung, Sanierung) zu dem als Stadion immer schon genutzten Bau, der höchste Ansprüche erfüllt – diesen beiden Aufgaben musste gleichermaßen entsprochen werden.

Um diesen Diskurs soll es im Folgenden gehen und ich unterscheide drei Relevantsetzungsvarianten.

14 Berliner Zeitung, 19.04.1995.

5. Aufklärende Historisierung

Diese Relevantsetzung memorialisiert den Ort. Den Beteiligten war klar, dass Bezugnahmen auf den Ort als Erinnerungsort unerlässlich waren. Die sprachlichen Referenzen lauten entsprechend historisierend: »das Olympiastadion ist ein Geschichtsdenkmal und wird es immer bleiben.«[15]

Der leitende Architekt, Volkwin Marg, formuliert am Tag der Wiedereröffnung sein historisches Bewusstsein, indem er auf die Lesart ›Ort nationalsozialistischer Geschichte‹ verweist, die das Evokationspotenzial des Baus bestimmt (»verbinden viele mit den Nazis; natürlich hielt Adolf Hitler Hof«). Aus diesem Evokationspotenzial leitet er eine entsprechende Erinnerungs- und Informationspflicht ab: »Das Stadion in Berlin verbinden viele mit den Nazis. Natürlich wurden hier die Olympischen Spiele 1936 ausgetragen und natürlich hielt Adolf Hitler Hof. Wir werden an die Zeit in einem Museum erinnern, wir werden Informationstafeln aufhängen.«

Worauf hier noch wenig ambitioniert mit »Museum« und »Informationstafeln aufhängen« referiert wird, gerät ein Jahr später zu einem multimedialen Dokumentationszentrum: »Im Erdgeschoss erwarten künftig zwei Ausstellungsbereiche die Besucher. Auf Alu-Stelen wird über das Verhältnis von Sport und Gesellschaft, die Baugeschichte des Stadions und die Olympischen Spiele 1936 informiert«, sagte Michèle Rüegg vom Büro gmp. In einer »Multimediabox« wird eine 20-minütige Dokumentation über die Anlage gezeigt.«[16]

Gab es Kritik, Einspruch gar gegen diesen Plan? Offensichtlich bereits im Jahr 2000, also dem Jahr des Beginns der Sanierung und Modernisierung, worauf ein Artikel des Berliner Tagesspiegel Bezug nimmt und dagegen argumentiert, indem er gleich ein Ausstellungskonzept mitliefert:

> »Stimmen, die gegen ein entsprechendes Forum einwenden, Berlin verfüge längst über genügend Erinnerungsstätten zur Geschichte des Dritten Reichs, unterschätzen die Erklärungsbedürftigkeit authentischer Orte wie Olympiastadion und Reichssportfeld. Aufgabe einer Dokumentationsstätte wäre es, die engen Verbindungen aufzuzeigen, die zwischen der Architektur des Stadions, der Organisation und Ausrichtung der Olympischen Spiele 1936 sowie der Instrumentalisierung und dem Missbrauch von Sport und Sportlern während der NS-Diktatur bestanden.«[17]

Hier wird reklamiert: Ein Ort, der die Funktion eines Erinnerungsorts erfüllen muss, hat die Aufgabe der Erklärung. Im Fall des Stadions bedeutet dies, über den Ort als Symbol spezifischer faschistischer Strategie informieren.

Eine andere Form der Relevantsetzung nenne ich die der Anverwandlung.

---

15 Der Tagesspiegel, 29.07.2004.
16 Berliner Zeitung, 05.11.2005.
17 Der Tagesspiegel, 07.04.2000.

6. Anverwandlung

Unter Anverwandlung verstehe ich solche Relevantsetzungen, also Bezugnahmen, die nicht nur den Erinnerungsort markieren, sondern auch sozusagen seine der Gegenwart zugewendete Metamorphose. Damit wird dem Ort eine zweite Lesart bzw. Semantik zugeschrieben, beide Lesarten aber – das ist entscheidend – bleiben durch die Aussage fokussiert:

> »*Anlässlich der Olympischen Spiele 1936 eingeweiht und architektonisches Wahrzeichen einer Zeit, in der für ein vermeintlich tausendjähriges Reich gebaut wurde, erhält der Gigant aus Stein seit vorigem Sommer allmählich das Gewand einer modernen, WM-tauglichen Arena. Zunächst wurden [...] das Marathontor und der Unterring der Gegentribüne abgerissen, so dass ein Teil der Ränge für Zuschauer gesperrt ist und Alltagsnutzer Hertha BSC in der Fußball-Bundesliga maximal 55 000 Besucher empfangen darf.*«

Der Geschichtsort erhält damit eine gegenwartsbezogene Relevanz, die deutlich von der Lesart des Ortes in der Vergangenheit unterschieden wird. Diese Relevanz wird in diesem Fall z. B. markiert mit der Schilderung baulicher Maßnahmen und dem Verweis auf den »Alltagsnutzer« Hertha BSC.

Ein Jahr vor Fertigstellung zitiert die Berliner Zeitung einen Beteiligten, der im Sinn der Anverwandlung die beiden Zeitdimensionen, 1936 und heute, zusammendenkt und konzeptionell separiert: »Bei den Olympischen Spielen 1936 sei das Stadion ›Symbol für faschistische Architektur und Propaganda‹ gewesen. Heute stehe die Arena für ein ›modernes, demokratisches und weltoffenes Deutschland.‹«[18]

Derselben Instanz werden zwei Bedeutungen zugewiesen, die gegensätzlicher nicht sein können, sie wird zu einem ideologisch polysemen, also mehrdeutigen Ort gemacht und erfährt aus dieser Polysemie ihre konzeptionelle Funktion.

Schließlich will ich noch ganz kurz auf eine letzte Beobachtung eingehen, die sicher auch einen Aspekt der diskursiven Aneignung betrifft.

7. Veralltäglichung

Veralltäglichung meint: Es wird in bestimmten Aussagekontexten nicht auf den Erinnerungsort referiert, der Ort wird derart kontextualisiert, dass nicht auf sein Geschichtspotenzial verwiesen wird.

Mit folgendem Text wirbt das Unternehmen Olympiastadion für den Ort von Event und Veranstaltung auf seiner Homepage – die Attraktion des Superlativs ist übrigens erhalten geblieben:

---

18 Berliner Zeitung, 29.07.2004.

> *»Der fußballerische Höhepunkt der jüngeren Geschichte war die Fußball Weltmeisterschaft 2006, bei der Italien am 9. Juli im Olympiastadion Berlin zum Weltmeister gekürt wurde. [...] Konzerthighlights seit der Wiedereröffnung waren gleich zweimal U2, Madonna, Herbert Grönemeyer, Helene Fischer, Udo Lindenberg, Genesis [...] Die Auftritte des Comedian Mario Barth am 07. & 08. Juli 2014 wurden sogar ins Guinnessbuch der Rekorde als größte Comedy-Show der Welt aufgenommen.«*[19]

Es wird damit nicht gesagt, dass der Erinnerungsort verschwindet. Auf der Homepage des Unternehmens gibt es viele Seiten, die über die NS-Geschichte des Stadions informieren. Veralltäglichung meint vielmehr: Es sind Bezugnahmen in bestimmten Kontexten möglich, die dieses Potenzial nicht thematisieren. Einfacher gesagt: Es ist möglich, das Olympiastadion als Sportstätte, Konzertsaal, Bühne zu konzipieren, ohne im unmittelbaren Kontext den Erinnerungsmarker zu setzen.

8. Fazit

Ereignisse und Orte, die ursprünglich im Kontext von Diktaturen stehen, erfahren nach dem Ende des Regimes auf spezifische Weise eine neue Deutung. So auch das Berliner Olympiastadion von 1936.

Diese neue Deutung hängt mit der Funktion des jeweiligen Ortes zusammen, die dieser in der Gegenwart hat bzw. haben soll: Wenn es sich um einen reinen Erinnerungsort handelt, wie z. B. das Konzentrationslager Buchenwald, der als bauliches Dokument des NS-Unrechtsregimes der Jahre 1933 bis 1945 konzipiert ist, dann bedeutet das für die Erinnerungskultur: Der Ort wird in rein memorialer Weise relevant gesetzt.

Wenn den Ort dagegen funktionale Kontinuität auszeichnet, wie z. B. das Olympiastadion, dann haben wir es mit memorialen und gleichzeitig nicht-memorialen Relevantsetzungen zu tun.

Memoriale Relevantsetzungen sind Akte des Erinnerns. Im Kontext memorialer Aktualisierungen wird der Gedächtnisgegenstand zu einem erinnerungswürdigen Ereignis gemacht.[20] Memoriale Aktualisierungen sind gleichsam sprachliche Denk-

---

19 Internetseite Olympiastadion Berlin: https://olympiastadion.berlin/de/unternehmen/
20 Aleida Assmann weist darauf hin, dass Gruppierungen und Gesellschaften »kein kollektives Gedächtnis *haben*, sondern sich eines *machen* mithilfe unterschiedlicher symbolischer Medien wie Texten, Bildern, Denkmälern, Jahrestagen, und Kommemorationsriten zum Zweck der Schaffung einer Wir-Identität«. Aleida Assmann: Einführung in die Kulturwissenschaft. Grundbegriffe, Themen, Fragestellungen. 2., neubearb. Aufl., Berlin 2008, S. 191. In diesem Sinn stellt Kopperschmidt dar, dass das ›soziale Gedächtnis‹ »nach öffentlichen Kommemorationsriten« verlange, »um seine identitätsschaffende bzw. -sta-

malsetzungen. Wir haben in diesem Sinn für das Olympiastadion die Relevantsetzung der »aufklärenden Historisierung« beschrieben.

Nicht-memorial wird eine bereits etablierte Instanz des kollektiven Gedächtnisses relevant gesetzt zu außerhalb ihrer selbst liegenden gegenwartsbezogenen Zwecken. Erste Voraussetzung hierfür ist, dass eine Instanz des kollektiven Gedächtnisses als solche überhaupt vorhanden und bewusst ist, damit dieser Funktionalisierungsprozess vollzogen werden kann. Nicht-memoriale Relevantsetzungen werden nicht von ritueller Performanz bestimmt, auf die fragliche Instanz wird zu einem nicht dem Gedenken dienenden Zweck Bezug genommen. Wir haben dies als Relevantsetzung der Veralltäglichung beschrieben.

Eine dritte Variante, die diese beiden Versionen kombiniert, nenne ich funktional-memoriale Relevantsetzung. Sie ist gekennzeichnet durch Bezugnahmen auf den Erinnerungsort in seiner Funktion als Erinnerungsort (memoriale Relevantsetzung) bei gleichzeitiger Bezugnahme auf seine nicht-memoriale Funktion. Wir haben sie als Relevantsetzung der Anverwandlung beschrieben. Diese scheint mir die das Olympiastadion als Erinnerungsort kennzeichnende zu sein. Anders als bei rein memorialen Erinnerungsorten, findet hier Kontinuität der Nutzung statt. Ihr steht die Diskontinuität von Werthaltungen gegenüber, soll heißen: Der Ort, der zur Zeit des NS Ort inszenierter praktizierter Volksgemeinschaft war, des angeblichen friedvollen Festes des Sports und der Feier der sich selbst inszenierenden herrschenden NS-Akteure, dieser Ort wird zu dem Ort der Repräsentanz von Diktatur, Unrechtsstaat und Menschenrechtsverletzungen.

bilisierende Funktion in einem Kollektiv erfolgreich einlösen zu können« Josef Kopperschmidt: »Der verflixte 8. Mai, oder: Zu den Schwierigkeiten, sich in Deutschland gemeinsam zu erinnern«. In: Der Deutschunterricht 48.

Angebote der Arolsen Archives zur Erinnerung und Forschung der NS-Verfolgung

Christian Groh

1. Porträt der Arolsen Archives

Die Arolsen Archives bewahren ca. 23 laufende Kilometer Unterlagen unterschiedlichster Provenienz zu Verfolgten und Überlebenden der NS-Verfolgung. Da hier, anders als in verwandten und mit den Arolsen Archives vernetzten Institutionen Dokumente zu allen Verfolgtengruppen, besonders auch zu Zwangsarbeiterinnen und Zwangsarbeitern und im Falle Überlebender auch zu Lebensläufen nach der Befreiung verwahrt werden, gilt die Sammlung als weltweit umfangreichste zum Themenbereich. Die Bestände umfassen Dokumentationen der NS-Bürokratie, anderer Täter, von Hilfsorganisationen wie der United Nations Relief and Rehabilitation Administration (UNRRA), aber auch von Betroffenen oder deren Familien selbst. Sie eignen sich durch diese Mehrperspektivität bestens für Erinnerungs- und Bildungsarbeit. Aus den Quellen lassen sich beispielsweise Handlungsstrukturen der Verfolgung, Verfolgungswege, persönliche Folgen der Verfolgung sowie Wege der Bewältigung und Nicht-Bewältigung nachvollziehen. Gerade in Zeiten, in denen die historisch einmalige Dimension der NS-Verbrechen wieder diskutiert werden und in denen teilweise historisch kontinuierende, teilweise neue Vorurteile und Ausgrenzungspraktiken zunehmen, können Vermittlungsangebote der Inhalte der Arolsen Archives einen notwendigen Bildungsauftrag erfüllen.

Um die Bestände der Arolsen Archives für eine Bildungs- und Vermittlungsarbeit bereit zu machen, bedurfte es aber zunächst einer längeren Entwicklung vom »Suchdienst« zu einem Archiv. Bis Mai 2019 waren die Arolen Archives bekannt unter dem Namen »International Tracing Service« (ITS, deutsch: Internationaler Suchdienst). Lange Zeit war die Bezeichnung des »Suchdienstes« wörtlich zu nehmen: stellten Überlebende von NS-Verfolgung, deren Familienangehörige, VertreterInnen oder Behörden einen Antrag, wurde diesen nach einer Recherche in den eigenen Beständen und bei relevanten Institutionen eine Auskunft erteilt. Anders als in Archiven gab es lange Zeit keinen Zugriff für einen breiteren Adressatenkreis von beispielsweise Nicht-Betroffenen wie ForscherInnen oder der Presse. Phasen der Öffnung und Schließung für die historische Forschung[1] folgte 2007 nach einer letzten

---

1 Hierzu Henning Borggräfe, Christian Höschler, Isabel Panek (Hgg.): A Paper Monument. The History of the Arolsen Archives, Bad Arolsen 2019, S. 186–205.

Phase der fast hermetischen Schließung nach langen, auch auf diplomatischer Ebene geführten Diskussionen, schließlich die Öffnung des Archivs. Seit 2016 haben die Arolsen Archives sich einer »Open Access«-Strategie verpflichtet, die es durch ein Online-Archiv NutzerInnen weltweit ermöglicht, nach Personen zu recherchieren oder auch zu den Hintergründen der Verfolgung, des Überlebens und der Nachkriegsmigration zu forschen.[2] Hinzu kommen seit wenigen Jahren hauptsächlich digital zu nutzende Vermittlungsangebote.

2. Bestände der Arolsen Archives

Nach der Befreiung im Mai 1945 fanden sich in Europa mehr als 10 Millionen »Displaced Persons« (DP's) fern ihrer Heimat: Überlebende des nationalsozialistischen Lagersystems, andere Gefangene des NS-Staats und seiner Verbündeten sowie ZwangsarbeiterInnen. Die meisten der DP's lebten zunächst in mehr als 1600 DP-Lagern in Deutschland, Italien und Österreich, somit nicht selten weiter am Ort der Verfolgung. Organisiert wurden die DP-Camps zunächst von den Besatzungsmächten, später von der UNRRA und der International Refugee Organization (IRO).

Neben der Organisation der Lager gehörten zu den Aufgaben von UNRRA und IRO die Fürsorge für die Überlebenden sowie die administrative und aktive Unterstützung bei der Repatriierung in die Heimatländer oder bei der Emigration. Teile der überlieferten Dokumentation der Arbeit von UNRRA und IRO sind an den ITS übergeben worden.

Die DP's hatten drängende Fragen über den Verbleib ihrer Familienangehörigen und anderer geliebter Personen. Schon ab 1943 waren von EmigrantInnen sowie Organisationen wie dem Internationalen Roten Kreuz verschiedene Suchbüros gegründet worden, die Informationen über NS-Verfolgte sammelten. Auch in einigen befreiten Lagern gab es erste Ansätze, wichtige Dokumentationen zu erstellen bzw. zu erhalten. In Dachau arbeiteten ehemalige Häftlinge als »International Information Office« mit den Dokumenten der ehemaligen Schreibstube. Sie fertigten Listen über befreite und verstorbene Mithäftlinge an und stellten unter US-amerikanischer Militärverwaltung erste Haftzertifikate aus, die den Inhabern erleichterten, bei Hilfsorganisationen oder Verwaltungen Unterstützung zu bekommen.

Nachdem im Sommer 1945 einige der Suchbüros unter der UNRRA in Frankfurt-Hoechst zentralisiert worden waren, folgte im Januar 1946 von dort der Umzug nach Arolsen. Die nordhessische Klein- und ehemalige Residenzstadt, in der

---

2 Vgl. https://collections.arolsen-archives.org/search/ (zuletzt aufgerufen am 25.04.2023). Bedingt durch die Organisation der Sammlung und die über Jahrzehnte an Personennamen ausgerichtete Erschließung ist eine gezielte Recherche nach Personen nach wie vor leichter zu handhaben als historische oder sozialwissenschaftliche Forschung nach Themen. Die Nutzung des Portals belegt dies: nach wie vor ist der meistgenutzte Einstieg in das Portal das Suchfeld, nicht die Navigation in der Klassifikation des Archivs.

Abb. 1: Auszug aus einer IRO Akte für Wladislaw Bialkowski und seine in Mannheim geborene Frau Käte geb. Bauer. Der in Lodz geborene Pole war mit nur 15 Jahren als Zwangsarbeiter nach Deutschland verschleppt worden, arbeitete nach der Befreiung für mehrere Monate für die US Army in Mannheim und hatte dort seine Frau kennen gelernt. Die beiden beabsichtigten, mit ihrer in Mannheim geborenen Tochter nach Australien auszuwandern, und beantragten hierfür Unterstützung bei der IRO. (Bilder: IRO-Bescheinigung, 3.2.1.1./78932581+78932582/ITS Digital Archive, Arolsen Archives)

während des Krieges eine SS-Ausbildungskaserne sowie ein Außenlager des KZ Buchenwald ihren Sitz hatten, wurde wegen der zentralen Lage zwischen allen Besatzungszonen und der unzerstörten Infrastruktur gewählt.[3] Nach weiteren Re-Organisationen und Zusammenlegungen wurden schließlich 1947 alle bekannten Suchinitiativen zum »International Tracing Service« zusammengefasst.[4] Mit der Gründung dieses Suchdienstes wurden bis zur Mitte der 1950er Jahre nach und nach alle Unterlagen, die bei der Suche helfen konnten, nach Arolsen gebracht.

3 Borggräfe u. a. (wie Fußnote 1), S. 62–71.
4 Ausführlich zur Gründungsgeschichte vgl.: Bernd Joachim Zimmer: International Tracing Service Arolsen. Von der Vermisstensuche zur Haftbescheinigung. Die Organisationsgeschichte eines »ungewollten Kindes« während der Besatzungszeit, Bad Arolsen 2011 (Waldeckische Forschungen. Band 18); kompakter in: Borggräfe u. a. (wie Fußnote 1), S. 34–71.

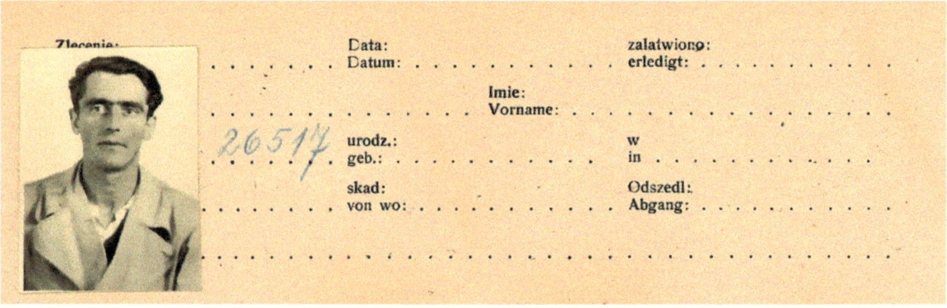

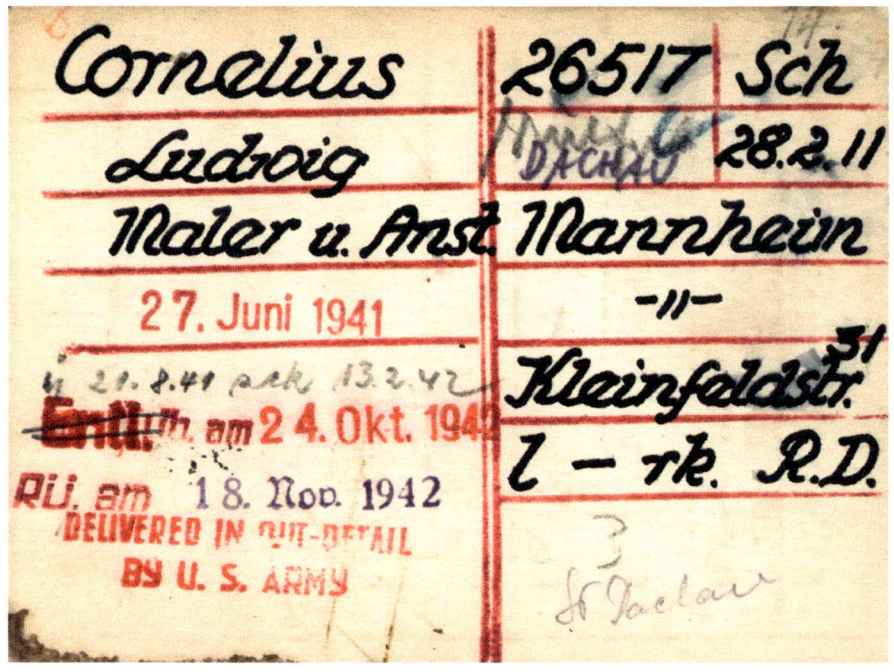

Abb. 2: Teil des Häftlingszertifikats für Ludwig Cornelius. Der Mannheimer war wegen »Hochverrats« fast die gesamte NS-Zeit in unterschiedlichen Haftanstalten interniert. 1937 bis 1939 kämpfte er für die Internationalen Brigaden in Spanien, wurde 1941 in Frankreich von der Gestapo verhaftet und ins Lager Dachau gebracht, wo er die Befreiung erleben durfte. (Haftzertifikat Ludwig Cornelius, 1.1.6.11./125837465/ITS Digital Archive, Arolsen Archives)

Abb. 3: Schreibstubenkarte des Lagers Dachau für Ludwig Cornelius (Schreibstubenkarte für Ludwig Cornelius, 1.1.6.7./10628830/ITS Digital Archive, Arolsen Archives).

Hierzu gehörten die bereits erwähnten Dokumentationen von UNRRA, IRO und anderer Hilfsorganisationen, die Unterlagen der verschiedenen Suchbüros, sowie Originalunterlagen von Lagerverwaltungen, vor allem aus den Lagern Buchenwald und Dachau, die die US-amerikanischen und britischen Truppen bei der Befreiung hatten sicherstellen können.

Anhand dieses Kernbestands an Unterlagen wurden Anfragen zu Haftverläufen, Verbleib in der Nachkriegszeit, Todeszeitpunkten und anderes für unterschiedliche Zwecke recherchiert und Auskunft erteilt. Die Suche selbst wurde dokumentiert, neben den bei der Recherche eingehenden Informationen wurden auch mehr oder weniger systematisch immer wieder Unterlagen in Kopie oder im Original übernommen, von denen man ausging, dass sie bei künftigen Fällen hilfreich sein könnten. Neben der Recherche und Auskunft für Anfragende war es von Beginn an auch Aufgabe des ITS, die gewonnenen Kenntnisse zu sichern sowie Dokumentation der NS-Verbrechen zu sammeln und zu verwahren.[5] So entstand schließlich die viele Opfergruppen und Aspekte der NS-Verfolgung abdeckende Sammlung von ca. 23 laufenden Kilometern Unterlagen unterschiedlichster Provenienz. Der Logik und den Bedürfnissen der personenzentrierten Suche folgend wurde die Sammlung personen- und sachbezogen angelegt und in sechs Hauptgruppen gegliedert, zu der in den letzten Jahren eine siebente hinzukam.

Die Sammlung der Arolsen Archives lässt sich grob in Bestände zur Inhaftierung in Konzentrationslagern und anderen Haftstätten, zur Zwangsarbeit, zu Überlebenden und zur Nachkriegsmigration sowie in die Dokumentation der Suche und Beauskunftung unterteilen.

Rund 12 Millionen Dokumente[6] bilden die größte Sammlungsgruppe über die Inhaftierung in Konzentrationslagern, Ghettos und Gefängnissen. Darin sind Originalüberlieferung der Lagerverwaltungen, von Behörden des NS-Staats und verschiedenster anderer Herkunft enthalten. Die Originalhäftlingskarten aus den Lagern Dachau und Buchenwald in dieser Bestandsgruppe gehören zu den wertvollsten Quellen der Arolsen Archives und der Originalüberlieferung über Kon-

---

5   Freilich wandelte sich das Verständnis über den Kreis der Verfolgten. Homosexuelle, sogenannte BerufsverbrecherInnen und andere Verfolgtengruppen, die teilweise über Jahrzehnte für eine politische wie gesellschaftliche Anerkennung ihrer Leiden kämpfen mussten, waren auch beim ITS nicht Schwerpunkt der Sammlungstätigkeit. Nicht zuletzt vor diesem Hintergrund war der ITS auch als internationale Organisation nicht unabhängig von politischen, gesellschaftlichen und kulturellen Entwicklungen in der Bundesrepublik, der DDR oder anderen Ländern. Dies gilt es bei der Recherche und Forschung zu berücksichtigen, vgl. Henning Borggräfe, Hanne Leßau, Harald Schmid (Hgg.): Die Wahrnehmung der NS-Verbrechen und ihrer Opfer im Wandel, Göttingen 2015 (Fundstücke. Band 3).

6   Die für Archive eher ungewöhnliche Zählung nach Einzeldokumenten wird bei Arolsen Archives zuverlässig verwendet, seitdem die Bestände ab 1998 nahezu komplett digitalisiert und Einzelblätter gezählt werden konnten. Seit der Übernahme mehr archivischer, vor allem Bestand erhaltender Aufgaben und der damit einhergehenden Verpackung wurden erst nachträglich die sonst üblichen, oben zitierten laufenden Meter erfasst.

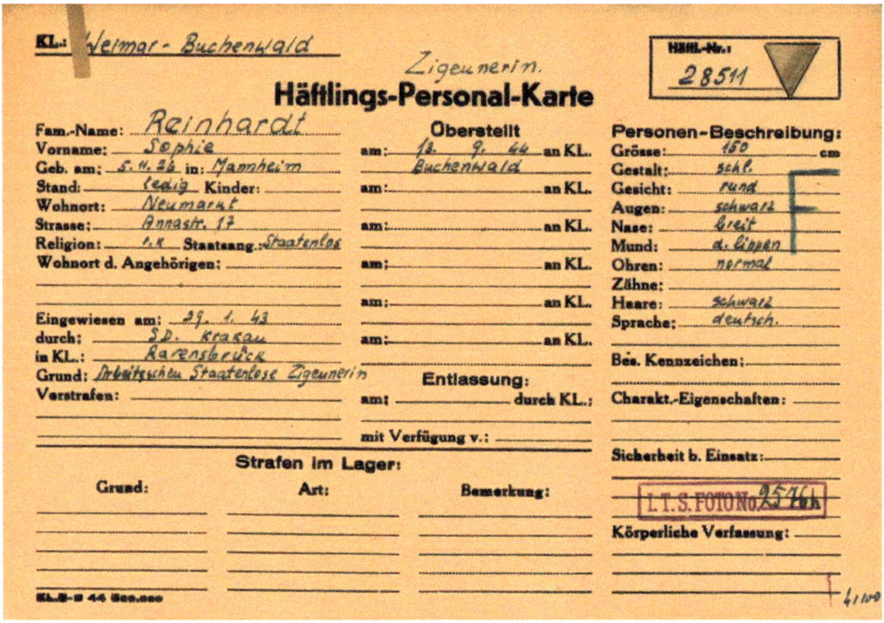

KL.: Weimar-Buchenwald

Zigeunerin.

Häftlings-Personal-Karte

Häftl.-Nr.: 28511

Fam.-Name: Reinhardt
Vorname: Sophie
Geb. am: 5. 11. 26 in: Mannheim
Stand: ledig Kinder:
Wohnort: Neumarkt
Strasse: Annastr. 17
Religion: r. k. Staatsang.: Staatenlos
Wohnort d. Angehörigen:
Eingewiesen am: 29. 1. 43
durch: SD. Krakau
in KL.: Ravensbrück
Grund: Arbeitsscheu Staatenlose Zigeunerin
Vorstrafen:

Überstellt
am: 13. 9. 44 an KL. Buchenwald
am: an KL.
am: an KL.
am: an KL.
am: an KL.
am: an KL.

Entlassung:
am: durch KL.:
mit Verfügung v.:

Personen-Beschreibung:
Grösse: 150 cm
Gestalt: schl.
Gesicht: rund
Augen: schwarz
Nase: breit
Mund: d. Lippen
Ohren: normal
Zähne:
Haare: schwarz
Sprache: deutsch.
Bes. Kennzeichen:
Charakt.-Eigenschaften:
Sicherheit b. Einsatz:
I.T.S. FOTO No. 25761
Körperliche Verfassung:

Strafen im Lager:
Grund: Art: Bemerkung:

Kl.-S-44

Abb. 4: Häftlingspersonalkarte des Lagers Buchenwald für die in Mannheim geborene Sophie Reinhard (Häftlingspersonalkarte für Sophie Reinhard, 1.1.5.4./7691668/ITS Digital Archive, Arolsen Archives).

zentrationslager schlechthin. Auch sind vereinzelt Häftlingskarten, Häftlingsfragebögen, Zugangsbücher, Transportlisten und Beweismaterial aus anderen Lagern hier überliefert.

Zwei, mit jeweils rund 7 Millionen Dokumenten fast gleich große Bestandsgruppen bestehen aus Registrierungen unterschiedlichster Behörden und Einrichtungen. Diejenigen der Bestandsgruppe 2 betreffen durch öffentliche Einrichtungen, Versicherungen und Firmen 1939–1947 vorgenommene Erfassungen von »Ausländern und deutschen Verfolgten«. Sie geben Auskunft über den erzwungenen Aufenthalt nicht deutscher Personen im Reichsgebiet während der NS-Zeit. Diese Sammlung ist sehr nützlich für die Erforschung der Schicksale von ZwangsarbeiterInnen.

Enthält die Bestandsgruppe 2 überwiegend Registrierungen aus der NS-Zeit bzw. von Personen, die während der NS-Zeit in das jeweils betroffene Gebiet gekommen waren, sind in Bestandsgruppe 3 Registrierungen aus der Zeit nach der Befreiung zusammengefasst. Die Dokumente hier beziehen sich auf Überlebende, DP's, aber auch andere NachkriegsmigrantInnen. Neben Originaldokumentationen des ITS enthält diese Sammlung Akten anderer internationaler Organisationen wie der UNRRA und IRO sowie jüdischer Hilfsorganisationen. Die Aktivitäten des Kindersuchdienstes des ITS sind ebenfalls hier enthalten.

```
Stadtverwaltung                              ITS 034
Mannheim                              Mannheim, 19. Juni 1946

              Suchverfahren über Ausländer, Kategorie II Ziff. 4 b

                     Nationalität: Griechenland.

lfd.    Zu- und Vorname      Geb. Tag        Wohnung           Arbeitsort
Nr.                          Geb. Ort

1.   Adamidis    Paschalis   25.3.19     Lange Rötterstr. 51    unbek.
                             Konstantinopel
2.      "        Sofie       6.5.15          "                     "
                             Warschau
3.      "        Barbara     16.12.45         "                    "
                             Mannheim
4.   Adamilisdis Nicolaus    26.7.10     Kobellstr. 27             "
                             Turkei
5.   Allisidopulos Georgios  14.2.22     H 6.4                     "
                             Athen
6.   Apostolakis Benny       2.8.01      C 2.20                    "
                             Bruchmühlbach
7.   Barsakin   Elfriede     21.1.29     Schimperstr. 14           "
     geb. Koewitsch          Mannheim
8.   Barsakis   Johann       25.3.18         "                     "
                             Kaballa
9.   Briamnis   Evangelos    1.9.20      Max Josefstr. 24          "
10.  Bremsalikas Gregor      12.8.15     Holzbaustr. 3             "
                             Saloniki
11.  Chasiegeorger Christian 20.3.16     Lenaustr. 18              "
                             Athen
12.     "        Konstantine 27.2.21                               "
13.  Chatsinikolais Dimos    7.5.21      Taubenstr. 4              "
                             Andreanopolis
14.     "        Boriglis    21.1.22     Weylstr. 28               "
                             Gomotini
15.  Chatsinikolau Uhli      26.4.26     Zellerstr. 20             "
                             Mosra
16.  Dalis      Konstantin   10.3.10     K 1.12                    "
                             Agrinion
17.  Daneskon   Maria        5.5.26      Zellerstr. 53             "
18.  Depundig   George       10.4.21     Dusseldorferstr.          "
                             Athen
19.  Dimitradis Nikolaus     10.12.17    Liebigstr. 6              "
                             Saloniki
20.  Ziopulos   Jan          4.5.01      Seckenheimerstr. 155      "
                             Manosi
21.  Hadjinikolau Jambren    10.1.02     Weylstr. 28               "
                             Orlheki
22.  Jambira    Irene        26.12.25    Baustr. 9                 "
23.  Janakis    Fedor        8.5.12      Lange Rötterstr. 114      "
                             Konstantinopel
24.  Danura (Janakis) Dora   26.12.21    Saloniki      "           "
```

Abb. 5: Originalunterlagen des »Ausländersuchverfahrens« der Alliierten werden von den Arolsen Archives in Bestandsgruppe 2 verwahrt. Hier eine Liste der von der Stadtverwaltung Mannheim ermittelten in der Stadt lebenden Griechinnen und Griechen, viele von ihnen wohl ehemalige ZwangsarbeiterInnen (Suchverfahren, 2.1.1.2./70535041/ITS Digital Archive, Arolsen Archives).

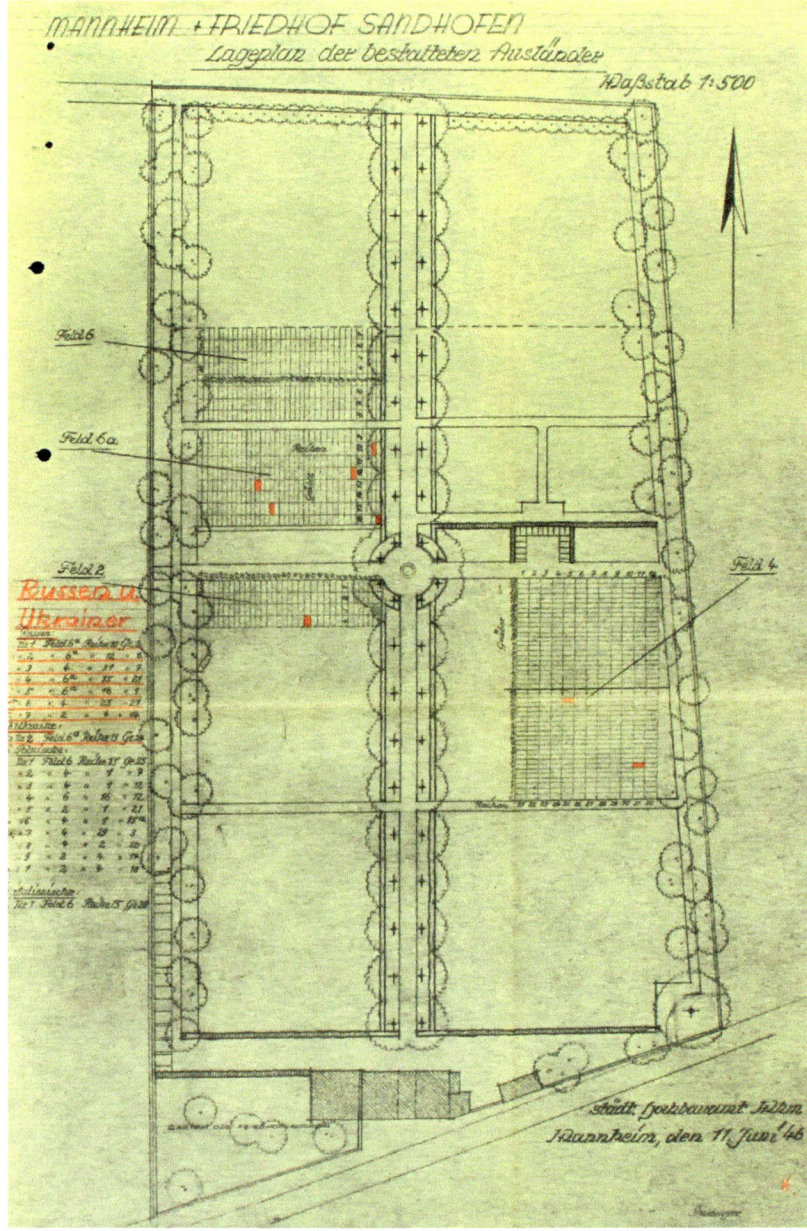

Abb. 6: Für die Dokumentation von Grabstätten ehemaliger NS-Verfolgter sammelte der ITS auch Friedhofspläne von deutschen Kommunen. Hier der Lageplan des Friedhofs in Mannheim-Sandhofen mit Grablagen der dort beigesetzten Russen und Ukrainer (Lageplan der bestatteten Ausländer auf dem Friedhof Mannheim-Sandhofen, 5.3.5.1./101099631/ITS Digital Archive, Arolsen Archives).

Ergänzt werden diese Bestände durch zwei kleinere Sammlungen, derjenigen über Sondereinrichtungen und -maßnahmen der NSDAP (Sammlungsgruppe 4), die etwas mehr als 50.000 Dokumente von NS-Organisationen wie der SS-Organisation »Lebensborn« enthält. Außerdem sind hierin einige, allerdings unvollständige Dokumentationen über medizinische Experimente und »Euthanasie« enthalten.

In den ersten Jahren seines Bestehens führte der ITS ein Forschungsprojekt über Todesmärsche durch.[7] Die Dokumentation dieses Projekts, darunter etwa Informationen deutscher Behörden zu anonymen Gräbern und Karten von Friedhöfen, bilden die 70.000 Dokumente starke Sammlungsgruppe 5 (Todesmärsche, Identifikation unbekannter Toter und NS-Prozesse).

Schließlich sind auch die bei Arolsen Archives/ITS eingegangenen Anfragen sowie deren Dokumentation zu einer eigenen Bestandsgruppe geworden. In der Sammlungsgruppe 6 werden neben den eingegangenen Anfragenschreiben die gesamten Bearbeitungsschritte, Recherchen und schließlich die verschickten Antworten archiviert. In der bereits 1947 eingeführten Bezeichnung der Akten: »Tracing and Documentation« (»T/D-Akten«) kommt das ursprüngliche Mandat des ITS zum Ausdruck, nämlich Quellen und Spuren zu suchen und die Schicksale wie die Suche zu dokumentieren. Die »T/D-Akten« waren und sind bis heute sehr wertvoll für die Rückverfolgung und das Auffinden familiärer Verbindungen.[8] Außerdem lassen sich in Fällen, in denen Überlebende eine Suchanfrage gestellt haben, den Berichten individuelle Verfolgungs- und Verlusterfahrungen entnehmen. Eine weitere Bedeutung kommt dem Bestand zu, weil sich in der darin dokumentierten Art und Weise der Bearbeitung letztlich auch der Umgang des ITS mit verschiedenen Opfergruppen spiegelt bzw. die politische und gesellschaftliche Auseinandersetzung mit unterschiedlichen Opfergruppen. Neben den »T/D-Akten« finden sich in dieser Sammlungsgruppe Dokumente zur Vorgeschichte und dem Wandel des ITS, so dass von diesem sich weiterhin erweiternden Bestand ausgehend eine Institutionengeschichte geschrieben werden könnte.

In einer Bestandsgruppe »0« sind verschiedene Findmittel zusammengefasst. Diese sind deshalb so bedeutend und als eigener Bestand erfasst, weil sich darin mit der »Zentralen Namenkartei« ein eindrückliches und von der UNESCO gemeinsam mit den Originalunterlagen als »Weltdokumentenerbe« ausgezeichnetes Zeugnis von der Dimension der NS-Verbrechen befindet. Auf Karteikarten wurden bei eingehenden Anfragen, Hinweisen oder Funden die wesentlichen Informationen zu den betroffenen Personen (zu Suchende wie Anfragende etc.) erfasst. So entstand

---

7 Jean-Luc Blondel, Susanne Urban, Sebastian Schönemann (Hg.): Auf den Spuren der Todesmärsche, Göttingen: Wallstein 2012.
8 Bis heute erstellen die Arolsen Archives (ehemals ITS) eine T/D-Datei, wenn sie eine Anfrage zu einer Person erhalten. T/D steht für Tracing/Documentation. Jedes Mal, wenn eine weitere Anfrage über dieselbe Person (auch Jahrzehnte später) eingeht, wird auf dieselbe Datei verwiesen. T/D-Dateien enthalten oft wichtige zusätzliche Informationen über das Leben und den Weg der Verfolgung einer Person.

eine Kartei mit mehr als 50 Millionen Karten, die Informationen zu mehr als 17 Millionen Menschen bündelt.

Erst in den letzten Jahren ist eine weitere Bestandsgruppe gebildet worden: Vor allem im Lauf der 1990er Jahre fertigten ITS-MitarbeiterInnen Kopien oder Verfilmungen in anderen Archiven und Institutionen, um ihrem Mandat der Beauskunftung besser nachkommen zu können. Nach dem Ende des Kalten Krieges kamen dem ITS seinerzeit die Kontakte zu nationalen Rotkreuz-Gesellschaften in Osteuropa zugute, so dass seinen MitarbeiterInnen auch Zugriff auf gesperrte oder nicht erschlossene Bestände gewährt wurde. Die Kopien wurden hauptsächlich verwendet, um Anfragen zu ehemaligen ZwangsarbeiterInnen im Rahmen der Entschädigungsverfahren bearbeiten zu können.[9] Es finden sich darin aber auch Unterlagen zur Rückkehr anderer Verfolgter in die Sowjetunion oder bspw. zu sowjetischen Militärinternierten. Alle Unterlagen des sogenannten Dokumentenerwerbs, auch Kopien bzw. Scans, die vor oder nach den 1990er Jahren ihren Weg zum ITS bzw. den Arolsen Archives gefunden haben, wurden 2019 in der Sammlungsgruppe 7, sortiert nach Herkunftsländern und abgebenden Stellen zusammengefasst.

3. Digitale Vermittlungsangebote

Der ITS begann bereits 1998 mit der Digitalisierung seiner Bestände. Nicht zuletzt auf Grund dieser frühen Initiative, freilich seinerzeit mangels Existenz noch ohne archivische Standards, liegen heute fast 95 % der Dokumente digital vor. An eine externe Nutzung im archivischen Sinne war damals noch nicht gedacht. Vielmehr erfolgte die Digitalisierung, um Arbeitsabläufe zu beschleunigen. Allerdings bietet der hohe Digitalisierungsgrad seit wenigen Jahren auch Chancen für archivische Aufgaben, besonders der Bestandserhaltung, der Benutzung, die seit wenigen Jahren fast ausschließlich online stattfindet, und der Vermittlungsarbeit.

Ein digitales Archiv, das obendrein zum Großteil online frei verfügbar ist,[10] bietet Chancen, birgt aber gerade in der Vermittlungsarbeit oder vielmehr bei fehlender oder schlechter Vermittlungsarbeit auch Risiken. Gerade in Zeiten pandemiebedingter Einschränkungen konnten diejenigen Archive, die bereits Online-Angebote erstellt hatten, die Bedeutung eines niedrigschwelligen Zugangs verdeutlichen. NutzerInnen können weltweit und nahezu kostenfrei auf Archivgut zugreifen. Reise-, Benutzungskosten und andere Erschwernisse fallen weg. Gleichzeitig aber birgt gerade der freie Zugang auf zum Teil sehr sensibles und erklärungsbedürftiges Archivgut

---

9 Bei der Auswahl der zu kopierenden Unterlagen wurde keine einheitliche Linie verfolgt. In Archiven der ehemaligen Sowjetunion erstellten Mitarbeiter des Suchdienstes bspw. ausschließlich Reproduktionen von Papieren deutscher Behörden und rissen die Unterlagen so aus ihrem ursprünglichen Überlieferungskontext, ohne dies immer genau zu dokumentieren.
10 https://collections.arolsen-archives.org/archive/ (zuletzt aufgerufen am 25.04.2023).

Risiken. Die geringsten sind noch Fehlinterpretationen oder Frustrationen durch die ArchivnutzerInnen, die höchsten sind eine Weiterverbreitung von Materialien in verfälschender Absicht oder ungewünschten Kontexten.

Von daher sollten Vermittlungsangebote in online verfügbaren Archiven nicht, wie es wahrscheinlich noch immer in vielen Archiven historisch bedingt der Fall ist, gewissermaßen als freiwilliges Angebot des Archivs gedacht, sondern von Anfang an mit konzipiert werden. Je besser online verfügbare Archivinhalte in eine aktive Vermittlungsarbeit eingebettet sind, desto geringer ist die Gefahr von Missbrauch, desto größer ist aber auch die Chance, die Bestände selbst, aber auch das Archiv an sich bekannt zu machen und eine Bildungsarbeit zu leisten, die nicht nur den Zugang zum Archiv demokratisiert, sondern auch zur Stärkung der Demokratie selbst beitragen kann.

Die Bestände der Arolsen Archives enthalten sensible Informationen über Personen, viele Dokumente sind ohne Überlieferungskontext abrufbar, weswegen es eine große Gefahr von Fehlinterpretationen gibt, zumal aus den Quellen häufig Täter- oder Opferperspektiven unvermittelt zur Sprache kommen. Die Arolsen Archives haben aus mehreren Gründen mehrere digital gestützte oder rein digitale Vermittlungsangebote entwickelt. Zum einen ist man dort durch die ungünstige ländliche Lage bei gleichzeitiger bundesweiter, eigentlich weltweiter Relevanz der Bestände dazu gezwungen gewesen, ortsunabhängige Angebote zu entwickeln, zum anderen sollte das Online-Archiv eingebettet werden in ein erklärendes Umfeld.

Fast gleichzeitig mit der Ausweitung des Online-Archivs wurde bereits 2018 der E-Guide veröffentlicht. Hier werden die zahlreichen im Archiv verwahrten und online verfügbaren Dokumententypen vorgestellt und erläutert. Da es sich in der Vielzahl um Formulare, Registrierkarten, Karteikarten und ähnliches Material handelt, dass üblicherweise nicht in Akten überliefert,[11] im Zusammenhang mit der Erforschung von individuellen Schicksalen während der NS-Zeit aber unverzichtbar ist, sind Erläuterungen hierzu unumgänglich.

Der E-guide funktioniert als Online-Tool, das auf die veröffentlichten Bestände zugeschnitten, Kontextwissen liefert. NutzerInnen können zwischen den Themenbereichen »Konzentrationslager«, »Displaced Persons« und »Zwangsarbeit« wählen. Neben einführenden Texten zu dem Dokumententypen selbst erscheinen je nach individuell steuernder Auswahl per »Mouse-over« weitere Informationen über einzelne Bereiche des Dokuments (z. B. bei Häftlingspersonalbögen aus Konzentrationslagern über die Kategorie »Haftarten«, vgl. Abbildung 7). In der Informationsfülle und -dichte lässt sich eine solche »Quellenkunde« am besten digital realisieren, es gibt aber auch eine online verfügbare Druckversion. Aber nur in der digitalen Anwendung können NutzerInnen ihrem Vorwissen entsprechend selbst einzelne Inhalte auswählen.

---

11 Hierzu: Holger Berwinkel, Neue Quellenkunde zu NS-Verbrechen online, in: Aktenkunde, 26. Juli 2018 (https://aktenkunde.hypotheses.org/888.https://aktenkunde.hypotheses.org/tag/methodik, zuletzt aufgerufen am 25.04.2023).

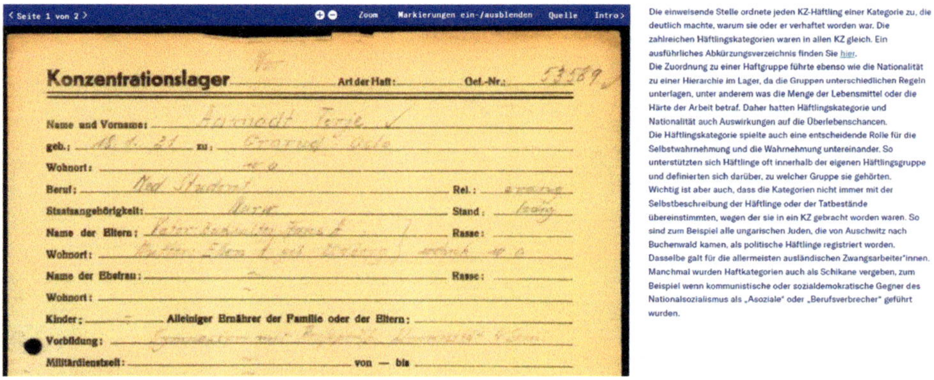

Abb. 7: Auszug aus der E-guide Anwendung der Arolsen Archives. Durch »Mouse-Over« können einzelne Bereiche des Dokuments ausgewählt werden, für die ein Erläuterungstext erscheint.

Diese Funktionalitäten sind besonders hilfreich für Angehörige ehemaliger Verfolgter oder für Forschende, die individuelle Schicksale zu rekonstruieren versuchen, und viele rätselhafte Abkürzungen oder auch quellenspezifisches Vokabular erläutert bekommen. Der E-Guide richtet sich aber auch an Lehrende und Lernende. Beispielsweise werden in der interaktiven Anwendung Praktiken der Verwaltung der Konzentrationslager oder, im Falle der Dokumente zu Displaced Persons von Hilfsorganisationen deutlich. SchülerInnen können mit dem E-guide die Interpretation von Quellen einüben und lernen, erfahren aber auch vieles über die Praxis der Institutionen, die das Dokument ausgestellt hatte.

Ein weiteres Vermittlungsangebot weist über das Digitale und auch über die eigene Institution hinaus: Unter dem Titel »documented« (aus »documents« und »education«) bieten die Arolsen Archives Toolkits zur Vorbereitung eines Gedenkstättenbesuchs an.[12] Darin sind neben gedruckten Quellen zu Häftlingen aus einzelnen Konzentrationslagern Anregungen gegeben, wie sich Schulklassen unter Anleitung ihrer LehrerInnen mit den abgedruckten Dokumenten auseinandersetzen können. Entwickelt wurde »documented«, um ein einerseits bundesweit wirksames Angebot machen zu können, das aber gleichzeitig einen niedrigschwelligen und lebensnahen Zugang junger Menschen zum Thema NS-Verfolgung ermöglicht. SchülerInnen werden dazu angeregt, sich vor dem Besuch einer Gedenkstätte mit einem Häftling aus der eigenen Stadt oder Region zu beschäftigen. Somit haben SchülerInnen einen Bezug zu ihrem unmittelbaren Lebensumfeld und gleichzeitig zur Gedenkstätte, die

12 https://arolsen-archives.org/lernen-mitwirken/initiativen-projekte/documented/ (zuletzt aufgerufen am 25.04.2023).

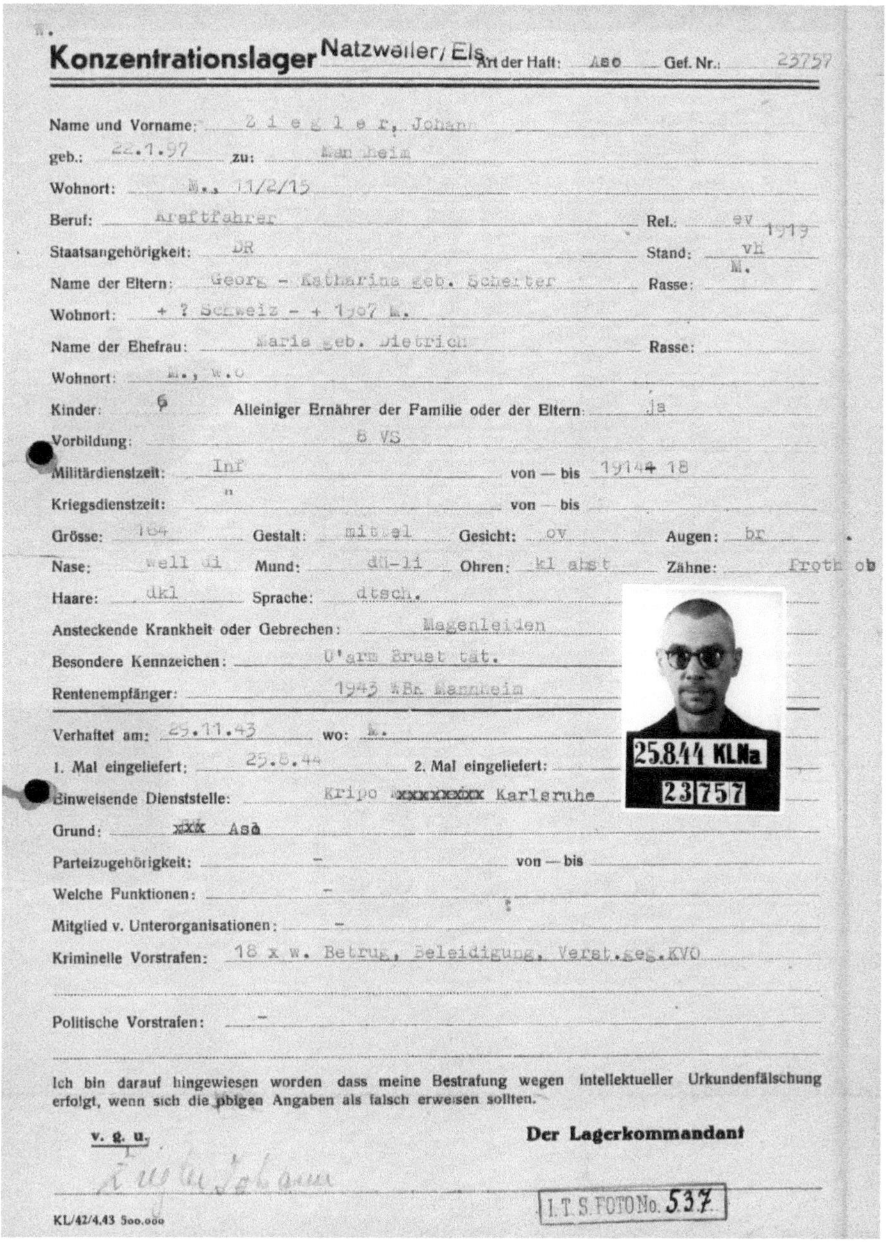

Konzentrationslager Natzweiler/Els. Art der Haft: Aso Gef. Nr.: 23757

Name und Vorname: Z i e g l e r, Johann

geb.: 22.1.97 zu: Mannheim

Wohnort: M., 11/2/15

Beruf: Kraftfahrer Rel.: ev 1919

Staatsangehörigkeit: DR Stand: vh M.

Name der Eltern: Georg – Katharina geb. Scherter Rasse:

Wohnort: + ? Schweiz – + 1907 M.

Name der Ehefrau: Maria geb. Dietrich Rasse:

Wohnort: M., w.o

Kinder: 6 Alleiniger Ernährer der Familie oder der Eltern: ja

Vorbildung: 8 VS

Militärdienstzeit: Inf von – bis 1914 18

Kriegsdienstzeit: " von – bis

Grösse: 164 Gestalt: mittel Gesicht: ov Augen: br

Nase: well di Mund: dü-li Ohren: kl abst Zähne: Proth ob

Haare: dkl Sprache: dtsch.

Ansteckende Krankheit oder Gebrechen: Magenleiden

Besondere Kennzeichen: U'arm Brust tät.

Rentenempfänger: 1943 WBr Mannheim

Verhaftet am: 25.11.43 wo: M.

1. Mal eingeliefert: 25.8.44 2. Mal eingeliefert:

Einweisende Dienststelle: Kripo xxxxxxxx Karlsruhe

Grund: xxx Aso

Parteizugehörigkeit: – von – bis

Welche Funktionen: –

Mitglied v. Unterorganisationen: –

Kriminelle Vorstrafen: 18 x w. Betrug, Beleidigung, Verst.geg.KVO

Politische Vorstrafen: –

Ich bin darauf hingewiesen worden dass meine Bestrafung wegen intellektueller Urkundenfälschung erfolgt, wenn sich die obigen Angaben als falsch erweisen sollten.

v. g. u. Der Lagerkommandant

Ziegler Johann

KL/42/4.43 500.000

I.T.S. FOTO No. 537

Abb. 8: Häftlingspersonalkarte aus dem Konzentrationslager Natzweiler des in Mannheim geborenen Johann Ziegler. Um bspwe. etwas über die Abkürzung »Aso« im Feld Haftart zu erfahren, können NutzerInnen im E-guide der Arolsen Archives nach einer durch Dokumentenmuster leicht erfolgenden Auswahl des Dokumententyps den entsprechenden Bereich des Dokuments auswählen und Erläuterungen lesen (vgl. Abbildung 7).

besucht wird. Die Recherche nach Schicksalen aus dem eigenen Umfeld kann im Online-Archiv stattfinden und ist erster Einstieg in ein forschend-entdeckendes Lernen.

Neben dem Online-Archiv werden auch andere Projekte der Arolsen Archives für die Vermittlungsarbeit verwendet, von denen abschließend noch zwei vorgestellt werden sollen: »Stolen Memory« ist eine auf mehreren Säulen beruhende Kampagne, die letzten in den Arolsen Archives verwahrten Effekten ehemaliger Häftlinge in Konzentrationslagern an die Familien der ursprünglichen Besitzer*innen zurück zu geben.[13] Neben einer Wanderausstellung, Web- und Social Media-Kampagne werden Privatpersonen in mehreren Ländern Europas aktiv eingebunden. Eine online verfügbare Anleitung[14] führt Freiwillige in mehreren Schritten durch eine Recherche: hier wird erläutert, wie anhand der geographischen Filtermöglichkeiten im Online-Archiv ehemalige Effektenbesitzer*innen im jeweils eigenen oder interessierenden Gebiet identifiziert werden können, wie deren Verfolgtenschicksal (zumindest teilweise) im Online-Archiv der Arolsen Archives und mithilfe weiterer Online-Datenbanken ermittelt werden können und wie dann die Recherche – differenziert nach den Herkunftsländern (in den meisten Fällen Niederlande, Polen) – nach den Familien heute bewerkstelligt werden kann.

Das Crowdsourcing-Projekt »every name counts«,[15] mit dem die Arolsen Archives erfolgreich das Ziel verfolgen, persönliche Angaben auf Häftlingskarten von Freiwilligen erfassen zu lassen, wird ebenfalls von einem breiten Vermittlungsangebot begleitet. Dies ist notwendig, um die Dokumente zu erläutern, mit denen die mehr als 22.000 registrierten Freiwilligen arbeiten. Es birgt aber auch das Potential, SchülerInnen mit Hilfe einer aktiven Arbeit mit und an Dokumenten an die Geschichte der NS-Verfolgung, an einzelne Biographien, vor allem aber an wissenschaftliches Arbeiten und Quellenkritik heranzuführen.

Deshalb geben die Arolsen Archives auf ihrer Website spezifisch für SchülerInnen zugeschnittene Hinweise zur Arbeit am Crowdsourcing-Projekt.[16] In einer animier-

---

13 Die meisten der noch 2500 vorhandenen Effekten sind hauptsächlich aus den Lagern Neuengamme und Dachau. Zum genaueren Hintergrund vgl. den Beitrag des Verfassers: Häftlingskarten – Transportlisten – persönliche Effekten. In: Sabine Arend, Insa Eschenbach (Hg.): Dinge sammeln. Materielle Kulturen in KZ-Gedenkstätten. Collecting Objects. Material Cultures in Concentration Camp Memorials (Europäische Sommer-Universität, 1.–6. September 2019. European Summer School Ravensbrück, September 1st–6th, 2019), (in Vorbereitung).

14 https://arolsen-archives.org/lernen-mitwirken/initiativen-projekte/stolenmemory/mitmachen/ (zuletzt aufgerufen am 25.04.2023).

15 https://www.zooniverse.org/projects/arolsen-archives/every-name-counts. (zuletzt aufgerufen am 25.04.2023). Die letzten beiden Angebote waren zum Zeitpunkt des Vortrags bereits geplant, wurden aber erst in der Zwischenzeit bis Drucklegung des Aufsatzes realisiert und evauliert. Der Vf. dankt: Akim Jah, Katharina Menschick, Sabine Moller, Christa Seidenstücker, Margit Vogt für Hinweise und Anregungen.

16 https://enc.arolsen-archives.org/fuer-schulen/ (zuletzt aufgerufen am 25.04.2023).

ten Slideshow werden die Hintergründe zum Projekt, zum historischen Hintergrund und zu den zu erfassenden Dokumenten erläutert. Außerdem wird Lehrenden eine Handreichung angeboten, wie sie das Projekt in den Unterricht integrieren können. Das Crowdsourcing-Projekt eignet sich besonders für SchülerInnen, weil sie selbst zur aktiven Arbeit aufgefordert werden. Die zu erfassenden Daten auf den Täterdokumenten werfen Fragen auf, die SchülerInnen zu Nachfragen und bestenfalls auch zu selbsttätigen aktiven Weiterforschen und Lesen animieren. Ein besonderer Reiz liegt sicher auch in der Konfrontation mit bisher nicht kommentiert edierten Primärquellen, die einen lebhaften Gegensatz zu den Schulbuchillustrationen bieten. Gleichzeitig liegt genau hier die Chance für das Archiv, seine eigenen Quellen auf neue und anregende Weise bekannt zu machen und obendrein von der aktiven Benutzung durch die »Crowd« profitieren zu können.[17]

4. Schlussbemerkungen

Die Konzentration der Arolsen Archives auf online basierte Vermittlungsangebote war und ist zum einen aus der Not geboren worden: um einerseits den Nachteil eines schlecht erreichbaren Standorts aufzuwiegen, andererseits aber auch ein dem Thema angemessenes internationales Publikum ansprechen zu können, wurden begleitend zum Online-Archiv und mehr oder weniger mit diesem direkt verwoben Vermittlungsangebote geschaffen. Während der nicht vorhersehbaren Zeit der Corona-Pandemie, in dem Archive nicht oder nur sehr schwer erreichbar waren, zeigten sich die Vorteile einer starken Online-Präsenz. Tatsächlich zeigen Zugriffszahlen auf das Online-Archiv genauso wie die Rezeption der Vermittlungsangebote, dass die Nutzung des Archivs eher zu- als abgenommen hat.[18] Online basierte Archivangebote bieten, so zeigt das Beispiel der Arolsen Archives, die Chance einer internationalen und ortsunabhängigen Nutzung. Durch den ebenfalls, hier nicht thematisierten Einsatz von Social Media-Aktivitäten, vorrangig auf Twitter, Facebook und Instagram, konnte außerdem bei neuen, meist jüngeren Zielgruppen auf die eigenen Angebote hingewiesen werden. Vor allem die »Stolen Memory«-Kampagne zeigt, welche Potentiale in einer Vernetzung mit Online-Angeboten anderer Institutionen noch zu nutzen wären.

---

17 Die auf »every name counts« durch Freiwillige erfassten Daten sind durchweg von hoher Qualität und werden nach Qualitätskontrolle in die Datenbank der Arolsen Archives eingepflegt.
18 Inwiefern allerdings wissenschaftliche NutzerInnen der Arolsen Archives, die häufig eine Fachberatung, seltener auch eine Einsicht in die Originalquellen in Anspruch genommen hatten, durch die Corona bedingte Schließung in ihren Vorhaben ausgebremst waren, lässt sich schwer beurteilen.

Auch als außerschulischer Lernort können Archive online wirken, wie das Angebot »document-ed« zeigt. Ob die Auseinandersetzung mit rein digital angebotenem Archivmaterial allerdings zu einer erhöhten Sichtbarkeit des anbietenden Archivs oder von Archiven an sich beiträgt, oder nicht gerade die fehlende Materialität zu einem Schwinden des eh schon geringen Wissens der Bedeutung von Archiven beiträgt, ist eine offene Frage, die angesichts immer wieder verlängerter Anti-Pandemie-Maßnahmen immer dringender wird.

Den Widerstand in seiner ganzen Breite und Vielfalt dokumentieren

Zur Arbeit der Gedenkstätte Deutscher Widerstand

Peter Steinbach, Johannes Tuchel

Die Gedenkstätte Deutscher Widerstand befindet sich nahe dem Potsdamer Platz, im sogenannten Bendlerblock, räumlich in unmittelbarer Nähe des Berliner Dienstsitzes des Bundesministeriums für Verteidigung. Dies ruft zuweilen den Eindruck hervor, die Gedenkstätte sei diesem Ministerium zugeordnet. Tatsächlich ist die Gedenkstätte Deutscher Widerstand Teil einer von der Bundesrepublik über die Beauftragte für Kultur und Medien und dem Land Berlin finanzierte unselbstständige Stiftung in der Senatsverwaltung für Kultur und Europa des Landes Berlin.

Zur Stiftung Gedenkstätte Deutscher Widerstand gehören ferner noch die Gedenkstätte Plötzensee am Ort der Hinrichtungsstätte im Strafgefängnis Plötzensee, das Museum Blindenwerkstatt Otto Weidt in der Rosenthaler Straße und die Gedenkstätte Stille Helden mit der Dauerausstellung Widerstand gegen die die Judenverfolgung in Europa 1933–1945, die sich ebenfalls im Bendlerblock befindet. Dabei wird Wert auf die Trennung der Dauerausstellungen gelegt, um so die spezifische Bedeutung der jeweiligen Schwerpunktthemen aus dem Hauptthema Widerstand gegen den Nationalsozialismus zu bekräftigen. Im Stiftungsstatut heißt es:

> *»Die Aufgabe der Stiftung ist es, als zentrale nationale Gedenkstätte das Andenken der Frauen und Männer im Widerstand gegen den Nationalsozialismus in seiner ganzen Breite, Vielfalt und Widersprüchlichkeit lebendig zu erhalten, die notwendige Auseinandersetzung der Deutschen mit diesem Teil ihrer Geschichte zu fördern und damit rechtsextremen Tendenzen entgegenzuwirken.«*

Im Folgenden werden vor allem die Zielsetzungen und Angebote der Gedenkstätte Deutscher Widerstand am historischen Ort des Umsturzversuches vom 20. Juli 1944 skizziert.[1]

In der Dauerausstellung Widerstand gegen den Nationalsozialismus werden Handelnde, Formen, Motive und Ziele des Widerstands mit dem Anspruch dargestellt, einen Eindruck des Gesamtwiderstands zu vermitteln. Damit soll den Besucherin-

---

[1] Umfassende Informationen zur Gedenkstätte bietet die Internetpräsentation: www.gdw-berlin.de (Abruf 28. Mai 2021)

Abb. 1: Eingangsbereich der Gedenkstätte von der Stauffenbergstraße in Berlin-Mitte, GDW

Abb. 2: Ehrenhof der Gedenkstätte Deutscher Widerstand, GDW

nen und Besuchern die Breite des Themas, ein Gespür für die Vielfalt möglicher Herausforderungen als Reaktion auf Politik und Praxis des NS-Staates und seine Bereitschaft, überkommene Traditionen und Lebenswelten zu zerstören, erschlossen werden. Die Vielschichtigkeit der Themen, Gruppen und Motive zielt nicht nur darauf ab, beim Vorverständnis der Besucherinnen und Besucher anzuknüpfen, sondern es ist ausdrücklich beabsichtigt, durch Vergleiche das zuweilen engere, auf die eigenen Wertvorstellungen, Gruppen- und Familienzusammenhänge konzentrierte Bewusstsein zu öffnen. Besucherinnen und Besucher werden mit Themen konfrontiert, die sie nicht selten sogar herausfordern, etwa wenn sie angeregt werden, kommunistische Regimegegnerinnen und -gegner wahrzunehmen oder den christlich motivierten Widerstand interkonfessionell zu würdigen. Dieses Vermittlungsziel setzt voraus, dass Besucher einzelne Gruppen und Traditionsstränge nicht überbewerten oder ihnen aus vielen Gründen fremdgebliebene Widerstandsaktivitäten vernachlässigen. Eine sachlich angemessene Vermittlung bleibt ebenso wie die Bereitschaft zur vergleichenden Perspektive die Voraussetzung für die Entwicklung eines pluralistischen und zugleich integralen Widerstandskonzepts.

In Wechselausstellungen werden unterschiedliche Themen des Widerstands gegen den Nationalsozialismus erschlossen, in der Regel auf eine Weise, die zugleich die Präsentation als Wanderausstellungen ermöglichen. Dies reicht von biographischen Ausstellungen, etwa 2018 »Ein Leben für Recht und Republik. Ludwig Marum 1882–1934«, eine Ausstellung die gemeinsam von der Gedenkstätte Deutscher Widerstand, dem Landesarchiv Baden-Württemberg und dem Forum Ludwig Marum e. V. realisiert wurde, hin zu thematischen Einzelkomplexen der Realgeschichte des Widerstands, etwa 2020 »›Tod den Nazi-Verbrechern!‹ – Widerstand gegen den Nationalsozialismus am Kriegsende«, oder zu Formen der Erinnerung an den Widerstand gegen den Nationalsozialismus, etwa 2019 »›Ihr trugt die Schande nicht …‹ – Die frühe Erinnerung an den 20. Juli 1944«.

Die Präsentation der Inhalte will immer auch Rücksicht auf Interessen der Besucherinnen und Besucher, auf deren Zeitbudgets und Vorwissen nehmen. Deshalb werden sowohl in der Dauerausstellung wie in den Wechselausstellungen die Inhalte auf unterschiedlichen »Wahrnehmungsebenen« präsentiert. Den Besucherinnen und Besuchern soll die Entscheidung über eine ganz persönliche, eigenständig vorgenommene Auswahl angeboten werden. Deshalb werden auch bei Gruppenbesuchen jeweilige Wünsche umgesetzt, um so eine vertiefende Reflexion der Themen zu unterstützen.

1. *Der historische Ort*

Die Gedenkstätte selbst hat ihren Sitz im Bendlerblock im Berliner Bezirk Mitte (Tiergarten), am historischen Ort des Umsturzversuches vom 20. Juli 1944. Die Diensträume von Oberst Claus Schenk Graf von Stauffenberg, General Friedrich Olbricht und Oberst Albrecht Ritter Mertz von Quirnheim sind in die Ausstellung integriert, ebenso wie das Büro des Befehlshabers des Ersatzheeres Generaloberst Friedrich Fromm, dessen Stabschef von Stauffenberg war, und das die Büros von Stauffenberg und Fromm verbindende Kartenzimmer. In Fromms Arbeitszimmer versuchte sich Generaloberst Ludwig Beck am Abend des 20. Juli 1944 das Leben zu nehmen und wurde unmittelbar daneben nach dem Scheitern dieses Versuches auf Befehl Fromms erschossen.

Im Ostflügel des Bendlerblocks befanden sich die Diensträume des Allgemeinen Heeresamtes und des Befehlshabers des Ersatzheeres. Teil der Gedenkstätte ist auch der Innenhof des Ostflügels, der in den frühen 1950ern zum Ehrenhof umgewidmet wurde und Kern des ehrenden Gedenkens ist, während die Ausstellung selbst dokumentarische Aufgaben erfüllt.

Zwischen 1911 und 1914 war hier ein geräumiger Komplex für das Reichsmarineamt entstanden. Das Hauptgebäude lag am Landwehrkanal in der Königin-Augusta-Straße 38–42 (vor 1933 Reichpietschufer, ab 1933 dann Tirpitzufer, nach 1945 und bis heute wieder Reichpietschufer), der Ostflügel in der Bendlerstraße 14 (heute Stauffenbergstraße). Im Hauptgebäude bewohnte der Staatssekretär des Reichsmarineamtes – bis 1916 Großadmiral Alfred von Tirpitz – eine Dienstwohnung mit 24 Zimmern. In der Bendlerstraße arbeitete das Marinekabinett.

Nach 1918 fand im Bendlerblock neben der geschrumpften Marineführung auch die neugeschaffene Reichswehrführung ihren Platz. Der Sozialdemokrat Gustav Noske als Reichswehrminister zog in die frühere Wohnung von Tirpitz, ebenso sein Nachfolger Otto Geßler von 1920 bis 1928. Von 1920 bis 1926 wohnte Generaloberst Hans von Seeckt als Chef der Heeresleitung in der Bendlerstraße 14, im Anschluss daran General Kurt Freiherr von Hammerstein-Equord.

Am 3. Februar 1933 versuchte der wenige Tage zuvor zum Reichskanzler ernannte Adolf Hitler, in dem späteren Dienstzimmer Fromms durch eine Rede die Reichswehrführung zu gewinnen. Hier deutete er sein militärisch-expansives Programm an.

1934 schützte sich während der Mordaktion des 30. Juni 1934, die von den Nationalsozialisten als Niederschlagung eines von dem SA-Führer Ernst Röhm geplanten Putsches gerechtfertigt werden sollte, General Werner Freiherr von Fritsch, Hammersteins Nachfolger seit Ende 1933, in seiner Dienstwohnung durch bewaffnete Posten. Anfang 1938 zog der letzte Oberbefehlshaber des Heeres, Generaloberst Walther von Brauchitsch, in die Bendlerstraße 14. Im Hauptgebäude am Landwehrkanal residierten nach 1939 Teile der Seekriegsleitung sowie des Amtes Ausland/Abwehr im Oberkommando der Wehrmacht unter Admiral Wilhelm Canaris. Den Hauptteil des Ostflügels nutzte das Allgemeine Heeresamt des Oberkommandos des Heeres unter Friedrich Fromm, ab 1940 unter Friedrich Olbricht. Am 2. Mai 1945 besetzten sowjetische Truppen den Bendlerblock.

Nach 1945 nutzten eine Vielzahl von Privatfirmen und Behörden den Bendlerblock. Am 20. Juli 1952 legte nach einer Anregung von Angehörigen der Widerstandskämpfer des 20. Juli 1944 Eva Olbricht, die Witwe Friedrich Olbrichts, den Grundstein für ein Ehrenmal im Innenhof des Bendlerblocks, wo von Stauffenberg und drei weitere Mitverschwörer in der Nacht zum 21. Juli 1944 erschossen worden waren. Am 20. Juli 1953 enthüllte Ernst Reuter, der Regierende Bürgermeister von Berlin, das von dem Bildhauer Richard Scheibe geschaffene Ehrenmal, die Bronzefigur eines jungen Mannes mit gebundenen Händen. Vor dem Ehrenmal befindet sich ein Text von Edwin Redslob: »Ihr trugt die Schande nicht – Ihr wehrtet Euch – Ihr gabt das große ewig wache Zeichen der Umkehr – Opfernd Euer heißes Leben – Für Freiheit, Recht und Ehre«.

Am 20. Juli 1955 wurde die damalige Bendlerstraße in Stauffenbergstraße umbenannt. Am 20. Juli 1962 enthüllte der Berliner Bürgermeister Franz Amrehn im Ehrenhof eine Tafel mit den Namen der am 20. Juli 1944 hier erschossenen Offiziere. Einige weitere Jahre dauerte es, bis der Senat von Berlin auf Anregung ehemaliger Widerstandskämpfer des 20. Juli 1944 die Errichtung einer Gedenk- und Bildungsstätte beschloss, die über den Widerstand gegen den Nationalsozialismus informieren sollte. Eine erste ständige Ausstellung, die ihren thematischen Schwerpunkt auf dem 20. Juli 1944 und auf dem Berliner Widerstand besaß, wurde daraufhin am 20. Juli 1968 eröffnet.

1979 verständigten sich die Parteien im Abgeordnetenhaus von Berlin über die Absicht, die Gedenk- und Bildungsstätte zur erweitern. 1980 erfolgte die Umgestaltung des Ehrenhofes nach einem Entwurf von Professor Erich Reusch. Die Wand des Zugangs zum Ehrenhof erhielt die Inschrift »Hier im ehemaligen Oberkommando des Heeres organisierten Deutsche den Versuch, am 20. Juli 1944 die nationalsozialistische Unrechtsherrschaft zu stürzen. Dafür opferten sie ihr Leben.«

1983 beauftragte der damalige Regierende Bürgermeister Richard von Weizsäcker den ursprünglich an der Freien Universität tätigen, 1982 nach Passau berufenen Politikwissenschaftler und Historiker Professor Peter Steinbach und den Stuttgarter Gestalter Professor Hans Peter Hoch (Baltmannsweiler) mit der umfassenden Dokumentation und Darstellung der ganzen Breite und Vielfalt des deutschen Widerstands gegen den Nationalsozialismus in einer ständigen Ausstellung. Steinbach verfolgte das Ziel, eine gesamtdeutsche Würdigung des Widerstands zu realisieren. Denn die Würdigung des Widerstands verband zugleich trotz und auch wieder wegen der Teilung Deutschlands unterschiedliche Geschichtsbilder der beiden deutschen Staaten. Dieser Versuch hatte die Entwicklung und Realisierung eines integralen Widerstandsverständnisses zur Folge, das sich, nicht selten gegen Widerstände, im Laufe der Jahre durchsetzte. Klaus von Dohnanyi brachte dieses gesamtdeutsche Verständnis vom Widerstand auf den Punkt, als er betonte, kein Regimegegner hätte nur für einen der beiden deutschen Staaten sein Leben gelassen.

Diese Ausstellung wurde nach mehreren Teileröffnungen in den Jahren 1986 und 1988 am 20. Juli 1989, wenige Monate vor dem Mauerfall, in den historischen Räumen des Staatsstreichversuches vom 20. Juli 1944 in der zweiten Etage des Bendlerblocks im Gebäudeteil an der Stauffenbergstraße eröffnet. Die Dauerausstellung war als Dokumentation konzipiert. Der Innenhof des Bendlerblocks war bereits vor der Eröffnung zum »Ehrenhof« umgestaltet worden und seit den 1960er Jahren zum Mittelpunkt des alljährlichen ehrenden Gedenkens am 20. Juli geworden. Über 5.000 Bilder und Dokumente informieren seitdem exemplarisch über die Motive,

Abb. 3: Integrales Widerstandskonzept: Sichtachse vom »Elser-Ausstellungsbereich« durch den Spiegelsaal bis in das Stauffenberg-Zimmer, GDW

Handlungen und Ziele von einzelnen, Kreisen, Gruppen und Organisationen im Widerstand gegen den Nationalsozialismus.

Im Jahre 1992 erhielt die Gedenkstätte noch weitere Flächen für Wechsel- und Sonderausstellungen in der ersten Etage an der Stauffenbergstraße zur Verfügung gestellt. Auch nachdem der am Reichpietschufer des Landwehrkanals gelegene Gebäudeteil 1993 zum Berliner Dienstsitz des Bundesverteidigungsministeriums geworden war, blieb die Gedenkstätte als eigenständige Einrichtung gleichsam in Nachbarschaft des Bundesministeriums der Verteidigung an ihrem angestammten Ort.

Mit der Gründung einer unselbstständigen Stiftung im Geschäftsbereich der Senatsverwaltung für Wissenschaft, Forschung und Kultur (heute: Senatsverwaltung für Kultur und Europa) als institutionellem Träger war dann 1994 auch eine Beteiligung des Bundes an den Gedenkstätten in der Stauffenbergstraße und in Plötzensee möglich. Seit 2004 betreut die Stiftung auch das Museum Blindenwerkstatt Otto Weidt, seit 2006 die Gedenkstätte »Stille Helden« und seit 2019 ein Schaudepot zur Geschichte des Reichsbanners Schwarz-Rot-Gold. Die Stiftung besorgt zugleich die Geschäfte der Stiftung 20. Juli 1944 und unterstützt die Forschungsgemeinschaft 20. Juli 1944. Hinzu kommt eine enge Zusammenarbeit mit der ebenfalls in der Stauffenbergstraße sitzenden Vereinigung »Gegen Vergessen – Für Demokratie«, mit dem Aktiven Museum Faschismus und Widerstand in Berlin e. V., mit der Koordinierungsstelle Stolpersteine, mit der Koordinierungsstelle Historische Stadtmarkierung sowie mit dem Internationalen Auschwitz-Komitee.

2. Überlieferungen – problematisieren!

Die Erinnerung an den Widerstand stand lange in der Gefahr, politisch instrumentalisiert zu werden. In der DDR wurde der antifaschistische Widerstand beschworen, um zu beweisen, dass mit dem Kriegsende ein anderes Deutschland entstanden war, das sich vor allem auf die Traditionen des kommunistischen Widerstands beziehen konnte. Die Bekräftigung eines antidiktatorischen Bekenntnisses der westdeutschen Nachkriegsgesellschaft sollte durch die Erinnerung an den Widerstand den Wunsch der Bundesrepublik Deutschland zur »Rückkehr in den Kreis der zivilisierten Nationen« begründen.

Die Geschichte der Erinnerung an den Widerstand spiegelt immer wieder Veränderungen des zeitgeschichtlichen Verständnisses. Anregungen der Forschung waren oft eine Folge neuer geschichtswissenschaftlicher Zugänge. Alltags-, Emotions-, Militär- und Verwaltungsgeschichte wirkten sich in einer Weise aus, die neue Dimensionen der Widerständigkeit erschlossen. Hatte man in den 1950ern den Widerstand vor allem als Versuch gedeutet, aus dem Zentrum der Macht das politische System zu stürzen, so wurden nun Dimensionen von Selbstbehauptung und Zivilcourage erschlossen. Mitmenschlichkeit, Empathie, Menschenwürde wurden zunehmend zu Schlüsselbegriffen sich wandelnder Deutungen.

Als 1983/84 die Vorüberlegungen zur neuen Dauerausstellung begannen, war diese Phase abgeschlossen. Die Bundesrepublik war ein wichtiger und anerkannter Faktor in der internationalen Gemeinschaft, in NATO und EG (aus der dann die EU wurde) geworden. Der Widerstand gegen den Nationalsozialismus war hingegen im Rahmen der Debatten über die Notstandsgesetze 1968, die mit Art. 20 Abs. 4 das Widerstandsrecht im Grundgesetz verankerten, aber auch der Konflikte um die Ostverträge Anfang der 1970er und nicht zuletzt unter dem Einfluss der Friedens- und AKW-Bewegung zu Beginn der 1980er politisiert worden. Zunehmend beriefen sich oppositionelle Bewegungen auf ihr Widerstandsrecht und legitimierten die kritische Einstellung gegenüber Staat und Verwaltung durch Erfahrungen aus dem NS-Staat. Dies wiederum hatte Abwehrargumente verstärkt, die darauf hinausliefen, immer wieder zu betonen, dass der Widerstand in einem diktatorischen System nicht mit dem Protest im demokratischen Verfassungsstaat gleichgesetzt werden könne und dürfe. In dieser ständigen Aktualisierung eines politischen Widerstandsbegriffs lag eine Chance, die es ermöglichte, die immer tendenziell vorhandene Verfestigung und Ritualisierung zu unterbrechen und so eine Versteinerung der Erinnerung zu verhindern, die sich vor allem in den 1950er Jahren mit ihren militärgeschichtlichen Widerstandsdeutungen eingestellt hatte.

Die Herausforderung der neuen Ausstellung lag zwischen 1983 und 1989 darin, rhetorische Fixierungen eines kommemorativen kollektiven Gedenkens aufzubrechen und zugleich die deutsche Teilung zu reflektieren, die im Widerstand gegen den Nationalsozialismus einen der seltenen gemeinsamen Bezugspunkte ihres

Abb. 4: Vorgeschichte des Attentats vom 20. Juli 1944, GDW

zeitgeschichtlichen Bewusstseins hatte.² Wie festgefügt die Erinnerungen zunächst waren, machte das in Gedenkreden geradezu unverzichtbar gewordene, angeblich authentische Zitat Winston Churchills über den deutschen bürgerlich-militärischen Widerstand deutlich, das, so glaubte man, auf eine Rede im britischen Unterhaus zurückgegangen sein soll und wohl auch mehrfach in Reden anlässlich der Feierlichkeiten des 20. Juli 1944 zu vernehmen war:

> »In Deutschland lebte eine Opposition, die durch ihre Opfer und eine entnervende internationale Politik immer schwächer wurde, aber zu dem Edelsten und Größten gehört, was in der Geschichte aller Völker je hervorgebracht wurde. Diese Männer kämpften ohne eine Hilfe von innen oder außen – einzig getrieben von der Unruhe des Gewissens. So lange sie lebten, waren sie für uns unsichtbar und unerkennbar, weil sie sich tarnen mussten. Aber an den Toten ist der Widerstand sichtbar geworden«.³

---

2 Vgl. beispielhaft die Sammlung von Reden anlässlich des 20. Juli 1944: https://www.stiftung-20-juli-1944.de/reden. (Abruf 28. Mai)
3 Hier zitiert nach der Rede, die Christian Wulff am 20. Juli 2006 im Ehrenhof des Bendlerblocks gehalten hat.

Dieses durchaus eindrucksvolle, ein neues politisches Selbstbewusstsein begründende Zitat lässt sich in den Protokollen des Unterhauses nicht finden, allerdings wurde es auch nie von Churchill dementiert, vielleicht, weil er richtig empfand, dass sein Ausspruch eigentlich undementierbar ist. Er versuchte möglicherweise nachträglich den Eindruck zu korrigieren, dass es dem deutschen Widerstand, den gleichsam »verlassenen Verschwörern«[4], nicht gelungen war, von den Allliierten in dem notwendigen und erhofften Maße unterstützt zu werden. So ist dieser Satz nicht nur bald zum Balsam auf den Seelen der Überlebenden des militärischen Widerstands geworden; er ließ sich in den 1950er gut nutzen, um den Anspruch auf die Rückkehr der Bundesdeutschen in den Kreis der »zivilisierten Nationen« zu untermauern.

Eine ganz ähnliche Funktion hatten die Generalmajor Henning von Tresckow zugeschriebenen, von Oberleutnant Fabian von Schlabrendorff überlieferten Zitate:

> »Wenn einst Gott Abraham verheißen hat, er werde Sodom nicht verderben, wenn auch nur zehn Gerechte darin seien, so hoffe ich, dass Gott Deutschland um unseretwillen nicht vernichten wird. Niemand von uns kann über seinen Tod Klage führen. Wer in unseren Kreis getreten ist, hat damit das Nessushemd angezogen. Der sittliche Wert eines Menschen beginnt erst dort, wo er bereit ist, für seine Überzeugung sein Leben hinzugeben. (...) Das Attentat muß erfolgen, coûte que coûte. Sollte es nicht gelingen, so muß trotzdem in Berlin gehandelt werden. Denn es kommt nicht mehr auf den praktischen Zweck an, sondern darauf, daß die deutsche Widerstandsbewegung vor der Welt und vor der Geschichte unter Einsatz des Lebens den entscheidenden Wurf gewagt hat. Alles andere ist daneben gleichgültig.«[5]

Nicht nur die sich am 20. Juli manifestierende Erinnerung an den Widerstand zeigt, dass sich viele der Gedenk- und Erinnerungsreden zunächst an die Überlebenden, weniger an die Öffentlichkeit richteten. Ebenso deutlich war aber auch, dass die Erinnerungen an den Anschlag und die Verschwörer auch politische Akzente setzten und sich mit einem Staats- und Verfassungsverständnis verbanden, das in der Achtung und in dem Schutz der Würde des Menschen die zentrale »Verpflichtung aller staatlichen Gewalt« (Art.1, Abs.1 GG) benannte. Zunehmend schien der Widerstand gegen den Nationalsozialismus ein Teil der Vorgeschichte der Bundesrepublik zu werden.

Als zweites Begründungsmoment ist die Auseinandersetzung mit der anderen »deutschen Diktatur« zu nennen, die sich in der SBZ/DDR etabliert hatte. 1953 verknüpfte der damalige Berliner Regierende Bürgermeister Ernst Reuter erstmals die Deutung des »Volksaufstands« vom 17. Juni 1953 mit dem bis dahin noch weit-

---

4   Klemens von Klemperer, Die verlassenen Verschwörer: Der deutsche Widerstand auf der Suche nach Verbündeten 1938–1945, Berlin 1994.
5   Fabian von Schlabrendorff, Offiziere gegen Hitler, zuerst Zürich 1946, dann verändert in den späteren Auflagen, etwa Frankfurt 1959.

Abb. 5: Widerstand aus den Traditionen der Arbeiterbewegung, GDW

hin abgelehnten Widerstand gegen den Nationalsozialismus, an den vereinzelt am 20. Juli gedacht wurde.[6] Die Gedenkveranstaltungen wurden so nicht nur Teil eines Totenkults, auf den seit den Totenreden des Perikles im Peleponnesischen Krieg[7] keine Gesellschaft verzichten kann, sondern dienten der politischen Positionierung eines Gemeinwesens in der Gegenwart.

In vielen Gedenkreden zum Jahrestag des 20. Juli 1944 finden sich aktuelle Bezüge, Warnungen, Versprechen. Allerdings ist auch unübersehbar, dass sich mit dem Zug der Generationen durch die Zeit historische Bezüge wandeln, dies nicht zuletzt wegen der in einer pluralistischen Gesellschaft unausweichlichen Relativierungen, die auch, wie die Debatte über die Deutung des Kriegsendes 1945 zeigt, das nicht selten ritualisierte Totengedenken berührten. Die drohende und gewiss auch von manchen Politikerinnen und Politikern erstrebte verfestigte Deutung verfehlte nicht zuletzt, was Vergangenheit mit der Erinnerung gerade durch ihre Pluralisierung gegenwärtig halten kann. Denn mit der Aktualisierung werden zeitursprüngliche Dimensionen des Gedenkens zwar in den Hintergrund gedrängt, die Deutungen der Vergangenheit durch das zunehmende Gewicht gegenwartsorientierter Perspektiven jedoch erleichtert. So dauerte es nicht nur mehr als zwanzig Jahre, bis auch der kom-

6 Gedenkstätte Deutscher Widerstand (Hg.), ›Ihr trugt die Schande nicht...‹ Die frühe Erinnerung an den 20. Juli 1955. Katalog zur Sonderausstellung, Berlin 2019.
7 Thukydides, Geschichte des Peleponnesischen Krieges II,34–44.

Abb. 6: Blick aus dem Arbeitszimmer Stauffenbergs durch das ehemalige Kartenzimmer, GDW

munistische Widerstand erwähnt wurde, sondern es wurde zugleich die Möglichkeit verstellt, den Gesamtwiderstand unter Einbeziehung auch der kommunistischen Regimegegner zu würdigen.

Noch mehr Zeit verging, bis der Kampf von außen gegen das Regime Erwähnung und Respekt fand, bis Johann Georg Elser oder die »unbesungenen Helden«, die Hilfe für die verfolgten Jüdinnen und Juden geleistet hatten, erwähnt wurden. Die lange spürbare Monopolisierung des konservativen und militärischen »nationalkonservativen« Widerstands und die eher parzellierte als pluralisierte Erinnerung wirkte sich wiederum auf die Bereitschaft der nachlebenden Angehörigen des bürgerlich-konservativen und militärischen Widerstands aus, vielschichtige Erinnerungsbezüge zu respektieren, die Folge lebensgeschichtlicher Pluralisierung hätten sein können. In den 1980ern waren die Folgen dieser Pluralisierung spürbar in geschichtspolitischen Kontroversen. Sie begannen nicht mit der Fischer-Kontroverse der 1960er, sondern lassen sich bereits im ersten Nachkriegsjahrzehnt nachweisen. Fritz Bauer rang 1952 um die Anerkennung des Widerstands gegen die Verunglimpfung durch Rechtsextremisten. Dies sind nur einige der Ausgangslagen der Erinnerung an den Widerstand in der Bundesrepublik Deutschland.

3. Das Grundproblem: Lassen sich Diktaturen bewältigen – und wenn, dann wie?

Die Gedenkstätte Deutscher Widerstand dient der Erinnerung, zugleich aber auch der historisch-politischen Auseinandersetzung mit Stimmungen, Vorstellungen und Erklärungen, die totalitäres Denken ermöglichten und der Bereitschaft Vorschub leisteten, sich einem diktatorischen politischen Führungsanspruch zu unterwerfen. Insofern gehört sie zu den Versuchen, neben den schwarzen Strängen der deutschen Geschichte auch die helleren der Demokratiegeschichte zu betonen. Sie erinnert an jene, die sich nicht anpassten und sich dem weltanschaulichen Führungsanspruch der Nationalsozialisten verweigerten und so in der Lage waren, Handlungsspielräume zu schaffen und Verhaltensalternativen zu verwirklichen. Damit ist eine eminent wichtige Dimension historisch-politischer Bildungs- und Erinnerungsarbeit angesprochen. Denn weil es nicht nur um die Vergangenheit, sondern auch um die Zukunft geht, drängen sich wichtige Überlegungen und Fragen auf. Sie beziehen sich auf das gegenwärtige Spannungsverhältnis zwischen Demokratien und Diktaturen, aber auch auf die Frage, wie Veränderungen der verfassungsstaatlich-freiheitlichen Ordnung abgewehrt werden können. In Ungarn, Polen, Belarus, Russland, aber auch in den USA und in diktatorischen Systemen hält man die Entwicklung einer »illiberalen Demokratie« für möglich. Dort stellt sich heute die Frage, ob Opposition und Aufklärung das Ende der demokratischen Ordnung verhindern können, oder wann hier die Schwelle zu einer Diktatur überschritten ist, die Widerstand herausfordert.

Die von Hitler nach seiner Regierungsübernahme konsequent realisierte »moderne Diktatur« zeichnete sich durch den proklamierten Anspruch auf die gewaltsame Veränderung der Gesellschaft aus. Hinter dieser Perspektive verbarg sich der historizistische Wunsch, den historischen Wandel einmal durch ein erreichtes Ziel geschichtlicher Entwicklung zu beenden, zugleich aber auch der Anspruch, die Gesellschaft fundamental zu verändern. Deshalb erklärte die NS-Regierung der bestehenden »alten, morschen, überholten« Gesellschaft gleichsam den Krieg. Sie wandte sich gegen Traditionen, die Residuen möglicher weltanschaulicher Resistenz darstellten, und bildete einen eigenen Staats- und Gesellschaftstyp aus, der sich selbst legitimierte durch eine imaginierte Verantwortung vor der Zukunft.

Deshalb verfolgte dieses Regime jeden, der sich diesem historizistisch legitimierten totalen Herrschaftsanspruch widersetzte. Die moderne Diktatur brach mit dem Denken des Verfassungsstaates, mit Grundrechten, Gewaltenteilung und Rechtsstaatlichkeit. In vielen Gedenkveranstaltungen wird die Diktatur deshalb als Gegenmodell des freiheitlichen Verfassungsstaates benutzt, um die bestehende demokratisch-rechtsstaatliche Ordnung zu legitimieren. Der totale Staat forderte den Widerspruch und schließlich den Widerstand derjenigen heraus, die der Selbstermächtigung der Diktatur nicht folgen wollten. Die Gegner diktatorischer Systeme werden in der Regel kriminalisiert. Auch dies wird in Gedenkveranstaltungen betont und mit der Forderung politischer Toleranz und des Pluralismus von Meinungen und Überzeugungen begründet.

In Gedenkreden werden Widerstehende deshalb zu Vorbildern, weil sie sich durch ihre Ausgrenzung aus der »Volksgemeinschaft« und durch ihre Verfolgung in ihrer Haltung nicht irritieren ließen. Weil Widerstand als Handlungsmuster vielfältige Dimensionen umfasste, kommt es darauf an, Widerstand auf eine Weise zu präzisieren, die es gestattet, zwischen Dissidenz, Nonkonformität, Protest, Verweigerung, Konspiration und aktiven Umsturzbestrebungen zu unterscheiden. Jede dieser Aktivitäten verwies auf Herausforderungen und Zumutungen des Systems. Gemeinsam ist den Regimegegnern die Überzeugung, dass nur freiheitliche, verfassungsstaatliche Systeme den Schutz des Individuums vor staatlicher Willkür und gesellschaftlicher Ausgrenzung gewährleisten. Widerstand machte den Machthabern deutlich, dass der umfassende politische und weltanschauliche Führungsanspruch totalitärer Bewegungen (wie dem Nationalsozialismus) eine Grenze im Anspruch des Individuums auf die Entfaltung seiner Persönlichkeit in Würde und Freiheit hatte. Deshalb bietet die Auseinandersetzung mit Regimegegnern und mit dem Widerstand gegen den NS-Staat in einer postdiktatorischen Gesellschaft nach ihrer »Befreiung von der NS-Herrschaft« wichtige Anknüpfungspunkte für eine neue politische Sinngebung und ostentative Selbstverpflichtung der politisch Handelnden.

Die Gedenkstätte Deutscher Widerstand zielt deshalb nicht allein auf zeithistorische Bildung, sondern nutzt die Auseinandersetzung mit der Vergangenheit für die Begründung politisch-freiheitlicher Ordnung mit Gewaltenteilung, Rechtsstaatlichkeit, Pluralismus und Grundrechten. »Moderne Diktaturen« hingegen sehen sich durch Widerspruch, abweichendes Verhalten und durch Verweigerung im Kern herausgefordert, wenn nicht bedroht. Sie reagieren mit Kontrolle, Unterdrückung, Willkür, immer mit den Aufforderungen zur »Wachsamkeit«, zur Denunziation. Unterstellte Widersetzlichkeit forciert die zunehmende Durchrationalisierung aller Lebensbereiche und weitet die auf Kontrolle von Gesellschaft und Individuum zielende Herrschaft aus. Es kommt gleichsam zu einer »Durchherrschung« der Gesellschaft, zur Unterwerfung des Individuums, zur Proklamation einer »Volksgemeinschaft«, die immer auch die Tendenz zur Ausgrenzung einschließt. Totalitäre diktatorische Systeme setzen den Umbau der Gesellschaft durch massive Eingriffe in soziale Strukturen fort, um so wiederum die ihnen angeblich feindlichen Grundbedingungen für eine prinzipielle Auseinandersetzung mit ihrem System, ihrem Herrschaftsanspruch und ihrer Weltanschauung zu zerstören.

Auf lange Sicht können sie so zwar Bedingungen für Widerspruch und Eigensinnigkeit verschlechtern; andererseits steigern sie durch ihre Maßnahmen die Energie, die Widerstand ermöglicht und vielschichtige Dimensionen erschließt – vom Widerstand in der Spitze der Verwaltungen bis zum Widerstand, der sich im Alltag beweisen muss. Mit der Dauer des Unterdrückungs- und Unrechtsregimes verändern sich zudem fortlaufend strukturelle Voraussetzungen für Widerständigkeit und Selbstbehauptung, für Protest und Auflehnung. Deshalb verändern sich mit der Nachhaltigkeit der Eingriffe in das Wertgefüge der Gesellschaft die Bedingungen für

Abb. 7: Integrales Widerstandsverständnis: Widerstand von Sinti und Roma, GDW

die Widerständigkeit, denn mit der Dauer diktatorischer Herrschaft werden Eigenständigkeit und Eigengewichtigkeit resistenter Traditionen und Milieus geschwächt. Mit der Zerstörung sozialer Strukturen kommt es auch zur Veränderung von Handlungs- und Verhaltensbedingungen widerständiger Milieus und Individuen.

Die Überwindung des Überkommen, des Alten bedeutete immer, die Träger alter Strukturen, die Anhänger überholter Vorstellungen und die Vertreter politischer Ziele, die angeblich auf eine weit zurückliegende Zeit verwiesen, an den Rand zu drängen, sie zu neutralisieren, zu marginalisieren und schließlich zu eliminieren. Im Repräsentanten des sozialrevolutionär abgelehnten »Überkommen« wurde nicht mehr der Mitmensch gesehen, sondern der Vertreter eines feindlichen Prinzips, der Gegenmensch. Er war zu bekämpfen, indem seine Wurzeln, seine Bindungen und Kontexte zerstört wurden. Dieser Anspruch wurde in der neuen politischen Terminologie einer Endgültigkeit sichtbar. »Ausmerzung«, »Endlösung« stehen neben »Endsieg« und auch »Übergangsepoche«.[8] So gesehen lässt sich das 20. Jahrhundert als Jahrhundert eines Weltbürgerkriegs bezeichnen, der seinen Ausdruck im prinzipiellen Gegensatz von Diktaturen und Demokratien fand und auf ein Ziel setzte, das Geschichte vollenden wollte und faktisch still stellte.

8 Vgl. Victor Klemperer, LTI: Notizbuch eines Philologen, Leipzig 1990 (zuerst 1947).

Damit ist aber auch ein anderes Kennzeichen des vergangenen Jahrhunderts bezeichnet, der so viel beschworene Terror, als Unterdrückung und Zwang. Es ist der politisch mit vielen, nicht selten mit allen Mitteln induzierte soziale und politische Strukturwandel, es ist der in der Regel gewaltsam betriebene Versuch, durch massive Eingriffe die sozialen Strukturen der abgelehnten vordiktatorischen Gesellschaftssysteme und damit auch das traditionelle Wertgefüge zu verändern. Dies ist der Hintergrund der Formel von der durch Diktaturen noch einmal forcierten Beschleunigung des sozialen Wandels in unserem Jahrhundert, eines Wandels, der nicht mit Prozessen verwechselt werden darf, die in jeder Gesellschaft zu beobachten sind, die sich veränderten Bedingungen anpassen wollen. Denn diktatorischer Wandel legitimiert sich immer als »sozialrevolutionär«, er strebt nicht nach friedlicher Anpassung und gewaltfreier, vernünftiger Reform, sondern nach dem Neuen, das nur in der radikalen, geschichtsfeindlichen Absetzung gegen das Alte plausibel gemacht werden kann. »Und wenn du lange in einen Abgrund blickst, blickt der Abgrund auch in dich hinein.«[9]

Diese allgemeinen Bemerkungen waren notwendig, um die heutige Arbeit der Gedenkstätte Deutscher Widerstand einordnen zu können.

Die Räume, in denen sich heute die ständige Ausstellung »Widerstand gegen den Nationalsozialismus« befindet, waren nicht nur die Stätte des Umsturzversuches vom 20. Juli 1944, sondern am 3. Februar 1933 auch der Ort, an dem Hitler versuchte, die Reichswehrführung durch seine antipazifistische, bereits Aufrüstungspläne verkündenden Rede nicht nur zu gewinnen, sondern gleichsam zu lähmen. Denn in der bewaffneten Macht hatte er den einzigen Faktor ausgemacht, der ihm gefährlich werden konnte. Er entfaltete sein wehrpolitisches Konzept in demselben Raum, in dem am Abend des 20. Juli 1944 Fromm die Erschießung der Verschwörer um von Stauffenberg befahl.

Ein von Generalleutnant Curt Liebmann gefertigtes handschriftliches Stichwortprotokoll zeigt die langfristig wirksame Gewaltbereitschaft der nationalsozialistischen Herrschaft schon Anfang Februar 1933: »Völlige Umkehrung der gegenwärtigen innenpolitischen Zustände in Deutschland. Keine Duldung der Betätigung irgendeiner Gesinnung, die dem Ziel entgegensteht (Pazifismus!). Wer sich nicht bekehren lässt, muss gebeugt werden. Ausrottung des Marxismus mit Stumpf und Stiel. … Wie soll politische Macht, wenn sie gewonnen ist, gebraucht werden? Jetzt noch nicht zu sagen. Vielleicht Erkämpfung neuer Exportmöglichkeiten, vielleicht – und wohl besser – Eroberung neuen Lebensraums im Osten und dessen rücksichtslose Germanisierung.«[10]

In den Räumen der Ausstellung, die auch die Arbeitszimmer von Stauffenbergs, Olbrichts und Mertz von Quirnheims umfasst und diese entsprechend kennzeichnet, wurden auch die Pläne für die Operation »Walküre« auf den Umsturzversuch hin

---

9 Friedrich Nietzsche, Jenseits von Gut und Böse, Nr. 146, 2. Satz.
10 Vgl. Thilo Vogelsang, Neue Dokumente zur Geschichte der Reichswehr 1930–1933, in: Vierteljahrshefte für Zeitgeschichte 2 (1954) 4, S. 397–436, darin S. 434 f.

weiterentwickelt. In der Ausstellungskonzeption kam es darauf an, die durch das Gewicht des Ortes naheliegende Konzentration auf den Umsturzversuch zu modifizieren und den Anspruch und die Erwartung zu realisieren, alle Widerstandsgruppierung zu fokussieren. Nur dies ermöglichte auch eine regionalspezifische, konfessionelle und schließlich auch geschlechter- und generationsspezifische Differenzierung.

Aber es gab eben auch den 20. Juli! Deshalb werden die historischen Räume um die Ereignisse im Umfeld des 20. Juli zentriert. Nachdem die Verschwörer um von Stauffenberg Ende 1943 erkannt hatten, dass die militärische Führung nicht zum gemeinsamen Handeln veranlasst werden konnte, richteten sich ihre Bemühungen auf drei Ziele: die Ausschaltung Hitlers, die Erlangung der militärischen Befehlsgewalt und die Übernahme der Regierungsverantwortung in Deutschland. Dies alles sollte die Voraussetzung zur Wiederherstellung des Rechtsstaats sein.

Die Verschwörer stützten sich dabei auf Pläne, die unter der Bezeichnung Operation »Walküre« zur Niederschlagung von inneren Unruhen und Aufständen von Zwangsarbeitern entwickelt worden waren. Dabei sollten die vollziehende Gewalt und die militärische Führung auf den Befehlshaber des Ersatzheeres übergehen. Die Operation »Walküre« wurde hier im Allgemeinen Heeresamt von Olbricht zusammen mit Mertz von Quirnheim und von Stauffenberg erarbeitet. Margarethe von Oven, die bereits 1933 als Sekretärin für Kurt von Hammerstein-Equord und später auch für Werner Freiherr von Fritsch im Bendlerblock gearbeitet hatte, schrieb gemeinsam mit Erika von Tresckow und Ehrengard Gräfin von der Schulenburg die Entwürfe nieder und fertigte die Reinschriften an. Die Operation »Walküre« bot den Verschwörern eine fast perfekte Tarnung.

Den in Marsch zu setzenden Einheiten sollte der Eindruck vermittelt werden, nach Hitlers Tod hätten sich hohe Nationalsozialisten staatsstreichartig des Staates bemächtigen wollen. Deshalb müssten wichtige Schaltstellen der Macht, vor allem in der Reichshauptstadt Berlin, von Wehrmachtverbänden abgesperrt und notfalls auch gegen SS-Einheiten verteidigt werden. In den einzelnen Wehrkreisen sollten Truppenverbände des Ersatzheeres ebenfalls wichtige Verwaltungs- und Parteistellen besetzen. Olbricht löste die Operation »Walküre« bereits am 15. Juli 1944 in der Erwartung eines Anschlages auf Hitler aus und setzte Truppen aus nahegelegenen Militärstandorten nach Berlin in Marsch. Als der Anschlag ausblieb, gelang es ihm, diese Operation nach wenigen Stunden zu stoppen und als Übungsalarm darzustellen.

Nach dem Attentat im Führerhauptquartier Wolfschanze gelang es am 20. Juli 1944 von Stauffenberg, das Führerhauptquartier zu verlassen und nach Rangsdorf bei Berlin zu fliegen. In Berlin konnte von Stauffenberg der Nachricht vom Überleben Hitlers zunächst keinen Glauben schenken und versuchte, gemeinsam mit seinem Freund Mertz von Quirnheim und Olbricht die Operation »Walküre« überall im Reich anlaufen zu lassen und hohe Offiziere für den Umsturz zu gewinnen.

Ihre Bemühungen hatten bekanntlich keinen Erfolg. Fromm, den die Verschwörer festgesetzt hatten, gewann mit Hilfe regimetreuer Offiziere des Allgemeinen Heeresamtes die Oberhand. Noch in derselben Nacht wurden von Stauffenberg, dessen

Adjutant Oberleutnant Werner von Haeften, Mertz von Quirnheim und Olbricht als die Hauptverantwortlichen des Umsturzversuches im Innenhof auf Fromms Befehl erschossen. Beck wurde nach vergeblichen Freitodversuchen auf Befehl Fromms erschossen; von Tresckow nahm sich wenig später an der Ostfront das Leben.

Die Erfolglosigkeit bei der Durchführung des Attentats bedeutet nicht, dass das Ereignis folgenlos blieb. Hier kommt die Erinnerung ins Spiel, denn sie bereitet Ereignisse deutend auf und kann ihnen selbst im Falle des politischen Scheiterns einen Sinn geben. Die unmittelbare Vorbereitung des Attentats und die nachfolgenden tragischen Ereignisse standen so im Mittelpunkt der 1968 eröffneten kleinen Ausstellung in den ehemaligen Räumen des Allgemeinen Heeresamtes, in denen sich der Staatsstreichversuch abgespielt hatte. Nachdem in den 1970ern erkennbar geworden war, dass diese Ausstellung einem erweiterten Widerstandsbegriff nicht mehr entsprechen konnte, wurde nach der Neugestaltung des Ehrenhofes auch eine grundlegende Neufassung der Dauerausstellung begonnen, die die Verengungen auf den militärischen Anschlag und den damit verbundenen Umsturzversuch aufbrechen konnte.

4. Zur Dauerausstellung »Widerstand gegen den Nationalsozialismus«

Die 2014 eröffnete neue Ausstellung richtet sich an unterschiedlichste Besucherinnen und Besucher. Vor dem Hintergrund der Tatsache, dass heute allgemein-historische Grundkenntnisse sowie Kenntnisse über die Breite und Vielfalt der Widerstandsformen und Entwicklungen von Widerstandshaltungen, von Widerstandsmanifestationen und den Zielen des Widerstands nicht mehr vorausgesetzt werden können, müssen die Herausforderungen der Ausstellung auf die Hinführung zu und die Dokumentation der Ziele, Motive und Handlungen der Widerstandskämpferinnen und -kämpfer sein.

Das Konzept kann jedoch nicht vorrangig durch das Ziel bestimmt sein, schulverwendungsfähiges Erstwissen zu erschließen, denn das Verständnis für die Lebenslagen in einem totalen Staat stellt sich bei Jugendlichen heute ebenso wenig selbstverständlich ein wie das Gespür für das existenzielle Anliegen und die Bedrohung von Regimegegnern und Widerstandskämpfern im Nationalsozialismus. Deshalb geht die Ausstellung von der Annahme aus, dass sich Besucherinnen und Besucher und insbesondere Gruppen auf die Thematik bereits vor der Besichtigung der Ausstellung eingelassen haben und erste Kenntnisse mitbringen. Der Vorbereitung auf die Ausstellung dienen eine Vielzahl von Materialien, die die Gedenkstätte Deutscher Widerstand zur Verfügung stellt.

Die thematische Konzeption orientiert sich zum einen an differenzierter Verwendung des Widerstandsbegriffs und will dabei zugleich die zeitliche Entwicklung, die graduelle Steigerung, schließlich die Zuspitzung zur aktiven Konspiration anschaulich machen. Dies lässt sich nur ermöglichen, wenn möglichst vielfältige und thematisch sowie historisch breite Dimensionen des Widerstands im Spiegel von

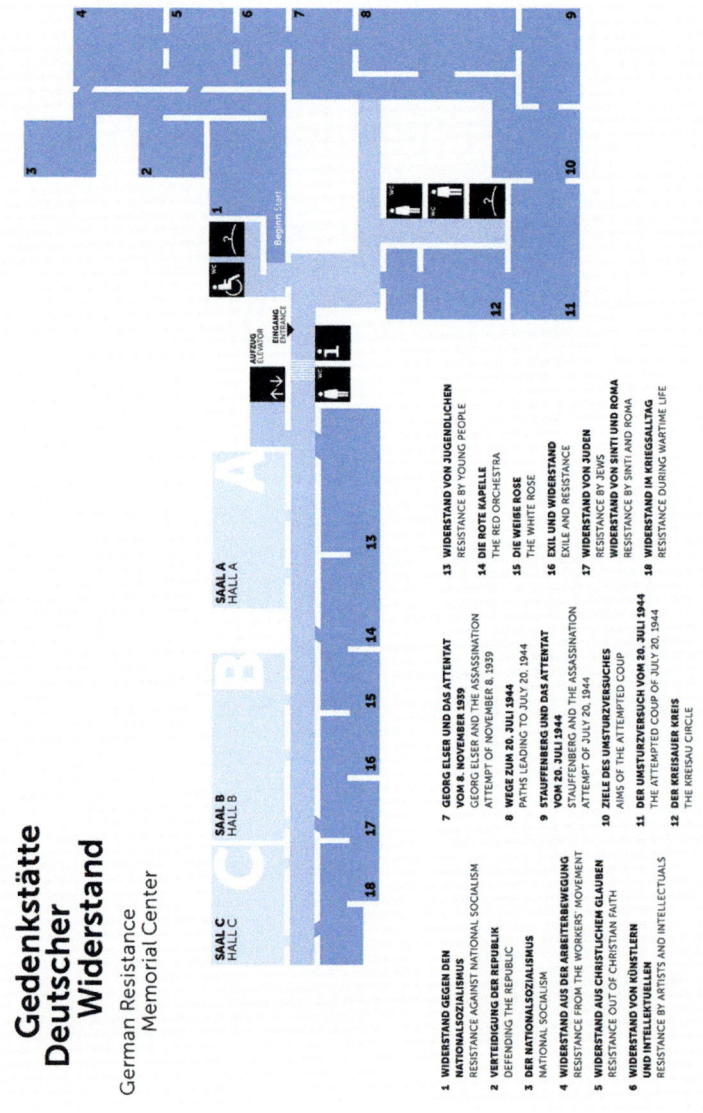

Abb. 8: Orientierungsplan der Ausstellung in der Gedenkstätte Deutscher Widerstand, GDW

Lebensschicksalen, Aktionen der Widerstandsgruppen und Verfolgungsmaßnahmen des nationalsozialistischen Staates sichtbar, anschaulich, aber auch inhaltlich verständlich gemacht werden.

Die Dauerausstellung bildet das Zentrum der Arbeit der Gedenkstätte Deutscher Widerstand. Sie will zeigen, wie unterschiedlich die Wege der einzelnen Menschen in den Widerstand sein konnten. Dabei wird von einem differenzierten und integralen Widerstandsbegriff ausgegangen, der unterschiedlichste Rahmenbedingungen und verschiedene zeitliche Entwicklungen berücksichtigt.

Bewusst wird auf eine Präsentation von Objekten oder eine plakative Inszenierung von Themenzusammenhängen verzichtet. Die Darstellung von einzelnen Lebensschicksalen und der Entstehung von Netzwerken des Widerstands, von Motiven, Zielen und Aktionen der Menschen und Gruppen im Widerstand und schließlich der Reaktionen des nationalsozialistischen Staates auf die Herausforderung des Widerstands erschließt die unterschiedlichen und vielfältigen Dimensionen aller Bestrebungen, die sich gegen die nationalsozialistische Diktatur richteten.

Widerstand wird als Handlung des Einzelnen vor dem Hintergrund weitgehender gesellschaftlicher Anpassung erkennbar. Deshalb muss das Verhalten der Deutschen unter der nationalsozialistischen Diktatur in ein Spannungsfeld von Begeisterung, Anpassung, Folgebereitschaft, Dissens, Opposition und Widerstand gerückt werden.

Die grundsätzliche Frage nach den Handlungsmöglichkeiten des Einzelnen unter den Bedingungen der nationalsozialistischen Diktatur hat nichts von ihrer Bedeutung für die Gegenwart verloren, sondern rückt verstärkt in das Zentrum der modernen gedenkstättenpädagogischen Arbeit und ihrer gegenwärtigen wie zukünftigen Herausforderungen in einer zunehmend von Internationalität und Migration geprägten Gesellschaft; dies ist im Sinne einer übergreifenden historisch-politischen Bildungsarbeit, die sich auf Menschenrechte und Toleranz als Grundlage von Demokratie und Rechtsstaatlichkeit bezieht. Deshalb lässt sich diese Ausstellung mit der Frage verknüpfen, wie sich der Widerstand für die Menschenrechte einsetzte, die vom Staat, aber auch durch gesellschaftliche Tendenzen bedroht und verletzt wurden.

Die Ausstellung will Anregungen für eine nachhaltig wirkende Auseinandersetzung mit den Vorstellungen und Zielen des Widerstands gegen den Nationalsozialismus geben und so das Gespür für die Vielfältigkeit und Widersprüchlichkeit aktiver Gegnerschaft zum Nationalsozialismus wecken. Dargestellt werden Menschen und Gruppen, die den Nationalsozialismus bekämpften, häufig aber auch Positionen überwanden, die sie zunächst partiell mit dem Nationalsozialismus geteilt hatten. Viele verteidigten die Normen und Werte ihrer Lebenswelten und besannen sich dabei auf Traditionszusammenhänge, indem sie gegen Machtmissbrauch und die Verletzung von Menschenrechten eintraten. Dies verlangt, dass die jeweils spezifischen Rahmenbedingungen politischen Handelns, deren Grenzen und Möglichkeiten sorgfältig dargestellt werden. Die Perspektive derer, die sich dem NS-System entgegenstellten, ist dabei grundlegend.

Aus diesen Überlegungen ergibt sich der Ablauf der Ausstellung in einer chronologisch- systematischen Abfolge der Themenbereiche. Nach einer Einführung (1) und den Versuchen zur Verteidigung der Weimarer Republik (2) werden Programm und Realität des Nationalsozialismus thematisiert (3), bevor der Widerstand aus der Arbeiterbewegung (4), der Widerstand aus christlichem Glauben (5) und der Widerstand von Künstlern und Intellektuellen (6) dokumentiert werden.

Ein eigenständiges Thema ist Georg Elsers Attentat vom 8. November 1939 (7). Im historischen Raumbereich der ehemaligen Repräsentationsräume des Chefs der Heeresleitung (in der Kriegszeit des Befehlshabers des Ersatzheeres und Chefs der Heeresrüstung) sind die Anfänge und die Entwicklung der militärischen Opposition sowie die zivilen und militärischen Aktivitäten zu sehen, die in den Umsturzversuch vom 20. Juli 1944 münden (8). Von Stauffenbergs ehemaliges Dienstzimmer dokumentiert dessen Leben, die Vorbereitungen und das Attentat vom 20. Juli 1944 (9), bevor im ehemaligen Kartenzimmer auf die politischen Ziele des Umsturzversuches und das Netzwerk der Verschwörung (10) eingegangen wird. Im ehemaligen Arbeitszimmer Fromms werden dann der Umsturzversuch vom 20. Juli 1944, sein Scheitern und der nationalsozialistische Terror in der Zeit danach dargestellt (11). Der Raumbereich endet mit einer Präsentation von Zielen und Persönlichkeiten des Kreisauer Kreises (12).

Im räumlichen Zentrum der Dauerausstellung, zugänglich vom Haupttreppenhaus, befinden sich der Empfangsbereich, eine Lesezone, WCs und Garderoben. Der ehemalige Raumbereich des Allgemeinen Heeresamtes (13 bis 18) ist dem gruppen-, netzwerk- und milieugestützten Widerstand gegen den Nationalsozialismus gewidmet. In enger Verbindung hiermit stehen die Darstellung des Widerstands von Jugendlichen (13) sowie der Aktivitäten der Roten Kapelle (14) und der Weißen Rose (15). Sowohl beim Kreisauer Kreis als auch bei der Weißen Rose und bei der großen Berliner Widerstandsgruppe Rote Kapelle ist besonders zu betonen, dass es sich um Neuformierungen während des Krieges handelt. Eng miteinander verbunden sind auch die Themen Exil und Widerstand und der Kampf gegen den Nationalsozialismus von außen (16). Bei den Themen Widerstand von Juden sowie Widerstand von Sinti und Roma (17) und Widerstand im Kriegsalltag (18) wird herausgearbeitet, wie sich diese Widerstandsformen unter den Bedingungen der Verschärfung des nationalsozialistischen Terrors verändert haben.

Die Ausstellung soll die Besucherinnen und Besucher exemplarisch an die Menschen und Gruppen des Widerstands heranführen, bietet zugleich aber auch vertiefend umfassende Informationen in Medienterminals und medialen Arbeitsstationen. Im Mittelpunkt stehen Lebensgeschichten und Entscheidungsmöglichkeiten unter den Bedingungen der nationalsozialistischen Diktatur sowie milieu- und netzwerkorientierte Darstellungen.

Dabei – und dies kann nicht oft genug betont werden – steht in der Auseinandersetzung mit dem Widerstand gegen den Nationalsozialismus die Frage nach den Handlungsspielräumen des Einzelnen unter den Bedingungen der Diktatur im Zentrum der übergreifenden Fragestellung. Die Auseinandersetzung mit dem Widerstand gegen den Nationalsozialismus besitzt so nicht nur eine historische, sondern auch eine prinzipielle Dimension, denn sie schärft den Blick für die Verletzung von demokratischen Grundwerten und Menschenrechten zu jeder Zeit und an jedem Ort und für mögliche Reaktionen darauf.

Wichtig ist, dass die einzelnen Abschnitte immer wieder Bezug nehmen auf die politischen Entwicklungen und die Verbrechen des NS-Regimes.

Die Konzeption der Ausstellung zeichnet sich also nicht allein durch die Zielvorstellung aus, möglichst breit den Widerstand in seinen politischen, konfessionellen, kulturellen und weltanschaulichen Bezügen anschaulich zu machen und dabei an das Schicksal der Regimegegner zu erinnern, sondern will zugleich in Gestalt einer Beschreibung von verschiedenen Dimensionen und Möglichkeiten das Gespür für die Vielfältigkeit aktiver Gegnerschaft zum Nationalsozialismus wecken. Der Besucher kann sich auf Lebensgeschichten einlassen, er kann die Auswirkungen nationalsozialistischer Unterdrückung und Verfolgung in persönlichen Konsequenzen einschätzen und auf diese Weise auch seine »soziale Phantasie« schulen.

Bewusst haben sich die Ausstellungsmacher aber gegen den Nachbau von Kellern, Zellen und Geräten auf der einen und gegen die Präsentation von Objekten auf der anderen Seite entschieden. Zum einen kann von dem Ausstellungsort selbst eine tiefe Wirkung ausgehen, denn in diesen Räumen sprach Hitler, arbeitete von Stauffenberg und wurde Beck zum Selbstmord gezwungen. Damit wird das große Spannungsverhältnis nationalsozialistischer Herrschaft sichtbar.

Zum anderen war der Widerstand sehr aspekt- und facettenreich: Die Vielfalt der Ziele und Motivationen, der Anstöße und Hoffnungen, die Steigerung der Verfolgung bis hin zu Terror und Vernichtung, die Wandelbarkeit der aus dem Gegensatz zum Regime folgenden Gefahr lassen sich deshalb nicht in einem einzigen dreidimensionalen Objekt oder einem einzigen Dokument sichtbar machen. Die unterschiedlichen Formen des Widerstands, die Darstellung einer kollektiven Haltung, der einsame Entschluss zum Sich-Widersetzen – hinter all diesem verbergen sich eigenständige Qualitäten des Widerstands, die die Einschränkung dieses Begriffes auf die politische Konspiration heute nicht mehr möglich machen.

Die Ausstellung hat diese Schwierigkeiten, die einer griffigen Festlegung des Widerstandsbegriffes entgegenstehen, zu spiegeln. Sie hat aber auch dem Besucher ein Angebot zur Lösung dieser Probleme zu unterbreiten: Durch Trennung der Bereiche, durch Parallelisierungen, durch Beziehungen und Entwicklungen. So kann in Ansätzen eine Ausstellungserzählung entstehen, die zugleich über weltanschauliche Motivationen und über die Persönlichkeit der Handelnden informiert und eine persönliche Annäherung möglich macht. Auf dieser Grundlage kann Widerstand als Gegensatz und Produkt seiner Zeit verdeutlicht und das Gespür für seine Grenzen und Leistungen geweckt werden.

5. Zur historisch-politischen Bildungsarbeit

Die Auseinandersetzung mit dem Widerstand gegen den Nationalsozialismus besitzt aber nicht nur eine historische Dimension. An diesem Beispiel können Reaktionsmöglichkeiten auf die Verletzung von demokratischen Rechten und Menschenrechten zu jeder Zeit und an jedem Ort geschärft werden. Diesen Zielen fühlt sich die gesamte politische Bildungsarbeit der Gedenkstätte Deutscher Widerstand verpflichtet. Sie bietet eine große Auswahl von Möglichkeiten.

Führungen durch vorher ausgewählte Bereiche der Ausstellung mit Informationsgesprächen über beispielhafte Widerstandsaktivitäten einzelner oder von Gruppen sowie über deren Motive und Ziele stellen einen wichtigen Schwerpunkt der Arbeit der Gedenkstätte dar. Die Themen können bei der Anmeldung oder vor der Veranstaltung direkt abgesprochen werden. In der Regel werden möglichst kleine Gruppen (etwa 10 bis 15 Personen) gebildet und einer Referentin oder einem Referenten zugeordnet, die die Ausstellung nicht im Stil einer »Kastellan-Führung« erschließen, sondern als Gesprächspartner und Vermittler des historischen Geschehens zur Verfügung stehen. Durch die Vielzahl an Materialien ist die Autonomie der Besucherinnen und Besucher oder der Gruppe bei der Themenauswahl sehr groß.

Das Angebot richtet sich an Jugendliche ab 14 Jahren und Erwachsene. Im Gespräch mit den Besucherinnen und Besuchern wird in diesen Rundgängen über Widerstandsaktivitäten einzelner Menschen und Gruppen sowie über deren Motive und Ziele informiert. Thematisiert wird auch der gesellschaftliche Umgang mit dem Widerstand gegen den Nationalsozialismus nach 1945. Diese Führung mit Informationsgespräch ist ein, wenn auch variables und jeweils an die Gruppe angepasstes, Standardprogramm. Fragen und Diskussion sind erwünscht. Die Gedenkstätte versteht sich so als ein Ort des aktiven Lernens und der historisch-politischen Bildung. Durch die sorgfältige Absprache von Einzelthemen bei der Anmeldung der jeweiligen Jugendlichen- oder Erwachsenengruppe ist es möglich, ein Höchstmaß an Identifikations- und Verständnismöglichkeiten für die jeweilige Zielgruppe zu gewährleisten.

Die Gedenkstätte Deutscher Widerstand bietet Seminare für unterschiedliche Adressatinnen und Adressaten an. Das Angebot richtet sich an Schülerinnen und Schüler ab 14 Jahren bzw. ab der 9. Klasse, Studierende, Bundeswehrgruppen, Multiplikatorinnen und Multiplikatoren und alle weiteren interessierten Jugend- und Erwachsenengruppen. Alle Seminare beinhalten einen geführten Rundgang durch ausgewählte Bereiche der Dauerausstellung der Gedenkstätte Deutscher Widerstand. Basierend auf den Vorkenntnissen und Interessen der Besucherinnen und Besucher werden in diesem Rundgang die Breite und Vielfalt des Widerstands gegen den Nationalsozialismus anhand geeigneter Beispiele vorgestellt.

Im Anschluss an den Ausstellungsrundgang beschäftigen sich die Teilnehmenden vertiefend in Kleingruppen mit bestimmten Aspekten des Widerstands gegen den Nationalsozialismus. Im Mittelpunkt steht dabei immer die Frage, wie Menschen Widerstand gegen die nationalsozialistische Diktatur geleistet haben, welche Motive und Ziele sie hatten und was sie für die Zeit nach dem Nationalsozialismus planten. In einer gemeinsamen Auswertung werden Ergebnisse präsentiert und das Seminar reflektiert. Alle Seminarformate werden in deutscher Sprache angeboten. Für englischsprachige Gruppen stehen dreistündige Seminarformate zur Verfügung. Auch die Durchführung von Seminaren in französischer, spanischer, italienischer, polnischer und türkischer Sprache ist möglich.

Die Seminarform leitet über zu einer dritten Möglichkeit, den Fort- und Weiterbildungsveranstaltungen besonders für Lehrer und Lehrerinnen der Fächer, Geschichte, politische Bildung und Sozialkunde, aber auch für andere Multiplikatorinnen und Multiplikatoren etwa in der Bildungs- und Ausbildungsarbeit bei Gewerkschaften, Bundeswehr, Polizei und Verwaltung.

Größere Projekte können auch von selbstständigen Schüler- oder Studierendengruppen durchgeführt werden, die mit Unterstützung der Gedenkstätte eigene Ausstellungen oder Dokumentationen erarbeiten können. Ein jüngeres Beispiel dafür ist etwa die gemeinsam mit Studierenden des Touro College Berlin 2017 erarbeitete Ausstellung »Im Angesicht der Vernichtung. Arbeit und Widerstand in den Ghettos, 1941–1944«.

Hinzu kommen regelmäßige öffentliche Film- und Vortragsveranstaltungen, die unterschiedliche Dimensionen des Widerstands ansprechen, aber auch versuchen, neue biographische Arbeiten einem breiteren Kreis bekannt zu machen.

Für Einzelbesucherinnen und Einzelbesucher selbst stehen in der Ausstellung faksimilierte Dokumente, Zeitübersichten und Hintergrundmaterialien zur Verfügung, die ebenso wie ein Kurzführer vertiefende Informationen enthalten. Diese Materialien wenden sich vor allem an die nicht mehr schulspezifisch eingeschränkte Öffentlichkeit und tragen insbesondere den Anforderungen Rechnung, die an eine ständige historische Ausstellung gestellt werden müssen. Für Einzelbesucherinnen und Einzelbesucher stehen kostenfreie Audioführungen in deutscher, englischer, französischer, spanischer, italienischer, polnischer und türkischer Sprache sowie eine Videoführung in Deutscher Gebärdensprache zur Verfügung.

Die Gedenkstätte Deutscher Widerstand zeigt regelmäßig bis zu vier Sonderausstellungen im Jahr.[11] Die Sonder- und Wechselausstellungen geben so immer wieder die Möglichkeit, neue Themen aufzugreifen, diese der wissenschaftlichen und publizistischen Diskussion vorzustellen und damit die Erinnerung an den Widerstand gegen den Nationalsozialismus in unterschiedlichsten Formen wachzuhalten. Viele dieser Ausstellung stehen auch als Wanderausstellungen zur Verfügung und können kostenfrei ausgeliehen werden.[12]

Die Gedenkstätte Deutscher Widerstand veröffentlicht seit vielen Jahren auf analogen und digitalen Wegen. Dazu gehören Kataloge zu Sonderausstellungen,

---

11 Eine Übersicht für die Jahre ab 1996 findet sich hier: https://www.gdw-berlin.de/angebote/ausstellungen/sonderausstellungen/ (Abruf 28. Mai 2021)

12 Eine Übersicht findet sich hier: https://www.gdw-berlin.de/angebote/ausstellungen/wanderausstellungen/ (Abruf 28. Mai 2021)

Faksimiles von Originaldokumenten, die Reihe »Widerstand in Berlin 1933–1945« sowie eine Schriftenreihe, die in mittlerweile mehr als 25 Bänden neue Forschungsergebnisse präsentiert.[13] Weite Teile dieser Publikationen sind mittlerweile digital zugänglich.

Umfassend wird das Thema Widerstand gegen den Nationalsozialismus im Internet präsentiert. Neben der Hauptseite www.gdw-berlin.de stehen mittlerweile dreizehn Webangebote und Online-Ausstellungen zur Verfügung.[14] Hinzu kommen Apps und Podcasts.[15] Dieses Angebot ist in einem stetigen Ausbau begriffen. Von großer Bedeutung ist hier auch die Zusammenarbeit mit der berlinhistory.app, wo es einen eigenen Bereich zum Widerstand gegen den Nationalsozialismus gibt.[16]

6. Ausblick

Die Gedenkstätte Deutscher Widerstand hat es in den vergangenen Jahren verstanden, durch ihr Konzept der Verknüpfung von politischer Bildungsarbeit, Ausstellungen und Publikationen jährlich mehr als 120.000 Besucherinnen und Besucher anzusprechen. Wie die Entwicklung nach der Pandemie weitergeht, ist im Moment noch offen. Sicher ist, dass die bewährten Elemente der historisch-politischen Bildungsarbeit durch digitale Angebote ergänzt und ausgebaut werden. So bietet die Gedenkstätte seit diesem Jahr virtuelle Rundgänge durch die Dauerausstellung »Widerstand gegen den Nationalsozialismus« an. Der virtuelle Rundgang führt durch alle 18 Themenbereiche der Ausstellung und informiert über die Geschichte einzelner Menschen und Gruppen im Widerstand gegen den Nationalsozialismus. Mit ausgewählten Beispielen soll ein Eindruck von der Vielfalt der Motive, Ziele und Aktivitäten vermittelt werden.

Die Tour durch die Ausstellung dauert etwa eine Stunde; jeder der achtzehn Themenbereiche kann auch einzeln aufgerufen werden.[17] Die Gedenkstätte bietet daneben auch Online-Einführungen in die Dauerausstellung für Einzelbesucher und Online-Seminare für Gruppen an.[18] Erste Rundgänge durch Sonderausstellungen stehen auch bereits zur Verfügung[19] oder kommen in diesem Jahr – etwa zum Schaudepot des Reichsbanners Schwarz-Rot-Gold oder zur Dauerausstellung in der Ge-

---

13 Als Übersicht: https://www.gdw-berlin.de/angebote/publikationen/online-publikationen/ (Abruf 28. Mai 2021)
14 Als Übersicht: https://www.gdw-berlin.de/vertiefung/online-angebote/ (Abruf 28. Mai 2021)
15 Als Übersicht: Ebenda.
16 https://berlinhistory.app/ (Abruf 28. Mai 2021)
17 https://www.gdw-berlin.de/rundgang/ (Abruf 28. Mai 2021)
18 Als Übersicht: https://www.gdw-berlin.de/vertiefung/online-angebote/ (Abruf 28. Mai 2021)
19 https://www.gdw-berlin.de/index.php?id=627 (Abruf 28. Mai 2021)

denkstätte Plötzensee – hinzu. Aktuelle Informationen werden regelmäßig auf den entsprechenden social-media-Kanälen veröffentlicht. Auf der digitalen Ausweitung der historisch-politischen Bildungsarbeit wird in den nächsten Jahren ein zentraler Schwerpunkt der Arbeit der Gedenkstätte Deutscher Widerstand liegen – ohne dabei die bewährten herkömmlichen Formate zu vernachlässigen.

Die zentrale und nationale Bedeutung der Gedenkstätte Deutscher Widerstand hat auch die zweite Enquete-Kommission des Deutschen Bundestages »Aufarbeitung von Geschichte und Folgen der SED-Diktatur in Deutschland« hervorgehoben; die Bundesregierung hat 1998 die Gedenkstätte Deutscher Widerstand noch einmal ausdrücklich in ihr Gedenkstätten-Konzept einbezogen. Dies wird die Arbeit der Gedenkstätte Deutscher Widerstand für die Zukunft konsolidieren und es ihr ermöglichen, ihrem Auftrag nachzukommen.

Denn immer noch gilt das, was Bundespräsident Theodor Heuss 1954 über die Männer und Frauen im Widerstand gegen die NS-Diktatur gesagt hat: »Die Scham, in die Hitler uns Deutsche gezwungen hatte, wurde durch ihr Blut vom besudelten deutschen Namen wieder weggewischt. Das Vermächtnis ist noch in Wirksamkeit, die Verpflichtung noch nicht eingelöst.«[20]

---

20 Theodor Heuss, Zur Wiederkehr des 20. Juli, in: Arthur Kaufmann (Hg.), Widerstandsrecht, Darmstadt 1972, S. 290.

Der Teil und das Ganze

Das NS-Dokumentationszentrum der Stadt Köln als multifunktionaler Allrounder

Werner Jung

Die Gründung des NS-Dokumentationszentrums der Stadt Köln ist in mancherlei Hinsicht ein typisches Beispiel erinnerungspolitischer Geschichte in der Bundesrepublik. Es wäre ohne bürgerschaftliches Engagement nicht entstanden und wird auch heute noch in wichtigen Teilen davon getragen. Der Aufstieg des NS-Dokumentationszentrums zu einer der größten lokalen Gedenkstätten in der Bundesrepublik war mehr als mühselig. Es hat Jahre, in gewissen Bereichen Jahrzehnte gedauert, bis das Dokumentationszentrum so aufgestellt war, dass es sich entwickeln und entfalten konnte. Seit Anfang der 2000er jedoch ist die Entwicklung von einer wachsenden Dynamik geprägt, in deren Folge stetig neue Aufgabenfelder und inhaltliche Erweiterungen hinzu kamen, sodass das NS-Dokumentationszentrum der Stadt Köln heute als ein multifunktionaler Allrounder bezeichnet werden kann.

1. Gründung und bürgerschaftliches Engagement

Das NS-Dokumentationszentrum der Stadt Köln zählt zu den ältesten lokalen Gedenkstätten zur NS-Zeit in der Bundesrepublik Deutschland. Der Rat der Stadt Köln hat die Gründung am 13. Dezember 1979 beschlossen.[1] Ein Blick auf den Beschluss und die Reden, die an dem Tag im Rat gehalten wurden, lohnt sich. Zunächst hat der Rat nicht einen, sondern zwei Beschlüsse gefasst unter dem Tagesordnungspunkt »6. Dokumentation der nationalsozialistischen Zeit in Köln«: Nämlich die Einrichtung der Gedenkstätte Gestapogefängnis im EL-DE-Haus, dem früheren Sitz der Kölner Gestapo, und die Gründung des Dokumentationszentrums zur Erforschung der NS-Zeit in Köln. Doch beide Teile des Beschlusses hatten – wie weiter unten ausgeführt wird – nichts miteinander zu tun. Die Gedenkstätte wurde 1981 im EL-DE-Haus eingeweiht und stand unter der Zuständigkeit des Kölnischen Stadtmuseums, und für die Dokumentation wurde eine Stelle im Stadtarchiv eingerichtet.

---

[1] Verhandlungen des Rates der Stadt Köln vom Jahre 1979, Köln 1980, Protokoll der Sitzung vom 13. Dezember 1979, S. 585–587.

Abb. 1: Das EL-DE-Haus am Appellhofplatz, ehemalige Kölner Gestapozentrale und heute Sitz des NS-Dokumentationszentrums der Stadt Köln, 2016. NS-Dokumentationszentrum der Stadt Köln, Jörn Neumann (N 1649).

Der Beschluss und auch die Reden auf der Sitzung stellen einen Glanzpunkt in der Geschichte des Kölner Rates dar. Gerade der Doppelbeschluss legte den Grundstein für die spätere Entwicklung. Der Rat erkannte, dass es nicht ausreichend sein konnte, allein die Gedenkstätte einzurichten, sondern dass angesichts der miserablen Quellenlage zur Geschichte des Nationalsozialismus in Köln eine wissenschaftliche Erforschung und Dokumentation in einem Dokumentationszentrum notwendig ist. Er erkannte jedoch noch nicht, dass beides – Gedenkstätte und NS-DOK – zusammengehörte.

Der Rat folgte den lebhaften Diskussionen und Forderungen in der Bürgerschaft. Ohne das bürgerschaftliche Engagement hätte es diese Entscheidung nicht gegeben.[2]

---

2 Hajo Leib (Hg.): Empathie & Engagement. Drei Jahrzehnte Kölner Zeitgeschichte: Verein EL-DE-Haus. Förderverein des NS-Dokumentationszentrums der Stadt Köln, Köln 2017, insbes. S. 17–90; sowie NS-Dokumentationszentrum der Stadt Köln (Hg.): Köln im Nationalsozialismus. Ein Kurzführer durch das EL-DE-Haus, Köln 2011², S. 6–15; einen sehr guten Überblick über Gedenkstätten allgemein bietet Habbo Knoch: Geschichte in Gedenkstätten. Theorie – Praxis – Berufsfelder, Tübingen 2020.

Abb. 2: Das EL-DE-Haus, Aufnahme zwischen 1935 und 1945. NS-Dokumentationszentrum der Stadt Köln, Dr. Georg Dahmen (Bp 22119).

Schon in den frühen 1960ern hatte Sammy Maedge, Vergolder von Kirchturmhähnen, mit öffentlichen Aktionen auf die Geschichte des EL-DE-Hauses aufmerksam gemacht. Die viel beachtete Ausstellung des Historischen Archivs der Stadt Köln »Widerstand und Verfolgung in Köln 1933–1945« behandelte 1974 erstmals ausführlich wesentliche Teile der NS-Vergangenheit der Stadt, doch sie erwähnte die Geschichte des EL-DE-Hauses nur beiläufig.[3] 1979 war ein erinnerungspolitisch aufwühlendes Jahr – wie nie zuvor nach 1945. Die Fernsehserie »Holocaust« startete im Januar 1979 und erregte bundesweit großes Aufsehen. Nach langer strittiger Debatte hob der Bundestag im Juli 1979 die Verjährung von Mord endgültig auf, was eine weitere Verfolgung von NS-Tätern ermöglichte. Der Prozess gegen Kurt Lischka u. a. wurde stark beachtet. Lischka war wegen der Deportation der französischen Juden angeklagt, aber er hatte einen unmittelbaren Bezug zu Köln: Er war von Januar bis August 1940 Leiter der Kölner Gestapo, die ihren Sitz im EL-DE-Haus hatte, das sich gegenüber dem Gerichtsgebäude befand, wo ihm der Prozess gemacht wurde.[4]

3 Widerstand und Verfolgung in Köln 1933–1945, bearb. von Franz Irsfeld, Köln 1974.
4 Anne Klein (Hg.) unter Mitarbeit von Judith Weißhaar: Der Lischka-Prozess. Eine jüdisch-französisch-deutsche Erinnerungsgeschichte, Berlin 2013.

Abb. 3: Kurt Holl im Keller des EL-DE-Hauses in der Nacht vom 6. auf den 7. März 1979. NS-Dokumentationszentrum der Stadt Köln, Gernot Huber.

Erneute Aktionen von Sammy Maedge wurden nun stärker beachtet. Anfang März 1979 hatten sich dann Kurt Holl und der Fotograf Gernot Huber in dem ehemaligen Gefängnis, das als Rumpelkammer und Abstellraum diente, eingeschlossen, um die Inschriften an den Wänden der Zellen zu fotografieren. Ohne groß jemanden zu fragen, hielten Kurt Holl und Vertreter der Initiative eine international besuchte Pressekonferenz in dem Räumen des ehemaligen Gefängnisses ab. Medien berichteten darüber, und damit war es im politischen Raum. Es gab anschließend auch Demonstrationen vor dem Haus. Und nicht zu vergessen: Hiltrud Kier, die damalige Stadtkonservatorin mit ihrer zupackenden Art, verhinderte, dass die sogenannten Renovierungsarbeiten fortgesetzt wurden, die die Inschriften für immer zerstört hätten.[5] Es waren fünf, nein zwei Minuten vor zwölf, um das zu retten, was sich später

---

5 Hiltrud Kier: Historische Inschriften gerettet. Bewahrung, Restaurierung, Öffnung des Gestapokellers im EL-DE-Haus, in: Leib (wie Anm. 2), S. 61–65.

zu einer so bedeutenden Gedenkstätte entwickeln sollte. Das waren die Wegmarken zu dem Beschluss von 1979.

Unter einem Dokumentationszentrum verstand man in dem Beschluss vor über 40 Jahren eine reine Forschungseinrichtung. Zudem wurde beschlossen, dass in einem Dokumentationsraum in der neu zu schaffenden Gedenkstätte »50 Stücke der bedeutenden Dauerausstellung der Geschichte des Widerstandes in Köln ausgestellt werden«.[6] Dies bezog sich auf die Ausstellung »Widerstand und Verfolgung in Köln«. Doch der Rat ging klugerweise über die in den 1970ern übliche Fixierung auf Widerstand und Verfolgung hinaus und sprach von der »Einrichtung eines Dokumentationszentrums über alle Erscheinungsformen des Nationalsozialismus in unserer Vaterstadt«.[7] Und daran halten wir uns heute noch.

Mit diesem Ratsbeschluss hat Köln viel früher als viele andere Städte (auf die späte Entwicklung in München sei verwiesen) ein NS-Dokumentationszentrum beschlossen. Sein Name wurde beispielgebend für spätere vergleichbare Gründungen in anderen Städten. Heute gibt es ein gutes Dutzend NS-Dokumentationszentren in der Bundesrepublik.

2. EL-DE-Haus – Sitz der Gestapo in Köln

Das EL-DE-Haus (gesprochen: L-D-Haus) verdankt seinen Namen den Initialen seines Bauherrn Leopold Dahmen.[8] Der katholische Goldwaren- und Uhrengroßhändler wohnte mit seiner Familie am Appellhofplatz 21 und hatte dort auch sein Geschäft. Zum Neubau des angrenzenden Hauses ließ er auf dem Eckgrundstück zur Elisenstraße zwei Wohnhäuser abreißen und in den Jahren 1934/35 ein größeres Wohn- und Geschäftsgebäude errichten. Es steht mitten im Herzen Kölns, nur wenige Fußminuten vom Dom und Hauptbahnhof entfernt.

Nach den Plänen des Architekten Hans Erberich entstand ein viergeschossiger Eckbau mit ursprünglich sechs Achsen an seiner Hauptschaufront zum Appellhofplatz (zur Bauzeit noch Teil der Langgasse) und einer zwölffachigen Fassade entlang der relativ engen Elisenstraße. Das Gebäude wurde in einer strengen neoklassizistischen Bauweise errichtet und mit einer Tuffsteinfassade sowie einer abgerundeten Hausecke versehen. Der Baustil wurde vom NS-Blatt »Westdeutscher Beobachter« als zeitgemäß gelobt. Die Eingangstür, die im Original erhalten geblieben ist, versah man mit den Initialen des Hausbesitzers und gab damit dem Haus seinen Namen. Auch das gut erhaltene Wandrelief an der Hausecke verweist auf den Bauherrn. Es sind darauf zwei Wappen zu erkennen, links das Stadtwappen und rechts ein Wappen mit dem Schriftzug »EL DE« und darunter zwei Pendel einer Standuhr,

---

6 Verhandlungen (wie Anm. 1), S. 585.
7 Ebenda.
8 Vgl. NS-Dokumentationszentrum (wie Anm. 2), S. 6–15.

in deren kreisförmigen unteren Teilen ein L und ein D für Leopold Dahmen eingehauen wurde. In der Mitte ist ein geflügelter Helm, als Symbol für Hermes, den Gott der Händler (aber auch der Diebe und Totenführer), abgebildet. In den beiden Obergeschossen und im voll als Geschoss ausgebildeten ehemaligen Attikabereich, dem Dachgeschoss hinter dem Kranzgesims, waren ursprünglich zwölf Dreizimmerwohnungen und im Erdgeschoss Geschäftsräume geplant. In den als Schlafzimmer vorgesehenen Räumen wurden Wandsafes für Schmuck und andere Wertsachen, die heute in der Ausstellung zu sehen sind, eingebaut. Das Haus verfügte über eine eigene Brunnenanlage, die auch heute noch existiert. Garagen waren ebenso vorgesehen wie ein Luftschutzraum für rund 60 Personen.

Im Sommer 1935 wurde das Haus nach einem Baustillstand noch im Rohbau von der Gestapo in Beschlag genommen. Bereits bestehende Mietverträge mussten aufgelöst werden; der neue Mieter war fortan das Deutsche Reich. Für die Gestapo besaß das repräsentative Gebäude mitten im Herzen der Stadt eine ausgezeichnete Lage, befand es sich doch in unmittelbarer Nähe des Polizeipräsidiums in der Krebsgasse, des Gerichtsgebäudes und des Zentralgefängnisses Klingelpütz. Die Gestapo ließ das Gebäude für ihre Zwecke umbauen: In den vorgesehenen Wohnräumen wurden Büros eingerichtet und in dem oberen von zwei Kellergeschossen das Hausgefängnis mit zehn Zellen geschaffen. Am 1. Dezember 1935 nahm hier die Gestapostelle Köln ihren Betrieb auf und beendete ihn erst am 2. März 1945, also wenige Tage vor dem Einmarsch der amerikanischen Truppen in der Stadt am 6. März 1945.

Die Staatspolizeistelle Köln war zuständig für den Regierungsbezirk Köln, ab 1943 auch für den Regierungsbezirk Aachen. Sie besaß seit 1938 in Bonn und seit 1943 in Aachen eine Außenstelle. Die Zahl der Kölner Gestapobeamten war – wie anderenorts – vergleichsweise gering. Ende 1939 waren etwa 100 Beamte im Außen- und Innendienst der Kölner Zentrale und ihren Nebenstellen beschäftigt, im April 1942 waren nur noch etwa 70 Personen im Ermittlungsdienst tätig.

Es mutet wie eine besondere Ironie der Geschichte an, dass ausgerechnet dieses Haus den Krieg überdauert hat, während die meisten Gebäude rings umher zerstört wurden. Erst nach dem Krieg erhielt das Haus durch umfangreiche Anbauten baugeschichtlich sein heutiges wuchtiges Aussehen. In den Jahren 1947 bis 1949 entstanden anstelle des zerstörten Wohnhauses der Familie Dahmen und eines angrenzenden Hauses in der Elisenstraße Anbauten, die sich dem erhaltenen Gestapohaus vollständig anglichen: Der Tuffstein stammte aus dem gleichen Steinbruch, die Stockwerkaufteilung, Fenstermaße und Gesimse wurden genau angepasst. Die Anzahl der Fensterachsen verdoppelte sich von sechs auf zwölf. Den zusätzlich gestalteten Eingang versah man mit den beiden schmiedeeisernen Leuchtern vom Eingang Elisenstraße, um auf dem Appellhofplatz einen symmetrischen und repräsentativen Bau zu schaffen. In der Elisenstraße wurde das Haus durch den Anbau von zwölf auf sechzehn Fensterachsen erweitert. Das gesamte Gebäude wurde oberhalb der Attika um ein Geschoss aufgestockt. Erst durch die Anbauten nach 1945 entsprach das EL-DE-Haus in seinen Dimensionen dem Bild der gefürchteten, alles beherrschenden Gestapo.

Der unbekümmerte Umgang mit der Geschichte des Hauses und der NS-Vergangenheit nach dem Krieg insgesamt zeigt sich auch an anderer Stelle: Das Haus wurde unmittelbar nach Kriegsende wieder von Mietern genutzt, vor allem von der Stadt Köln: Besatzungsamt, Preisbehörde, Amt für Verteidigungslasten, Standesamt, Rentenstelle, Rechts- und Versicherungsamt bezogen ihre Büros. Gestapoopfer wie Gestapotäter heirateten in den früheren Räumen der Gestapo oder stellten hier ihren Rentenantrag. Das NS-Dokumentationszentrum zog am 19. September 1988 in das EL-DE-Haus ein, konnte jedoch nur einige wenige Räume nutzen. Es folgten seit Mitte der 1990er mehrere Erweiterungen, und seit dem 1. Juli 2019 ist das NS-Dokumentationszentrum alleiniger Nutzer des Hauses.

3. Gedenkstätte Gestapogefängnis

Unmittelbar nach der Übernahme des EL-DE-Hauses durch die Gestapo wurde im Keller des Gebäudes das Hausgefängnis der Gestapo gebaut.[9] Es sollte der Unterbringung von Häftlingen dienen, solange die Gestapo die Verhafteten verhörte. Doch Inschriften belegen, dass Häftlinge mehrere Wochen und sogar Monate dort verbringen mussten.

Das Hausgefängnis bestand aus zehn Zellen, Waschräumen und sanitären Einrichtungen sowie aus Räumen für die Wachleute der Gestapo. Bauliche Veränderungen wurden während des Krieges durchgeführt, nachdem 1943 das Haus nach schweren Bombenschäden geräumt und renoviert wurde. In die Zelle sieben wurde eine Dunkelzelle von nur 2,6 Quadratmetern mit einer schmalen Steinbank eingebaut, der ein Raum für »verschärfte Vernehmungen«, eine euphemistische Bezeichnung für Folter, vorgelagert war. Danach wurde bis zum Ende der Tätigkeit der Gestapo Anfang März 1945 baulich nichts mehr verändert.

Der Gefängnistrakt ist über zwei schmale Treppen zu erreichen, die mit Eisengittern gesichert waren. Die eine Treppe führt vom Haupteingang Appellhofplatz in das Hausgefängnis. Es ist der Weg, den die meisten Häftlinge gegangen sind und der heute den Zugang zur Gedenkstätte bildet. Die zweite Treppe führt vom Nebeneingang Elisenstraße in den Versorgungstrakt des Hausgefängnisses. Auf den mit Stahlblech beschlagenen Türen der zehn Zellen sind die Originalnummern noch zu erkennen. Die erhalten gebliebenen Schlösser funktionieren noch. Die Zellen verteilen sich auf zwei enge, rechtwinklig angelegte Gänge. Vier Zellen (eins bis vier) liegen zur Elisenstraße hin, sechs Zellen (sechs bis zehn) zum Appellhofplatz. Diese Zweiteilung des Gefängnisses wird noch zusätzlich dadurch verstärkt, dass die Zellen vier und fünf durch den Einbau eines großen Heizungskellers, der sich über zwei

---

9 Manfred Huiskes (Bearb.): Die Wandinschriften des Kölner Gestapo-Gefängnisses im EL-DE-Haus 1943–1945, Köln, Wien 1983. (=Mitteilungen aus dem Stadtarchiv von Köln, Heft 70), S. 16–46.

Abb. 4: Blick in die Gedenkstätte im Keller des EL-DE-Hauses, 2009. Rheinisches Bildarchiv, Marion Mennicken (rba d018325-33).

Etagen einschließlich des Tiefkellers erstreckt und den Gang zusätzlich verengt, unterbrochen sind. Das Gefängnis liegt im Souterrain, in das durch kleine Fenster Tageslicht dringt. In den Zellen sind die Fenster durch starke Eisengitter, Drahtglas und eiserne Außenläden gesichert. Da das EL-DE-Haus mitten in der Stadt liegt, konnten Geräusche der vielen Häftlinge und Schreie nach draußen dringen, wovon auch Zeitzeugen berichten.

Die Größe der Zellen beträgt zwischen 4,6 und 9,3 Quadratmeter. Die Zellen waren für ein bis bestenfalls zwei Personen gedacht, doch wurden sie – insbesondere in den letzten Kriegsjahren – extrem überbelegt. Selbst die Gestapo sprach im November 1944 von einer acht- bis zehnfachen Überbelegung, d.h. – geht man von einer normalen Belegung von ein bis zwei Personen aus – acht bis zwanzig Personen waren in eine Zelle gesperrt. Nach einer französischen Inschrift sollen in Zelle sechs bis zu 33 Häftlinge eingepfercht gewesen sein. An den Wänden und im Boden sind noch deutlich die Einkerbungen für die Befestigung der ursprünglich vorhandenen

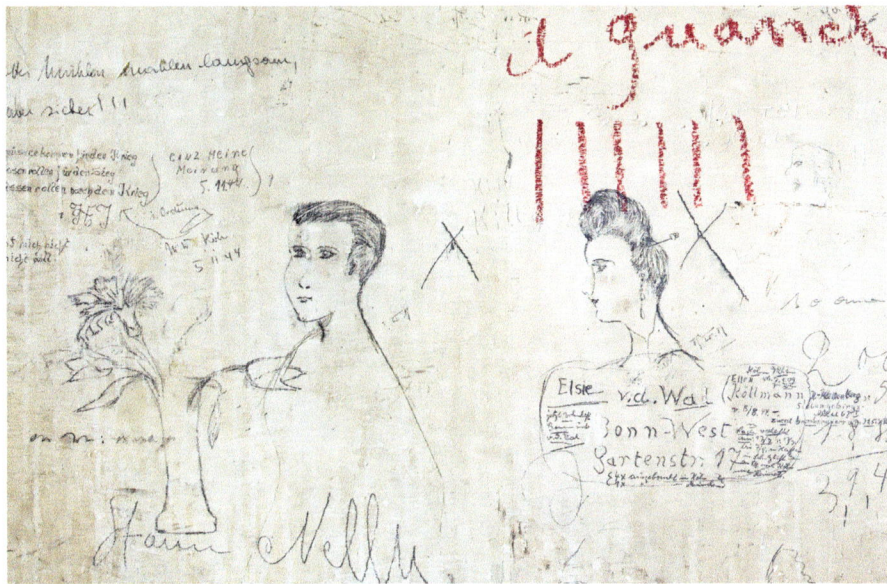

Abb. 5: Gedenkstätte Gestapogefängnis: Inschrift in Zelle 4. Rheinisches Bildarchiv, Anna C. Wagner (rba d015387-71).

Pritschen zu erkennen, die wohl in den letzten Monaten des Krieges entfernt wurden, um Platz zu gewinnen.

Die Inschriften, die die Gefangenen an die Zellenwände geschrieben oder geritzt hatten, wurden sorgfältig freigelegt und restauriert sowie mühselig entziffert und von einem Archivar des Historischen Archivs der Stadt Köln, Manfred Huiskes, mustergültig ediert.[10]

Die Inschriften der Gefangenen sind ein einzigartiges Dokument und machen die besondere Bedeutung der Gedenkstätte aus. Nach den aufwändigen Restaurierungen sind rund 1.800 selbstständige Inschriften oder Zeichnungen gezählt worden, jedoch lässt sich bei genauem Hinsehen eine Vielzahl weiterer kleiner Eingravierungen erkennen. Die Inschriften oder Zeichnungen wurden mit Bleistift, Kreide- und Kohlestücken geschrieben oder mit Eisennägeln, Schrauben oder Fingernägeln ein-

---

10 Ebenda; Werner Jung (Hg.): Wände, die sprechen. Die Wandinschriften im Kölner Gestapogefängnis im EL-DE-Haus, Köln 2014; sowie ders.: Zeugnisse der Opfer. Häftlingsgraffiti im Kölner Gestapogefängnis. In: Polly Lohmann (Hg.): Historische Graffiti als Quellen. Methoden und Perspektiven eines jungen Forschungsbereichs. Beiträge der Konferenz am Institut für Klassische Archäologie der LMU München, 20.–22. April 2017, Stuttgart 2018, S. 267–310.

geritzt; es wurde auch Lippenstift verwendet. Mehr als 600 Inschriften – über ein Drittel – sind in kyrillischer Schrift von Russen, Belarussen und Ukrainern verfasst, weitere 230 in anderen ausländischen Sprachen, vor allem in Französisch, Polnisch und Niederländisch. Die Inschriften spiegeln damit die Endphase des Zweiten Weltkrieges wider, als sich eine große Anzahl von Zwangsarbeiterinnen und Zwangsarbeitern sowie Kriegsgefangenen in Köln befand, Juden bereits deportiert waren und der politische Widerstand der ersten Jahre nach der Machtübernahme der Nationalsozialisten längst gebrochen war. Die Inschriften stammen aus der Zeit von Ende 1943 bis zum 30. Juni 1945. Am 7. März 1945, einen Tag nach der Befreiung, trug sich ein amerikanischer Soldat in Zelle 2 ein. Am 30. Juni 1945 wurde die kyrillische Inschrift »Am Leben geblieben« auf eine Wand in Zelle 1 geschrieben. Der letzte Anstrich der Zellen wird wohl Ende 1943 nach schweren Bombenschäden aufgetragen worden sein. Ältere Inschriften wurden dabei übertüncht. Ab und zu schimmern sie durch die obere Farbschicht hindurch oder kommen dort zum Vorschein, wo diese abgeplatzt ist. Versuche, mit Hilfe von Infrarotlicht unter der Oberfläche liegende Farbschichten sichtbar zu machen, verliefen ergebnislos.

Zudem wurde in einer Doppelzelle, die man nach 1945 als Kohlenkeller genutzt hatte, eine kleine Ausstellung über die Geschichte der Kölner Gestapo und die allgemeine Geschichte des Nationalsozialismus in Köln gezeigt. In den Gängen des ehemaligen Gefängnisses wurden auf kleinen, mit recht einfachen Mitteln hergestellten Tafeln Fotografien von Inschriften reproduziert und übersetzt. Am 4. Dezember 1981 erfolgte schließlich die Übergabe des ehemaligen Hausgefängnisses der Kölner Gestapo als Gedenkstätte an die Öffentlichkeit.

Das Hausgefängnis der Gestapo ist nach dem Krieg weitgehend im Originalzustand erhalten geblieben; nur zwei Trennwände im Zellentrakt wurden abgebrochen. Dies war aber nicht eine Folge von Respekt vor der geschichtlichen Bedeutung des Ortes. Die Zellen dienten schlicht als Aktenraum und Rumpelkammer, waren trocken und abschließbar – und erfüllten damit noch eine Funktion. Jahrzehntelang hätte man das ehemalige Gefängnis – wie das gesamte Haus – ohne jedes Problem abreißen oder vollkommen umbauen können, weil es nicht unter Denkmalschutz stand. Es ist somit einem doppelten Zufall zu verdanken, dass dieser Ort so authentisch erhalten geblieben ist: erst im Krieg und dann danach.

Im Jahr 2009 wurde die Ausstellung in der Gedenkstätte grundlegend umgestaltet. Es entstanden 26 neue Tafeln mit Inschriften, die zu verschiedenen Themenblöcken zusammengefasst und mit deutschen und englischen Übersetzungen versehen wurden. Weitere Tafeln zeigen die Biografien von fünf Häftlingen, die Inschriften hinterlassen haben. Der größte Teil der Insassen, die Botschaften an die Zellenwände geschrieben haben, ist namentlich nicht bekannt. In den vergangenen Jahren gelang es jedoch, die Geschichte einiger Häftlinge zu erforschen, was es ermöglichte, mehreren Inschriften ein »Gesicht« zu geben. Die neue kleine Ausstellung beschränkt sich inhaltlich auf den eigentlichen Ort, das Hausgefängnis der Gestapo, und auf das Leben und Sterben der Häftlinge. In einer Vitrine sind die Fundstücke, die bei den Renovierungsarbeiten Anfang der 1980er entdeckt wurden, ausgestellt.

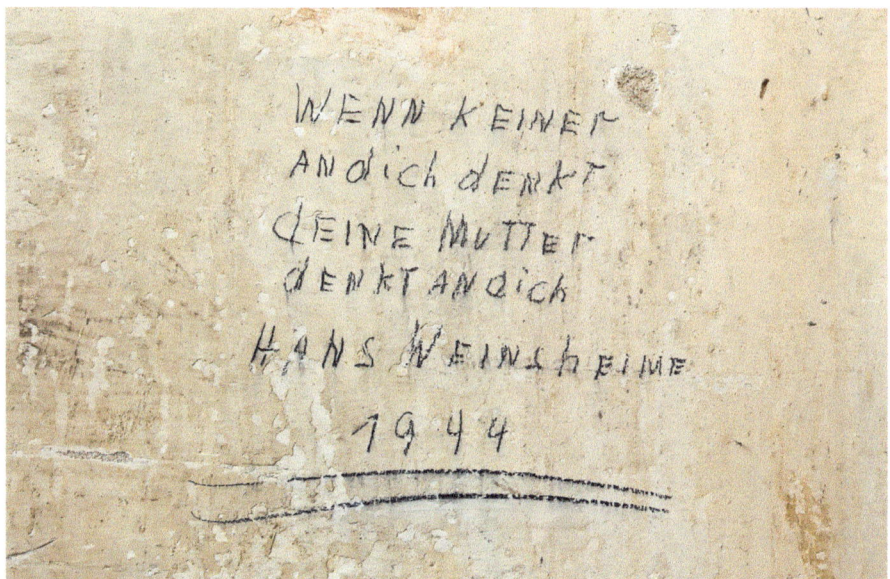

Abb. 6: Gedenkstätte Gestapogefängnis: Inschrift von Hans Weinsheimer in Zelle 1. Rheinisches Bildarchiv, Anna C. Wagner (rba d015387–11).

Zudem wurde die Gedenkstätte um wesentliche Teile des ehemaligen Gefängnisses erweitert. Die Dunkelzelle mit dem Vorraum, der Hausbunker der Gestapo und der hintere Teil des Gefängnisses als ehemaliger Bereich der Wachleute wurden integriert. Ende der 1970er, als man die Einrichtung einer Gedenkstätte forderte, hatte man sich auf den Zellentrakt des Gefängnisses beschränkt. Das Originalzwischengitter, das die beiden Gefängnisbereiche abtrennt, wurde 2009 geöffnet. Die unterschiedliche Bedeutung der Bereiche bleibt jedoch durch eine neue Lichtgestaltung nachvollziehbar. Im ehemaligen Aufenthaltsraum der Wachleute wurde ein Gedenkraum eingerichtet. Er liegt unmittelbar auf dem Weg zum Innenhof, der Teil der ehemaligen Hinrichtungsstätte war, wo in der Endphase des Krieges mehr als 400 Menschen hingerichtet wurden.

Der Innenhof wurde erst 2013 in die Gedenkstätte Gestapogefängnis einbezogen, also 32 (!) Jahre nach der Einweihung der Gedenkstätte im Jahre 1981. Jahrzehntelang hatte er sich bis dahin in einem unwürdigen Zustand befunden: Er wurde als Standort für Müllcontainer und als Parkplatz für Autos genutzt. Nach einem Wettbewerb für die künstlerische Gestaltung des Innenhofs wurde der spektakuläre Entwurf von Thomas Locher ausgewählt. Die Grundidee stellt eine Verspiegelung aller Wandflächen im Hofbereich dar, die den Ort auf eine überraschende Weise neu erfahrbar werden lässt. Mit dieser Idee wird keine Umwandlung, Veränderung oder Ergänzung des Ortes bewirkt. Der Ort selbst – der Teil der Hinrichtungsstätte,

Abb. 7: Innenhof der Gedenkstätte Gestapogefängnis, gestaltet von Thomas Locher, 2013. NS-Dokumentationszentrum der Stadt Köln, Jörn Neumann.

aber aller Wahrscheinlichkeit nach nicht Standort des Galgens war – wird in seiner Historizität in den Mittelpunkt gerückt. Durch den behutsamen Eingriff wird eine Wirkung erzeugt, die den gesamten Raum transformiert und die alltägliche Wahrnehmung unterbricht. Der Entwurf wirft nicht nur die Frage nach dem damaligen Geschehen und dem auf, was die umliegende Bevölkerung hat sehen oder wissen können. Er spiegelt auch im wahrsten Sinne des Wortes den Umgang der Gesellschaft mit diesem Ort nach 1945. Schließlich wird man durch den Spiegeleffekt auf ungewöhnliche Art und Weise mit sich selbst konfrontiert, indem der Betrachter sich als Akteur in diesem Raum wahrnimmt.

Und damit wurde dieser Bereich endlich zum zentralen Ort des Gedenkens und stärkt nochmals den Stellenwert der Gedenkstätte. Das ehemalige Hausgefängnis der Gestapo mit den erhalten gebliebenen Häftlingszellen und den Inschriften der Gefangenen erinnert am unmittelbarsten und eindringlichsten an die mit dem EL-DE-Haus verbundenen Schrecken der NS-Zeit. Die Gedenkstätte Gestapogefängnis bildet den Mittelpunkt des NS-Dokumentationszentrums und ist ein Kulturgut von nationalem und europäischem Rang. Sie stellt in Deutschland und Europa einen einzigartigen authentischen Ort dar – nirgendwo legt eine solch dichte Überlieferung von Inschriften an den Wänden Zeugnis vom Schicksal der Gefangenen der Gestapo ab.

4. Verengung auf eine reine Forschungseinrichtung und zweite Gründung

Das Dokumentationszentrum ordnete der Rat 1979 dem Historischen Archiv der Stadt Köln zu, legte allerdings auch Wert darauf, dass »die Zuordnung des Dokumentationszentrums im Entstehen zum Historischen Archiv als vorübergehend« anzusehen sei. Doch die Loslösung vom Historischen Archiv folgte erst 1997, als das NS-Dokumentationszentrum eine eigene Dienststelle wurde. Für das NS-Dokumentationszentrum wurde eine Stelle für einen Wissenschaftler im Historischen Archiv der Stadt Köln eingerichtet. Sie wurde Ende 1980 besetzt mit Horst Matzerath, dem späteren Gründungsdirektor.[11]

Da durch und nach dem Krieg in Köln die Akten weitgehend zerstört waren, bestand die erste vordringliche Aufgabe darin, in auswärtigen Archiven eine Ersatzüberlieferung zusammenzutragen. Es wurde eine Ersatzdokumentation geschaffen. Hinzu kamen weitere Aufgaben: ein Gedenkbuch der jüdischen Opfer zu erstellen und 1985 eine Sammlung von Zeitzeugenberichten zum 40. Jahrestag des Kriegsendes anzulegen.

Von einem Zentrum war innerhalb der Stadtverwaltung bezeichnenderweise gar nicht mehr die Rede, sondern es hieß nun im Amtsdeutsch schlicht Dokumentationsstelle. Das war zumindest ehrlich. Auch von der versprochenen Dauerausstellung und einem einzurichtenden Zentrum war nun keine Rede mehr. Lange Zeit wurde der Ratsauftrag zur Gründung eines Dokumentationszentrums mit der Schaffung und Besetzung einer Personalstelle als erfüllt angesehen.

Dies alles rief Bürgerinnen und Bürger der Stadt auf den Plan. Sie knüpften an die Initiative der 1970er an, und forderten nun ein wirkliches Dokumentationszentrum zu schaffen. 1985 entstand die »Initiative zur Gründung eines NS-Dokumentationszentrums«, aus der Anfang 1988 der Förderverein des NS-Dokumentationszentrums, der Verein EL-DE-Haus, hervorging. Christiane Hoss und Peter Liebermann haben dazu einen wesentlichen Beitrag geleistet.

Behelfsweise wurden für damalige Verhältnisse vergleichsweise umfangreich mit ABM-Stellen (Arbeitsbeschaffungsmaßnahme) gearbeitet. So schon bei dem Gedenkbuchprojekt, das bereits Anfang der 1980er startete. 1986 waren vier ABM-Stellen eingerichtet worden. Zum 1. Juli 1986 nahmen zwei Wissenschaftler und zwei weitere Mitarbeiterinnen für das Gedenkbuch-Projekt zu den jüdischen Opfern aus Köln sowie 1987 ein weiterer Historiker für das Thema Zwangsarbeit ihre Arbeit auf – alle fünf als »ABM-Kräfte«. Am 11. Juni 1987 war es dann soweit: Der Rat beschloss »die Gründung des NS-Dokumentationszentrums der Stadt Köln«[12] –

---

11 Nationalsozialismus und Regionalgeschichte. Festschrift für Horst Matzerath, hrsg. von Barbara Becker-Jákli, Werner Jung und Martin Rüther, Köln 2002 (=Schriften des NS-Dokumentationszentrum der Stadt Köln, Bd. 8).
12 Verhandlungen des Rates der Stadt Köln vom Jahre 1987, Köln 1988, Protokoll der Sitzung vom 11. Juli 1987, S. 251–252.

Abb. 8: Kölner Bürgerinnen und Bürger vor dem EL-DE-Haus mit dem Spruchband »NS-Dokumentationszentrum ins EL-DE-Haus«, 1987. Arbeiterfotografie Köln, Andreas Neumann.

nach 1979 zum zweiten Mal, jetzt jedoch tatsächlich. Es wurden zwei wissenschaftliche Stellen sowie die Stelle einer Bibliothekarin und einer Sekretärin geschaffen. Dem Rotstrich zum Opfer fiel die geplante museumspädagogische Stelle; stattdessen wurden lediglich Mittel für Führungen bereitgestellt. Ein schwerwiegender Geburtsfehler, der erst 2003 mit der Schaffung einer halben Stelle Museumspädagogik, die schließlich 2008 auf eine ganze Stelle aufgestockt wurde, behoben werden konnte. Ein weiterer wichtiger Beschluss wurde gefasst: Der Sitz des NS-Dokumentationszentrums sollte das EL-DE-Haus sein.

5. Einzug ins EL-DE-Haus und erster Umbau mit Dauerausstellung 1997

Am 19. September 1988 bezog das personell gewachsene NS-Dokumentationszentrum die Diensträume im EL-DE-Haus – mit den Büros im Erdgeschoss, einer kleinen Bibliothek und einem Raum für Gruppenarbeit auf der ersten Etage. Für die Entwicklung des NS-DOK stellt dies ein historisches Datum dar. Jetzt wuchs zusammen, was zusammengehört. Die Zuständigkeit für die Gedenkstätte ging auf das NS-DOK über. Beim Ratsbeschluss 1979 war man noch der Meinung gewesen, das NS-Dokumentationszentrum solle nicht endgültig im EL-DE-Haus untergebracht werden, »da uns die räumlichen Möglichkeiten dort nicht optimal erscheinen«.

Diese Ansicht wirkt aus heutiger Sicht natürlich etwas merkwürdig. Die Kraft des authentischen Ortes hatte man noch nicht erkannt. Heute ist das EL-DE-Haus Mittel- und Ausgangspunkt aller Überlegungen. Es ist das erste Exponat. Wir sind eigentlich das EL-DE-Haus – und unser Förderverein auch – bis hinein ins Logo. Die Geschichte des EL-DE-Hauses und die Entwicklung des NS-Dokumentationszentrums waren seitdem eng miteinander verknüpft.

Da das NS-Dokumentationszentrum nur einige wenige Räume in der ehemaligen Gestapozentrale nutzen durfte, wurden seit 1988 als Gast im Kölnischen Stadtmuseum in der Alten Wache Sonderausstellungen gezeigt. So gelang es, öffentlich stärker wahrgenommen zu werden. Die erste Ausstellung des NS-Dokumentationszentrums wurde am 8. November 1988 unter dem Titel »Jüdisches Schicksal in Köln 1918–1945« eröffnet.[13] Bis zum Jahr 1997 konnte das NS-DOK im Stadtmuseum regelmäßig Ausstellungen zeigen, die bereits ein anspruchsvolles und vielschichtiges Programm erkennen ließen. Wie beispielsweise: »›Schöne Zeiten‹. Judenmord aus der Sicht der Täter und Gaffer« (1990), »Steine des Anstoßes. Nationalsozialismus und Weltkrieg in Denkmälern« (1990), »Gegen den braunen Strom. Kölner WiderstandskämpferInnen heute in Portraits der Arbeiterfotografie Köln« (1991), »Drehscheibe Prag. Deutsche Emigranten 1933–1939 (1991), »Köln, 31. Mai 1942: Der 1000-Bomber-Angriff« (1992), »Jugend im NS-Staat« (1993), »Rote Kapelle. Ein Portrait der Widerstandsgruppe in Fotografien und Selbstzeugnissen« (1994), »Versteckte Vergangenheit. Über den Umgang mit der NS-Zeit in Köln« (1995), »Fotografieren verboten! Heimliche Aufnahmen von der Zerstörung Kölns« (1997).

Doch auch fast zehn Jahre nach dem Einzug ins EL-DE-Haus war von der geplanten Dauerausstellung nichts zu sehen. Es herrschte Stillstand. Wir waren zwar im Haus mit ein paar Räumen, aber der Vermieter – der Sohn des Gründers, der dem Haus den Namen gab – Leopold Dahmen –, hatte die notwendigen Umbauten für die Dauerausstellung nicht gestattet. Uns rettete eine Art kölsche Lösung: Es war Anfang der neunziger Jahre vorgeschlagen worden, dass das NS-DOK in der Alten Wache im Stadtmuseum seine Dauerausstellung zeigen sollte. Das hätte natürlich einen Eingriff für das Stadtmuseum bedeutet, das seine Sonderausstellungsräume verloren hätte. Einem Journalisten, Karl-Heinz Schmitz von der Kölnischen Rundschau, gelang es schließlich, in einem Gespräch den Hausbesitzer davon zu überzeugen, uns den Umbau im EL-DE-Haus zu gestatten, um Schaden vom Kölnischen Stadtmuseum abzuwenden. Eine kölsche Seele hatte sich überzeugen lassen.

1997 konnte also der erste große Umbau fertiggestellt werden. Es entstand das NS-Dokumentationszentrum, wie es im Kern das Bild in der Öffentlichkeit bis heute prägt. Es entstanden Räumlichkeiten für Sonderausstellungen, ein Vortragsraum und die Bibliothek – sowie nicht zuletzt die Dauerausstellung »Köln im Nationalsozialismus«. Sie ist stadtgeschichtlich ausgerichtet. Ohne dass es eine bewusste

---

13 Jüdisches Schicksal in Köln 1918–1945. Ausstellung des Historischen Archivs der Stadt Köln/NS-Dokumentationszentrum, 8. November 1988 bis 22. Januar 1989 im Kölnischen Stadtmuseum/Alte Wache, Köln 1988.

Abb. 9: Raum »Aufstieg
und Machtübernahme«
der Dauerausstellung, 2009.
Rheinisches Bildarchiv
(rba d017288-01).

Anknüpfung gewesen wäre, erinnert es an die Formulierung des Ratsbeschlusses von 1979, es solle »über alle Erscheinungsformen des Nationalsozialismus in unserer Vaterstadt« berichtet werden.

Seit Juni 1997 befindet sich auf zwei Etagen des Hauses die rund 900 Quadratmeter große Dauerausstellung. Am Beispiel Kölns werden die Grundzüge des NS-Systems in ihrer konkreten lokalen Ausprägung sichtbar gemacht. Die Ausstellung widerlegt damit auch die weit verbreitete Vorstellung, im katholischen, liberalen und autoritätsfeindlichen Köln sei der Nationalsozialismus weniger schlimm als andernorts gewesen. Der zeitliche Rahmen der Dauerausstellung reicht vom Aufstieg des Nationalsozialismus in der Weimarer Republik bis zum Ende des NS-Systems im Frühjahr 1945. Thematisch beschränkt sich die Ausstellung nicht auf die Aspekte Widerstand und Verfolgung, sondern behandelt Themen zu dem gesamten politischen, gesellschaftlichen und sozialen Leben Kölns in der NS-Zeit. Das umfasst u. a. Machtübernahme und Gleichschaltung, den Machtapparat von Partei und staat-

Abb. 10: Raum »Jugend« der Dauerausstellung, 2009. Rheinisches Bildarchiv, Marion Mennicken (rba d018325-03).

lichen Behörden wie Justiz, Polizei und Gestapo, Propaganda und »Volksgemeinschaft«, Alltagsleben, Jugend, Religion, Rassismus und rassistische Verfolgung am Beispiel von Zwangssterilisierten und Opfern der »Euthanasie« sowie der »Asozialen« und Homosexuellen und den Völkermord an den Kölner Juden sowie an den Sinti und Roma. Auch Krieg und Kriegsgesellschaft, Zwangsarbeit und Zusammenbruch des NS-Regimes werden dargestellt.

6. Aufbruch seit Anfang der 2000er und die große Erweiterung von 2012/13

Erst in den 2000ern nahm die positive Entwicklung Schwung auf. Es kam jetzt Schlag auf Schlag. Im Jahr 2009 wurde die Gedenkstätte erweitert und umgestaltet und die Dauerausstellung 2009 und 2010 in wesentlichen Teilen erneuert und die Zahl der Medienstationen mit mehreren Stunden Filmmaterial und Interviews mit Zeitzeuginnen und Zeitzeugen auf 31 erhöht.

2012 begannen die Baumaßnahmen im Rahmen der ersten großen Erweiterung nach 1996. Die Politik hatte sich nach jahrelangen Hinweisen des NS-DOK davon überzeugen lassen, dass die beschämende Situation im Innenhof nicht länger hinnehmbar war. Der Innenhof war an eine Galerie zusammen mit Erdgeschossräumen vermietet. Insgesamt konnten wir uns dadurch um fast 1.000 Quadratmeter erweitern, mehr als die Hälfte der bisherigen Fläche. Dadurch konnte ein neuer

Abb. 11: Blick in die Sonderausstellung »KZ – Kampf – Kunst. Boris Lurie: NO!art«, 2014. NS-Dokumentationszentrum der Stadt Köln / Jörn Neumann.

Abb. 12: Das Geschichtslabor im Pädagogischen Zentrum, 2012. Rheinisches Bildarchiv, Britta Schlier (rba_d032785_03).

Sonderausstellungsraum im Erdgeschoss entstehen. Das eindrucksvolle Gewölbe im Untergeschoss wird seitdem ebenfalls für kleinere Ausstellungen und Veranstaltungen genutzt.

Im zweiten Obergeschoss entstand nun endlich ein Pädagogisches Zentrum mit einem Vortragssaal und dem »Geschichtslabor« als einem modernen pädagogischen Angebot zum selbstforschenden Lernen. Erstmals erhielt auch die Dokumentation einen eigenen Bereich mit Depots. Zudem wurde die Bibliothek deutlich vergrößert. Und nicht zuletzt konnte schließlich 2013 der Innenhof (der eigentliche Grund für die Erweiterung) als Gedenkort gestaltet und in die Gedenkstätte mit einbezogen werden.

7. Bibliothek – Dokumentation – Sammlung – Forschung

Das NS-Dokumentationszentrum versteht sich seit Beginn an – und von seinem Namen her – auch als ausgeprägter Forschungsort. Da viele Kölner Unterlagen aus der NS-Zeit vernichtet worden oder im Krieg verloren gegangen sind, ging und geht es zunächst um die Sichtung, Sammlung und Sicherung von Materialien (Akten, Dokumenten, Realien und Fotos sowie Büchern und Broschüren) und deren Verzeichnung und Auswertung in Datenbanken. Die Ergebnisse dieser Forschungsarbeit finden Eingang in alle Bereiche der Tätigkeit der Institution, in Publikationen und Sonderausstellungen, Veranstaltungen, Internetangeboten sowie Museumspädagogik.

Zentrale Bedeutung für Forschung und Bildung kommen Bibliothek und Dokumentation zu. Die bereits 1989 eröffnete Bibliothek enthält – in Form einer Präsenzbibliothek – schwerpunktmäßig Literatur zu Köln in der NS-Zeit und zur allgemeinen NS-Geschichte sowie zu deren Didaktik und zum Rechtsextremismus. Gesammelt werden neben aktuellen Büchern und Zeitschriften auch Examensarbeiten, zeitgenössische Zeitungen, Bücher, Broschüren und Druckerzeugnisse wie Mitteilungsblätter von NS-Organisationen sowie Firmenzeitschriften aus dem Raum Köln. Die Bibliothek umfasst ca. 26.300 Bände (Stand 2021). Ihre Benutzung ist kostenlos. Der Katalog ist online auf der Webseite des NS-DOK eingestellt und zudem Teil des gemeinsamen Internet-Katalogs der Gedenkstättenbibliotheken und der Kölnbib-Bibliotheken. Die Benutzerinnen und Benutzer der Bibliothek werden bei ihren Projekten beraten und können Medien mittels einer Mediathek nutzen. Zudem stehen auch für Kleingruppen Arbeitsplätze zur Verfügung.

Die Dokumentation liefert entscheidende Grundlagen für die historische Forschung und verarbeitet deren Ergebnisse. Hier werden vielfältige historische Quellen gesichert, inventarisiert und verzeichnet, ausgewertet und zugänglich gemacht, Faktendatenbanken aufgebaut und gepflegt. Zudem werden Quellen aus auswärtigen Archiven erfasst und ausgewertet. Die Dokumentation Zwangsarbeit wertet die Ergebnisse des Besuchsprogramms der Stadt Köln für ehemalige Zwangsarbeiterinnen und Zwangsarbeiter aus und beantwortet die zahlreichen Anfragen zum Thema Zwangsarbeit in Köln. Insgesamt enthalten die verschiedenen Datenbanken in den

Bereichen Sammlungsdokumentation, Auswertung und Ersatzdokumentation zum Jahresende 2020 231.080 Datensätze.

Die Sammlungsbestände umfassen vor allem Fotografien, Foto- und Sammelalben, Plakate, museale Objekte, persönliche Dokumente, Tagebücher, Briefe und Zeitzeugenberichte. Durch Schenkungen, Dauerleihgaben, Ankäufe und die Reproduktion von Fotografien wachsen die Bestände stetig. Allein zum Sammlungsbereich »Jüdisches Leben in Köln« gehören (Stand 2021) 35 größere Nachlässe, ca. 400 biografische Sammlungen und schätzungsweise 20.000 Fotografien, 400 schriftliche Zeitzeugenberichte und 730 Interviews. Darunter befindet sich die Sammlung Irene und Dieter Corbach, der Briefnachlass Dr. Max und Erna Schönenberg oder der Werknachlass des Malers und Zeichners Otto Schloss oder eine einzigartige Sammlung von Aufnahmen fotografischer Ateliers. Zudem gibt es ca. 140 verzeichnete (und eine größere Anzahl unverzeichneter) Nachlässe und biografische Sammlungen ohne jüdischen Bezug. Die biografische Sammlung Zwangsarbeit umfasst 23 lfd. Regalmeter Aktenordner mit Korrespondenz. Es liegen 579 Interviews zum Thema Zwangsarbeit und weitere 350 Interviews ohne jüdischen Bezug vor.

Der Bildbestand des NS-DOK zählt weit über 160.000 Bilder. Dazu gehören offizielle Fotografien, die im Auftrag der örtlichen NSDAP oder der NS-Presse gemacht wurden, aber vor allem auch Fotografien von Privatpersonen. Umfangreiche Sammlungen mit mehreren Tausend Fotografien bzw. Negativen, zahlreichen Fotoalben über Familien- und Berufsleben oder Kriegseinsätze sowie viele Einzelbilder oder kleine Konvolute.[14] Im Bildarchiv sind bisher rund 30.000 Fotografien erfasst, viele weitere sind noch unbearbeitet.

Die frühere Verengung auf eine reine Forschungseinrichtung wurde abgestreift. Doch dies bedeutet nicht, dass nun weniger geforscht und dokumentiert wird. Im Gegenteil: In den letzten 25 Jahren wurde in großen Projekten mehr denn je geforscht. Eine zentrale Aufgabe stellt die Erforschung der jüdischen Geschichte dar, weniger als ein Projekt denn als eine Daueraufgabe. Besondere Bedeutung kam und kommt weiterhin der Erstellung eines Gedenkbuchs zu den jüdischen Opfern des Nationalsozialismus aus Köln zu.

Nach langen Jahren des Zusammentragens von Daten zu allen Personen, die zwischen 1933 und 1945 in Köln gelebt hatten und wegen ihrer jüdischen Herkunft verfolgt wurden, konnte das Gedenkbuch 1995 im Druck veröffentlicht und drei Jahre später auch als Datenbank mit Rückmeldefunktion in den Webauftritt des NS-DOK integriert werden. Mittlerweile erreichen uns im Jahr etwa 1.000 Anfragen von Angehörigen der zweiten und dritten Generation, wodurch zahlreiche Informationen neu hinzugekommen sind. Durch die Öffnung von Archiven nicht nur in Osteuropa, durch die Möglichkeiten der Digitalisierung und die Veröffentlichung von Archivbeständen im Internet hat sich die Situation grundlegend gewandelt. Quellen sind in einem Umfang zugänglich geworden, der noch vor wenigen Jahren nicht für mög-

---

14 Werner Jung (Hg.): Bilder einer Stadt im Nationalsozialismus. Köln 1933–1945, Köln 2016. Das Buch enthält 1.400 Fotografien.

lich gehalten worden wäre. Damit wurde eine Neubearbeitung des Gedenkbuchs von Grund auf erforderlich. Seit 2004 wird nun versucht, einzelne Deportationen gründlich zu erforschen. Es geht dabei um die Klärung des Schicksals jeder einzelnen deportierten Person. Die Forschungen zu den großen Deportationen von Köln ins Ghetto Litzmannstadt und nach Trostenez bei Minsk sind bereits abgeschlossen. Für die Deportationen nach Theresienstadt konnte bereits einiges an Vorarbeiten geleistet werden.[15]

Schon seit Mitte der 1980er spielt die Sammlung von Zeitzeugenberichten und -interviews eine große Rolle: Am Anfang stand die Sammlung schriftlicher Erinnerungen zum 40. Jahrestag des Kriegsendes, es folgten zahlreiche Interviews auf Tonkassetten und schließlich das innovative Videoprojekt »Erlebte Geschichte«, dessen Ergebnisse im Internet und in den Medienstationen der Dauerausstellung zu sehen sind. Die Erforschung des Themas Zwangsarbeit konnte durch die Besuchsprogramme für ehemalige Zwangsarbeiterinnen und Zwangsarbeiter, die die Stadt seit 1989 25 Jahre regelmäßig durchgeführt hat und die bundesweit und international stark beachtet wurden, wesentlich bereichert werden. Dieses Programm wurde vom NS-Dokumentationszentrum in Zusammenarbeit mit der »Projektgruppe Messelager« im Verein EL-DE-Haus organisiert.[16] Nach Auslaufen des Programms konnte eine unbefristete Stelle zur Dokumentation Zwangsarbeit eingerichtet werden. Zwischen 1996 und 2000 wurde das Projekt »Kölner Polizei im Nationalsozialismus« zusammen mit der Kölner Polizeibehörde als bundesweit erstes seiner Art bearbeitet.[17] Große Bedeutung wurde und wird in verschiedenen Projekten dem Thema Jugend beigemessen: »Kinderlandverschickung«[18], »Jugend 1945«, »Von Navajos

---

15 Karola Fings und Nina Matuszewski: Grundlagenforschung in Gedenkstätten. In: Gedenkstättenrundbrief 182 vom 1. Juni 2016, S. 18–27; eines der zentralen Forschungsergebnisse zur Geschichte der Kölner Juden ist das Buch von Barbara Becker-Jákli: Das jüdische Krankenhaus in Köln. Die Geschichte des Isrealitischen Asyls für Kranke und Altersschwache 1869 bis 1945, Köln 2004 (=Schriften des NS-Dokumentationszentrums der Stadt Köln, Bd. 11); Werner Jung: Das NS-Dokumentationszentrum der Stadt Köln und die jüdische Geschichte von Köln, in: 1700 Jahre jüdisches Leben in Köln, Köln 2022 (=Mitteilungen aus dem Stadtarchiv von Köln, Heft 109), S. 71–80.

16 Angelika Lehndorff-Felsko: »Uns verschleppten sie nach Köln ...«. Auszüge aus 500 Interviews mit ehemaligen Zwangsarbeiterinnen und Zwangsarbeitern, Köln 2015 (=Schriftenreihe des NS-Dokumentationszentrums der Stadt Köln, Bd. 19).

17 Harald Buhlan und Werner Jung (Hg.): Wessen Freund und wessen Helfer? Die Kölner Polizei im Nationalsozialismus, Köln 2000 (=Schriften des NS-Dokumentationszentrums der Stadt Köln, Bd. 7); vgl. auch eines der wichtigsten Werke zur Geschichte des Nationalsozialismus in Köln: Thomas Roth: »Verbrechensbekämpfung« und soziale Ausgrenzung im nationalsozialistischen Köln. Kriminalpolizei, Strafjustiz und abweichendes Verhalten zwischen Machübernahme und Kriegsende, Köln 2010 (=Schriftenreihe des NS-Dokumentationszentrums der Stadt Köln, Bd. 15).

18 Martin Rüther (Hg.): »Zu Hause könnten sie es nicht schöner haben!« Kinderlandverschickung aus Köln und Umgebung 1941–1945, Köln 2000 (=Schriften des NS-Dokumentationszentrums der Stadt Köln, Bd. 6).

und Edelweißpiraten« und das »Rheinisch-Bergische Forschungs- und Präsentationsprojekt« zum Thema »Unangepasste Jugendliche im Nationalsozialismus« sind hierfür einige Beispiele. Auch die Erforschung zu Köln im Krieg ist sehr umfangreich. Ergebnisse werden in Buchform[19], in Ausstellungen oder in einer Datenbank zu den auf den Kölner Friedhöfen beigesetzten »Bombenopfern« präsentiert. Auch zum Kölner Kulturleben liegen wesentliche Ergebnisse vor.[20]

Das Projekt »Stolpersteine« des Kölner Künstlers Gunter Demnig, das sich zu einem der größten und bekanntesten Aktivitäten innerhalb der deutschen und europäischen Gedenkkultur entwickelte, wurde vom NS-DOK von Anfang an unterstützt und gefördert, u. a. mit dem binationalen Vorhaben »Stolpersteine in Ungarn«. Zudem wurden kleinere Projekte zur Presse, dem Vereinswesen, der Wirtschaft in Köln, über die künstlerische Auseinandersetzung mit Nationalsozialismus und Zweitem Weltkrieg und der »Euthanasie« oder der NS-Militärjustiz durchgeführt. Ein Schwerpunkt der Arbeit liegt auch auf der Geschichte der Verfolgung der Sinti und Roma. Aktuell laufen größere Forschungsvorhaben zu »Selbstbehauptung – Protest – Widerstand in Köln in der Zeit des Nationalsozialismus 1933–1945«, zur Geschichte der Kölner Gestapo, der NSDAP-Gauleitung, der Kölner Gesundheitspolitik in der NS-Zeit und der »Hitler-Jugend« im Rheinland.

Das NS-Dokumentationszentrum veröffentlicht die Ergebnisse seiner Forschungen in mehreren Schriftenreihen. Insgesamt 21 Bände erschienen von 1994 bis 2015 in der Reihe »Schriften«, später »Schriftenreihe des NS-Dokumentationszentrums der Stadt Köln« im Kölner Emons-Verlag und seit 2015 bis 2021 fünf Bände in der Reihe »Veröffentlichungen des NS-Dokumentationszentrums der Stadt Köln« im Berliner Metropol-Verlag. Dort erscheint seit 2018 mit bislang zwei Veröffentlichungen auch die »Kleine Reihe des NS-Dokumentationszentrums der Stadt Köln«. Zudem gibt das NS-DOK seit 2005 im Eigenverlag »Arbeitshefte« für die pädagogische Arbeit und seit 2008 eine eigene Reihe der Info- und Bildungsstelle gegen Rechtsextremismus« heraus. Darüber hinaus sind zahlreiche Einzelpublikationen erschienen.[21] Seit dem Jahr 2003 werden die Aktivitäten des NS-DOK in ausführlichen Jahresberichten dokumentiert.[22]

Als lokale Gedenkstätte beschäftigt sich das NS-Dokumentationszentrum zumeist mit lokalgeschichtlichen Forschungen. Es gibt jedoch auch über den lokalen

---

19 Martin Rüther: Köln im Zweiten Weltkrieg. Alltag und Erfahrungen zwischen 1939 und 1945. Darstellungen – Bilder – Quellen. Mit Beiträgen von Gebhard Aders, Köln 2005 (=Schriften des NS-Dokumentationszentrums der Stadt Köln, Bd. 12).
20 Beispielsweise Jürgen Müller: »Willkommen, Bienvenue, Welcome …« Politische Revue – Kabarett – Varieté in Köln 1928–1938, Köln 2008 (=Schriften des NS-Dokumentationszentrums der Stadt Köln, Bd. 14).
21 Hinweise zu sämtlichen Publikationen siehe www.nsdok.de
22 Werner Jung (Redaktion): NS-Dokumentationszentrum der Stadt Köln. Jahresbericht 2003/04 bis 2020, Köln 2004 bis 2021. Sämtliche Berichte sind auf der Internetseite www.nsdok.de eingestellt.

Bereich hinausgehende Forschung und Vermittlung: So wurde beispielsweise 2004 zum ersten Mal in der Bundesrepublik eine Ausstellung über »Schwarze im Nationalsozialismus« gezeigt und ein umfangreiches Buch veröffentlicht.[23] 2014 konnte die Ausstellung »Todesfabrik Auschwitz. Topografie und Alltag in einem Konzentrations- und Vernichtungslager« zunächst in Köln und danach als Wanderausstellung an vier Stationen in Polen gezeigt werden, u. a. im ehemaligen Stammlager in der heutigen Gedenkstätte und Museum Auschwitz-Birkenau. Zudem erschien ein großformatiges Buch.[24] Die Karikaturen und Zeichnungen von Philibert Charrin über seine Zeit als Zwangsarbeiter in der Steiermark und im Burgenland waren es mehr als Wert, dem Vergessen und dem wahrscheinlichen Untergang entrissen zu werden: Es wurde eine Ausstellung gezeigt und sodann eine Wanderausstellung erstellt. Nachdem die Witwe Anne Charrin sämtliche Zeichnungen und Karikaturen von Anfang der 1930er bis 1945 dem NS-Dokumentationszentrum überlassen hatte, bot dies den Anlass, ein Buch mit sämtlichen Arbeiten aus der Zeit zu erstellen.[25] Es gab zudem Publikationen von einzelnen Mitarbeiterinnen und Mitarbeitern allgemeingeschichtlicher Art ohne konkreten Lokalbezug.[26]

Doch der Schwerpunkt der Forschungen bildet eindeutig der lokal- und regionalgeschichtliche Ansatz. Hier ist ein deutlicher Unterschied zur universitären Forschung festzustellen: Im Unterschied zu Gedenkstätten bzw. Dokumentationszentren haben universitäre Forschungseinrichtungen anders gelagerte Interessen und -strukturen, sind stärker geschichtspolitischen Trends und Förderkonjunkturen unterworfen und gegenüber lokal und biografisch ausgerichteter Forschung zumeist reserviert eingestellt. Die Ergebnisse der in der Regel auf einige Jahre beschränkten Projekte sind häufig an die Projektleitenden gebunden und stehen abgesehen von einschlägigen Publikationen einer weiteren Forschung nicht mehr zur Verfügung. Zwar führt auch das NS-Dokumentationszentrum drittmittelfinanzierte Forschungsprojekte durch, doch sind diese eingebunden in die langfristig und nachhaltig aufgestellte Dokumentation und Sammlung. Gedenkstätten, die im wissenschaftlichen und dokumentarischen Bereich gut ausgestattet sind, können ihre Arbeit langfristig, d. h. auch über Jahrzehnte fortgesetzt, anlegen. Dies gilt in besonderem Maße für das NS-Dokumentationszentrum der Stadt Köln: acht Historikerinnen und Historiker, eine wissenschaftliche Dokumentarin und zwei Diplom-Dokumentare (neben sieben

---

23 Peter Martin und Christine Alonzo (Hg. im Auftrag des NS-Dokumentationszentrum der Stadt Köln): Zwischen Charleston und Stechschritt. Schwarze im Nationalsozialismus, Hamburg und München 2004.
24 Gideon Greif und Peter Siebers: Todesfabrik Auschwitz. Topografie und Alltag in einem Konzentrations- und Vernichtungslager, hrsg. vom NS-Dokumentationszentrum der Stadt Köln in Zusammenarbeit mit dem Staatlichen Museum Auschwitz-Birkenau, Köln 2016.
25 Werner Jung (Hg.): Philibert & Fifi. Karikaturen und Zeichnungen eines französischen Zwangsarbeiters, Köln 2021.
26 Vgl. Karola Fings: Sinti und Roma. Geschichte einer Minderheit, München 2016; sowie Werner Jung: Nationalsozialismus. Ein Schnellkurs, Köln 2008.

Wissenschaftlerinnen und Wissenschaftler im Bereich Vermittlung) beschäftigt das Haus. Daher ist ein NS-Dokumentationszentrum (oder eine vergleichbare Institution wie ein städtisches Archiv) der beste Ort für eine nachhaltig lokalgeschichtliche Forschung.

8. Serviceeinrichtung für die Stadt sowie für Bürgerinnen und Bürger im In- und Ausland

Das NS-Dokumentationszentrum hatte seinen Stellenwert innerhalb der Stadtverwaltung mühselig zu erkämpfen. Seine Rolle im Historischen Archiv der Stadt Köln ist schwer zu bestimmen, bestenfalls war es Teil der Abteilung Neuere Geschichte, nicht jedoch eine eigenständige Einheit, tatsächlich doch mehr ein Fremdkörper unter Archivaren. Mit dem Einzug ins EL-DE-Haus nahm der Abnabelungsprozess Gestalt an. Verwaltungsintern wurde das NS-Dokumentationszentrum mit dem Zusatz zur Gliederungsziffer des Historischen Archivs vollkommen unüblich als »4105/NS-Dokumentationszentrum« bezeichnet. Erst zum 1. April 1997 wurde es eine eigenständige Dienststelle mit eigener Gliederungsziffer (zunächst 4104, später 4102), angebunden im Kulturamt, aber lange Jahre faktisch unmittelbar dem Dezernat unterstellt. Seit dem 1. August 2008 zählt das NS-Dokumentationszentrum organisatorisch – nunmehr 4520 – zum Verbund der Kölner Museen – als neuntes Haus neben dem Wallraff-Richartz-Museum, dem Museum Ludwig oder dem Kölnischen Stadtmuseum.

Als Amt der Stadtverwaltung ist das NS-Dokumentationszentrum zuständig für die Behandlung von Themen, die die NS-Vergangenheit der Stadt betreffen. Ihm kommt bezogen auf die NS-Zeit die erinnerungskulturelle Kompetenz in der Stadt zu. Unter anderem zählen zu den stetig wachsenden Aufgaben Stellungnahmen zu Straßenbenennungen, Gedenktafeln und Denkmälern oder die Mitwirkung an städtischen Veranstaltungen und Projekten oder die Vorbereitung von Redeentwürfen. Mehrfach bereits hat das NS-Dokumentationszentrum sehr aufwändige Kunstwettbewerbe für die Errichtung von Denkmälern für die Stadt durchgeführt: 2009 und 2019 Denkmäler für die Opfer der NS-Militärjustiz, 2012/13 das Denkmal zu den Hinrichtungen im Innenhof des EL-DE-Hauses, 2015/16 das Denkmal zu den Anschlägen des NSU in der Keupstraße und der Probsteigasse, 2020/21 der Gedenkort Deportationslager Köln-Müngersdorf, 2021 der Gedenkort Gremberger Wäldchen zur Erinnerung an den Mord an Zwangsarbeiterinnen und Zwangsarbeitern.

Einen wichtigen Teil seiner Arbeit stellt der Service für Bürgerinnen und Bürger aus Köln und dem In- und Ausland dar. An das NS-DOK wenden sich zahlreiche Menschen, um Auskunft über ihr eigenes Verfolgungsschicksal oder das ihrer Eltern und Großeltern während der NS-Zeit zu erhalten. Dies gilt insbesondere im Bereich der jüdischen Geschichte und der Zwangsarbeit. Zudem möchten Geschichtsinteressierte, Wissenschaftlerinnen und Wissenschaftler über Institutionen, Ereignisse, Personen oder die Quellenlage zur Kölner NS-Geschichte informiert werden.

Abb. 13: Kunstwerk von Simon Ungers am Gedenkort Deportationslager Köln-Müngersdorf, 2020. NS-Dokumentationszentrum der Stadt Köln, Werner Jung.

Das NS-Dokumentationszentrum wendet sich auf vielfältige Weise unmittelbar an die interessierte Öffentlichkeit – über die Bibliothek, das museumspädagogische Angebot, die Info- und Bildungsstelle gegen Rechtsextremismus und nicht zuletzt über den gesamten Museumsbetrieb mit Ausstellungen und Veranstaltungen. Zur Information der Öffentlichkeit gehört eine außerordentlich umfangreiche Internetseite. Von der Gedenkstätte Gestapogefängnis und der Dauerausstellung sowie von allen Sonderausstellungen seit 2013 stehen auf der Internetseite des NS-DOK (www.nsdok.de) 360-Grad-Rundgänge zur Verfügung, in denen ein umfangreiches Angebot integriert ist: der Audioguide in acht Sprachen in einer Länge von jeweils fünfeinviertel Stunden, die Medienstationen mit mehreren Stunden Filmmaterial und Interviews mit Zeitzeuginnen und Zeitzeugen. Auf der Internetseite gibt es zudem weitere außerordentlich umfangreiche Projekte wie »Jugend 1918 bis 1945«, die »Editionen zur Geschichte« oder das Interviewprojekt »Erlebte Geschichte«. In den Social-Media-Kanälen ist das NS-DOK auf Facebook, Instagram und Twitter vertreten. Die Kontakte und Interviewanfragen der Presse – nicht allein lokal, sondern auch national und international – nehmen seit vielen Jahren kontinuierlich zu.

9. Ort der Begegnung und des Austauschs

Dem NS-Dokumentationszentrum kommt eine weitere wichtige Funktion zu: Es ist ein Ort des Austauschs und der Begegnung. Das gilt für die zweite und dritte Generation von jüdischen Kölnerinnen und Kölnern, die fliehen mussten und die Kontakte mit dem NS-DOK geknüpft haben. Angehörige besuchen als Einzelpersonen oder in größeren Familiengruppen, die aus der ganzen Welt anreisen, das NS-Dokumentationszentrum, um sich über die Geschichte ihrer Vorfahren zu informieren. Zu den Gästen der Besuchsprogramme der Stadt für ehemalige Kölnerinnen und Kölner jüdischen Glaubens sowie für ehemalige Zwangsarbeiterinnen und Zwangsarbeiter sind über viele Jahre weiter die Verbindungen gehalten worden. Das persönliche Gespräch mit ehemals Verfolgten des NS-Regimes, die das EL-DE-Haus aufsuchten, war insbesondere in den früheren Jahren von großer Bedeutung für beide Seiten. Die zahlreichen Kontakte bei der Durchführung von Projekten, seien es Schülerinnen und Schüler, Studierende oder Wissenschaftlerinnen und Wissenschaftler, zählen ebenfalls dazu. Und nicht zuletzt sind der Kontakt und das persönliche Gespräch mit Besucherinnen und Besuchern der zahlreichen Veranstaltungen oder der Eröffnungen von Ausstellungen wichtig. Seit 2020 bietet das NS-Dokumentationszentrum Beratung für von antisemitischen Übergriffen Betroffenen an.

Im Lauf der Jahre sind viele Freundschaften entstanden, die lange Jahre Bestand hatten und haben. Nicht zuletzt darin lässt sich der Wert der Arbeit eines NS-Dokumentationszentrums erkennen.

*10. Demokratieförderung als neuer Schwerpunkt –
ibs mit Mobiler Beratung und [m²]*

Ein wesentlicher Grundsatz für seine Arbeit sieht das NS-Dokumentationszentrum der Stadt Köln in folgender Überzeugung: Wer den Nationalsozialismus erforscht und vermittelt, will und sollte auch einen Beitrag dazu leisten, dass sich derartiges nicht wiederholt. Dies zählt zu einer Daueraufgabe einer demokratischen Gesellschaft. Und deshalb gehört die Auseinandersetzung mit dem heutigen Rechtsextremismus und Antisemitismus zum Kernbereich eines NS-Dokumentationszentrums.

Bereits als die finanziellen und personellen Möglichkeiten nicht ausreichend vorhanden waren, wurden 2004 und 2009 zwei Sonderausstellungen zum heutigen Rechtsextremismus gezeigt.[27] In den Arbeiten der Jugendlichen zum Jugend- und Schülergedenktag, der in Köln seit 1997 durchgeführt wird, werden häufig aktuelle

---

27 Im Jahr 2004 wurde die Ausstellung »Rechts um und ab durch die Mitte?! Rechtsextremismus in Deutschland in Deutschland und was man dagegen tun kann« und im Jahr 2009 die Ausstellung »Demokratie stärken. Rechtsextremismus bekämpfen« präsentiert.

Themen angesprochen. Die Museumspädagogik führte von 2008 bis 2011 ein von der Bundesregierung finanziertes Projekt »Vielfalt tut gut« durch. Im Rahmen des Projekts wurde ein Lokaler Aktionsplan erstellt und Fördergelder an Gruppen vergeben. Anliegen des Bundesprogramms war es, zielgerichtete Präventionsstrategien zur wirksamen Begegnung von Rechtsextremismus, Fremdenfeindlichkeit und Antisemitismus zu entwickeln. Dabei sollte es vor allem um die Stärkung der Zivilgesellschaft und die Vermittlung von Werten wie Toleranz und Demokratie im Rahmen von bildungspolitischer Arbeit gehen.

Seit Anfang 2008 ergänzt und erweitert die Info- und Bildungsstelle gegen Rechtsextremismus (ibs) die Arbeit des NS-Dokumentationszentrums um den Aspekt der Auseinandersetzung mit aktuellen extrem rechten Ideologien. Dazu werden unterschiedliche Workshops und Vorträge sowie Tagungen und Seminare für Jugendliche und Erwachsene durchgeführt. Aber auch Dokumentation, Öffentlichkeits- und Netzwerkarbeit zählen zur Arbeit der ibs. Ihr Ziel ist es, das Bewusstsein für Menschenrechte, Demokratie, kulturelle Vielfalt und Gewaltfreiheit zu fördern sowie rechtsextremen Denk- und Handlungsmustern vorzubeugen und entgegenzutreten. Darüber hinaus dokumentieren wir rechtsextreme Aktivitäten und Materialien, forschen zum Thema und informieren mit Veröffentlichungen über Inhalte, Ziele und Strukturen der extremen Rechten und über entsprechende Gegenaktivitäten. Die Info- und Bildungsstelle ist Träger des Projektes Mobile Beratung gegen Rechtsextremismus im Regierungsbezirk Köln. Es unterstützt Menschen, die in ihrem Wohn-, Arbeits- oder sozialen Umfeld mit Rechtsextremismus, Rassismus und Antisemitismus konfrontiert sind und sich für die Stärkung demokratischer Kultur einsetzen wollen.

Seit 2019 wird die ibs ergänzt durch die neue Fachstelle »[m²] miteinander mittendrin. Für Demokratie – Gegen Antisemitismus und Rassismus«. Unter dem Motto »informieren – sensibilisieren – stark machen. kontinuierlich!« bietet sie im Bereich Antisemitismus ein breit gefächertes und kostenfrei buchbares Bildungsangebot für Schülerinnen und Schülern sowie für Multiplikatorinnen und Multiplikatoren. Es werden mehrstündige Workshops angeboten. 2020 ist die Fachstelle [m²] wesentlich ergänzt worden, so dass neben den Bildungsangeboten zwei weitere Bereiche hinzukamen: die Dokumentation und Recherche zu antisemitischen Vorfällen, wozu eine Meldeseite im Internet eingerichtet worden ist, sowie die Beratung und Begleitung für von Antisemitismus Betroffene.

Mit der Fachstelle [m²] und ihren drei aufeinander bezogenen Bereichen Bildung, Dokumentation und Beratung soll ein konkreter Beitrag zur Auseinandersetzung mit dem Antisemitismus in Köln geboten werden, um diesen effektiv zu bekämpfen. Vielfältige Bildungsangebote sind konkrete Mittel, da Bildung das mächtigste Instrument ist, um Antisemitismus zu begegnen. Die Dokumentation der antisemitischen Vorfälle zeichnet ein tatsächliches Bild des Bedrohungspotentials und macht Antisemitismus sichtbar. Die Beratung und Begleitung sind eine konkrete und solidarische Hilfe für Betroffene und zeigt ihnen: »Wir lassen Euch nicht allein! Wir sind bei Euch!«.

Abb. 14: Workshop der Info- und Bildungsstelle gegen Rechtsextremismus (ibs) mit Auszubildenden der Firma Ineos, 2016. NS-Dokumentationszentrum der Stadt Köln, Susanne Eschrich.

Bei der ibs mit der Mobilen Beratung und der Fachstelle [m²] handelt es sich nicht um Projekte, sondern um eine unbefristete Daueraufgabe im Rahmen des NS-Dokumentationszentrums. Die ibs hat sich sehr erfolgreich entwickelt und ist mit einem umfangreichen Angebot ein anerkannter Partner auf ihrem Feld. Über zehn Jahre war nur ein Mitarbeiter – der Leiter von ibs – unbefristet bei der Stadt beschäftigt. Seit 2020 sind insgesamt acht Mitarbeiterinnen und Mitarbeiter beschäftigt. Dabei handelt es sich überwiegend um halbe Stellen: fünf unbefristete und drei befristete Stellen im Rahmen der Stadtverwaltung. Die Stadt Köln stellt sich ihrer Verantwortung in der Auseinandersetzung mit Rechtsextremismus und Antisemitismus.

11. Haus für Erinnern und Demokratie

2017 wurde anlässlich der Verleihung des Ehrenpreises des Kölner Kulturrats an den Direktor des NS-Dokumentationszentrums, Dr. Werner Jung, von diesem die Idee öffentlich gemacht, das NS-Dokumentationszentrum im EL-DE-Haus zu einem Haus für Erinnern und Demokratie weiterzuentwickeln. Unmittelbar nachdem die Idee bekannt wurde, begann in einer kleinen Arbeitsgruppe des Hauses die Entwicklung des Konzepts. Bereits im Juli 2017 beschloss der Rat fast einstimmig den Ausbau und die Erweiterung des NS-DOK zum Haus für Erinnern und Demokratie. Zwei

Jahre später, am 1. Juli 2019, konnten die beiden oberen Etagen übernommen werden. Das NS-DOK ist nun alleiniger Nutzer des EL-DE-Hauses, womit eine ebenfalls sehr langwierige Entwicklung zu einem Endpunkt gekommen ist: Standen dem NS-DOK beim Einzug ins EL-DE-Haus 1988 nur wenige Räume zur Verfügung, so kann es nunmehr im gesamten Haus rund 4.300 Quadratmeter nutzen.

Zu den Teilen des umfangreichen Konzepts gehören:

Erlebnisort zur Demokratie: »Tristan da Cunha – Abenteuer Demokratie auf einer Insel«

Der Erlebnisort unterscheidet sich von dem emotional berührenden Gedenkort Gestapogefängnis und der dokumentarisch-informativen Dauerausstellung, knüpft eher an das Geschichtslabor im Pädagogischen Zentrum des Hauses an. Unter weitgehender Beibehaltung der bisherigen Raumstruktur wird auf der dritten Etage eine handlungsorientierte Rauminstallation geschaffen. Der Erlebnisort ist ein pädagogisch interessantes Angebot, das sich an Gruppen richtet. Eine Gruppe – wie etwa eine Schulklasse – verbringt ca. zweieinhalb bis drei Stunden alleine in dem Spiel. Dies ist pädagogisch eine geradezu luxuriöse Situation, da ansonsten die zahlreichen Gruppen im Haus recht wenig Platz und vergleichsweise wenig Zeit haben.[28]

Auf einer weit abgelegenen Insel werden die Teilnehmenden als letzte Überlebende einer globalen Katastrophe eine neue Gesellschaft gründen und vor typische Probleme und Herausforderungen im Aushandeln gesellschaftlicher Systeme gestellt. Dabei wird es um grundsätzliche Themen wie »Arbeit«, »Wohnen«, »Ernährung«, »Kultur« und »Sicherheit« gehen. Die fünf Themenräume werden nacheinander von Kleingruppen von vier bis fünf Jugendlichen durchlaufen. Zumeist wird zunächst in einem »Storyraum« die zu lösende Aufgabe dargestellt und anschließend in dem angrenzenden »Aktionsraum« konkret eine Lösung umgesetzt.

Die Teilnehmenden konstruieren auf der Grundlage einer Ausgangsgeschichte auf dieser Insel ihre eigenen Gesellschaftsverträge und werden schließlich über diese auch in einem demokratischen Abstimmungsprozess – im »Inselrat« – entscheiden. Dies regt an, sich mit grundsätzlichen Fragen des Zusammenlebens in unserer Gesellschaft auseinanderzusetzen. Dieser Ort ermöglicht ein auf Erlebnis und Erfahrung, nicht primär auf Kognition ausgerichteten Zugang zum Themenfeld Demokratie. Um dieses Ziel zu erreichen, wird ein erlebnis- und erfahrungsorientierter Handlungsraum konzipiert und die »Escape-Room-Idee« angewandt. Somit bietet das Konzept einen vielschichtigen Zugang zum Thema Demokratie und ist sehr gut für eine zeitgemäße Vermittlungspraxis geeignet, die Freizeit-, Konsum- und Rezeptionsgewohnheiten der Teilnehmenden als auch aktuelle lern- und erlebnistheoretische Erkenntnisse berücksichtigt. Eine solche Insel existiert auch real. Sie heißt Tristan da Cunha und ist die entlegenste bewohnte Insel mitten im Atlantischen Ozean. Nach ihr ist der neue Erlebnisort benannt.

28 Vgl. Jung (wie Anm. 22), Jahresbericht 2017, S. 6–9.

Erzählcafés als vertiefendes Angebot nach Führungen

Die zahlreichen Führungen im Haus waren früher auf 60 Minuten, mittlerweile 90 Minuten beschränkt. Es fehlte lange das vertiefende Angebot, das den Aufenthalt in der Gedenkstätte auf drei bis vier Stunden ausdehnen kann. Daher werden drei Räume geschaffen, in denen sich Gruppen nach einer Führung zurückziehen und das Gesehene selbstorganisiert reflektieren und vertiefen können. Diese Räume für Nachbesprechungen von Gruppen werden als Erzählcafés in einem einladenden und interessanten Ambiente eingerichtet.

Junges Museum für Kinder und Jugendliche

Im Jungen Museum, das den Schwerpunkt auf die Arbeit mit Kindern und Jugendlichen legt, steht das Lernen im Dialog im Vordergrund. Anhand zweier Biografien lernen die jungen Besucherinnen und Besucher nicht nur konkrete Kindheitserfahrungen während der NS-Zeit kennen, sondern setzen sich auch mit übergreifenden Fragestellungen altersgerecht auseinander. Es wird die Geschichte eines jüdischen Mädchens aus Köln erzählt, das zusammen mit seinen Eltern auf abenteuerliche Weise die Flucht in Belgien überlebte. Im Kontrast dazu steht die Geschichte eines Jungen aus Köln, der früh in der Hitler-Jugend Karriere gemacht hat. Das Junge Museum stellt dabei didaktische Exponate aus, die mithilfe der damit verknüpften Lebensgeschichten kontextualisiert werden.

Zudem entstehen Workshopräume für die Arbeit der Info- und Bildungsstelle gegen Rechtsextremismus und der Museumspädagogik zur Stärkung der pädagogischen Arbeit und dem Ausbau der Bildungsangebote. Die stark gewachsene Info- und Bildungsstelle gegen Rechtsextremismus mit ihren neuen Bereichen konnte auf der vierten Etage einen eigenen Bereich beziehen.

Das Haus für Erinnern und Demokratie dient damit einer Bildungsoffensive. Dieses Bildungsangebot wird nicht zuletzt dadurch unterstützt, dass der Rat der Stadt Köln 2020 beschloss, dass Kölner Schulklassen sämtliche Führungen, Kurse, Workshops oder die neuen Angebote im Zuge des Ausbaus zum Haus für Erinnern und Demokratie kostenlos nutzen können. Diese beschlossene Gebührenfreiheit für Kölner Schülerinnen und Schüler wurde als eine Art Geschenk zum 40jährigen Jubiläum des NS-Dokumentationszentrums gewertet, das im Dezember 2019 gefeiert werden konnte.

12. Personelle und finanzielle Stärkung

1997 eröffnete das Haus mit einer regulären Besuchsmöglichkeit, wie sie von Museen bekannt ist. Doch die personelle Ausstattung blieb über weitere 15 Jahre auf dem Niveau des Beschlusses von 1987 eingefroren. Hinzu kamen lediglich befristete Stellen für das Besuchsprogramm für ehemalige Zwangsarbeiterinnen und Zwangsarbeiter sowie zwei größere Projekte zur Geschichte der Polizei und der Zwangsarbeit. Die Anzahl der Stellen konnte nach langen Jahren des Stillstands seit 2005 mehr als verfünffacht werden, wodurch die Arbeitsfelder stark erweitert werden konnten. 1987 war bedauerlicherweise bei der zweiten Gründung die Museumspädagogik gestrichen worden. Es hat bis zum Jahr 2008 gedauert, bis eine Stelle Museums- bzw. Gedenkstättenpädagogik geschaffen wurde. Hinzu kam bereits 2008 die Info- und Bildungsstelle gegen Rechtsextremismus. 2013 folgte die Dokumentation mit personellem und räumlichem Ausbau – auch eine Spätgeburt für ein Dokumentationszentrum. Heute sind in diesem Bereich eine wissenschaftliche Dokumentarin und zwei Diplom-Dokumentare beschäftigt.

Insgesamt arbeiten im NS-Dokumentationszentrum (Stand 2021) 32 Mitarbeiterinnen und Mitarbeiter (einschließlich der beim Museumsdienst angesiedelten Museumspädagogik) auf 23 Vollzeitstellen. Hinzu kommen drei beim Förderverein Verein EL-DE-Haus Angestellte sowie 35 Ausstellungsbegleiterinnen und -begleiter und vier Wachleute im Museum. Auch die finanzielle Ausstattung hat sich in den letzten Jahren deutlich verbessert.

13. Sonderausstellungen und Veranstaltungen

Das NS-Dokumentationszentrum bietet ein sehr umfangreiches Programm an Ausstellungen, Veranstaltungen und Bildungsangeboten. Die Jahresberichte, die die Zeit seit 2003 sehr gut dokumentieren, sind mittlerweile um die 250 Seiten stark. Zum Programm zählen sieben bis acht Sonderausstellungen im Jahr. Die vom NS-DOK selbst erstellten Sonderausstellungen beschäftigten sich u. a. mit folgenden zumeist lokal- und regionalgeschichtlichen Themen: jüdische Geschichte (Deportationen nach Litzmannstadt, Auschwitz, jüdische Architekten), Zwangsarbeit, Krieg, Polizei, Sport, Opposition und Widerstand, Jugend, Kabarett und Varieté, Karneval, Fotografie, Stolpersteine, Geschichte des EL-DE-Hauses, erinnerungskulturelle Projekte, Ausstellungen von Künstlerinnen und Künstlern.

Über 220 Veranstaltungen werden jährlich durchgeführt. Form und Inhalt sind sehr unterschiedlich, u. a. Begleitveranstaltungen zu den Sonderausstellungen, das Edelweißpiratenfestival im Sommer mit ca. 8.000 Besucherinnen und Besuchern, die Angebote der Museumspädagogik und der Info- und Bildungsstelle gegen Rechtsextremismus, Theater- und Musikaufführungen, Vorträge, Lesungen und Diskussionen, Forschungs-Kolloquien des NS-DOK, Beteiligung am Museumsfest, Museumsnacht und dem Tag des Offenen Denkmals.

Es werden jährlich rund 2.200 Führungen durchgeführt. Das sind so viele Führungen wie alle anderen städtischen Museen zusammen veranstalten. Zur museumspädagogischen Arbeit zählen auch Workshops, Projektberatung von Schülerinnen und Schülern mit ihren Lehrkräften und die Aus- und Fortbildungen für Lehrerinnen und Lehrer sowie Studienreferendarinnen und Studienreferendaren. Ein Audioguide in acht Sprachen steht für die Gedenkstätte und die Dauerausstellung zur Verfügung.

Abb. 15: Das Edelweißpiratenfestival im Kölner Friedenspark, 2009. NS-Dokumentationszentrum der Stadt Köln.

Der Erfolg all dieser Bemühungen blieb nicht aus. Er lässt sich auch an der Entwicklung der Besuchszahlen ablesen. 18 Jahre lang hat das NS-DOK jedes Jahr einen neuen Besucherrekord verzeichnet – mit einer Vervierfachung der Zahlen: von 25.754 im Jahr 2002 auf knapp 100.000 Besucherinnen und Besucher im Jahr 2019.[29] Coronabedingt brachen die Zahlen 2020 und 2021 deutlich ein.

So aufgestellt, hat sich das NS-DOK seit vielen Jahren zu einer national und international beachteten Institution entwickelt. Das vielfach ausgezeichnete NS-Dokumentationszentrum zählt heute zu den größten lokalen NS-Gedenkstätten in der Bundesrepublik. Es wurde mit 27 Preisen und Auszeichnungen bedacht. Darunter befinden sich der Museum of the Year Award (Special Recommendation) des Internationalen Museumsverbunds, die Architekturpreise von Köln und des Landes NRW, Köln Kulturpreis, der History Award des Geschichtssenders History Channel, Preis für Innovation in der Erwachsenenbildung des Deutschen Instituts für Erwachsenenbildung, Freya-Stephan-Kühn-Preis des Landesverbands der nordrhein-westfälischen Geschichtslehrer, Ehrenpreis des Kölner Kulturrates, Giesberts-Lewin-Preis der Kölnischen Gesellschaft für Christlich-Jüdische Zusammenarbeit.

---

29 Vgl. Jung (wie Anm. 22), Jahresbericht 2020, S. 45.

14. Aus der Nische zum Zentrum

Das NS-Dokumentationszentrum der Stadt Köln wird in der Kölner Stadtgesellschaft deutlich und unterstützend wahrgenommen. Es ist durch bürgerschaftliches Engagement entstanden und wird noch heute von der Bürgerschaft getragen. Dies konnte man 2018 erleben, als das NS-DOK in einer Spendenverdopplungsaktion Gelder für den Umbau zum Haus für Erinnern und Demokratie sammelte und alle kölschen Bands von Rang und Namen sowie bekannte Kabarettisten Benefizveranstaltungen gaben.[30] Doch heute findet das NS-DOK auch Unterstützung bei den demokratischen Parteien im Rat und in der Stadtverwaltung. Stark zugenommen haben der nationale und internationale Austausch und die Vernetzung mit anderen Gedenkstätten und Dokumentationszentren. Aus der Nische zum Zentrum lässt sich der Weg des NS-DOK beschreiben.

15. Heutiges Profil

Die Arbeit des NS-Dokumentationszentrums widmet sich in gleichem Maße dem Gedenken, Vermitteln und Erforschen der NS-Zeit in Köln: Es ist Gedenk-, Lern- und Forschungsort in einem. Als Gedenkstätte ist das NS-DOK den Opfern in besonderem Maße verpflichtet. Holocaustüberlebende fordern zurecht: »Tell the story«. Dies war der erste von mehreren Punkten in einem Manifest von Holocaustüberlebenden, das auf einer Outdoor-Ausstellung vor dem Jüdischen Museum im ehemaligen Warschauer Ghetto angebracht war. Es gilt zu wissen und zu vermitteln, was war. Erinnern kann nur wissensfundiert gelingen.

Den Opfern verpflichtet sein, heißt aber auch, die Täter und die Mehrheitsgesellschaft in den Blick zu nehmen. Bei einem Ort wie dem NS-Dokumentationszentrum der Stadt Köln sollte dies ohnehin selbstverständlich sein, da es auf eine sehr eindrückliche Art beides zugleich ist: ein Ort der Opfer (der sich insbesondere im ehemaligen Hausgefängnis manifestiert) und ein Ort der Täter, der sich vor allem in der alten Bürostruktur widerspiegelt.

Eine Gedenkstätte muss sich als Stachel im Fleisch der Gesellschaft verstehen. Die Erinnerung an die Verbrechen in der NS-Zeit, auch in Köln, hat oft einen zu kurzen, ja selbstgefälligen Blick. Anstelle einer kritisch-selbstreflektierenden Sicht auf die Dinge tritt mitunter eine Art Wohlfühl-Erinnerungs(un)kultur. Allzu schnell wird anstelle einer wohlverstandenen Empathie für die Opfer deren Perspektive übernommen, wird das Gefühl vermittelt, dass man damals selbstverständlich auf der richtigen Seite gestanden hätte und gar für sich bzw. die Vorfahren reklamiert, selbst Opfer gewesen zu sein, zumindest jedoch »Bombenopfer«. Dies ist eine Selbst-

---

30 Vgl. Jung (wie Anm. 22), Jahresbericht 2018, S. 6–19.

viktimisierung – ein-sich-zum-Opfer-machen –, die den Blick verstellt auf die Verantwortung, die Schuld der Mehrheitsgesellschaft. Doch gerade diese Perspektive wäre für die Nachkommen der übergroßen Mehrheit der Gesellschaft angemessen, weil sie nicht die Nachkommen von Opfern, sondern der Eltern- und Großelterngenerationen sind, die als Täter, als Nutznießer oder als Mitläufer auf unterschiedliche Weise das verbrecherische Regime mitgetragen haben.

Es gilt, Erinnern und Demokratieförderung zusammen zu sehen. Schon allein die Tatsache, ob und wieweit eine Gesellschaft sich mit den Verbrechen des Nationalsozialismus befasst und versucht, daraus Lehren für die heutige Gesellschaft zu ziehen, verweist in einer Art Lackmustest auf den Zustand der Demokratie in einem Land. So gesehen ist ein kritisches Erinnern bereits eine Förderung unserer Demokratie und entscheidend für ein demokratisches Bewusstsein. Zudem lassen sich auch Bildungsangebote zur Demokratieförderung in die Arbeit von Gedenkstätten sinnvoll integrieren. Demokratieförderung sollte daher ein wesentlicher Teil der Arbeit in einer Gedenkstätte sein. In dem »Haus für Erinnern und Demokratie« wird dies schon vom Namen her zusammengeführt.

Die über 40jährige Geschichte des NS-Dokumentationszentrums zeigt, wie zu einer anfänglich reinen Forschungseinrichtung im Lauf der Zeit, insbesondere in den letzten beiden Jahrzehnten, zahlreiche neue Aufgabenfelder und ein ganzes Spektrum unterschiedlicher Inhalte hinzugekommen sind. Doch sie stellen keine beliebige Mixtur dar. Es sind aufeinander bezogene Teile eines Ganzen: des NS-Dokumentationszentrums der Stadt Köln.

Vernetzte Erinnerung

Die historisch-politische Bildungsarbeit der KZ-Gedenkstätte Sandhofen und ihrer Partnerinstitutionen

Marco Brenneisen

1.070 Häftlinge, fast ausnahmslos polnische Männer und Jungen, die während des Warschauer Aufstands verhaftet und in das KZ Dachau deportiert worden waren, wurden ab Ende September 1944 nach Mannheim verschleppt, um bei Daimler-Benz Zwangsarbeit in der LKW-Fertigung zu leisten. Unter unmenschlichen Bedingungen waren die Gefangenen in der damaligen Friedrichschule (heute Gustav-Wiederkehr-Schule) untergebracht, die fortan als Außenlager des Konzentrationslagers Natzweiler (Elsass) fungierte. Mindestens 23 Häftlinge starben in den knapp sechs

Abb. 1: Häftlinge des KZ Sandhofen. Zeichnung des Überlebenden Mieczysław Wiśniewski, um 1995. (MARCHIVUM).

Monaten des Lagerbestehens in Mannheim; Hunderte weitere in den Tagen und Wochen nach ihrem Abtransport in anderen Lagern sowie auf Todesmärschen. Über 40 Prozent der 1.070 Gefangenen haben die Befreiung nicht erlebt.

Seit 1990 erinnert eine Gedenkstätte am historischen Ort an das KZ-Außenlager. Sie wird von einem gemeinnützigen Verein gemeinsam mit dem MARCHIVUM und dem Stadtjugendring betrieben.

1. Entstehung der KZ-Gedenkstätte

Mehr als drei Jahrzehnte war die Geschichte des KZ Sandhofen in der Öffentlichkeit kein Thema. Weder wurde mittels Mahnmalen, Gedenktafeln oder anderer Erinnerungszeichen der Opfer gedacht, noch befasste sich die (lokalhistorische) Forschung mit dem Mannheimer KZ-Außenlager. Nur noch Zeitzeug*innen dürfte die einstige Existenz des Lagers in der Kriegerstraße bekannt gewesen sein, als der Stadtjugendring (SJR) 1979 mit Informationen über dieses »vergessene KZ« an die Öffentlichkeit trat und sich in den folgenden Jahren für eine dauerhafte Dokumentation und Erinnerung einsetzte.

Nach einer von den Jugendverbänden am Zaun des Schulgeländes angebrachten provisorischen Holztafel wurde 1982 von der Stadt Mannheim eine erste Gedenktafel am Gebäude errichtet, deren Einweihung eine vierwöchige Leserbriefdebatte in den Lokalzeitungen auslöste, nachdem CDU-Stadtrat Heinrich Kirsch in seiner Rede die Geschichte des Lagers verharmlost und die KZ-Opfer gegen die Sandhofer Kriegstoten aufgerechnet hatte.[1] Wie in vielen anderen Orten wurde in den 1980er Jahren auch in Mannheim intensiv über die NS-Vergangenheit und den Umgang mit ihr gestritten. Dies umso mehr, nachdem der SJR, der DGB-Kreisverband und die Deutsch-Polnische Gesellschaft zusammen mit anderen Organisationen und Einzelpersonen die Einrichtung einer Gedenkstätte am »authentischen Ort« forderten. Während die Initiator*innen und ihre Unterstützer*innen sich für Aufarbeitung, Erinnerung und Gedenken stark machten, wollten einige Bürger*innen – vor allem aus dem Stadtteil Sandhofen – die Einrichtung einer Gedenkstätte mit allen Mitteln verhindern. Die geschichts- und erinnerungspolitische Auseinandersetzung wurde vor allem von den Gedenkstättengegner*innen in Leserbriefen und Kommentarspalten der Lokalzeitungen, an Stammtischen, in Diskussionsveranstaltungen und Ortsgesprächen sowie in der Kommunalpolitik mit äußerster Vehemenz geführt. Die einstige Existenz des KZ-Außenlagers wurde geleugnet und bagatellisiert, eine

---

1 Vgl. auch im Folgenden Marco Brenneisen: Das KZ Mannheim-Sandhofen im Spiegel der Öffentlichkeitsarbeit. Die Rezeptionsgeschichte eines KZ-Außenlagers, Marburg 2011; Ders.: Schlussstriche und lokale Erinnerungskulturen. Die »zweite Geschichte« der südwestdeutschen Außenlager des KZ Natzweiler seit 1945, hrsg. von der Landeszentrale für politische Bildung Baden-Württemberg, Stuttgart 2020 (Schriften zur politischen Landeskunde Bd. 52), S. 329–373.

Verantwortungsübernahme für die nationalsozialistischen Verbrechen abgelehnt und die Sinnhaftigkeit des Erinnerns und Gedenkens in Frage gestellt – nicht zuletzt aufgrund der Befürchtung, als »KZ-Stadtteil« stigmatisiert zu werden. Erst die beharrliche Aufklärungsarbeit der Aktivist*innen, zwei Erinnerungsberichte von Überlebenden, die man in Polen hatte ausfindig machen können, sowie eine öffentliche Veranstaltung mit dem in Mannheim wohnhaften ehemaligen Häftling Jerzy Czuj sorgten für eine Abnahme der Widerstände und eine Versachlichung der bis dato hitzig geführten Debatte. Am Ende eines zähen Ringens stand ein einstimmiger Gemeinderatsbeschluss: Im Oktober 1987 votierte der Hauptausschuss des Mannheimer Stadtparlaments für die Einrichtung einer Gedenk- und Dokumentationsstätte zum KZ Sandhofen in den Kellerräumen der Gustav-Wiederkehr-Schule.

Das Stadtarchiv übernahm die wissenschaftliche Leitung des Projekts und erarbeitete gemeinsam mit dem Geschichtslehrer Peter Koppenhöfer, der seit den frühen 1980er Jahren viele Mannheimer Zeitzeug*innen interviewt hatte und bald weitere ehemalige Häftlinge in Polen finden konnte, die inhaltliche Konzeption der Ausstellung. Die gestalterische Umsetzung erfolgte in Kooperation mit der Fachhochschule für Gestaltung. Alle Planungen erfolgten schließlich in enger Absprache mit dem von den Initiator*innen gegründeten Arbeitskreis, aus dem 1991 der Trägerverein KZ-Gedenkstätte Sandhofen e. V. hervorging.

2. Trägerschaft und Finanzierung

Der Stadtjugendring und das Stadtarchiv (mittlerweile MARCHIVUM) sind qua Satzung Mitglieder des Vereins,[2] der heute (Stand März 2023) fast 100 Mitglieder zählt. Gemeinsam tragen die drei Institutionen die Gedenkstätte: Die Vereinsmitglieder sind ehrenamtlich tätig; der Stadtjugendring übernimmt seit Anbeginn die Geschäftsführung. Für die wissenschaftliche und organisatorische Betreuung zeichnet seit 2003 das Stadtarchiv/MARCHIVUM mit einer Personalstelle verantwortlich. Die Arbeit der Gedenkstätte wird somit bis heute sowohl von ehrenamtlichen als auch hauptamtlichen Mitarbeiter*innen getragen. Ein gemeinsamer Arbeitskreis plant und verantwortet alle Aktivitäten der Gedenkstätte. Über grundsätzliche Angelegenheiten entscheidet die Mitgliederversammlung des Vereins. Darüber hinaus engagieren sich mehrere Personen ehrenamtlich als Guides und führen Gruppen sowie Schulklassen durch die Ausstellung. Hinzu kommen die Ehrenamtlichen des Kooperationspartners »Netzwerk für Demokratie und Courage« (NDC), das seit 2005 Projekttage für Jugendliche in der Gedenkstätte durchführt. Seit 2016 beschäftigt der Verein außerdem eine Person auf Minijob-Basis, deren Stelle über die Gedenkstättenförderung des Landes Baden-Württemberg finanziert wird.

---

2 Ursprünglich hatte auch der DGB einen festen Sitz im Vorstand des Trägervereins. Der entsprechende Passus wurde jedoch auf Wunsch des Kreisverbands Anfang der 2000er Jahre aus der Satzung gestrichen.

Ebenso heterogen wie die Trägerschaft gestaltet sich auch die Finanzierung. Neben Mitgliedsbeiträgen und Spenden sowie anlassbezogenen Förderungen von Stiftungen und Institutionen wird die Gedenkstätte vor allem von der Kommune und dem Land finanziell unterstützt: Die Stadt Mannheim gewährt dem Verein die kostenfreie Überlassung der Ausstellungsräume, übernimmt die Betriebskosten, trägt die Stelle im MARCHIVUM und stellt einen jährlichen Förderbetrag zur Verfügung. Das Land Baden-Württemberg unterstützt die Gedenkstättenarbeit mit einer im Landeshaushalt fixierten Förderung, welche über die Landeszentrale für politische Bildung den Gedenkstättenvereinen zukommt.

Die in Mannheim praktizierte enge Kooperation zwischen einem Gedenkstättenverein und einem Kommunalarchiv war mit Blick auf die südwestdeutsche Gedenkstättenlandschaft lange Zeit außergewöhnlich. Während andere Kommunen meist lediglich eine Anschubfinanzierung gewährten und die Vereine bzw. Initiativen anschließend häufig Mühe hatten, weitere finanzielle oder gar personelle Unterstützung zu erhalten, hat die Stadt Mannheim von Beginn an die Wichtigkeit der Dauerausstellung in der GWS erkannt und eine kontinuierliche Förderung der Gedenkstättenarbeit zugesichert. Die seit der Gründungsphase der KZ-Gedenkstätte Sandhofen gewachsene und verfestigte Struktur hat sich für alle Seiten als äußerst sinnvoll und tragfähig erwiesen und früh zu einer gewissen Professionalisierung der Gedenkstättenarbeit beigetragen. Dies nicht nur, da das Stadtarchiv/MARCHIVUM durch hauptamtliche Kräfte die Arbeit der Gedenkstätte unterstützt, mitträgt und so die ehrenamtlichen Strukturen entlastet. Auch hinsichtlich der Archivierung war und ist die Kooperation von besonderer Bedeutung. Bereits in den 1990er Jahren wurden sämtliche Recherche- und Forschungsmaterialien sowie vor allem Ego-Dokumente von Überlebenden und Mannheimer Zeitzeug*innen, aber auch Unterlagen des Vereins in einen eigenen Dokumentationsbestand (D 19: Gedenkstätte Sandhofen) im Stadtarchiv aufgenommen, der laufend erweitert wird. Das Konvolut umfasst u. a. rund 60 Transkripte von Interviews mit ehemaligen Häftlingen, Fragebögen und Erinnerungsberichte. Darüber hat Peter Koppenhöfer, der seit den 1980er Jahren in Briefkontakt mit etlichen Überlebenden stand, diese Korrespondenzen (mehrere Hundert Seiten Briefe, zumeist auf Polnisch mit deutschen Übersetzungen) vor wenigen Jahren in den Bestand überführt. Die Materialien werden somit langfristig erhalten und können von Interessierten zu Forschungs- und Bildungszwecken im Lesesaal des MARCHIVUM eingesehen und verwendet werden.

3. Die Dauerausstellung

Die KZ-Gedenkstätte befindet sich im Untergeschoss der Sandhofener Gustav-Wiederkehr-Schule, in dem sich einst das örtliche Volksbad befand. Zur Einrichtung der 240 qm umfassenden Dauerausstellung waren aufwändige Umbauten nötig. Von den 150.000 DM, die die Stadt Mannheim Ende der 1980er Jahre für den Aufbau der Gedenkstätte zur Verfügung stellte, flossen drei Viertel des Betrags in Umbauarbeiten.

Die gestalterische Umsetzung der Gedenkstätten-Pläne erfolgte in Zusammenarbeit mit der damaligen Fachhochschule für Gestaltung (heute Fakultät für Gestaltung der Hochschule Mannheim). Unter der Leitung von Günter Slabon entwickelten Studierende in einer Projektgruppe Entwürfe für das Design der Dauerausstellung sowie des Signets. Die Diplomarbeit des (damals) angehenden Mediendesigners Norbert Fanz wurde schließlich zum Sieger des internen Wettbewerbs gekürt und umgesetzt. Mit dem 1991 gegründeten Designbüro Fanz + Neumayer arbeitet der Verein KZ-Gedenkstätte Sandhofen e. V. bis heute zusammen. So wurden nicht nur sämtliche nachträglich in die Ausstellung integrierten Tafeln und Vitrinen, sondern auch der Infoflyer zur Gedenkstätte von den langjährigen Partnern entworfen.

Die Ausstellungsinhalte wurden maßgeblich von Michael Caroli, Klaus Dagenbach und Peter Koppenhöfer erarbeitet. Dabei achteten sie darauf, die Geschichte des KZ-Außenlagers zeitlich und thematisch zu kontextualisieren, indem etwa das Thema Zwangsarbeit (im Allgemeinen wie auch auf lokaler Ebene) breiten Raum einnimmt, um den Besucher*innen die Dimensionen des »Ausländereinsatzes« zu verdeutlichen und vor Augen zu führen, dass die KZ-Häftlinge nur einen Teil der rund 30.000 Zwangsarbeiter*innen in Mannheim ausmachten. Im Hauptraum der Gedenkstätte stehen, neben einem Exkurs über das KZ-System und den KZ-Komplex Natzweiler, die Häftlinge des KZ Sandhofen, die Existenzbedingungen im Lager sowie die Arbeitsbedingungen bei Daimler-Benz im Mittelpunkt. Da nahezu alle Häftlinge des KZ-Außenlagers nach der Niederschlagung des Warschauer Aufstands im September 1944 verhaftet und zur Zwangsarbeit nach Deutschland verschleppt worden waren, wird ein besonderes Augenmerk auf diesen von der polnischen Untergrundarmee Armia Krajowa getragenen Aufstand gelegt. Obgleich dieser die zahlenmäßig größte Erhebung einer Stadtbevölkerung gegen die deutschen Besatzer im Zweiten Weltkrieg war, die blutige Niederschlagung mit schlimmsten Massakern an der Zivilbevölkerung einherging und der Aufstand in der polnischen Erinnerungskultur ein zentrales Moment bildet, ist dessen Geschichte in Deutschland bis in die Gegenwart kaum bekannt.

Wie bedeutend die Erinnerungen von Überlebenden ebenso wie von lokalen Zeitzeug*innen bei der historischen Rekonstruktion und Vermittlung der Lagergeschichte sind, zeigte sich auch bei der Konzeption der Ausstellung, da die Quellenlage 1989/90 alles andere als befriedigend war. Täter-Dokumente der SS sind nur wenige erhalten; die Quellen zu den Opfern im Archiv des International Tracing Service (ITS) in Bad Arolsen (heute: Arolsen Archives) waren seinerzeit kaum zugänglich, und Fotografien aus dem KZ-Sandhofen sind bis heute nicht bekannt. So waren die Ausstellungsmacher*innen stark auf Erinnerungsberichte, Fotos aus dem Privatbesitz ehemaliger Häftlinge und exemplarisch verwendbarem Fotomaterial aus anderen Gedenkstätten, insbesondere Dachau, angewiesen. Zu den »Höhepunkten« zählen außerdem einige wenige Erinnerungsstücke, die Überlebende der Gedenkstätte als Exponate für die Ausstellung überlassen haben: So überreichte Lech Brydak 1989 dem damaligen Oberbürgermeister Gerhard Widder seinen Häftlingsanzug aus dem KZ Dachau als Geschenk für das »KZ-Museum« in Sandhofen. Marian Marchewka

Abb. 2: Blick in die Ausstellung der KZ-Gedenkstätte Sandhofen, 2019. (MARCHIVUM).

stiftete einen Gürtel, den er während seiner Haftzeit trug und mit dem sich zeigen lässt, dass Marchewkas Bauchumfang am Ende seiner Leidenszeit in Mannheim aufgrund der Mangelernährung dem Umfang seines Kopfes entsprach. Janusz Adamowski wiederum hat der Gedenkstätte nach seinem Tod im Jahr 1991 gleich zwei Erinnerungsstücke vermacht: Einen Metallbecher, den er 1944 bei Aufräumarbeiten in Mannheim fand und in den er in den folgenden Wochen und Monaten mit einem Messer seine Inhaftierungsdaten einritzte; sowie einen Rosenkranz, den der gläubige Katholik damals aus dem Holz der Pritschen im KZ Sandhofen fertigte.

In den 1990er Jahren kam ein weiteres Exponat, und damit auch ein neues Thema, hinzu: Wie sich erst nach der Eröffnung der KZ-Gedenkstätte herausstellte, hatte es zwischen September 1944 und März 1945 ein weiteres, deutlich kleineres, KZ-Außenlager in Mannheim gegeben, das sich auf dem damaligen Fliegerhorst Sandhofen/Scharhof (später Coleman Barracks) befand und dem KZ Hinzert (Hunsrück) angegliedert war. Zu den etwa 80 Häftlingen dieses Lagers, über das bis heute nur wenig bekannt ist, zählte der Luxemburger Pfarrer Vincent Krier, der 1993 im Rahmen einer Vortragsveranstaltung in der Gedenkstätte über das »Kommando Fliegerhorst« berichtete und dem Verein später seine ehemalige Häftlingsjacke (eine alte Luftwaffen-Uniform) schenkte, die seitdem in einer Vitrine präsentiert wird.

Darüber hinaus wurden Teile der Ausstellung seit 1990 überarbeitet und neue Elemente hinzugefügt. So wurde der letzte Ausstellungsraum, der sich ursprünglich der »Nachgeschichte« des Lagers widmete und mit einer Audio-Foto-Collage ausgewählte Zitate von Überlebenden sowie Sandhofer Zeitzeug*innen präsentierte, 2006 zu einem »Raum der Biografien« umgewandelt. Auch der Gruppenraum unterlag mehrmals Neugestaltungen und Modernisierungen.

4. Historisch-politische Bildungsarbeit am »authentischen Ort«

Im Zentrum der Aktivitäten der KZ-Gedenkstätte steht die Bildungs- und Vermittlungsarbeit am historischen Ort. Nachdem in der Anfangszeit die Besucherzahlen bei wenigen Hundert Personen pro Jahr lagen, besuchten im vergangenen Jahrzehnt jährlich etwa 1.500 Menschen die Ausstellung, davon über 60 % Jugendliche, die die Gedenkstätte zumeist im Schulklassenverbund besuchen. Nach Voranmeldung werden die Besuchergruppen von ehrenamtlichen Guides durch die Ausstellung geführt; für Einzelpersonen bieten die monatlichen Sonntagsöffnungen die Gelegenheit, die Ausstellung zu besichtigen und an einer kostenfreien Führung teilzunehmen. Die von ehrenamtlichen Teamer*innen des Netzwerks für Demokratie und Courage Nordbaden (NDC) durchgeführten Projekttage im Umfang eines Schultags bieten darüber hinaus ein tiefergehendes Angebot für Schulklassen ab der 9. Klassenstufe. Zusätzlich wurde im Frühjahr 2017 ein »barriereärmer« Projekttag entwickelt, der sich an Sonder- und Förderschulen richtet und die speziellen Bedarfe und Möglichkeiten der Schüler*innen berücksichtigt.

Daneben unterstützt die KZ-Gedenkstätte Sandhofen regelmäßig Schüler*innen und Studierende bei Seminar-, Projekt-, Haus- und Abschlussarbeiten und hat bereits mehrfach Kooperationsprojekte mit der Universität Mannheim, der Universität Heidelberg und der Pädagogischen Hochschule Heidelberg durchgeführt.

Eine Besonderheit in der südwestdeutschen Gedenkstättenlandschaft stellt eine mehrmonatige Geschichts-AG dar, die der Verein KZ-Gedenkstätte seit 2014 jährlich an der Gustav-Wiederkehr-Schule mit Grundschüler*innen der Klassenstufe 4 durchführt. Das in enger Abstimmung mit der Schulleitung entwickelte Konzept bietet ein niederschwelliges interaktives Angebot historischen Lernens, das Kinder mit der Gedenkstätte vertraut macht und auf altersgerechte Weise basale Kenntnisse über die Geschichte des Nationalsozialismus allgemein, sowie des KZ Sandhofen im Besonderen vermittelt. Im Mittelpunkt steht hierbei jedoch nicht allein das Erlernen von Faktenwissen. Vielmehr zielt das AG-Konzept mit seinem Fokus auf Mechanismen der Diskriminierung, Ausgrenzung und Verfolgung darauf ab, Kinder im Umgang mit Geschichte zu sensibilisieren, ihr politisches und demokratisches Bewusstsein zu schärfen und zu einer Orientierung an Menschenrechten zu motivieren.[3]

---

3 Vgl. Marco Brenneisen/Corinna Keunecke: »Was hat ein Kaninchen mit unserer Geschichte zu tun?« – Die Mannheimer KZ-Gedenkstätte Sandhofen führt seit 2014 eine Geschichts-AG zum Nationalsozialismus mit Grundschulkindern durch. In: Lernen aus der Geschichte: LaG-Magazin 02/2021, 31.03.2021, S. 14–19, online: http://lernen-aus-der-geschichte.de/Lernen-und-Lehren/Magazin/15034 (28.11.2022).

Abb. 3: Geschichts-AG an der GWS, 2014. (KZ-Gedenkstätte/MARCHIVUM).

5. Veranstaltungen und Sonderausstellungen

Neben der jährlichen Gedenkfeier – meist um den Jahrestag der Errichtung des KZ Sandhofen am 27. September – führt der Verein KZ-Gedenkstätte in Kooperation mit dem Stadtjugendring, dem MARCHIVUM und weiteren Partnerorganisationen regelmäßig Vortrags- und Filmveranstaltungen, Lesungen und andere Veranstaltungen durch. So referierte etwa bereits 1992 Richard Glazar, einer der wenigen Überlebenden des Vernichtungslagers Treblinka, in Sandhofen. Zu bestimmten Anlässen, wie etwa besonderen Jahrestagen, fanden in der Vergangenheit mehrfach breitere Veranstaltungsreihen in der Gedenkstätte, im Archiv, im Jugendkulturzentrum Forum oder im Cinema Quadrat statt.

Darüber hinaus präsentierte der Verein zusammen mit seinen Kooperationspartnern mehrmals Sonder- und Wechselausstellungen in Mannheim: In den Jahren 1997 und 2004 stellte die Gedenkstätte Bilder des Warschauer Künstlers und Überlebenden des KZ Sandhofen Mieczysław Wiśniewski in der Abendakademie, der Gedenkstätte, der Volksbank Sandhofen sowie im damaligen MVV-Kundenzentrum aus; 2008 war die Internationale Ausstellung »Namen statt Nummern« der KZ-Gedenkstätte Dachau in Sandhofen zu sehen; im Jahr darauf eine kleine Ausstellung der KZ-Gedenkstätte Vaihingen/Enz mit dem Titel »Menschenrechte hautnah«.

2011 zeigten die Gedenkstätte und das Stadtarchiv in der Abendakademie eine von der Stiftung für polnisch-deutsche Aussöhnung und dem Dokumentationszentrum NS-Zwangsarbeit Berlin kuratierte Ausstellung über polnische Zwangsarbeiter während des Zweiten Weltkriegs in Deutschland. 2012 folgte die Ausstellung »Es lebe die Freiheit – Junge Menschen gegen den Nationalsozialismus« des Studienkreises Deutscher Widerstand im Jugendkulturzentrum Forum, wo 2015 auch die deutsch-französische Wanderausstellung »Bientôt la liberté nous reviendra / Freiheit, so nah, so fern...« über das »doppelte Ende« des KZ-Komplexes Natzweiler zu sehen war. Im Herbst 2017 präsentierte der Verein die eigene Sonderausstellung »Sandhofer Einheimische helfen KZ-Häftlingen« sowie zuletzt 2018 im MARCHIVUM die im Rahmen eines deutsch-französischen Jugendprojekts entstandene Foto-Ausstellung zum KZ-Komplex Natzweiler.

6. Begegnungen mit Überlebenden

Ein zentrales Anliegen der KZ-Gedenkstätte Sandhofen ist es seit jeher, die Erinnerungen Überlebender weiterzutragen und »ihre« Geschichte zu vermitteln. Ohne die Erinnerungsberichte, Interviews, Briefe und andere Selbstzeugnisse der ehemaligen KZ-Häftlinge gäbe es die Gedenkstätte in ihrer heutigen Form nicht. Die Begegnung mit Überlebenden war immer und ist noch heute ein besonders wichtiger, emotionaler und eindrücklicher Bestandteil der Erinnerungsarbeit. Seit 1989 waren Überlebende des KZ Sandhofen viele Male in Mannheim zu Besuch. Sie kehrten an den einstigen Ort ihres Leidens zurück und gedachten in Gedenkveranstaltungen und Kranzniederlegungen ihrer Mitgefangenen, die das KZ-Außenlager nicht überlebten. Immer wieder waren sie bereit, als »Zeitzeugen« vor Schulklassen, bei Veranstaltungen, in Pressegesprächen und Interviews über ihre Erlebnisse während der deutschen Besatzung Polens, des Warschauer Aufstands, der Verschleppung nach Deutschland, der KZ-Haft in Dachau, Mannheim, Buchenwald, Vaihingen, Unterriexingen, Frankfurt, Kochendorf oder anderen Lagern sowie von den Todesmärschen im Frühjahr 1945 und der Befreiung der Konzentrationslager Zeugnis abzulegen. Insgesamt drei Mal fanden auch Begegnungen in Warschau statt. Im Herbst 1997 reiste eine kleine Gruppe des Vereins KZ-Gedenkstätte in die polnische Hauptstadt, wo Eugeniusz Szobski und andere Überlebende des KZ-Außenlagers ein breites Besuchsprogramm organisiert hatten. 2011 trafen Mannheimer und Warschauer Jugendliche im Rahmen eines von der Gedenkstätte in Kooperation mit dem Jugendamt und dem Stadtarchiv durchgeführten deutsch-polnischen Jugendprojekts die ehemaligen Häftlinge Jan Budziejewski, Jerzy Wojciewski, Eugeniusz Szobski und Edward Majewski. Aus den dort geführten Interviews entstand noch im gleichen Jahr der Dokumentarfilm »Das kann man nicht vergessen, aber niemand erinnert sich daran«. Zuletzt führte der Verein im August/September 2019 eine einwöchige Exkursion nach Warschau durch, an der 20 Personen teilnahmen. Im Rahmen der Studienreise trafen die Teilnehmer*innen die Überlebenden Andrzej

Abb. 4: Erster Besuch ehemaliger Häftlinge des KZ Sandhofen, 1989 vor dem Mannheimer Rathaus. (MARCHIVUM).

Branecki, Bolesław Urbański und Jerzy Wojciewski. Zu den Programmpunkten der Exkursion zählten diverse Stätten mit unmittelbarem Bezug zum KZ Sandhofen, wie etwa das Aufstandsmuseum, das Museum zum einstigen Durchgangslager Pruszków oder eine Stadtführung mit Fokus auf der Besatzungszeit und dem Warschauer Aufstand.[4]

7. Gedenkstätten-Vernetzung

Als die KZ-Gedenkstätte Sandhofen 1990 eröffnet wurde, war sie erst die zweite Gedenkstätte zur Erinnerung an ein Außenlager des KZ Natzweiler und eine der ersten Gedenkstätten in Baden-Württemberg überhaupt. Der Austausch und die Vernetzung mit anderen Gedenkstätten/-initiativen war den Aktiven des Vereins schon immer ein wichtiges Anliegen. Bereits in den frühen 1990er Jahren tauschten sich einzelne lokale Initiativen regelmäßig aus, unterstützten sich gegenseitig und

---

4   Darüber hinaus besichtigten die Teilnehmer*innen der Exkursion u. a. das Gefängnismuseum Pawiak, das Museum der Geschichte der polnischen Juden POLIN sowie die Gedenkstätte Treblinka und nahmen an einer Stadtführung der Historikerin Dr. Katrin Stoll (DHI Warschau) auf den Spuren des einstigen Ghettos teil.

lernten voneinander – sei es im Entstehungsprozess der jeweiligen Gedenkstätte, dem Umgang mit Widerständen aus der Lokalbevölkerung, den Recherchen und Forschungen vor Ort oder dem Aufbau einer Dauerausstellung. Die Gedenkstätte Sandhofen stand so beispielsweise früh in Kontakt mit Kolleg*innen aus Neckarelz (Mosbach), Ulm (KZ-Gedenkstätte Oberer Kuhberg), Hessental (Schwäbisch Hall), Vaihingen/Enz oder Kochendorf (Bad Friedrichshall). 1994 fand im Mannheimer »Forum der Jugend« ein erstes Vernetzungstreffen südwestdeutscher Gedenkstätten/-initiativen statt, an dem auch Vertreter der Landeszentralen für politische Bildung aus Baden-Württemberg und Rheinland-Pfalz teilnahmen. Im April 1995 kam es in Vaihingen/Enz zur Gründung der »Landesarbeitsgemeinschaft der Gedenkstätten und Gedenkstätteninitiativen in Baden-Württemberg« (LAGG). Die Mannheimer Gedenkstätte war Gründungsmitglied und bis Mitte der 1990er Jahre sowie von 2016 bis 2021 im Sprecherrat der LAGG vertreten. Umfasste die Landesarbeitsgemeinschaft anfangs knapp 20 Mitgliedsvereine, sind in ihr heute über 80 Gedenkstätten/-initiativen organisiert, darunter NS-Gedenkstätten ebenso wie Gedenkstätten zur jüdischen Kultur und Geschichte sowie Bildungsorte zur Demokratiegeschichte und weitere Einrichtungen. Die Landesarbeitsgemeinschaft dient sowohl dem Austausch und der Vernetzung, versteht sich aber auch als gemeinsames Sprachrohr und Lobby-Organisation der Gedenkstätten im Land. Auf Betreiben der LAGG wurde 1995/96 ein Gedenkstättenreferat (heute Fachbereich Gedenkstätten) bei der Landeszentrale für politische Bildung eingerichtet und vom Landtag die Einführung eines Titels im Haushaltsplan des Landes Baden-Württemberg zur finanziellen Förderung der Gedenkstätten beschlossen. Mit der LpB arbeitet die LAGG bis heute eng zusammen.

Die Mitglieder der LAGG finden jährlich zu einer Delegiertenversammlung mit wechselndem Themenschwerpunkt zusammen. Im Jahr 2002 war dieser etwa betitelt mit »Das Außenlagersystem des KZ Natzweiler – Arbeit und Vernichtung. Gedenkstätten, Museen und regionale Vernetzung«. Die Redebeiträge der Referent*innen wurden anschließend in einem Sammelband veröffentlicht.[5] Auch außerhalb der Jahrestagungen veranstalteten die LAGG und das LpB-Gedenkstättenreferat zahlreiche gemeinsame Tagungen und Konferenzen, darunter etwa bereits 1997 die Tagung »KZ-Außenlager der letzten Kriegsphase in Baden-Württemberg« in der Evangelischen Akademie Bad Boll. Auch diese Tagungsbeiträge wurden anschließend publiziert.[6]

---

5 Christine Glauning/Konrad Pflug (Hg.): Arbeit und Vernichtung. Das Außenlagersystem des KZ Natzweiler-Struthof. Beiträge zur Jahrestagung 2002 der Landesarbeitsgemeinschaft der Gedenkstätten und Gedenkstätteninitiativen Baden-Württemberg, hrsg. von der Landeszentrale für politische Bildung Baden-Württemberg in Verbindung mit der Landesarbeitsgemeinschaft der Gedenkstätten und Gedenkstätteninitiativen Baden-Württemberg, Stuttgart 2004.
6 Karl Giebeler/Christoph Schubert (Hg.): KZ-Außenlager der letzten Kriegsphase in Baden-Württemberg, (Tagungsdokumentation), Bad Boll 1997.

Eine umfassende und kontinuierliche Kooperation und Vernetzung der Gedenkstätten, welche an je eines der insgesamt 53 Außenlager des KZ Natzweiler erinnern, sowie mit der Gedenkstätte Natzweiler-Struthof in Frankreich besteht seit 2014. In dem Jahr erarbeiteten die Gedenkstätten beiderseits des Rheins gemeinsam die bereits genannte Ausstellung »Bientôt la liberté nous reviendra«. Im Dezember 2015 fand im Deutschen Historischen Institut in Paris ein internationales Forschungscolloquium zum KZ-Komplex Natzweiler statt, an dem auch Vertreter*innen der baden-württembergischen Gedenkstätten, einschließlich der KZ-Gedenkstätte Sandhofen, teilnahmen.

Am 5. November 2016 schlossen sich schließlich zwölf baden-württembergische Natzweiler-Gedenkstätten zum »Verbund der Gedenkstätten im ehemaligen KZ-Komplex Natzweiler e. V.« (VGKN) zusammen, dem mittlerweile drei weitere Vereine aus Baden-Württemberg und Hessen angehören. Die KZ-Gedenkstätte Sandhofen ist seit 2019 im Vorstand vertreten. Der Verbund zielt zum einen auf eine Verstetigung der Vernetzung, Kooperation und des fachlichen Austauschs der südwestdeutschen Gedenkstätten untereinander sowie die Durchführung gemeinsamer Projekte ab. Anderseits arbeitet der VGKN eng mit den französischen Kolleg*innen des Centre Européen du Résistant Deporté (CERD, Gedenkstätte Natzweiler-Struthof) zusammen. Gemeinsam wurden bereits diverse grenzüberschreitende Erinnerungs-, Forschungs- und pädagogische Projekte durchgeführt, so etwa ein deutsch-französisches Foto-Projekt mit Schüler*innen, das in einer Wanderausstellung und einer Broschüre mündete; das mehrteilige Kunstprojekt »Fraternité/Brüderlichkeit«, die Konzeption und Durchführung von deutsch-französischen Lehrerfortbildungen oder die Erarbeitung des mehrsprachigen Webportals www.natzweiler.eu. Seit mehreren Jahren arbeiten CERD, VGKN und der französische Historiker Prof. Robert Steegmann am Aufbau einer Häftlings-Datenbank zum KZ-Komplex Natzweiler, die die Namen, biografische Angaben sowie Informationen zu den Lageraufenthalten der insgesamt rund 52.000 Häftlinge beinhalten soll. Eine Beta-Version der Datenbank ist bereits online nutzbar.

Im Oktober 2022 fand in Rastatt ein vom VGKN organisiertes deutsch-französisches Forschungscolloquium statt, das sich unter dem Titel »Natzweiler – Netzwerke in Geschichte und Gegenwart« verschiedenen Aspekten dieses Themas widmete.

Das deutsch-französische Netzwerk der Erinnerung aus CERD und VGKN wurde 2018 von der Europäischen Kommission mit dem Europäischen Kulturerbe-Siegel ausgezeichnet. Als Mitglied des VGKN wurde somit auch der KZ-Gedenkstätte Sandhofen das Siegel verliehen.

8. *Radiosendung, soziale Medien und Jubiläum*

Neben Forschungen und Recherchen zur Geschichte des KZ Sandhofen sowie Publikationen zu verschiedenen Themen ist die Gedenkstätte auch über die genannten Aktivitäten hinaus auf vielfältige Weise tätig. So entstand etwa im Frühjahr

2019 im Vorfeld der Warschau-Exkursion in Zusammenarbeit mit dem freien Radio bermudafunk eine Radio-AG, welche die Studienreise mit Interviews, Reportagen, O-Tönen von Teilnehmer*innen sowie Mitschnitten von Veranstaltungen vor- und nachbereitete und einen monatlichen Sendeplatz im Bermudafunk erhielt. Die von Ehrenamtlichen erarbeitete und produzierte Magazinsendung mit dem Titel »Erinnerung für die Zukunft« wurde bis Mitte des Jahres 2022 fortgesetzt und monatlich mit wechselnden Schwerpunktthemen ausgestrahlt. Beiträge der Sendungen sind in einem Audio-Archiv online zugänglich.[7]

Seit mehreren Jahren ist die KZ-Gedenkstätte, als Ergänzung zur eigenen Homepage, auch auf facebook vertreten. Das soziale Medium wird zum einen genutzt, um Termine, Ankündigungen und aktuelle Informationen zu kommunizieren, aber auch als Möglichkeit gesehen, historisch-politische Bildungsarbeit online anzubieten und damit einen größeren Personenkreis zu erreichen, als es mit klassischen analogen Formaten wie Vortragsveranstaltungen meist der Fall ist – was sich mit Beginn der Corona-Pandemie als umso wichtiger erwies.[8] Auf durchaus positive Resonanz stießen dabei drei größere Info-Kampagnen, die der Verein KZ-Gedenkstätte in den vergangenen Jahren durchführte: Von September 2019 bis März 2020 veröffentlichte der Verein – analog zum Zeitraum des Lagerbestehens September 1944 bis März 1945 – auf seiner Facebook-Seite 137 Beiträge mit der Überschrift »(Heute) vor 75 Jahren...«, in denen sukzessive Wissen über das KZ-Außenlager vermittelt wurde. Im Herbst 2020 wurden anlässlich des 30-jährigen Bestehens der Gedenkstätte über einen Zeitraum von sechs Wochen täglich Beiträge veröffentlicht, die Einblicke gaben in die Entstehung, Organisation und Aktivitäten des Vereins KZ-Gedenkstätte Sandhofen e. V. Im Rahmen der Kampagne erreichten den Verein 14 Video-Grußbotschaften von befreundeten Gedenkstätten, Vereinen und Organisationen sowie u. a. von Oberbürgermeister Peter Kurz, dem Leiter des Gedenkstättenreferats der Stiftung Topographie des Terrors, Thomas Lutz und dem Mannheimer Fotokünstler Luigi Toscano. Der ehemalige Sandhofen-Häftling Bolesław Urbański sandte im Namen der Überlebenden ein schriftliches Grußwort aus Warschau. Sämtliche Grußbotschaften wurden ebenfalls auf facebook gepostet.

Zuletzt beteiligte sich die Gedenkstätte Sandhofen außerdem an der bundesweiten Social Media-Kampagne #geschichtenderbefreiung, indem sie vom 1. April bis 8. Mai 2021 täglich einen Beitrag veröffentlichte, der die Biografie eines Überlebenden vorstellte.

---

7 https://erinnerung-fuer-die-zukunft.de/ (28.11.2022).
8 Im März 2021 hatten über 730 Personen die Facebook-Seite der KZ-Gedenkstätte Sandhofen abonniert.

9. Ausblick: Neukonzeption der KZ-Gedenkstätte

Wenngleich die Dauerausstellung der KZ-Gedenkstätte Sandhofen seit 1990 mehrmals überarbeitet und ergänzt wurde, lässt sich nicht von der Hand weisen, dass der Zahn der Zeit an ihr nagt. Sowohl das Design als auch die präsentierten Inhalte und deren mediale Aufbereitung sind weitgehend auf dem Stand von vor 30 Jahren. Die beteiligten Institutionen Verein, MARCHIVUM und Stadtjugendring haben daher beschlossen, eine umfassende Modernisierung anzugehen und die Gedenkstätte von Grund auf neu zu gestalten. So soll das Ausstellungsdesign an heutige Standards und die inhaltliche Vermittlung an den aktuellen Forschungsstand angepasst werden; zudem wird der Medieneinsatz künftig den Anforderungen an eine moderne Ausstellung gerecht werden. Darüber hinaus ist geplant, Orte, die für die Geschichte des Lagers bedeutsam waren und heute außerhalb der Gedenkstätte liegen, wie etwa das Gelände der einstigen Mädchenschule in der Kriegerstraße, mittels Informationstafeln und digitalen Angeboten in ein neues Vermittlungskonzept zu integrieren. Mit der Neukonzeption der Gedenkstätte geht außerdem eine Überarbeitung des »Corporate Design« einher, was sich u. a. in einem Relaunch der Homepage und neuen Formen der Außendarstellung äußern wird.

Innerhalb von zwei Jahren soll die Neugestaltung der KZ-Gedenkstätte abgeschlossen sein. Der dafür notwendige Mittelbedarf ist auf rund 250.000 Euro veranschlagt. Der Gemeinderat der Stadt Mannheim bewilligte bereits 100.000 Euro für die Neukonzeption. Der ausstehende Betrag soll durch weitere Fördermittel und Spenden aufgebracht werden.

Ziel des Vereins ist es letztlich, die Gedenkstätte mit einer erneuerten Ausstellung und besucherorientierten Vermittlungsangeboten zukunftsfähig zu machen. Dazu zählt auch die konsequente Barrierefreiheit, die mobilitätseingeschränkten Besucher*innen den Zugang ermöglicht. Hervorgehoben werden soll bei der Neugestaltung auch weiterhin das Alleinstellungsmerkmal des Ortes. Die Gedenkstätte in einer Schule, die auch heute noch in dieser Funktion genutzt wird, ist bundesweit einmalig. Im Rhein-Neckar-Raum stellt die Gedenkstätte – seit Dezember 2022 zusammen mit dem NS-Dokumentationszentrum im MARCHIVUM – einen zentralen Ort für die Vermittlung der nationalsozialistischen Verfolgungspolitik dar.

Neues Besucherleitsystem und Ausstellungsbereiche auf dem Gelände der Gedenkstätte Deutsche Teilung Marienborn und am Grenzdenkmal Hötensleben

Neukonzeption der Vermittlungsangebote

Susan Frisch

1. Ausgangssituation

»Wie ein gestrandeter Wal« liege das Areal des ehemaligen DDR-Grenzübergangs Marienborn neben der Autobahn, konstatierte ein Besucher der Gedenkstätte Deutsche Teilung Marienborn vor einigen Jahren. Diese bildhafte Analogie zu dem von seinem Element getrennten Meeresriesen verweist auf die isolierte Lage des historischen Ortes: Das einst größte Kontrollgelände an der innerdeutschen Grenze ist von

Abb. 1. Blick auf das Gelände der Gedenkstätte Deutsche Teilung Marienborn © GDT Marienborn.

seinen räumlichen und funktionalen Bezugspunkten abgeschnitten. Wo zur Zeit des Kalten Krieges täglich tausende Fahrzeuge akribisch kontrolliert und Reisende geheimdienstlich überprüft wurden, vermitteln die erhaltenen Funktionsbereiche und die weitläufigen Betonflächen Ortsunkundigen heute kaum noch die beklemmende Reglementiertheit der streng überwachten Grenzübergangsstelle (GÜSt).

Nach der Wiedervereinigung verschwanden zunächst die zahllosen Lichtmasten, Trassen, Absperrungen, Zäune, Ampel- und Schrankenanlagen sowie die Schilder und Fahrbahnmarkierungen an den Zufahrten zur GÜSt. Beim Bau einer Tank- und Rastanlage Mitte der 1990er Jahre wurde der Abfertigungsbereich Ausreise abgerissen. Zudem sind die erhaltenen Bauzeugnisse aus den 1970er Jahren in ihrer Architektur so modern, dass sie vom ungeübten Auge vielfach nicht als »historisch« wahrgenommen werden. Kurzum: Die Anlage erschließt sich Besucher*innen nicht selbstläufig. Wer die DDR-Grenzkontrollen zwischen Ost und West nicht aus eigener Anschauung kennt, für den ist es schwer, sich den Ort in seiner einstigen Ausdehnung, Funktionsweise und politische Macht durchsetzenden Dynamik vorzustellen. Von dieser Situation ausgehend, entwickelte die Gedenkstätte ab 2017 ein neues Vermittlungsangebot.

2. Der Erinnerungsort DDR-Grenzübergang Marienborn

Die ehemalige DDR-Grenzübergangsstelle (GÜSt) Marienborn gehört zu den herausragenden Erinnerungsorten der deutschen und europäischen Zeitgeschichte. Als wichtigster Grenzübergang an der innerdeutschen Grenze markiert sie eine Nahtstelle im Kalten Krieg, an der zwei gegensätzliche Machtblöcke aufeinandertrafen und wo nicht nur Deutschland, sondern ganz Europa und die Welt von 1945 bis 1990 sichtbar gespalten war. Die zeichenhafte Architektur der GÜSt mit den erhaltenen großflächigen Überdachungen über den Abfertigungsbereichen und den Flutlichttürmen, die das Kontrollareal auch nachts taghell ausleuchteten, stehen für die streng überwachten spannungsreichen Verbindungen zwischen beiden deutschen Staaten infolge des Ost-West-Konflikts. Auf dem in seinem Kern erhaltenen Gelände befindet sich seit dem 13. August 1996 die Gedenkstätte Deutsche Teilung (GDT) Marienborn. Sie ist einer der wenigen Orte des Erinnerns an die Teilungsgeschichte und an die Menschen, die durch das Grenzregime der DDR ihre Heimat verloren, Leid und Unrecht erfuhren oder getötet wurden. Zugleich ist sie ein Ort der internationalen Begegnung, der Forschung und der historisch-politischen Bildung.

Zur Gedenkstätte gehört seit 2004 das 17 Kilometer südlich der ehemaligen GÜSt gelegene Grenzdenkmal Hötensleben. Durch bürgerschaftliches Engagement wurde dort nach 1989/90 ein großer zusammenhängender Teil der DDR-Grenzbefestigungen bewahrt. Gedenkstätte und Grenzdenkmal haben einen starken Zeugniswert für das Verstehen von Entwicklung, Funktionsweise und Folgen des Grenzregime der kommunistischen Diktatur.

Abb. 2: Ansicht des Grenzdenkmals Hötensleben © GDT Marienborn.

3. Neukonzeption

Mit Abnahme der Zeitzeug*innen ist die Erkennbarkeit von Grenzübergang und Grenzverlauf sowie die Orientierung auf dem weitläufigen Gelände nicht ohne weiteres möglich. Besucher*innen, für die die Zeit des geteilten Deutschlands 1945 bis 1990 und die Grenzpassage zwischen der DDR und der Bundesrepublik nicht zur eigenen biographischen Erfahrung gehören, benötigen Hinweise und Erklärungen zum Verständnis der historischen Schauplätze in ihren räumlichen und funktionalen Dimensionen. Die Neukonzeption des Besucherleit- und -informationssystems auf dem Gelände der Gedenkstätte Deutsche Teilung Marienborn und am Grenzdenkmal Hötensleben setzte sich zum Ziel, die Sichtbarkeit der erhaltenen Bauzeugnisse zu erhöhen, die Teilungsgeschichte stärker am konkreten Ort zu vermitteln sowie anhand individueller Erfahrbarkeit verständlich und nachvollziehbar zu machen. Gefördert durch Projektmittel des Landes Sachsen-Anhalt und die Bundesbeauftragte für Kultur und Medien (Projektförderung nach der Gedenkstättenkonzeption des Bundes) sowie dank Spendengeldern erarbeitete die Gedenkstätte in den Jahren 2017 bis 2019 zeitgemäße Informationselemente und gestaltete neue Außenausstellungsbereiche. Die Realisierung der Projekte erfolgte in Zusammenarbeit mit der Leipziger Design-Agentur KOCMOC.net. Am 9. November 2019 fand die Eröffnung des Außengeländes im Rahmen der Feierlichkeiten zum 30. Jahrestag der Grenzöffnung im Jahr 1989 statt.

Abb. 3. Eröffnungsrundgang am 9. November 2019 mit Staatsministerin Prof. Monika Grütters und den Ministerpräsidenten Stephan Weil (Niedersachsen) und Dr. Rainer Haseloff (Sachsen-Anhalt) sowie der Sachsen-Anhaltischen Landtagspräsidentin Gabriele Brakebusch. © Dörthe Hein.

Die notwendige Neukonzeption für das historische Außengelände war eng verknüpft mit der Erarbeitung einer neuen Dauerausstellung im Hauptgebäude der Gedenkstätte bis 2020. Bei der Gestaltung von Besucherleitsystem und Ausstellung wurde besonders auf eine stärkere individuelle Erfahrbarkeit der historischen Orte und einen biographisch orientierten Zugang Wert gelegt. In beiden Projekten galt es, vom konkreten Schauplatz her zu erzählen, Bezüge herzustellen und Wirkungsweisen zu erklären. Die Ausstellungs- und Vermittlungstätigkeit der Gedenkstätte konnte inhaltlich, methodisch und räumlich erweitert werden. Auf dem Gelände des ehemaligen Grenzübergangs geht es primär um das streng kontrollierte Abfertigungsreglement an der innerdeutschen Grenze, am Grenzdenkmal Hötensleben steht der existenzbedrohende Charakter des DDR-Grenzregimes im Vordergrund.

Besucher*innen können das Kontrollareal der 1972 bis 1974 errichteten Grenzübergangsstelle Marienborn sowie die DDR-Grenzsperranlagen am Grenzdenkmal Hötensleben selbständig erschließen. Der Besuch von Gedenkstätte und Dauerausstellung sowie Grenzdenkmal sind entgeltfrei. Zusätzlich bietet die Gedenkstätte an beiden historischen Orten kostenfreie Führungen an. Erhalten und zu besichtigen sind u. a. der Kommandantenturm unmittelbar an der Autobahn, die Passkontrolle Einreise für Pkw und Lkw, die Zollabfertigung, die Wechselstelle der DDR-Staatsbank und das zentrale Dienstgebäude, in dem sich die Infothek, die Dauerausstellung, die Verwaltung und Seminarräume der Gedenkstätte befinden.

Im Zuge der Neukonzeption konnten zusätzlich einige ehemalige Funktionseinheiten wie eine Baracke der Passabfertigung und die Wechselstelle der DDR-Staatsbank auch für den individuellen Rundgang zugänglich gemacht werden. Zuvor waren diese Räume lediglich im Rahmen von Führungen zu besichtigen.

Abb. 4. Neben dem Blick in den historischen Schalterraum der Wechselstelle zeigen »Guckis« im linken Türflügel persönliche Fotos aus dem Alltag der Bankangestellten. © GDT Marienborn.

4. Besucherleit- und Informationssystem

Ausgehend von der auratisch-symbolischen Kraft historischer Schauplätze kommt in der zeitgenössischen Erinnerungskultur originalen Gegenständen und Gebäuden ein hoher Stellenwert zu. Das neue Ausstellungs- und Wegeleitsystem folgt dem Anspruch, die sinnliche Erfahrbarkeit des Ortes mit modernen Formen der Aufbereitung von zeitgeschichtlichem Wissen zu verknüpfen. Informationen sind für die Besucher*innen primär am Ort des früheren Geschehens erhältlich: Das Erschließen von typischen Abläufen, Alltagsrealitäten und Erfahrungen an der GÜSt erfolgt, wo möglich, anhand der erhaltenen baulichen und außenräumlichen Strukturen. Für einen multiperspektivischen Zugang zur Teilungsgeschichte werden an verschiedenen Standorten Zitate von Reisenden und Bewohner*innen der Grenze denen von Kontrolleur*innen und Grenzern gegenübergestellt.

Abb. 5. Infotafel am Grenzdenkmal Hötensleben. © KOCMOC.net/Andreas Matthes.

Die Weitläufigkeit und Größe der Areale von Gedenkstätte und Grenzdenkmal machten es notwendig, weithin sichtbare Informationstafeln für eine leichte Orientierung zu installieren. Zugleich sollte die Wahrnehmbarkeit der Tafeln möglichst wenig in das historische Erscheinungsbild der beiden Orte und die denkmalgeschützte Substanz eingreifen. In der Abwägung von Informationsbedarf und Denkmalwert wurden an ausgewählten Positionen zwei Meter hohe Tafeln aufgestellt, die sich in ihrer Farblichkeit und Form deutlich von den historischen Orten abheben. In Wort und Bild geben sie standortsbezogen Auskunft zu den jeweiligen Handlungs- und Funktionsbereichen der DDR-Grenzkontrolle und des Grenzsicherungssystems an der innerdeutschen Grenze. Die Texte sind auf Deutsch und Englisch verfasst. Die Nummerierung der einzelnen Tafeln ermöglicht eine Verortung auf dem Gelände, sie soll jedoch keine zwingende Reihenfolge des Rundgangs vorgeben.

5. »Zeitschleusen«

Um der zunehmenden Zahl von Besucher*innen ohne Vorkenntnisse zu den historischen Schauplätzen und ihrer Geschichte eine rasche Orientierung zu ermöglichen, befinden sich an den Eingängen zur Gedenkstätte sowie am Grenzdenkmal Hötensleben begehbare Informationselemente. Sie markieren den Übergang zum histori-

Abb. 6: Auf dem Gelände der Gedenkstätte vermittelt diese »Zeitschleuse« wesentliche Fakten zur Kontrollpraxis an der GÜSt Marienborn. © KOCMOC.net/Andreas Matthes.

schen Schauplatz, geben eine kompakte Sofortinformation zu Funktion und Bedeutung der jeweiligen Orte und verweisen auf die Dauerausstellung im Hauptgebäude der Gedenkstätte. Neben der überblicksartigen Darstellung auf den Innenseiten haben sie äußerlich eine Leitfunktion als weithin sichtbare Anhaltspunkte zur Orientierung auf dem Gelände. Auf der weitläufigen Betonfläche des ehemaligen Grenzübergangs befindet sich eine weitere großformatige überdachte »Zeitschleuse«, die in Fotografien, Grafiken und kurzen Texten über das akribische Kontrollregime und die mit militärischer Strenge überwachte Dynamik des stark frequentierten Transitortes informiert. Durch Guckkästen in den Seitenwänden können Besucher*innen die heutige Ansicht des Geländes mit der historischen vergleichen. Zudem ermöglichen exemplarische Zitate einen Einblick in die Erfahrungswerte von Reisenden und die Einstellungen der Kontrolleure.

Am Grenzdenkmal Hötensleben vermittelt die »Zeitschleuse« wesentliche Fakten zum Grenzregime der DDR und dem Ausbau der Grenzanlagen. Zitate geben persönliche Erfahrungen von Bewohner*innen des DDR-Sperrgebiets sowie Aussagen von Grenzsoldaten wieder. Die Darstellung dient als Einführung zum Rundgang über das Gelände. Eine eingehendere Beschäftigung mit dem Grenzregime der DDR am Beispiel Hötenslebens und dem Leben auf beiden Seiten der Grenze ist in der Dauerausstellung in der Gedenkstätte Marienborn möglich. Diese vertieft die Kontextualisierung beider historischer Orte. Sie erklärt deren Entwicklung und

Funktionsweise im Ost-West-Konflikt und gibt Einblick in Alltag und Erfahrungen der involvierten bzw. betroffenen Akteure wie Angehörige der Kontrollorgane, Reisende sowie Bewohner*innen des Sperrgebiets und des Zonenrandgebiets in der Bundesrepublik.

Die Größe und Gestaltung der »Zeitschleusen« sorgt über ihre Informations- und Orientierungsfunktion hinaus für eine Aufwertung der Eingangssituationen – insbesondere am Westeingang der Gedenkstätte und am Grenzdenkmal Hötensleben. Die großformatigen Informationselemente tragen dabei zur stärkeren Sichtbarkeit der historischen Orte und einer besseren Lesbarkeit ihrer erhaltenen Strukturen bei, im Sinne einer leicht verständlichen Einordnung. Insbesondere für den an die benachbarte Raststätte grenzenden Westeingang der Gedenkstätte ist durch den neu geschaffenen Vorplatz mit zentralem Zugang eine attraktive Außenwirkung der Gedenkstätte gelungen. Der neu gestaltete Eingang fungiert als ausgestreckte Hand vor allem für jene Besucher*innen, die auf der Durchreise an der Raststätte halten und den historischen Ort spontan entdecken. Im klar erkennbaren Übergang zwischen Rastanlage und Gedenkstätte zeigt überdies ein Bronzemodell die räumlichen Dimensionen der GÜSt Marienborn in der Zeit von 1974 bis 1989. Besucher*innen können anhand des Modells ihren Standort und die in den 1990er Jahren abgerissenen Bereiche des Grenzübergangs erkennen.

Abb. 7: Aufwertung des Eingangs West der Gedenkstätte mit der »Zeitschleuse« und dem Bronzemodell auf dem neuen Vorplatz. © GDT Marienborn.

6. Ausstellungsbereiche im Außengelände

Komplementär zur Informationsvermittlung auf dem Außengelände entstanden neue Ausstellungsbereiche in ehemaligen historischen Funktionseinheiten wie in der Wechselstelle der DDR-Staatsbank und in einer Passkontrollbaracke. Die bereits bestehende Ausstellung zur Arbeit des Zolls in den Räumen der DDR-Zollverwaltung wurde grundlegend erneuert und durch multimediale Informationsmodule erweitert. Besucher*innen erhalten somit Einblick in die historischen Gebäude und in den Arbeitsalltag der Bankangestellten, in Ablauf und Hintergründe der Passkontrolle durch Mitarbeiter des Ministeriums für Staatssicherheit sowie in die Kontrollpraxis der Zollmitarbeiter*innen. Es kommen jeweils Zeitzeug*innen zu Wort, die Aufgaben und Auswirkungen der umfangreichen Kontrollprozeduren erläutern. Besonderer Augenmerk liegt dabei auf dem Thema Flucht, da das Verhindern sogenannter ungesetzlicher Grenzübertritte neben der Überwachung des Waren- und Devisenverkehrs eine wesentliche Aufgabe des Zolls darstellte. Die teils schwerwiegenden Folgen für Menschen aus der DDR, die bei einem Fluchtversuch entdeckt und verhaftet wurden, sind anhand persönlicher Schilderungen von Zeitzeug*innen nachvollziehbar.

Abb. 8: In der Zollgarage zur Ausreisekontrolle befindet sich eine Audiostation mit Auszügen aus einem Interview zu einer gescheiterten Flucht 1978 am Grenzübergang Marienborn. © KOCMOC.net/Andreas Matthes.

7. Fazit

Die neukonzipierte Vermittlungsarbeit der Gedenkstätte Deutsche Teilung Marienborn ermöglicht historisches Lernen ebenso anhand der erhaltenen Außenstrukturen der einstigen GÜSt Marienborn und am Grenzdenkmal Hötensleben wie in konventionellen Ausstellungsbereichen. Mit der verbesserten Lesbarkeit der originalen Bauzeugnisse und einer multimedialen Wissensvermittlung erhalten Besucher*innen einen anschaulichen und umfassenden Zugang zu Funktion und Folgen des DDR-Grenzregimes im Spannungsfeld zwischen systematischer Abschottung und partieller Öffnung. Persönliche Berichte und Objekte von Zeitzeug*innen sprechen die Erfahrungsebene an und machen die »große« Geschichte greifbar. Der Erinnerungsort Grenzübergang Marienborn sowie das Grenzdenkmal Hötensleben werden als Schauplatz der deutschen Teilungsgeschichte in ihren historischen und räumlichen Dimensionen erkennbar und entfalten in Kombination mit der neuen Dauerausstellung in der Gedenkstätte Marienborn ihr Potential als lebendige Gedenk- und Lernorte.

Die Neugestaltung der Eingangsbereiche durch die großformatigen Informationselemente »Zeitschleusen« ziehen zahlreiche Besucher*innen an. Insbesondere am neu angelegten Vorplatz des Eingangs gegenüber der Raststätte erkundeten in den Wochen nach der Eröffnung des Außengeländes am 9. November 2019 viele Pause machende Reisende das Bronzemodell und die Zeitschleuse. Inwieweit sich diese beobachtbare Entwicklung auch in den Besucherzahlen niederschlagen wird, bleibt für die Zeit nach der pandemiebedingten Schließung der Gedenkstätte ab 2020/2021 abzuwarten.

Oral History 30 Jahre nach dem Mauerfall

Erweiterte Perspektiven für die Zeitzeug*innenarbeit der Stiftung Berliner Mauer

Sarah Bornhorst

*1. Intro – was sind eigentlich Zeitzeug*innen?*

Man betritt einen verdunkelten Raum und sieht sich neun Monitoren gegenüber. Zu sehen sind neun Menschen in Großaufnahme – Menschen aus Ost und West, die den Mauerfall als 14-Jährige erlebt haben. Im Wechsel spricht jeweils eine*r von ihnen: über Erlebnisse in der Kindheit im heutigen Brandenburg, in Baden-Württemberg, im ehemaligen Ost- oder West-Berlin, über Erfahrungen während des Mauerfalls und der anschließenden Transformationszeit sowie über Vorstellungen vom jeweils »anderen Deutschland«. Eindrucksvoll in Szene gesetzt und von der Medienkünstlerin Ina Rommee und dem Fotografen Stefan Krauss aufeinander abgestimmt, ergeben die Videointerviewsequenzen ein Narrativ der jüngsten Zeitgeschichte, das noch keinen Platz in der musealen Inszenierung von Mauerfall und deutsch-deutscher Vereinigung bekommen hat. Dies zeigt die Ausstellung »Generation 1975 – mit 14 ins neue Deutschland«, die seit 2020/2021 in der Erinnerungsstätte Notaufnahmelager Marienfelde lief. Deutlich wird zum einen der große Bruch, den der Mauerfall und der anschließende Transformationsprozess für die Jugendlichen im Osten bedeuteten. Mitten in der eigenen biografischen Umbruchszeit, der Pubertät, mussten sie miterleben, wie Bekanntes wegbrach, sich Gewissheiten änderten und Autoritäten – wie Lehrer*innen, aber auch ihre eigenen Eltern – ihr Standing verloren.[1] Eine der interviewten Frauen erläutert in einer kurzen Reportage des Rundfunks Berlin Brandenburg (rbb) über die Ausstellung ihre Motivation, am Projekt teilzunehmen: weil sie endlich einmal gefragt worden sei.[2] Auf der anderen Seite berichten

---

1 Vgl. zum Autoritätsverlust der Lehrkräfte Hamze Bytyçi/Jakob Lauenberger: Ein paar Sinti* sind geladen, noch mehr Roma* sind gekommen, reißt die Mauern ein, Genscher heißt uns willkommen. In: Lydia Lierke/Massimo Perinelli (Hg.): Erinnern stören. Der Mauerfall aus migrantischer und jüdischer Perspektive, Berlin 2020, S. 209–232, hier S. 218.
2 Vgl. den Beitrag »Generation 1975 in Marienfelde«, in: Sendung zibb des rbb vom 7.10.2020, https://www.ardmediathek.de/rbb/video/zibb/generation-1975-in-marienfelde/rbb-fernsehen/Y3JpZDovL3JiYi1vbmxpbmUuZGUvemliYi8yMDIwLTEwLTA2VDE4OjI3OjAwX2UxNzBlZGZiLTZlYmEtNDRhOS05Njg4LWRiN2Q2MTViNjMyNy9hdXNzdGVsbHVuZy1nZW5lcmF0aW9uLTE5NzUtYmVybGluLW1hcmllbmZlbGRl/ (7.10.2020).

die westdeutschen Interviewpartner*innen, wie wenig sie die Ereignisse in ihrem persönlichen Umfeld betroffen hatten. Die Eltern mussten nun Solidaritätszuschlag zahlen, das habe man gemerkt, aber sonst gab es keine Auswirkungen, so eine Frau aus Baden-Württemberg. Eindrücklich zeigen die Videos, welche unterschiedlichen Erfahrungen Angehörige einer Generation mit dieser zeitgeschichtlich so prägenden und medial allgegenwärtigen – vor allem um die entsprechenden Jahrestage – so präsenten Zeit machten. Aber auch, wie wenig detailliert bisher auf diese Alltagserfahrungen geschaut wurde.[3]

Alle Interviewten eint die Erfahrung, dass sie für dieses Projekt erstmals als Zeitzeug*innen angesprochen worden sind. Zum ersten Mal wurde ihren Erlebnissen eine Relevanz zugeschrieben, die einer musealen Inszenierung würdig und damit auch einer öffentlichen Diskussion zugänglich ist.[4] Auch wenn der Begriff Zeitzeug*in zunächst vermeintlich neutral erscheint, inzwischen manchmal gar inflationär gebraucht wird und eigentlich jede Person meinen kann, die eine bestimmte Zeit miterlebt hat: Jemanden als Zeitzeug*in zu adressieren, bedeutet, ihr oder sein Lebensschicksal zu hören und auch würdigen zu wollen.[5]

Zeitzeug*innen in Museen und Gedenkstätten sowie in den Medien spiegeln hauptsächlich ein bestimmtes Narrativ der deutsch-deutschen Geschichte nach 1945. Der Darstellung der geteilten Nation, dem damit verbundenen Leid und Trennungsschmerz sowie der Einmauerung der DDR werden der Mauerfall und der deutsch-deutsche Einigungsprozess als positive Schlüsselereignisse gegenübergestellt.[6] Diese Lesart schlägt sich auch in den Interviews der Stiftung Berliner Mauer nieder, denn »[...] Zeitzeugen [begleiteten] die Historisierung der DDR von Anfang an; sie mussten sich nicht erst mühsam einen Platz in der historischen Auseinandersetzung erkämpfen«,[7] so Martin Sabrow – wie das etwa bei bestimmten Verfolgtengruppen

---

3   Vgl. zu den Erfahrungen ehemaliger DDR-Bürger*innen in der Transformationszeit Ilko-Sascha Kowalczuk: Die Übernahme. Wie Ostdeutschland Teil der Bundesrepublik wurde, München 2019.
4   Die Ausstellung ist ein Teil des Projektes »Generation 1975 – Mit 14 ins neue Deutschland« der Universität Konstanz, dem Archiv Deutsches Gedächtnis, der FernUniversität Hagen und der Stiftung Berliner Mauer, gefördert von der Bundesstiftung zur Aufarbeitung der SED-Diktatur. Mehr zum Projekt siehe Christiane Bertram: »Generation 1975 – Mit 14 ins neue Deutschland«. Blick vom Osten und Westen in die deutsche Teilungsgeschichte, in: Bürger & Staat 1/2 (2020), S. 81–88.
5   Vgl. zur Genese des Konzeptes von Zeitzeug*innen: Martin Sabrow/Norbert Frei (Hg.): Die Geburt des Zeitzeugen nach 1945 (Geschichte der Gegenwart, Band 4/Beiträge zur Geschichte des 20. Jahrhunderts, Band 14), Göttingen 2012.
6   Vgl. zur musealen Darstellung Irmgard Zündorf: Personalisierung, Emotionalisierung und Multiperspektivität. Themen, Formen und Funktionen von Zeitzeugen in Museen und Gedenkstätten zur DDR-Geschichte. In: Christian Ernst (Hg.): Geschichte im Dialog? ›DDR-Zeitzeugen‹ in Geschichtskultur und Bildungspraxis, Schwalbach 2014, S. 169–181.
7   Martin Sabrow: Die DDR zwischen Geschichte und Gedächtnis. In: Ernst, Geschichte im Dialog, S. 23–37, hier S. 35.

Abb. 1: Protagonist*innen der Ausstellung »Generation 1975 – mit 14 ins neue Deutschland«, 2019. KRRO Film, Ina Rommee & Stefan Krauss.

im Nationalsozialismus nach 1945 der Fall war, die lange um Anerkennung kämpfen mussten, bevor ihr Narrativ akzeptiert und das ihnen zugefügte Unrecht gewürdigt worden ist. Zeitzeug*innen, bezogen auf die Geschichte der DDR, sind insbesondere Opfer der SED-Diktatur. Der Opferstatus von Zeitzeug*innen ist dabei nichts DDR-Spezifisches, insgesamt verbindet man das Konzept der Zeitzeug*innenschaft eng mit Opferschaft – oder aber es muss eine Läuterung als Täter*in vorangehen.[8] Für die

8 Vgl. Martin Sabrow: Der Zeitzeuge als Wanderer zwischen zwei Welten. In: Ders./Frei (Hg.): Geburt des Zeitzeugen, S. 13–32, hier S. 27 ff.

DDR-Geschichte spielen auch ehemalige Oppositionelle, die aktiv an der Überwindung der SED-Diktatur beteiligt waren, eine wichtige Rolle im öffentlichen Diskurs. Konkret bezogen auf die Berliner Mauer rückten als Zeitzeug*innen Menschen in den Fokus der Wahrnehmung, deren Familien durch das innerstädtische Grenzregime auseinandergerissen wurden, Angehörige bei tödlichen Fluchtversuchen verloren haben, selbst geflohen sind oder wegen gescheiterter beziehungsweise geplanter Fluchten inhaftiert waren. Das ist zwar eine wichtige und unverzichtbare Basis der Erinnerung an die Geschichte der Berliner Mauer, anders gelagerte Wahrnehmungen und Erinnerungen traten und treten demgegenüber aber in den Hintergrund. 2019 resümierte etwa der Soziologe Steffen Mau:

> »*In den medialen Debatten und erinnerungspolitischen Initiativen lag der Schwerpunkt stets auf Mauer, Flucht und Teilung, lebensweltliche Bezüge waren selten. Die Beschreibung der DDR vor allem als Diktatur betrachten viele Ostdeutsche daher als Verzerrung der historischen Realität. Die Aufarbeitung der Vergangenheit lief deshalb auch an vielen Ostdeutschen vorbei; sie erkannten sich in den offiziellen Geschichtsbildern von SED-Diktatur und Unrechtsstaat nicht wieder. Die fortwährende Bezugnahme ex negativo verhinderte eine selbstbestimmte Verortung im historischen Raum. Das gilt nicht nur für ehemals angepasste DDR-Bürger, sondern interessanterweise auch für Kritiker und Dissidenten, denen ebenfalls positiv aufgeladene Bindungen abhandenkamen.*«[9]

Inzwischen ist es zwar zu einer Ausdifferenzierung der Inszenierungsformen von Zeitzeug*innenschaft gekommen, was aber nicht zwangsläufig zu einer Pluralisierung und Multiperspektivität der historischen Narrative in der breiten Öffentlichkeit führte.[10] Der 30. Jahrestag des Mauerfalls 2019 ist ein Anstoß, über Perspektiven der eigenen Arbeit nachzudenken und Desiderate zu benennen. Das betrifft Sichtweisen auf das Ereignis selbst, aber auch auf Aspekte, die in 30 Jahren DDR-Erinnerungskultur kaum wahrgenommen worden sind. Im Folgenden soll es darum gehen, welche Fragen unsere Erkenntnisse zur Geschichte der Berliner Mauer und der deutsch-deutschen Teilung, zum Mauerfall und zur deutsch-deutschen Vereinigung sowie zur anschließenden Transformationszeit erweitern können; wer also noch nicht gehört wurde.

Dazu wird zunächst ein kurzer Überblick über die bisher geleistete Arbeit der Stiftung Berliner Mauer im Bereich Zeitzeug*innenarbeit/Oral History gegeben, um daran anknüpfend anhand konkreter Beispiele nach einer Erweiterung der eigenen Bestände und Themen zu fragen. Da der Beitrag auf einem Vortrag im Rahmen der Tagung »Stadt und Erinnerungskultur« des Südwestdeutschen Arbeitskreises für

---

9 Steffen Mau: Lütten Klein. Leben in der ostdeutschen Transformationsgesellschaft, Berlin 2019, S. 213.
10 Vgl. Peter Paul Schwarz: Vom NS- zum DDR-Zeitzeugen? Zur Begriffsgeschichte vor und nach 1989/90. In: Ernst, Geschichte im Dialog, S. 38–53, hier S. 50.

Stadtgeschichtsforschung von 2019 beruht, werden Beispiele erläutert, die Schlaglichter auf stadthistorische Fragen werfen.

2. Die Stiftung Berliner Mauer und ihr Zeitzeug*innenarchiv

Die Arbeit mit Zeitzeug*innen der Stiftung Berliner Mauer begann vor mehr als 20 Jahren. Seit Ende der 1990er Jahre wurden sowohl an der Gedenkstätte Berliner Mauer als auch an der Erinnerungsstätte Notaufnahmelager Marienfelde Interviews mit Menschen geführt, die als »Zeitzeug*innen« adressiert wurden oder die sich als solche wahrnahmen. Heute gehören beide Einrichtungen mit der East Side Gallery, der Gedenkstätte Günter Litfin und dem Parlament der Bäume zur 2009 gegründeten Stiftung Berliner Mauer. In der Anfangszeit galt es, bei der Interviewführung auch notwendiges Wissen über die jeweiligen Orte für den Aufbau der Erinnerungsbeziehungsweise der Gedenkstätte zu generieren. Es ging etwa darum, Kenntnisse zu Fluchtwegen, zu Fluchthilfeprojekten oder zur Verortung von Fluchttunneln zu erhalten. Auch interessierte die Situation in der Bernauer Straße, jener ikonischen Stätte des Ost-West-Konfliktes, die sich aufgrund der dortigen Grenzsituation ins kollektive Gedächtnis eingebrannt hat.[11] Bezogen auf die Erinnerungsstätte sollten zudem Ablauf, Rahmenbedingungen und Auswirkungen des Notaufnahmeverfahrens erforscht werden. Während in der Gedenkstätte Berliner Mauer von Beginn an lebensgeschichtlich-narrative Interviews geführt wurden, führte der damalige Trägerverein der Erinnerungsstätte Notaufnahmelager Marienfelde anfangs auch Expert*inneninterviews.[12]

Kernbestand des Zeitzeug*innenarchivs der Stiftung Berliner Mauer waren mit Stand einer internen Auswertung 2018 rund 400 Interviews:[13] Im Teilbestand der Gedenkstätte Berliner Mauer finden sich mit rund 70 Prozent vor allem Interviews, die den Schrecken der Mauer in individuellen Lebensschicksalen spiegeln – bei Geflüchteten, auseinandergerissenen Familien, Anwohner*innen, Angehörigen von Todesopfern, Fluchthelfer*innen und/oder Menschen mit Repressionserfahrung. »[I]n Verbindung mit den Geschichten der Menschen, die den Mauerbau erlebten und deren Alltag durch die Teilung der Stadt und des ganzen Landes bestimmt war, lässt sich das Ausmaß dieses menschenverachtenden Willküraktes des SED-Staates erahnen«,[14]

---

11   Vgl. Maria Nooke: Die Bernauer Straße – ein Mauerort von historischer Bedeutung. In: Axel Klausmeier (Hg.): Die Berliner Mauer. Ausstellungskatalog der Gedenkstätte Berliner Mauer, Berlin 2015, S. 22–24.
12   Vgl. Bettina Effner: Der Westen als Alternative. DDR-Zuwanderer in der Bundesrepublik und in West-Berlin 1972 bis 1989/90 (Beiträge zur Geschichte von Mauer und Flucht), Berlin 2020, S. 219.
13   Die weiteren Ausführungen zur Struktur der Bestände des Zeitzeug*innenarchivs basieren auf dieser Auswertung, Stand 2018.
14   Maria Nooke: Einleitung. In: Dies. (Hg.): Mauergeschichten von Flucht und Fluchthilfe. Begegnungen mit Zeitzeugen (Veröffentlichungen der Stiftung Berliner Mauer), Berlin 2017.

konstatiert Maria Nooke. Es galt, das durch die Berliner Mauer entstandene Leid anzuerkennen und den Menschen einen Ort zu geben, an dem dies artikuliert werden kann – auch durch sie selbst. In der Erinnerungsstätte Notaufnahmelager Marienfelde umfasst der Bestand schwerpunktmäßig Interviews mit Geflüchteten aus der DDR, die dort ihr Aufnahmeverfahren durchlaufen haben. Dabei geht es konkret um den Fluchtverlauf und Motive der Geflüchteten. Insgesamt thematisieren gut 70 Prozent der Interviews Flucht, Fluchthilfe und Freikauf.

Ein besonderer Sammlungsbestand sind über vierzig Interviews mit ehemaligen Grenzsoldat*innen, entstanden im Rahmen des Projektes »Grenz-Erfahrungen« der Gedenkstätte Berliner Mauer 2015/2016. Die Akquise der Interviewpartner*innen stand vor besonderen Herausforderungen, da diese Zeitzeug*innen die Gedenkstätte nicht als ihren Erinnerungsort wahrnahmen und Befürchtungen hatten, wie ihnen seitens der Mitarbeiter*innen begegnet werden würde.

Zeitlich liegt der Fokus der bisher geführten Zeitzeug*inneninterviews auf den Erfahrungen in den Jahren unmittelbar nach dem Mauerbau und für Marienfelde auf den 1950er Jahren mit der Gründung des Notaufnahmelagers 1953. Auch die Zeit, in der die DDR zu erodieren begann, also verstärkt in den 1980er Jahren, ist durch Zeitzeug*inneninterviews mit Ausreiseantragssteller*innen und Angehörigen der DDR-Opposition umfangreich beleuchtet.

Die interviewten Personen sind im Bestand der Gedenkstätte Berliner Mauer zu 70 Prozent Männer und nur zu 30 Prozent Frauen. Für die Erinnerungsstätte Notaufnahmelager Marienfelde ist das Geschlechterverhältnis ausgeglichener, dort verteilt sich der Bestand auf 56 Prozent männliche und 44 Prozent weibliche Interviewte.

Die Fokussierung spiegelt die oben beschriebene Wahrnehmung, wer Zeitzeug*in ist. Das ist eng mit der Fragestellung verbunden, wer sich überhaupt als Zeitzeug*in versteht. Die Eigendefinition orientiert sich an erinnerungspolitischen Diskursen und dominanten Deutungsmustern. Daher ist es insbesondere eine konkrete Gruppe, die an die Stiftung Berliner Mauer mit dem Wunsch, interviewt zu werden, herantritt: Menschen, die sich selbst als Zeitzeug*innen für das Thema Berliner Mauer begreifen, sind vornehmlich einst aus der DDR Geflüchtete. Davon – das gilt allerdings vor allem für die Gedenkstätte Berliner Mauer – sind es zu einem großen Teil Männer, die ihre Erfahrungen weitergeben möchten.

Das Geschichtsfernsehen spielt bei der Akquise von Zeitzeug*innen eine wichtige Rolle. Beiträge zum Thema Mauerbau, Flucht aus der DDR, Repressionen des SED-Regimes, den Protesten in den 1980er Jahren und der damit verbundenen Erosion des Staates sowie schließlich dem Fall der Berliner Mauer sind um die entsprechenden Jahrestage herum Legion. Zeitzeug*innen sind dabei für die Redakteur*innen und Filmemacher*innen gefragte Gesprächspartner*innen. Das erlebt nicht nur die Stiftung Berliner Mauer an den zunehmenden Anfragen von Journalist*innen um den 13. August oder den 9. November jeden Jahres – besonders zu runden Jahrestagen. Solche Sendungen haben auch eine Auswirkung auf ihre Rezipient*innen, denn diese »können andere Lebensgeschichten sehen, sich wiedererkennen und sich zugleich repräsentiert fühlen.«¹⁵ Wenn dieses Identifikationsangebot angenommen wird, bedeutet es, dass Rezipient*innen sich ebenfalls als Zeitzeug*innen wahrnehmen können. Wenn sie in dem, was sie im Fernsehen präsentiert bekommen, ihre eigenen Erlebnisse und Einschätzungen wiederfinden – und die dort zu Wort Kommenden als »Zeitzeug*innen« präsentiert werden – ist die Eigenwahrnehmung dieser Rolle möglich. Durch die Medialisierung bestimmter Erlebnisse und Erfahrungen bekommen diese eine allgemein anerkannte Bedeutung, an welche die Erlebnisgeneration mit der Selbstdefinition als Zeitzeug*in anknüpfen kann.

Eine Rückkoppelung der medialen Darstellung ist, dass Zeitzeug*innenschaft oft damit verbunden wird, etwas »Spektakuläres« erlebt zu haben. Für die Zeit des Nationalsozialismus bringt dies Angelika Rieber sarkastisch auf den Punkt: »Ein Zeitzeuge der NS-Geschichte ist Hitler, Goebbels, Göring und Himmler persönlich begegnet, war in Auschwitz, Stalingrad und auf dem Nürnberger Parteitag. Er erinnert sich detailliert an jedes seiner Erlebnisse, versteht diese anschaulich zu schildern, ist zu 100 % glaubwürdig und überdies sehr sympathisch.«¹⁶ Wonach viele Journalist*innen in Bezug auch auf die Berliner Mauer suchen, sind spektakuläre Fluchtgeschichten, dramatische Trennungen, Held*innen und Prominente. Hier folgen Journalist*innen der Logik ihrer Publikationsplattformen. Aus dem Blick geraten kann dabei, wie wichtig gerade die alltäglichen Erfahrungen für das Verständnis von Vergangenheit sind. Auch die nicht außergewöhnlichen Erfahrungen bilden ein wichtiges Fundament der Oral History, sie ist im besten Fall auch eine Alltagsgeschichte. Denn, wie Dorothee Wierling postuliert: »Die Oral History als geschichtswissenschaftliche Methode lebt [...] nicht vom auratischen Zeugen, sondern von historisch interessanten Erzählungen.«¹⁷

Ziel der Stiftung Berliner Mauer ist es, den bisherigen Fokus aufzubrechen, um ihre Bestände zu erweitern. Eine Strategie dabei ist die gezielte Ansprache von Zeitzeug*innen gemäß definierter Fragestellungen, wie es etwa bei dem erwähnten Interviewprojekt »Grenz-Erfahrungen« mit ehemaligen Grenzer*innen passiert ist.

---

15 Lu Seegers: Fernsehbilder und innere Bilder. Überlegungen zum Zusammenhang von Geschichtsfernsehen und biografischer Sinnstiftung. In: Knud Andresen/Linde Apel/Kirsten Heinsohn (Hg.): Es gilt das gesprochenen Wort. Oral History und Zeitgeschichte heute, Göttingen 2015, S.161–180, hier S. 177.
16 Angelika Rieber zitiert nach Werner Imhof: Oral History. Chancen, Grenzen, Praxis, in: Bundeszentrale für politische Bildung: Online-Dossier Geschichte begreifen, http://www.bpb.de/lernen/projekte/geschichte-begreifen/42324/oral-history?p=all (10.9.2020).
17 Dorothee Wierling: Fünfundzwanzig Jahre: Oral History. In: WerkStatt Geschichte 75 (2017), S. 83–88, hier S. 88.

3. Erweiterte Blicke (auch) auf Stadtgeschichte

3.1. Grenzgebiet

Gerade auch mit Hilfe von Oral History-Quellen lassen sich erweiterte Erkenntnisse für stadtgeschichtliche Fragestellungen gewinnen. Das ist insbesondere für die Geschichte der Berliner Mauer, die eminenter Bestandteil (auch) von urbaner Geschichte ist, evident. Bei der Erforschung des Funktionierens von sozialistischen Gesellschaften wie der DDR können entsprechende Quellen helfen, zu verstehen, »wieweit die Omnipräsenz der offiziellen Politik die Lebenswelten der Einzelnen bestimmte und auf individuelle Selbstbilder und Lebensentwürfe wirkte. Umgekehrt ist aber auch danach zu fragen, auf welche Weise Stimmungen und Wünsche an der Basis die Politik der Regierung beeinflussten und welche Partizipationsmöglichkeiten und -praktiken es gab.«[18] Der Blick auf das Grenzgebiet in Ost-Berlin ist dabei noch sehr stark von einer Perspektive geprägt, die den Soll-Zustand, wie ihn die SED mit ihren Verboten und Verordnungen herzustellen bemüht war, wiedergibt. Im Grenzgebiet lebten angeblich nur ausgewählte, systemtreue Bewohner*innen, der Zugang erfolgte nur mit Passierschein und die Gegend in Mauernähe wurde intensiv und permanent überwacht. Bei Missachtung der strengen Regelungen drohten Strafen.

Auch Oral History-Pionierarbeiten zur Berliner Mauer und dem ihr vorgelagerten Grenzgebiet zeigen insbesondere das Funktionieren des Grenzregimes, die Zwangsräumungen von Wohnungen an der Mauer Anfang der 1960er Jahre, die Strategien zur Fluchtverhinderung und die Überwachung des Grenzgebietes durch die Volkspolizei mit den Abschnittsbevollmächtigten (ABV) und auch durch das Ministerium für Staatssicherheit (MfS). Diesen Themen widmeten sich etwa Falk Blask und Thomas Scholze in ihren Befragungen von Grenzsoldaten, ABV und Anwohner*innen des innerberliner Grenzgebietes von Treptow zu Neukölln, mit denen sie bereits 1989 begannen. Sie interessierte, was die Beteiligten erlebt hatten. Sie wollten ihre Erfahrungen angesichts der Tatsache, dass die materiellen Relikte der Grenze schnell aus dem Stadtbild verschwanden, bewahren und ihnen Gehör verschaffen.[19]

Wenig in den Blick genommen worden ist hingegen der zeitgenössische Ist-Zustand und dessen Wandel, der auch die Reaktionen und Umgangsstrategien der Bevölkerung einschließt. Hier können Oral History-Interviews neue Erkenntnisse

---

18 Julia Obertreis/Anke Stephan: Erinnerung, Identität und »Fakten«. Die Methodik der Oral History und die Erforschung (post)sozialistischer Gesellschaften (Einleitung). In: Dies. (Hg.): Erinnerungen nach der Wende. Oral History und (post)sozialistische Gesellschaften/Remembering after the Fall of Communism. Oral History and (Post-)Socialist Societies, Essen 2009, S. 9–36, hier S. 17.

19 Vgl. Thomas Scholze/Falk Blask: Halt! Grenzgebiet! Leben im Schatten der Mauer, 2. Aufl. Berlin 1997.

liefern und erste Hinweise fruchtbar ergänzen. In Akten der Volkspolizei etwa finden sich seit den 1970er Jahren vermehrt Anzeigen, weil Menschen sich nicht mehr an die Zugangsbeschränkungen gehalten haben. Wenn dann Sanktionierungen folgten, fügten sie sich nicht unbedingt, sondern protestierten dagegen. Das strikte Vorgehen wurde dadurch in Frage gestellt, die Bevölkerung erkannte die Zugangsbeschränkungen nicht vollumfänglich an oder lehnte sie schlicht ab.[20]

Auch im folgenden Auszug aus einem Zeitzeug*inneninterview der Stiftung Berliner Mauer wird die Situation des Grenzgebietes in den 1980ern nicht in einer offiziell intendierten Form ernst genommen – oder nicht ausschließlich. Die Interviewpartnerin Bettina Dziggel kam Anfang der 1980er nach Ost-Berlin. Sie war in der lesbisch-feministischen Opposition unter dem Dach der Kirche aktiv. In Ost-Berlin übte sie verschiedene Jobs aus, dazu gehörte auch die Auslieferung von Telegrammen im Grenzgebiet an der Berliner Mauer. Später arbeitete sie in einem Fahrradladen in der Gleimstraße in unmittelbarer Nähe des Grenzgebietes. Dort lernte sie eine Kollegin, die unmittelbar im Grenzgebiet lebte, kennen, die sie auch besuchte. Entscheidend ist, dass sie je nach Kontext die Regeln und Rahmenbedingungen des Grenzgebietes sehr unterschiedlich wahrnahm. Entsprechend änderte sich auch ihre jeweilige Haltung der Situation gegenüber:

> »I: Vielleicht noch ein Rückblick: Du hast ja schon die Gleimstraße und die Arbeit im Grenzgebiet erwähnt, als du Telegramme dahin gebracht hast. Kannst du das noch einmal ein bisschen ausführen? Was war das für ein Gefühl, im Grenzgebiet zu arbeiten? Inwiefern war das etwas Alltägliches oder etwas Komisches?
> P: Ich wollte da so schnell wie möglich raus. Auf der einen Seite war es fantastisch, einen Blick rüber zu werfen und eine Perspektive auf diese Grenzanlagen zu haben. Das war in Richtung Charité, Hannoversche Straße/Chausseestraße. Oft war es ja nicht möglich, weil oben die Fenster zubetoniert waren. Das ging von den Treppenhäusern oft nicht. Aber wenn da mal etwas war und man konnte einen Blick von der ersten Etage erhaschen, war das schon alles sehr seltsam. Ich war immer froh, wenn ich den Typen, der mich begleitete, meinen persönlichen Wachhund, wieder los war, wenn ich wieder draußen war und in meinem kleinen Trabi saß. Das war immer eine sehr unangenehme Geschichte. Mir fällt jetzt gerade ein, weil du das fragst: Wir haben auch mal an der Mauer an der Schönholzer Straße in Mitte provoziert. Wir haben einen Schneemann auf der Straße an diese Vormauer gebaut. Dann kamen sie und haben den Schneemann gleich wieder kaputt gemacht. Das war sehr seltsam. Pat W. hat da gewohnt. Im Vorderhaus in der zweiten Etage haben Freundinnen von mir gewohnt. Wir konnten immer mal einen Blick hinüber erahnen. Aber irgendwie, ich weiß es nicht, hat es mich auch bei meiner Kollegin Ilschen nicht rübergezogen. Wenn ich zu ihr gegangen

---

20 Über die Akten und ihren Inhalt hat mein Kollege Dr. Gerhard Sälter, Leiter der Abteilung Forschung und Dokumentation der Stiftung Berliner Mauer, mir berichtet, dem ich dafür ganz herzlich danken möchte.

bin, war das immer sehr nett, weil sie eine sehr aufgeräumte Wohnung und sehr leckeres Essen hatte. Wir haben Wein getrunken und geschnattert und so. Wir haben immer mal einen ausgetrickst. Das war dieser Kitzel: ›Scheiße, eigentlich wollte ich jetzt schon wieder längst zu Hause sein! Jetzt stehen sie da und wir müssen wieder abwarten. Es ist besser, wenn es dunkel ist. Ah, keiner mehr da! Los jetzt, schnell!‹ Das hat Spaß gemacht! Um ihnen zu zeigen: ›Von wegen! Ihr könnt uns hier nicht wegsperren! Es geht doch! Es ist ja doch nicht so!‹ Aber wenn ich bei der Arbeit schon hörte: ›Grenzgebiet! Frau Dziggel, kommen Sie mal!‹ Jetzt musste ich wieder anrufen, hatte diesen Polizisten immer neben mir und musste dieses ganze Prozedere durchmachen. Ich musste ja auch pünktlich sein. Oh, das habe ich auch nicht gemocht!
I: Das ist interessant, dass dir die Situation besonders unangenehm war, als es für dich erlaubt war, und die Situationen, wo es dir Spaß gemacht hat...
P: Aber unter Kontrolle!
I: Unter Kontrolle.
P: Das war doch furchtbar, da will doch keiner rein! Das ist gut, dass du das fragst. Mit Ilschen hat es aber Spaß gemacht. Im Normalfall hätte ich sie nie besucht, glaube ich. Aber weil sie wirklich wunderbar Dorsch mit Senfsoße machen konnte, bin ich öfter mal hin. Im Normalfall wäre ich so oft nicht hingegangen. Aber diesen Reiz und diesen Kitzel musste ich öfter haben.«[21]

Das Beispiel verdeutlicht auch, was für die Bewohner*innen besonders prägend war – nicht die Mauer als solche, sondern das gesicherte Grenzgebiet im Vorfeld. Die »Mauer« selbst, also die letzte Sperre zu West-Berlin, dieses inzwischen ikonische Bauwerk, war so abgeschottet, dass sie vom Osten aus kaum wahrgenommen werden konnte. Entscheidend für den Alltag war die Militarisierung des Stadtraums im Vorfeld.[22] Hier zeigen sich exemplarisch Alltagspraktiken von Anwohner*innen und Besucher*innen, die einen eigensinnigen Umgang mit den Restriktionen des Grenzgebietes spiegeln. Darüber hinaus bewegten sich auch die Reaktionen der Ordnungskräfte gemäß dieser Erinnerung in einem variablen Handlungsfeld – der Schneemann wurde kurzerhand zerstört, weitere Folgen hatte das regelwidrige Verhalten offenbar nicht.

---

21 Zeitzeug*inneninterview (Auszug) von Sarah Bornhorst (I) mit Bettina Dziggel (P) am 3.7.2019, Gedenkstätte Berliner Mauer.
22 Die Grenzanlagen selbst wurden permanent verändert und ausgebaut, vgl. Gerhard Sälter: Die Sperranlagen, oder: Der unendliche Mauerbau. In: Klaus-Dietmar Henke (Hg.): Die Mauer. Errichtung, Überwindung, Erinnerung, München 2011, S. 122–137.

3.2 Mauerfall

Der Fall der Berliner Mauer 1989 gilt historisch als das positive Schlüsselereignis der jüngeren deutschen Nachkriegsgeschichte – zugespitzt könnte man auch von einem stadtgeschichtlichen »Happy End« sprechen – und als ein besonderer Moment historischer Sinnstiftung. Für West-Berlin bedeutet der Fall der Mauer unter anderem, dass die jahrzehntelange Insellage der Stadthälfte überwunden wurde. West-Berlin und damit auch die West-Berliner*innen verloren ihren Sonderstatus, dem sie teilweise auch hinterhertrauerten.[23] Durch den Bau der Berliner Mauer auseinandergerissene Familien konnten wieder zueinander finden. Geografisch kam für die West-Berliner*innen wieder ein grünes Umland in ihren Bewegungsradius. Das ist die eine Perspektive.

Eine rassismuskritische Perspektive auf den Fall der Berliner Mauer haben migrantische Selbstorganisationen, antirassistische Initiativen, Wissenschaftler*innen, Künstler*innen und Aktivist*innen seit Jahren stark gemacht. Dabei spielten auch die Erfahrungen von Zeitzeug*innen eine wichtige Rolle. Frühe Zeugnisse sind etwa der Film »Duvarlar – Mauern – Walls« von Can Candan, der Stimmen türkeistämmiger West-Berliner*innen über den Mauerfall sicht- und hörbar gemacht hat, ebenso wie die Studie von Nevim Çil zu den Folgen der deutsch-deutschen Vereinigung.[24] Ein aktuelles Beispiel ist der Film »Die Mauer ist uns auf den Kopf gefallen« von Diane Izabiliza über die Auswirkungen von Mauerfall und deutsch-deutscher Vereinigung auf Frauen of Color.[25] Gerade auch 30 Jahre nach dem Fall der Berliner Mauer erschienen Publikationen, eröffneten Ausstellungen und wurden Projekte vorgestellt, die diese Sicht stark machen. Ein wichtiges Projekt mit Zeitzeug*innen im Jahr 2019 war »Labor 89«, initiiert und durchgeführt von Peggy Piesche und Nicola Lauré al-Samarai. Lauré al-Samarai interviewte acht BPoC-Aktivist*innen[26]

---

23 Vgl. Elke Kimmel: West-Berlin. Biografie einer Halbstadt, Berlin 2018, S. 212.
24 Vgl. Nevim Çil: Topographie des Außenseiters. Türkische Generationen und der deutsch-deutsche Wiedervereinigungsprozess (Politik & Kultur, Band 9), Berlin/Tübingen 2007. Der Film »Duvarlar – Mauer – Walls« wurde 1990/1991 gedreht und erschien im Jahr 2000. Er ist unter https://www.bpb.de/mediathek/305232/duvarlar-mauern-walls abrufbar.
25 Der Film »Die Mauer ist uns auf den Kopf gefallen« (2018) entstand im Rahmen des Projektes »Verwobene Geschichten« der Alice Salomon Hochschule. Er ist online unter https://www.verwobenegeschichten.de/themen/film-die-mauer-ist-uns-auf-den-kopf-gefallen/abrufbar.
26 Die Abkürzung BPoC steht für »Black and People of Color« und kommt ursprünglich aus antirassistischen US-amerikanischen Kontexten, wird inzwischen aber auch in Deutschland verwendet. PoC steht für »People of Color«. Beides, sowie Schwarz, sind Selbstbezeichnungen von Menschen mit Rassismuserfahrung. Siehe zu diesen Begriffen das Online-Glossar der Neuen Deutschen Medienmacher*innen: https://glossar.neuemedienmacher.de (16.10.2020).

Abb. 2: Junge Kreuzberger »Mauerspechte« in der Waldemarstraße, Berlin 1990. Nicole Montéran/ Stiftung Berliner Mauer.

aus Ost und West über politische Kämpfe vor und nach 1989, veränderte Themen, neue Bündnisse und Rassismuserfahrungen.[27] Diese bildeten die Basis für eine Publikation und eine Ausstellung im FHXB Museum. Piesche konstatiert, »[k]ollektive Gedächtnisse, die nicht zum Mainstream gehören, bringen deshalb notwendigerweise andere Erinnerungen, andere Fragen und vielleicht auch andere Antworten hervor, insbesondere in einer Zeit so tiefgreifender gesellschaftlicher Veränderungen. [...] Während in weißen ostdeutschen und westdeutschen Kontexten der Mauerfall zwar sehr unterschiedlich erinnert wird, aber als historisches Moment im Vordergrund steht, ist für Schwarze, People of Color-, queer*feministische und andere mehr-

---

27 Bearbeitete Abschriften der Interviews wurden der Stiftung Berliner Mauer überlassen und können dort zu Forschung- und Publikationszwecken eingesehen werden.

fachdiskriminierte Aktivist*innen das Moment der gewaltvollen Entfremdung und Exklusion aus der Gesellschaft des Nachwendedeutschlands ausschlaggebend.«[28]

Viele türkeistämmige West-Berliner*innen erlebten den Mauerfall »direkt vor ihrer Haustür«. Sie freuten sich zunächst, wie Alexandra Weltz-Rombach und Gülriz Eğilmez bei ihrem Oral History-Projekt »Mit offenem Blick | Açık Bakışla« von ihren Interviewpartner*innen erfuhren, über die überwundene Trennung der Stadt. Als »Mauerspechte« waren sie Teil der Wiederaneignung des Stadtraums – bekamen aber schnell signalisiert, dass sie nicht dazugehörten zum neuen »Wir«.[29]

Die wachsende Bedrohung durch rassistische Übergriffe und damit auch die Veränderung des Stadtraums beschreibt auch Koray Yılmaz-Günay im Zeitzeug*inneninterview. Er wurde 1974 in West-Berlin geboren und wuchs in Kreuzberg, in SO 36, in unmittelbarer Mauernähe auf. Seine Eltern waren ein Jahr vor seiner Geburt aus der Türkei nach West-Berlin gekommen. Den Mauerfall erlebte er als 15-Jähriger, zunächst eher desinteressiert. Er ordnet die folgenden gesellschaftlichen und politischen Entwicklungen sowie die Diskurse, die die rassistischen Pogrome der 1990er Jahre mit begünstigten, wie folgt ein:

> »I: Vielleicht kannst du das noch einmal konkretisieren. Hast du selber auch Erfahrungen mit rassistischen Übergriffen oder Beschimpfungen oder so nach dem Mauerfall gemacht? Oder war die Situation eher so, dass man von diesen Pogromen in der Zeitung oder in den Medien erfahren hat?
> P: Zum einen gab es diese ganzen Jugendgangs, die sich damals in Kreuzberg, in Schöneberg, im Wedding zur Abwehr von rassistischen, neonazistischen Besuchen bildeten. Aufgrund der relativen Nähe zu Friedrichshain, wo die S-Bahnen aus dem Umland hinfuhren – aus Königs-Wusterhausen, aus dem Norden und auch aus dem Osten – war Kreuzberg (...) einer der Punkte, wo sich ein Besuch lohnte, insbesondere für Neonazis aus dem Umland oder aus Ost-Berlin. Es war auch später (...) der Punkt, an dem die S-Bahnen aus Lichtenberg, wo in der Weitlingstraße ein Nazi-Hotspot war, hereinfuhren. Du musstest nur ein paar Stationen fahren, dann warst du in Friedrichshain und hattest es nicht mehr weit bis Kreuzberg. Insofern war es (...) ein bisschen eine Mischung aus beidem. Es waren konkrete Erfahrungen, insbesondere mit Neonazis, aber auch sonst mit alltäglichen, rassistischen Äußerungen, Verhaltensweisen. Insbesondere in der Folge dieses sogenannten Asylkompromisses hat es auch noch einmal ganz viele breitere gesellschaftliche Schichten als nur die Neonazis erreicht. Die Problemwahrnehmung wurde auch regierungsseitig eine andere. Nicht die Nazis oder der Rassismus wurden als das Problem gesehen, sondern diejenigen, die für die

---

28 Peggy Piesche: Einleitung oder: 1989 als Gesellschaftslabor. In: Dies. (Hg.): Labor 89. Intersektionale Bewegungsgeschichte*n aus West und Ost, Berlin 2019, S. 5–9, hier S. 7 f.
29 Vgl. Alexandra Weltz-Rombach und Gülriz Eğilmez: »Mit offenem Blick | Açık Bakışla«. Migrantische Perspektiven zur Erinnerungskultur des Mauerfalls und der Wendezeit. In: Lierke/Perinelli: Erinnern stören, S. 157–187, das Zitat S. 173.

Auslöser dessen gehalten wurden, nämlich die Roma, die aus dem Bürgerkrieg in Jugoslawien kamen. Aber sehr wohl auch die Gastarbeiter und Vertragsarbeiter in der DDR und in Westdeutschland. Ich würde sagen, das war beides. Es waren Erfahrungen, die ich selber gemacht habe, flankiert damit, dass es im Zweifelsfall niemanden gäbe, der mich verteidigen würde. Egal, ob das real so gewesen wäre oder nicht. Aber ich glaube schon, dass das eine Lehre aus der Zeit ist, dass der Staat und Teile der Gesellschaft um diese Neonazis Hand in Hand vorwärtsgeschritten sind.«[30]

Soziologische Befragungen Jugendlicher aus Einwandererfamilien im Westteil Berlins Ende der 1990er-, Anfang der 2000er-Jahre zeigen, dass diese die Stadt Berlin nach dem Fall der Mauer nicht als geeinten Stadtraum wahrnahmen, sondern nun im Gegenteil als geteilte Stadt erlebten, da Teile der Stadt im Osten für sie No-Go-Areas waren.[31] Die Passage des Interviews mit Yılmaz-Günay zeigt, welche Gegenstrategien Jugendliche entwickelten, um dem Bedrohungsszenario zu begegnen.

Richtet man den Blick zeitlich zurück auf die Zeit vor dem Fall der Mauer, ist aus stadthistorischer Perspektive auch der Umgang von West-Berliner Kindern mit der Berliner Mauer interessant, wie Yılmaz-Günay sie schildert:

»P: (...) Ich bin sehr nah an der Mauer zum Kindergarten gegangen. Ich bin sehr nah an der Mauer zur Schule gegangen. Aber sie war so sehr Teil des Alltags, dass sie mir quasi nicht auffiel – außer die Bilder, die auf unserer Seite der Mauer angemalt waren. Es gab diese hölzernen Aussichts(...)plattformen. Da bist du hochgeklettert und konntest ein bisschen nach Ost-Berlin über den Todesstreifen (...) hinübergucken. Das habe ich aber vielleicht drei Mal in meinem Leben gemacht. Ich fand das gar nicht so interessant. Es war viel interessanter an der Mauer, wo kein Verkehr war, Fußball zu spielen oder überhaupt zu spielen. Ich glaube, dass wahrscheinlich erst mit dem Schulunterricht oder mit den Nachrichten im Fernsehen ein Bewusstsein dafür aufkam, dass das eine außergewöhnliche Situation ist, in der wir in West-Berlin lebten – nämlich eingemauert zu sein.«

Interessant ist der Gegensatz zu dem von Dziggel geschilderten Interesse am Blick auf die andere Seite, der hier fehlt. Das lag in diesem konkreten Fall am Alter und der kindlichen Wahrnehmung, kann aber auch paradigmatisch gelesen werden: Das Interesse des Ostens am Westen war oftmals größer als das Interesse des Westens am Osten. In diesem konkreten Fall zeigte sich das Außergewöhnliche der Grenzsituation erst im Rückblick:

---

30 Zeitzeug*inneninterview (Auszug) von Sarah Bornhorst (I) mit Koray Yılmaz-Günay (P) am 22.1.2019, Gedenkstätte Berliner Mauer.
31 Vgl. Sabine Mannitz: »West Side Stories«. Warum Jugendliche aus Migrantenfamilien das wiedervereinigte Berlin als geteilte Stadt erleben. In: Frank Gesemann (Hg.): Migration und Integration in Berlin. Wissenschaftliche Analysen und politische Perspektiven, Opladen 2001, S. 273–291.

»P: (...) Wenn ich heute mit 14 in einer geteilten Stadt, in West-Berlin oder in Ost-Berlin leben würde, würde ich ganz viele Sachen ganz sonderbar finden, die ich damals aber als einen ganz regulären Teil von Alltag verstanden habe. Ich meine, wer ist denn daran gewöhnt Männer mit Maschinenpistolen zu sehen? Wenn du nicht aus einem Kriegsgebiet kommst oder bei der Mafia arbeitest, dann müsste das doch anstößig sein. Aber ich erinnere mich nicht an eine Situation, wo ich Angst gehabt hätte, wo ich jemanden gefragt hätte: ›Warum stehen da Typen mit Maschinenpistolen?‹ Es war einfach so, das gehörte sich.«[32]

Bei der Einschätzung der Berliner Mauer durch Zeitzeug*innen ist, wie das Beispiel zeigt, auch entscheidend, wie alt diese beim Mauerbau waren – oder ob sie überhaupt schon lebten. Ältere Berliner*innen nahmen den Mauerbau als brutalen Einschnitt und als biografische Zäsur wahr. Für Nachgeborene, die ebenfalls Zeitzeug*innen der Geschichte der Berliner Mauer sind, war die Mauer eine – wenn oftmals auch notgedrungen akzeptierte – Normalität.[33]

3.3 Ankommen

Unterschiedliche intergenerationelle Erfahrungen prägen auch Geflüchtete und Ausgereiste aus der DDR. Zum einen betrifft das den Zeitpunkt, wann sie geflohen oder ausgereist sind – die jeweiligen Rahmenbedingungen unterscheiden sich, und damit auch die Wahrnehmung der Menschen in der Aufnahmegesellschaft der Bundesrepublik und die Herausforderungen, denen sie sich stellen mussten. Zum anderen bedeutete Flucht, das Verlassen der vertrauten Umgebung und das Einleben in einer neuen Umgebung für Kinder und Jugendliche eine andere Erfahrung als für ihre Eltern. Auch Erwachsene mussten sich neu zurechtfinden und hatten mit Fremdsein und Heimatverlust zu kämpfen, wie Bettina Effner anhand von Zeitzeug*inneninterviews mit DDR-Zuwander*innen der 1970er und 1980er Jahre zeigen kann.[34] Kinder und Jugendliche allerdings wurden auf die Flucht mitgenommen, es war nicht ihre aktive Entscheidung.

Ute R.s Eltern und weitere Verwandte flohen mit ihren Kindern im September 1961, kurz nach dem Mauerbau. Sie war zu diesem Zeitpunkt sechs Jahre alt. Die Familie zog schließlich ins saarländische Lebach, wo sie aufwuchs. Wie sie den Lebensstil der Menschen dort wahrnahm und wie sie ihn in Beziehung zur Flucht und dem Leben der Familie in der Bundesrepublik setzte, beschreibt sie im Zeitzeug*inneninterview wie folgt:

---

32 Beide Passagen: Zeitzeug*inneninterview (Auszug) von Sarah Bornhorst (I) mit Koray Yılmaz-Günay (P) am 22.1.2019, Gedenkstätte Berliner Mauer.
33 Vgl. Jürgen Danyel: Ost-Berlin erkunden. In: Ders. (Hg.): Ost-Berlin. 30 Erkundungen, Berlin 2019, S, 11–29, hier S.14.
34 Vgl. Effner, Westen als Alternative, S. 217–289.

»I: Was Sie schon mit dem Umzug der Schule angesprochen hatten, (...) als dann auch einheimische Kinder dazukamen: Wie hat sich das dann entwickelt? Weil Sie andeuteten, dass es da dann irgendwie Schwierigkeiten gab. Können Sie da vielleicht noch näher darauf eingehen?
P: Das war so: (...) Ich habe ja auch Freundschaften mit den Kindern geschlossen. Ich bin bei ihnen zu Hause gewesen und habe schon den Unterschied gemerkt. Sie haben Häuser gehabt. Die Saarländer bauen alle. Teilweise wurden die Häuser von den Großeltern an die Eltern vererbt. Sie hatten auch noch deren alte Möbel. Meine Schulfreundinnen sind mit einem Garten aufgewachsen. (...) Das war alles so stabil und schon immer da gewesen. Das war Zuhause für sie. Ich habe auch immer versucht, dort Zuhause zu werden, glaube ich. Sie hatten auch so Traditionen mit dem Essen. Sonntags gab es Braten und nachmittags wurde Kaffee getrunken. Das hat mir immer so gut gefallen. Ich wollte auch immer etwas abhaben oder dahingehen. Das war oft nicht so gern gesehen. Ein paar Mal schon, ja klar, aber nicht oft. Das habe ich dann auch gemerkt. Irgendwo war dann die Grenze. Bei uns gab es so etwas nicht. Wir hatten so ein Durcheinanderleben. Es gab keine Rituale. Gut, sonntags hat meine Mutter schon groß gekocht, aber ansonsten war das ein bisschen weniger organisiert, weniger durchstrukturiert. So mit Kaffeetrinken nachmittags hatten wir es eigentlich gar nicht. Frühstück, ja gut, Schule und so weiter. Aber das war bei ihnen anders. Sie hatten noch die Angehörigen, die in den Nachbarorten wohnten. Dann gab es Feste, die schon ewig gefeiert wurden. Da bin ich mir schon ein bisschen ausgeschlossen vorgekommen. Das Gefühl war da.
I: War das Ausgeschlossensein seitens der Erwachsenen oder seitens ihrer Schulfreundinnen?
P: Nein, eher seitens der Erwachsenen. Die Schulfreundinnen sind auch zu uns gekommen. Aber ja, genau, das ist die andere Seite: Ich habe mich geschämt, weil wir da gewohnt haben. Nicht für das Haus per se oder die Landeswohnsiedlung, aber wir hatten eine Wohnung und keine alten Möbel. Das war am Anfang ziemlich zusammengestückelt. Je mehr Geld meine Eltern hatten, dann wurde schon so eine Wohnzimmerwand gekauft oder eine Couchgarnitur. Aber es war trotzdem anders. Es war bei meinen Eltern immer so, dass es so aussah, als würden wir bald wieder alles abbrechen und woanders hingehen.«[35]

Klassische bundesrepublikanische Wohlstandsattribute wie auf materieller Ebene das Eigenheim, repräsentative und wertvolle, insbesondere alte Möbel oder auf immaterieller Ebene Rituale wie der Sonntagsbraten oder der Sonntagskaffee markierten für Rauscher den Status des Angekommenseins und die Verwurzelung im Saarland. Auch, wenn die Situation ihrer Familie sich stetig verbesserte, blieb die

---

35   Zeitzeug*innenterview (Auszug) von Sarah Bornhorst (I) mit Ute R. (P) am 24.8.2018, Erinnerungsstätte Notaufnahmelager Marienfelde.

Differenz zu den Alteingesessenen – denn eine Flucht über Sperranlagen war nur unter Zurücklassen der Dinge möglich gewesen.

4. Ausblick

Wenn man systematisiert, was die ausgeführten Beispiele andeuten, und insgesamt die Themen für die Zeitzeug*innenarbeit der Stiftung Berliner Mauer verstanden als Oral History weiterdenkt, ergeben sich neue Arbeitsschwerpunkte:

Wichtig ist es, der Zeit, in der die Mauer zu einer stadträumlichen Normalität geworden war und sich die Menschen in Ost und West damit arrangierten (oder arrangieren mussten, denn das Verharren in einem permanenten Ausnahmezustand ist unmöglich), mehr Raum zu geben. Damit verbundene alltagshistorische Fragestellungen, beispielsweise nach Umgangsstrategien mit Grenzsituationen in ost- wie westdeutschen Kontexten, können wichtige neue Erkenntnisse liefern. Der ganz konkrete, alltäglich kreative Umgang mit aus der Grenzsituation resultierenden Alltagskonflikten, der sich nicht einfach von den geltenden restriktiven Verordnungen ableiten lässt und damit nicht allein in das Raster von Repression passt – dieser ist bisher weitestgehend eine Leerstelle, wäre aber instruktiv für das Verständnis der deutsch-deutschen Teilungsgeschichte.

Auch die Auswirkungen von deutsch-deutscher Teilung, der Berliner Mauer und des Mauerfalls auf migrantische Communities und People of Color gilt es in der Arbeit der Stiftung mehr als bisher zu berücksichtigen. Das sind keine konstruierten Bezüge, im Gegenteil: So war etwa die Anwerbung von so genannten »Gastarbeiter*innen« für West-Berlin unter anderem eine unmittelbare Folge des Mauerbaus, um die nach der Grenzschließung fehlenden Arbeitskräfte aus dem Osten zu ersetzen.[36] Arbeitsmigrant*innen lebten (zwangsweise) vornehmlich in den »unattraktiven« Stadtteilen direkt an der Mauer, wie etwa in Kreuzberg. Der Mauerfall schließlich und die Transformationszeit hatten weitreichende Folgen für Vertragsarbeiter*innen in der DDR. Sie verloren im deutsch-deutschen Vereinigungsprozess ihre Arbeit, einen gesicherten Aufenthaltsstatus erhielten sie nicht.[37]

Konkret für den Ort des ehemaligen Notaufnahmelagers Marienfelde gibt es migrationshistorische Themen, die durch Interviews vertieft werden sollen. Den Erlebnissen und Erfahrungen von Spätaussiedler*innen, die über Marienfelde in die Bundesrepublik kamen, hat die Erinnerungsstätte sich bereits mit einer Sonderaus-

---

36 Vgl. Malte Borgmann: Von der Anwerbung zur Anerkennung. Migration, Politik und Teilhabe in West-Berlin 1970–1984. In: Hanno Hochmuth/Paul Nolte (Hg.): Stadtgeschichte als Zeitgeschichte. Berlin im 20. Jahrhundert (Geschichte der Gegenwart, Band 22), Göttingen 2019, S. 271–297, hier S. 273.
37 Vgl. Dan Thy Nguyen: Eine geteilte Community. Kalter Krieg, Mauerfall und vietnamesische Migrationsgeschichte. In: Lierke/Perinelli: Erinnern stören, S. 405–422.

stellung gewidmet. Auch der Sammlungsbestand von Zeitzeug*inneninterviews soll dahingehend erweitert werden.

Die Erfahrungen von Kindern und Jugendlichen mit Flucht und Ausreise müssen ebenfalls in den Blick genommen werden. Sie hatten keine Wahl, wenn ihre Eltern den Entschluss zu Flucht oder Ausreise getroffen hatten. Gleichwohl mussten sie sich den Herausforderungen des Einlebens, der Integration in die neue Gesellschaft stellen. Wie sie dies aus ihrer heutigen, erwachsenen Perspektive einschätzen, ist eine wichtige Frage und kann etwa in der Bildungsarbeit Anknüpfungspunkte zu heutigen Migrationsbewegungen bilden.

Außerdem geht es darum, die Bestände des Zeitzeug*innenarchivs der Stiftung Berliner Mauer zu queeren, also die Perspektiven von Lesben, Schwulen, bi-, trans-, intersexuellen und queeren Menschen (LGBTIQ*) zu integrieren und zu repräsentieren. LGBTIQ* spielten eine wichtige Rolle in der Ost-Berliner Opposition. Sie waren integraler Bestandteil der Bewegung, die das SED-Regime und damit die Mauer zu Fall brachten.[38]

Das sind einige Aspekte, die aus der Rückschau 30 Jahre nach dem Fall der Berliner Mauer oder inzwischen 30 Jahre nach der deutsch-deutschen Vereinigung relevant sind. Es werden mit anderen Erkenntnissen und anderen Diskursen sicherlich weitere Aspekte in den Fokus rücken, denen es nachzugehen gilt. Für alle der genannten Themen gibt es inzwischen bereits Interviews in den Beständen der Stiftung Berliner Mauer. Gleichwohl geht es darum, eine ähnlich gute quantitative Basis für diese Themenfelder zu erarbeiten, wie sie für die ursprünglich bearbeiteten Themen seit zwei Jahrzehnten erarbeitet worden ist. Neue Perspektiven in die Zeitzeug*innenarbeit zur Berliner Mauer, deutsch-deutschen Teilung und Transformationszeit aufzunehmen, bedeutet nicht, die alten Perspektiven abzuwerten. Der Mauerfall, um abschließend noch einmal auf den Ausgangspunkt dieses Aufsatzes einzugehen, bedeutete für viele Menschen Bewegungs- und Entfaltungsfreiheit in jeglicher Hinsicht. Er markierte das Ende einer Diktatur. Das wird bisher zurecht gewürdigt, das gilt es auch weiterhin zu tun. Aber wenn wir uns nur darauf fokussieren, bleibt das Bild unvollständig. Denn dieses Mehrheitsnarrativ der deutschen Erinnerungskultur blendet, wie oben beschrieben, aus, dass es in der Zeit nach dem Mauerfall zu einem massiven Anstieg rassistischer und rechtsradikaler Straftaten kam. People of Color, Migrant*innen, Jüdinnen und Juden, als »links« gelesene Jugendliche, als homo- oder transsexuell gelesene Menschen, Obdachlose – kurz: als »anders« gelabelte Menschen, die nicht in das konstruierte »Wir« eines homogenen weißen deutschen »Volkes« passten – bekamen diese Gewalt zu spüren. Sie forderte zahlreiche Todesopfer.[39] In den kommenden Jahren bedarf es stärker als

---

38   Vgl. Marie Bühner: Feministisch, lesbisch und radikal in der DDR: Zur Ost-Berliner Gruppe Lesben in der Kirche. In: https://www.digitales-deutsches-frauenarchiv.de/themen/feministisch-lesbisch-und-radikal-der-ddr-zur-ost-berliner-gruppe-lesben-der-kirche (23.9.2020).
39   Vgl. Lydia Lierke/Massimo Perinelli: Intro. In: Dies. (Hg.): Erinnern stören, S. 11–30.

bisher, die Ambivalenzen und unterschiedlichen Facetten der Erinnerungen sichtbar zu machen und ihnen auch in den etablierten Einrichtungen der Gedenkkultur einen Raum zu geben.

Insgesamt, nicht nur bezogen auf den Bereich der Oral History, gilt es, bisher im Mainstream der Erinnerungskultur ausgeblendete oder marginalisierte Aspekte stärker zu berücksichtigen, damit ein ganzheitliches Bild entstehen kann und entsprechende Erfahrungen gewürdigt werden. Als Beispiel sei der Umgang mit dem ersten Erschossenen an der Berliner Mauer, Günter Litfin, genannt. Er wurde vor den Augen der West-Berliner Öffentlichkeit getötet. Sein Tod rief massive Empörung im Westen hervor; entsprechende Berichte erschienen in der West-Berliner Presse. Um der öffentlichen Anklage etwas entgegenzusetzen, erschien in der Zeitung Neues Deutschland (ND), dem Zentralorgan der SED, am 1. September 1961 ein Artikel mit der Überschrift »Ein Denkmal für Puppe?«. Darin heißt es: »Man muss damit rechnen, daß sie ›Puppe‹ in Westberlin ein Denkmal setzen werden. ›Puppe‹ ist der Spitzname eines Homosexuellen, der in den einschlägigen Westberliner Kreisen gut bekannt war. Der 13. August trennte ihn von seinen ›Liebhabern‹, und in der Hauptstadt der DDR blieb sein Gewerbe aussichtslos.«[40] Im Westen werde, so suggeriert das ND, um diesen Homosexuellen getrauert, was unverständlich – da ein Homosexueller der Trauer nicht wert – sei.[41]

Aus dem Artikel lässt sich viel über die verächtliche Bewertung von Homosexualität in der DDR der frühen 1960er Jahre ablesen. Homosexualität war stigmatisiert – nur deswegen konnte die Behauptung, Litfin sei homosexuell gewesen, auch diffamierend wirken. Und nur deswegen glaubte die SED, die massive Empörung über den gewaltsamen Tod eines Menschen mit dem Hinweis auf dessen als abweichend geltende sexuelle Orientierung abmildern zu können. Allerdings galt diese Stigmatisierung von Homosexualität in Ost wie West. Keineswegs war Homosexualität in der Bundesrepublik akzeptiert, wie der Artikel suggeriert. DDR und Bundesrepublik waren sich hier (ausnahmsweise) einig. In der Erinnerung an das Todesopfer Günter Litfin wurde dieser Aspekt bisher nicht näher berücksichtigt.[42]

Auch der 60. Jahrestag des Mauerbaus, an den 2021 erinnert wird, kann und sollte also als Anlass genommen werden, den erinnerungspolitischen Kanon zu hinterfragen und zu vervollständigen. Hier ist es Aufgabe etablierter Institutionen, sich zu öffnen, Zugänge zu schaffen und auch Diskurshoheit abzugeben. Es ist eine Chance auf größere diskursive Offenheit und thematische Relevanz.

---

40 Vgl. Neues Deutschland vom 1.9.1961.
41 Vgl. Günter Grau: »Arbeitsscheues Element«: Erinnerung an Berlins erstes Maueropfer Günter Litfin, der vom SED-Regime als Homosexueller denunziert wurde. In: gay-press.de, August 2010, S. 7. Vgl. auch den Film »Out in Ost-Berlin« (2013) von Jochen Hick und Andreas Strohfeldt.
42 Vgl. z. B. Christine Brecht: Günter Litfin. In: Hans-Hermann Hertle/Maria Nooke (Hg.): Die Todesopfer an der Berliner Mauer 1961–1989. Ein biographisches Handbuch, 3., überarb. u. erw. Aufl., Berlin 2019, S. 41–43.

Vom »Schandfleck« zum zentralen Gedenk- und Lernort

Die Gedenkstätte Lindenstraße in Potsdam

Sonja Rosenstiel

1. Der historische Ort Lindenstraße 54/55

Beim Schlendern durch die Potsdamer Innenstadt, vorbei an sanierten historischen Bauwerken, fällt das Gebäude in der Lindenstraße 54/55 kaum auf. Die Fassade des Hauses fügt sich auf den ersten Blick unauffällig in das barocke Stadtbild ein. Erst beim genaueren Hinsehen bemerken aufmerksame BetrachterInnen die vergitterten Fenster im Erdgeschoss oder auch die relative Größe des Bauwerks, durch das es sich von den umliegenden Häusern abhebt.

Abb. 1: Die Gedenkstätte Lindenstraße in Potsdam. © Stiftung Gedenkstätte Lindenstraße, Foto Günter Schneider.

Die Geschichte des Gebäudes reicht zurück bis in die erste Hälfte des 18. Jahrhunderts. Damals wurde die Garnisonsstadt Potsdam um zwei Wohngebiete erweitert. Das Gebiet dieser beiden Stadterweiterungen umfasst in etwa die heutige Potsdamer Altstadt links und rechts der belebten Einkaufsmeile Brandenburger Straße. In einer der Seitenstraßen, der Lindenstraße, wurde im Auftrag des Soldatenkönigs Friedrich Wilhelm zwischen 1734 und 1737 das »Große Holländische Haus«, ein repräsentatives Wohnhaus für die Kommandanten der Leibgarde errichtet. Neben dem zur Straße hin errichteten Vorderhaus umfasste das Gebäude zwei Seitenflügel, die unter anderem vom Dienstpersonal bewohnt wurden, sowie im Hof gelegene Pferdeställe, Futterkammern und Wagenremisen. Nach Auszug des letzten Bewohners folgten im beginnenden 19. Jahrhundert verschiedene temporäre Nutzungen.

Während der napoleonischen Kriege war hier ein Pferdelazarett untergebracht und von 1809 bis 1817 tagte die Stadtverordnetenversammlung, das Potsdamer Stadtparlament, in einem Saal im Vorderhaus. Eine große Veränderung, die die Geschichte des Areals von nun an entscheidend prägen sollte, war der Einzug des Potsdamer Stadtgerichts im Jahr 1820. Nach einem Umbau wurde nun in der Lindenstraße 54/55 Gericht gehalten und die ehemaligen Stallungen im Hof wurden zu einem Gefängnis umgebaut. Dieses erste Gerichtsgefängnis verfügte über neun Zellen und war ausgelegt für 36 Inhaftierte.

Unter den Mitarbeitern des Gerichts finden sich auch bekannte Namen: so arbeitete Maximilian Dortu 1847/48 als Referendar am Stadtgericht in der Lindenstraße und von 1853 bis 1856 war der Schriftsteller und Jurist Theodor Storm Gerichtsassessor.[1]

Als die Kapazitäten des Gerichtsgefängnisses für die wachsende Stadt Potsdam nicht mehr ausreichten, erfolgten der Abriss des Hafthauses und die Errichtung eines modernen Neubaus im Hof. Im Jahr 1910 war das neue Gefängnis mit 64 Einzelzellen und sechs Viermannzellen fertiggestellt. Neben einem großen Männertrakt gab es nun einen kleineren Frauentrakt sowie Wirtschafts- und Duschräume. Bis Ende 1989 wurden in diesem Gefängnis Menschen inhaftiert – unter unterschiedlichen politischen Regimen und aus unterschiedlichen Gründen. War es zunächst ein gewöhnliches Gerichtsgefängnis, so wurden nach der Machtübernahme der Nationalsozialisten und der Gleichschaltung der Justiz auch Menschen aus politischen und rassistischen Gründen inhaftiert. 1934 wurde dem Amtsgericht zudem ein Erbgesundheitsgericht angegliedert, das bis 1944 über etwa 3.300 vermeintlich physisch oder psychisch kranke Menschen den Beschluss der Zwangssterilisation fällte. Ab 1943 zogen einzelne Senate des Volksgerichtshofs aus dem zerstörten Berliner Hauptsitz am Tiergarten nach Potsdam in das Gerichtsgebäude in der Hegelallee um. Das Gefängnis in der Lindenstraße wurde für diese Zeit als Untersuchungsgefängnis

---

1 Nach seiner Zeit am Potsdamer Stadtgericht wurde Maximilian Dortu ein wichtiger Akteur der Badischen Revolution. Er geriet im Juli 1849 in Freiburg in preußische Gefangenschaft, wurde zum Tode verurteilt und hingerichtet.

Abb. 2: Blick in den ehemaligen Gefängnishof, im Hintergrund das Hafthaus und links die Freigangzellen aus der DDR-Zeit. © Stiftung Gedenkstätte Lindenstraße, Foto Günter Schneider.

genutzt und so finden sich unter den hier Inhaftierten auch Mitglieder verschiedener Widerstandsgruppen, wie der Ringer Werner Seelenbinder.[2] Er und mindestens 54 weitere der Inhaftierten wurden vom Volksgerichtshof zum Tode verurteilt und zumeist im Zuchthaus Brandenburg-Görden hingerichtet.

Nach dem Ende des Zweiten Weltkrieges übernahm im Sommer 1945 die sowjetische Geheimpolizei NKWD den Gerichts- und Haftort. In den Zellen fanden sich nun Angehörige verschiedener nationalsozialistischer Organisationen, NS-Funk-

---

2 Werner Seelenbinder (1904–1944) war zwischen 1933 und 1941 insgesamt sechsmal Deutscher Meister im Ringen. Als KPD-Mitglied schloss er sich der kommunistischen Widerstandsgruppe um Robert Uhrig und Josef Römer an. Er nutzte seine Reisen zu internationalen Wettkämpfen, um Widerstandsschriften zu verbreiten bzw. ins Deutsche Reich zu schmuggeln. 1942 wurde er festgenommen und in unterschiedlichen Zuchthäusern und Konzentrationslagern inhaftiert. Im Sommer 1944 kam er in die Lindenstraße und im September wurde er vom Volksgerichtshof in Potsdam zum Tode verurteilt. Am 24. Oktober 1944 wurde Werner Seelenbinder im Zuchthaus Brandenburg-Görden hingerichtet. Vgl. Hertle, Hans-Hermann/Schnell, Gabriele: Gedenkstätte Lindenstraße. Vom Haus des Terrors zum Potsdamer Haus der Demokratie, Berlin 2014, S. 18–19.

tionäre und Unterstützer des NS-Regimes. Daneben wurden von Anfang an auch tatsächliche oder vermeintliche Gegner der Sowjetunion oder des Aufbaus eines sozialistischen Staates verhaftet. Im ehemaligen Gerichtssaal im barocken Kernbau tagten sowjetische Militärtribunale (SMT) und die verantwortlichen Richter verurteilten die Inhaftierten ohne Einhaltung rechtsstaatlicher Prinzipien zu langjährigen Haftstrafen oder zum Tode. Nach Schätzungen von HistorikerInnen waren zwischen 1945 und 1952 zwischen 3.000 und 5.000 Personen im NKWD-Gefängnis Lindenstraße inhaftiert.³ Um die Häftlinge unterzubringen, wurden in den Kellerräumen und auf dem Dachboden Zellen eingerichtet und die Zellenbelegung auf bis zu fünf Personen erhöht. Im Sommer 1952 übernahm das Ministerium für Staatssicherheit (MfS), die Geheimpolizei der DDR, den Gebäudekomplex von ihren sowjetischen Kollegen. Bis in den Herbst 1989 betrieb die MfS-Bezirksverwaltung Potsdam hier eine von insgesamt 17 MfS-Untersuchungshaftanstalten in der DDR. In Abgrenzung zur Volkspolizei beschäftigte sich das MfS nicht nur mit Kriminaldelikten, sondern insbesondere mit politischen Straftaten. Die Inhaftierten wurden als »Staatsfeinde« betrachtet. Zu den häufigsten Haftgründen zählten Vorwürfe der Spionage und Agententätigkeit, staatsfeindliche Hetze, gescheiterte Fluchtversuche, das Stellen von Ausreiseanträgen oder Fluchthilfe. Bis zur Schließung des Gefängnisses inhaftierte die Potsdamer Stasi in der Lindenstraße über 6.000 Menschen. Nach der Entlassung der letzten politischen Inhaftierten im Oktober 1989, wurde das Gefängnis zum Jahreswechsel 1989/90 geschlossen.

Am 5. Dezember 1989 klopften VertreterInnen des Neuen Forums an die Gefängnistür und forderten Einlass. Dieser wurde ihnen gewährt und bei einem Rundgang durch das Gefängnis konnten sich die BürgerrechtlerInnen selbst davon überzeugen, dass alle politischen Untersuchungshäftlinge entlassen worden waren. Die TeilnehmerInnen des Rundganges berichteten anschließend vom Geruch frischer Farbe im Zellentrakt und es kam der Verdacht auf, dass »Schönheitsreparaturen« durchgeführt worden waren, um das Gefängnis in einem besseren Zustand zu präsentieren.⁴ Das Amt für Nationale Sicherheit, wie sich das Ministerium für Staatssicherheit seit November 1989 nannte, verließ zum Jahresende den Gebäudekomplex und übergab ihn der Stadt Potsdam. Der Rat der Stadt wiederum überließ ihn zum Jahresbeginn 1990 verschiedenen Bürgerinitiativen und politischen Parteien, wie dem Neuen Forum oder der SDP/SPD, die aufgrund des wachsenden Zuspruchs dringend größere Räume für ihre Arbeit benötigten.⁵ Mitte Januar 1990 zogen diese in die leerstehenden Büroräume im Vorderhaus und aus dem ehemaligen Gefängnis entstand das »Haus der Demokratie«. Am 20. Januar 1990 öffneten sich zum ersten Mal die Tore des ehemaligen Gefängnisses für die Öffentlichkeit. Das große Interesse der Bevölke-

---

3 Schnell, Gabriele: Das »Lindenhotel«. Berichte aus dem Potsdamer Geheimdienstgefängnis, 4. Aufl., Berlin 2012, S. 172.
4 Ebenda, S. 199.
5 Hertle, Hans-Hermann / Schnell, Gabriele: Gedenkstätte Lindenstraße. Vom Haus des Terrors zum Potsdamer Haus der Demokratie, Berlin 2014, S. 53.

Abb. 3: Blick in den Ausstellungsbereich »Friedliche Revolution«. © Stiftung Gedenkstätte Lindenstraße, Foto Günter Schneider.

rung an diesem unbekannten und ehemals gefürchteten Ort war unübersehbar: vor dem Gebäude bildeten sich lange Schlangen wartender Menschen.

2. Vom »Schandfleck« zum zentralen Gedenk- und Lernort – die Institutionalisierung der Gedenkstätte

Angesichts der vielschichtigen und wechselvollen Vergangenheit kommt dem ehemaligen Gerichts- und Haftort Lindenstraße eine große erinnerungskulturelle und geschichtspolitische Bedeutung zu. Hier kann an einem historischen Ort exemplarisch die doppelte Diktatur-Vergangenheit Deutschlands nachvollzogen werden. Durch den Einzug der Bürgerinitiativen und demokratischen Parteien 1990 steht die Lindenstraße zudem für die Überwindung der SED-Diktatur und ist damit auch ein Ort der Demokratiegeschichte. Diese Verbindung von Diktatur- und Demokratiegeschichte machen den Erinnerungsort bundesweit einzigartig.[6] Und dennoch

---

6 Hertle, Hans-Hermann / Schaarschmidt, Thomas / Schnell, Gabriele u. a.: Konzeption, Konzeption Gedenkstätte Lindenstraße 54/55 für die Opfer politischer Gewalt im 20. Jahrhundert, 14.9.2011, S. 4, https://www.potsdam.de/sites/default/files/documents/Konzeption.pdf (26.10.2020)

brauchte es mehrere Anläufe und Jahre, um eine dauerhafte Lösung für diesen bedeutenden Erinnerungsort zu finden.

Nach dem Ende des SED-Regimes konnten für viele Menschen die Überreste des Repressionsapparats, wie Grenzanlagen oder ehemalige Gebäude der Staatssicherheit, gar nicht schnell genug verschwinden, weil sie bei vielen Unbehagen und negative Emotionen hervorriefen. Potsdam stellte keine Ausnahme dar. Zudem sollte nach dem Ende der DDR die ehemals prunkvolle Stadt Friedrichs des Großen wieder in altem, barockem Glanz erstrahlen – da war das Stasi-Gefängnis ein Schandfleck, ein »unbequemes Denkmal« im Herzen der Stadt. Die attraktive Innenstadtlage des Grundstücks ließ einige Verantwortliche auch über einen möglichen Teilabriss des Areals nachdenken.[7] Doch von Anfang an gab es auch bürgerschaftliches Engagement für den Erhalt des Ortes als Gedenkstätte.[8] Unter den Engagierten waren einige ehemalige Häftlinge aus der NKWD- und DDR-Zeit, die die Erinnerung an ihr eigenes Leid und das ihrer Mithäftlinge lebendig halten und nachfolgende Generationen über das begangene Unrecht informieren wollten. Sie wollten dem Ort ihres Leidens so eine nachträgliche Sinnstiftung zukommen lassen. Aufgrund der persönlichen Involviertheit war die lange Stagnation und Ungewissheit über die Zukunft des einstigen Gerichts- und Gefängnisareals für die ehemaligen Inhaftierten besonders belastend. Briefwechsel zwischen Zeitzeugen und Verantwortlichen der Stadt Potsdam bezeugen die persönliche Betroffenheit bei dieser Auseinandersetzung.

Im Sommer 1990 zog die Untere Denkmalschutzbehörde der Stadt Potsdam in das barocke Vorderhaus ein. In der Folge entfernten MitarbeiterInnen das Mobiliar aus den meisten Zellen und schraubten Regale in die Wände, um Lagerraum für Asservate zu schaffen.[9] Auch der ehemalige Gefängnishof wurde umfunktioniert und diente nun der Aufbewahrung von Spolien. Die irreparablen Eingriffe in die historische Bausubstanz und die Umnutzung des ehemaligen Gefängnisses riefen Kritik hervor. Nach einer Besichtigung der Gedenkstätte resümierte einige Jahre später Mike Schubert, der damalige Vorsitzende der SPD-Fraktion in der Stadtverordnetenversammlung und heutige Potsdamer Oberbürgermeister, dass aufgrund der Einbauten »nicht mehr viel von der Gedenkstätte übrig sei«. Und dass »die Gedenkstätte mit größerem Nutzen für die Stadt betrieben werden« könnte.[10]

---

7 Hertle, Hans-Hermann/Schnell, Gabriele: Gedenkstätte Lindenstraße. Vom Haus des Terrors zum Potsdamer Haus der Demokratie, Berlin 2014, S. 56.
8 Die weitverbreitete Bezeichnung »authentischer« Ort wird in diesem Artikel bewusst vermieden, denn wie Aleida Assmann es treffend zusammenfasste, bedeutet die »Konservierung dieser Orte im Interesse der Authentizität […] unweigerlich einen Verlust an Authentizität.« Assmann, Aleida: Der lange Schatten der Vergangenheit. Erinnerungskultur und Geschichtspolitik, 2. Aufl. München 2014, S. 224.
9 Hertle, Hans-Hermann/Schnell, Gabriele: Gedenkstätte Lindenstraße. Vom Haus des Terrors zum Potsdamer Haus der Demokratie, Berlin 2014, S. 56.
10 Berg, Guido: Die Mauern schweigen noch. Gesamtkonzept für »Lindenstraße 54« angemahnt, in Potsdamer Neueste Nachrichten vom 2.11.2005, https://www.pnn.de/potsdam/die-mauern-schweigen-noch/22413086.html (14.10.2020)

Die Ende der 1990er Jahre begonnene neo-barocke Sanierung des Vorderhauses und des Gefängnishofes verstärkte den Konflikt um die grundsätzliche Frage, was schützenswerter sei: das »baugeschichtliche Denkmal« (das barocke Stadtpalais) oder das »zeitgeschichtliche Denkmal« (Gefängnis für politisch und rassistisch Verfolgte).[11] Den UnterstützerInnen der Gedenkstätte missfiel die als beschönigend wahrgenommene Sanierung durch die Denkmalschutzbehörde, die aus ihrer Sicht die Spuren der NS- und DDR-Zeit auslöschte und sie wehrten sich gegen das »Herausputzen der Gedenkstätte zu einem Barockpalais«.[12] An der Sanierung der Außenfassaden entzündete sich dieser schwelende Konflikt im Jahr 2010 schließlich zu einem offen ausgetragenen Streit. Der Beschluss der Denkmalschutzbehörde, die Außenfassade im Zustand von 1909/10 wiederherzustellen implizierte, dass die Gitterstäbe vor den Fenstern abmontiert wurden. Umgehend äußerten Historiker*innen, Opferverbände und die Fördergemeinschaft Lindenstraße 54 in einer Resolution die Kritik, dass der Abriss der Fenstergitter den »Charakter des Gebäudes als Ort der Erinnerung an die politische Repression in der DDR« beeinträchtigen würde.[13] Die damalige Brandenburger Landesbeauftragte zur Aufarbeitung der Folgen der kommunistischen Diktatur (LAkD), Ulrike Poppe, forderte die Gefängnisgitter »unverzüglich wieder anbringen« zu lassen und kritisierte ebenfalls, dass es »nicht akzeptabel [sei], die Gedenkstätte derart zu sanieren, dass der Charakter des Gebäudes als Ort der Erinnerung an die politische Repression in der DDR beeinträchtigt« werde.[14] Aufgrund der verhärteten Fronten initiierte die Stadt Potsdam schließlich einen Workshop mit den unterschiedlichen Interessensvertretungen. Das einhellige Ergebnis war der Beschluss, gemeinsam ein umfassendes Gedenkkonzept für die Gedenkstätte zu erarbeiten.[15]

Unter den vielen Engagierten, die sich für den Erhalt des historischen Ortes einsetzten, ist vor allem die Fördergemeinschaft Lindenstraße 54 zu nennen. Der Verein wurde im Februar 1995 von 19 engagierten Personen mit dem Ziel gegründet, den ehemaligen Haft- und Gerichtsort dauerhaft zu erhalten und zu institutionalisieren. Zu den Gründungsmitgliedern und treibenden Kräften der Fördergemeinschaft ge-

---

11 Schaare, Gudrun: Das »Lindenhotel« in Potsdam. Ein Beitrag der Bauforschung zum Haus Lindenstraße 54/55. In: Mitteilung der Studiengemeinschaft Sanssouci e. V., 2. Jg. 2002, S. 1–39, hier S. 1 f.
12 Vgl. Homepage Fördergemeinschaft, https://www.foerdergemeinschaft-lindenstrasse.de (9.11.2020)
13 Hertle, Hans-Hermann: Presseinformation des Zentrums für Zeithistorische Forschung (ZZF) vom 28.10.2010, https://zzf-potsdam.de/sites/default/files/presse/2010_10_28_zzf_pressemitteilung_resolution1.pdf (9.11.2020)
14 O. V. Konflikte um Gedenkstätte. Resolution gegen Sanierung der Lindenstraße 54. In: Potsdamer Neueste Nachrichten vom 30.10.2010, https://www.pnn.de/potsdam/konflikt-um-gedenkstaette/22100486.html (6.11.2020)
15 Pressemitteilung der Stadt Potsdam vom 17.12.2010, abzurufen unter: https://www.potsdam.de/content/840-workshop-zur-gedenkstaette-lindenstrasse-5455 (21.10.2020)

hörte der Potsdamer Bürgerrechtler Dr. Rudolf Tschäpe.[16] Nach ihrer Gründung sammelte die Fördergemeinschaft Geld für den Kauf einer Skulptur des Künstlers Wieland Förster und stellte der Stadt Potsdam die Schenkung in Aussicht. Bedingung war jedoch, dass die Skulptur auf dem ehemaligen Gefängnishof aufgestellt werden muss. Die Stadt Potsdam stimmte dem schließlich zu und am 20. November 1995 wurde die Skulptur »Das Opfer« aufgestellt.[17] Kurz zuvor hatte die Fördergemeinschaft bereits ein weiteres wichtiges Ziel erreicht: am 4. Oktober 1995 war das Areal Lindenstraße 54/55 von der Potsdamer Stadtverordnetenversammlung zur Gedenkstätte erhoben worden. Ein langfristiger Erhalt des ehemaligen Gefängnisses war somit sichergestellt. Die Erreichung des zweiten Ziels, die Institutionalisierung und damit langfristige Lösung für die Gedenkstätte, dauerte jedoch weitere 20 Jahre.[18]

Der Auszug der Unteren Denkmalschutzbehörde im Jahr 2007 ermöglichte die Aufnahme eines Gedenkstättenbetriebs mit Publikumsverkehr. Federführend waren hier das Potsdam Museum, dem die Gedenkstätte bereits 1995 zugeordnet worden war, und das Zentrum für Zeithistorische Forschung (ZZF). Gemeinsam realisierten sie zwischen 2007 und 2013 die aus verschiedenen Modulen bestehende Dauerausstellung in der Gedenkstätte. Die Finanzierung erfolgte über Drittmittel, die die Fördergemeinschaft Lindenstraße 54 gemeinsam mit dem ZZF eingeworben hat.[19] Nachdem Land und Bund sowie Stiftungen Geld hierfür zur Verfügung gestellt hatten, sahen die Engagierten nun auch die Stadt in der Pflicht, ihren Beitrag zum Erhalt und Ausbau der Gedenkstätte zu leisten. Bereits 2005 hatte Dr. Hans-Hermann Hertle, der maßgeblich an der Forschung zum Haft- und Gerichtsort Lindenstraße beteiligt war, postuliert, dass nun der Augenblick gekommen sei, »wo die Drittmittelgeber, etwa die Stiftung Aufarbeitung und das Forschungsministerium des Landes, sehen wollten, ›dass die Lindenstraße für die Stadt Potsdam ein eigenes

---

16 Der Astrophysiker und Bürgerrechtler Dr. Rudolf Tschäpe (1943–2002) kritisierte u. a. die Militarisierung der DDR und engagierte sich im christlich-pazifistischen Milieu gegen das SED-Regime. 1989 gehörte er zu den Erstunterzeichnern des Gründungsaufrufs des Neuen Forums.

17 Hertle, Hans-Hermann/Schnell, Gabriele: Gedenkstätte Lindenstraße. Vom Haus des Terrors zum Potsdamer Haus der Demokratie, Berlin 2014, S. 57.

18 Noch vor der Gründung einer Stiftung konnte die Fördergemeinschaft 2002 einen weiteren Erfolg verbuchen: Mit finanzieller Unterstützung der Friedrich-Christian-Flick-Stiftung richtete sie die Schülerprojektwerkstatt ein. Hierfür wurde der ehemalige Betsaal im Hafthaus hergerichtet und möbliert. Das Ministerium für Jugend, Bildung und Sport des Landes Brandenburg (MJBS) stellte zudem eine Lehrerin ab, die seitdem in der Gedenkstätte Brandenburger Schulklassen pädagogisch betreut.

19 Die Drittmittel kamen unter anderem von der Stiftung zur Aufarbeitung der SED-Diktatur, dem Ministerium für Wissenschaft, Forschung und Kultur des Landes Brandenburg und den Beauftragten der Bundesregierung für Kultur und Medien.

Abb. 4: Skulptur »Das Opfer« von Wieland Förster im ehemaligen Gefängnishof. © Stiftung Gedenkstätte Lindenstraße, Foto Günter Schneider.

Anliegen ist‹. Das Engagement der Stadt für den geschichtsträchtigen Ort müsse für Außenstehende erkennbarer werden.«[20]

Ab 2011 wurde das Engagement der Stadt sichtbarer: Der damalige Oberbürgermeister Jann Jakobs fasste den Beschluss, die Gedenkstätte zum 1. Januar 2012 aus dem Potsdam Museum auszugliedern und seinem Geschäftsbereich zuzuordnen, um die Gründung einer eigenständigen Stiftung vorzubereiten. Gemeinsam mit dem Ministerium für Wissenschaft, Forschung und Kultur des Landes Brandenburg (MWFK) verständigte sich die Landeshauptstadt Potsdam (LHP) auf eine anteilige Finanzierung der geplanten Stiftung, so dass Ende 2015 die Gründung erfolgen konnte. Im Sommer 2016 war es dann soweit und die Stiftung nahm mit dem Arbeitsbeginn der ersten Mitarbeiterinnen ihre Arbeit auf.

Die Genese der Gedenkstätte war von Beginn an eng verknüpft mit grundsätzlichen Diskussionen um die Gedenk- und Erinnerungskultur in Potsdam. So wurde der Stadt Potsdam immer wieder von einzelnen Personen und Opferverbänden, wie der VVN-BdA (Vereinigung der Verfolgten des Naziregimes – Bund der Anti-

---

20 Berg, Guido: Die Mauern schweigen noch. Gesamtkonzept für die Gedenkstätte »Lindenstraße 54« angemahnt, in Potsdamer Neueste Nachrichten (PNN) vom 2.11.2005, https://www.pnn.de/potsdam/die-mauern-schweigen-noch/22413086.html (5.11.2020)

faschistinnen und Antifaschisten) vorgeworfen, die Opfer des Nationalsozialismus nicht angemessen zu würdigen und dass es eine »Marginalisierung der Erinnerung an die NS-Zeit« gäbe.[21] Als Beispiel wurde hierbei immer wieder die Gedenkstätte Lindenstraße angeführt. Ein Vorwurf war unter anderem, dass die Skulptur »Das Opfer« allen Menschen gewidmet sei, die unrechtmäßig in der Lindenstraße inhaftiert worden waren. Das schließe, so die Interpretation der VVN-BdA, auch die nach Kriegsende inhaftierten Nationalsozialisten ein. Dies wiederum sei aus ihrer Sicht eine nicht zulässige Gleichsetzung von NS-Regime und DDR. Aus diesem Grund verweigern sie auch bis heute ihre Teilnahme an der jährlichen Gedenkveranstaltung am 27. Januar, die die Stadt in der Gedenkstätte ausrichtet. Kritisiert wurde von NS-Opferverbänden zudem, dass der Ausstellungsteil zur NS-Zeit erst 2013 fertiggestellt worden sei, während die Ausstellungsmodule zur NKWD-/DDR-Zeit zwischen 2007 und 2011 entstanden waren. Sie unterstellten hierbei eine unterschiedliche Priorisierung, während die Verantwortlichen auf die aufwendige Einwerbung von Drittmitteln sowie den größeren Forschungsbedarf zu dieser Zeitschicht hinwiesen.[22] Der Vorwurf der vermeintlichen Ungleichgewichtung der beiden Epochen begleitet die Gedenkstätte noch über die Stiftungsgründung hinaus – bis heute.[23]

3. Bildungsarbeit im Spannungsfeld dissonanter Erinnerungskultur

Für die InitiatorInnen der Stiftungsgründung wie die Mitglieder der Fördergemeinschaft Lindenstraße 54 oder die Verantwortlichen der Landeshauptstadt Potsdam stand außer Frage, dass die Arbeit der Gedenkstätte sich gleichermaßen der NS- wie auch der DDR-Zeit (inklusive der Friedlichen Revolution) widmen solle. So hält es auch die Satzung der Stiftung aus dem Jahr 2015 fest:

> *»Die Stiftung dient der Förderung des Andenkens an Verfolgte der NS-Diktatur, der sowjetischen Besatzungsherrschaft und der SED-Diktatur, der Förderung historisch-politischer Bildung und der Förderung von Wissenschaft und Forschung.*

---

21 Berg, Guido: Streit um »das richtige« Gedenken, in Potsdam Neueste Nachrichten (PNN) vom 28.01.2012, /www.pnn.de/potsdam/streit-um-das-richtige-gedenken/21875576.html (13.10.2020)

22 Catenhusen, Holger: Ausstellung über die NS-Zeit. In der Gedenkstätte Lindenstraße wird 2013 die letzte Lücke in der Dauerschau geschlossen. In: Potsdam Neueste Nachrichten (PNN) vom 4.10.2012, https://www.pnn.de/potsdam/ausstellung-ueber-die-ns-zeit/21785664.html (29.10.2020)

23 Im Sommer 2019 monierte ein Stadtverordneter und VVN-Sprecher erneut eine angebliche Fokussierung der Arbeit der Stiftung auf DDR-Unrecht. Vgl. Oelschläger, Volker: Gedenkstätte Lindenstraße in der Kritik in Märkische Allgemeine Zeitung (MAZ) vom 21.07.2019, https://www.maz-online.de/Lokales/Potsdam/Kritik-an-Gedenkstaette-Lindenstrasse-in-Potsdam (22.7.2019)

Abb. 5: Zelle mit Ausstattung der 1980er Jahre. © Stiftung Gedenkstätte Lindenstraße, Foto Günter Schneider.

Die Stiftung verfolgt vor allem das Ziel, die Geschichte der NS-Diktatur, der sowjetischen Besatzungsherrschaft und der SED-Diktatur und ihrer Opfer zu erforschen und zu dokumentieren, den Einsatz für Freiheit und Menschenrechte sowie die Überwindung der SED-Diktatur biographisch zu veranschaulichen und zu würdigen und das Gedenken an das menschliche Leid der Verfolgten wach zu halten.«[24]

Wie in anderen Gedenkstätten mit doppelter Diktatur-Vergangenheit orientiert sich auch die Gedenkstätte Lindenstraße an der sogenannten »Faulenbachschen-Formel«, wonach »[d]ie NS-Verbrechen [...] durch die Auseinandersetzung mit den Verbrechen des Stalinismus nicht relativiert werden« und umgekehrt »[d]ie

---

24 Satzung der Stiftung Gedenkstätte Lindenstraße von November 2015.

stalinistischen Verbrechen [...] durch den Hinweis auf die NS-Verbrechen nicht bagatellisiert werden [dürfen].«[25]

Der Auftrag der Stiftung, zu beiden Diktaturen in Deutschland zu forschen und das Wissen darüber einem breiten Zielpublikum zu vermitteln – unter Berücksichtigung der »Faulenbachschen Formel« – spiegelt sich in den Forschungsprojekten, Sonderausstellungen und der Veranstaltungsplanung wider. Auch die Bildungsarbeit kommt diesem Auftrag nach.

So werden neben einer allgemeinen Überblicksführung die beiden Schwerpunktführungen »Nationalsozialismus« und »NKWD, DDR und Friedliche Revolution« angeboten. Darüber hinaus ist es möglich, individuelle Themenführungen, beispielsweise zur Baugeschichte oder berufsgruppenspezifische Schwerpunkte (Justiz, Medizin, Polizei, etc.) anzufragen. Ein umfangreiches Workshop-Programm ergänzt das pädagogische Angebot und greift ebenfalls alle mit dem Haus verbundenen historischen Themen auf. Aktuell werden folgende Workshops angeboten:
– Im Namen der Ideologie: Strafjustiz im Nationalsozialismus
– Urteil: »erbkrank« – das Potsdamer Erbgesundheitsgericht 1934–1944
– Widerstand oder Spionage? Jugendliche, verfolgt durch NKWD und MfS
– Alles Staatsfeinde?! Die Stasi-Untersuchungshaftanstalt Potsdam 1952–1989
– Menschenrechtsverletzungen in SBZ und DDR
– Vom Gefängnis zum Haus der Demokratie – die Umbruchszeit 1989/90

Im Zentrum aller pädagogischen Formate steht der historische Ort selbst. Der Gebäudekomplex ist das zentrale »Exponat« der Gedenkstätte und so erfolgt in allen pädagogischen Formaten – abhängig vom jeweiligen zeitlichen Umfang – ein kürzerer oder längerer Abriss zur Nutzungs- und Funktionsgeschichte des Bauwerks. Den BesucherInnen werden so die Grundlagen vermittelt, die sie benötigen, um den mehrfach überformten Ort lesen zu können. Beim Rundgang durch die Gedenkstätte stoßen sie unweigerlich auf Spuren aus unterschiedlichen Zeitschichten und brauchen deshalb die historische Kontextualisierung, um das Gesehene einordnen zu können. Die TeilnehmerInnen erhalten auch bei epochenspezifischen Formaten, beispielsweise der Führung zur NS-Zeit, einen kurzen Überblick über die Zeit nach 1945. Denn ohne Einordnung der baugeschichtlichen Spuren kann der Ort nicht verstanden werden. So entspricht der heutige Zustand des Hafthauses – trotz einiger Überformungen und des fehlenden Inventars – in etwa dem des Jahres 1990, also kurz nach der Schließung des Gefängnisses. Bei Formaten, die Themen aus der NS-Zeit aufgreifen, ist diese Erklärung wichtig, damit sich der visuelle Eindruck nicht unmittelbar mit dem Inhalt der Führung oder des Workshops verbindet. Sonst verfestigt sich bei Lernenden automatisch der Eindruck, dass in der NS-Zeit die Zellen so ausgesehen hätten, wie sie heute zu besichtigen sind. Da visuelle Reize

---

25 Deutscher Bundestag, 13. Wahlperiode: Schlußbericht der Enquete-Kommission »Überwindung der Folgen der SED-Diktatur im Prozeß der deutschen Einheit«. Bonn 10. Juni 1998, S. 240, http://dip21.bundestag.de/dip21/btd/13/110/1311000.pdf (9.11.2020)

stärker und nachhaltiger wirken als auditiv vermitteltes Wissen, ist hier die Gefahr besonders groß, dass sich falsche Bilder bei den Lernenden festsetzen. Umgekehrt ist es bei Themen der DDR-Geschichte wichtig zu erklären, welche Baumerkmale noch aus der Bauzeit stammen und welche baulichen Ergänzungen bzw. Veränderungen in der DDR-Zeit vorgenommen worden sind. So befinden sich beispielsweise über den Zellentüren Luftschächte, da zur Bauzeit 1907 bis 1910 noch Gaslampen zum Einsatz kamen.[26] Gleichzeitig wurden in der DDR-Zeit bauliche Veränderungen vorgenommen, die wiederum Aufschluss über die Haftpraxis der Staatssicherheit geben. Ein sichtbares Beispiel wären hier die fünf Freigangzellen im Hof, die Mitte der 1960er Jahre errichtet worden sind. Nur wenn die BesucherInnen diese Baumerkmale zeitlich einordnen können, vermögen sie die Spezifika – oder auch Ähnlichkeiten – der politischen Inhaftierung in der NS- und SED-Diktatur verstehen.

Um einen niedrigschwelligen Zugang zu den historischen Themen zu ermöglichen, wird in allen pädagogischen Formaten der Gedenkstätte mit exemplarischen Biographien von ehemals Inhaftierten oder Verurteilten bzw. AkteurInnen der Friedlichen Revolution gearbeitet. Diese biographische Herangehensweise an die Geschichte des Ortes veranschaulicht die ansonsten eher abstrakte Repressionsgeschichte und ermöglicht emphatisches Lernen. Darüber hinaus wird durch den biographischen Ansatz ein anderer wichtiger Auftrag der Gedenkstätte erfüllt, nämlich neben der Forschung und Bildung auch das Andenken an die Opfer zu wahren. Dieser Aspekt unterscheidet Gedenkstätten grundlegend von anderen zeithistorischen Museen oder anderen außerschulischen Lernorten.

Die Bildungs- und Vermittlungsarbeit der Gedenkstätte orientiert sich an zeitgemäßen didaktischen Prinzipien wie Handlungsorientierung, Gegenwartsbezügen, Multiperspektivität oder Kontroversität. Wie im schulischen Geschichtsunterricht steht auch in der Gedenkstätte eine kompetenzorientierte Didaktik im Fokus. Das heißt, in den pädagogischen Formaten und Angeboten geht es nicht um die reine Wissensvermittlung, sondern ebenfalls um die Befähigung zur Urteilsbildung. Dazu gehört, kontroverse Themen kontrovers abzubilden und den Lernenden Hilfsmittel an die Hand zu geben, um sich ein eigenes, begründbares Urteil zu bilden. Der Besuch in der Gedenkstätte soll einen Beitrag für die Entwicklung eines kritisch-reflexiven Geschichtsbewusstseins der Lernenden liefern. Die Entstehungsgeschichte der Gedenkstätte und die kontroversen Diskussionen um deren tatsächliche oder vermeintliche Ausrichtung können hierbei als anschauliches Beispiel für die Pluralität von Erinnerungskultur(en) dienen und anhand der verschiedenen Perspektiven den Konstruktionscharakter von Geschichte verdeutlichen. Es gehört zum historischen Lernen nicht nur über die Repressionsgeschichte des Ortes zu sprechen, sondern auch über dessen Musealisierung – also über die Geschichte der Gedenkstätte selbst. Eine

---

26 Schaare, Gudrun: Das »Lindenhotel« in Potsdam. Ein Beitrag der Bauforschung zum Haus Lindenstraße 54/55. In: Mitteilung der Studiengemeinschaft Sanssouci e. V., 2. Jg. 2002, S. 1–39, hier S. 22.

transparente Darlegung der Genese verdeutlicht den Lernenden, dass Erinnerungs- und Gedenkkultur nicht unveränderlich und festgeschrieben ist, sondern Ergebnis eines demokratischen Aushandlungsprozesses. Es soll vermittelt werden, dass es je nach Perspektive divergente Sichtweisen geben kann, die alle ihre Berechtigung haben. Die Herausforderung hierbei ist, miteinander in einen konstruktiven Dialog zu treten. Eine wichtige Voraussetzung für das erfolgreiche Bestehen einer Demokratie. Insofern ist die Dissonanz in Bezug auf die Erinnerungskultur, die die Gründung der Stiftung begleitet hat und bis heute begleitet, aus Sicht der Bildungsarbeit kein Manko, sondern ein Aspekt, der konstruktiv für die Vermittlung genutzt werden kann. Und wenn in einigen Jahren mit der Konzeption einer neuen Dauerausstellung begonnen wird, dann wird dem Konflikt um die Deutungshoheit und den erinnerungskulturellen Dissonanzen unter den unterschiedlichen AkteurInnen sowie der Institution im Sinne der Selbstreflexivität ein eigenes Kapitel zu widmen sein.

»Es begann in Danzig«

Polens Transformation von 1989 zwischen städtischer und nationaler Geschichtskultur

FLORIAN PETERS

Zum 20. Jahrestag der ersten teilweise freien Wahlen in Polen am 4. Juni 1989 setzte die polnische Kulturdiplomatie noch auf unübersehbare Botschaften: In der lichtdurchfluteten Glashalle des Berliner Hauptbahnhofs ließ 2009 ein Großplakat die historische Wahlkampagne der Solidarność-Bürgerkomitees mit dem Westernheld Gary Cooper wieder aufleben, und an der Fassade der baufälligen polnischen Botschaft Unter den Linden, nur wenige Schritte vom Brandenburger Tor entfernt, war auf einem gigantischen Transparent monatelang der Slogan »Es begann in Gdańsk« zu lesen. Auf diese Weise wollte die polnische Vertretung in Erinnerung rufen, dass der Zusammenbruch des Ostblocks nicht erst mit dem Fall der Berliner Mauer im November 1989 begonnen hatte, sondern spätestens ein halbes Jahr zuvor mit den Gesprächen zwischen polnischer Regierung und Oppositionsvertretern am Runden Tisch, wenn nicht mit der Entstehung der »unabhängigen und selbstverwalteten« Gewerkschaft Solidarność in Danzig im Sommer 1980. Dass die deutsche Erinnerungskultur damals noch in der weitgehend bruchlosen Erfolgsgeschichte der »Friedlichen Revolution« in der DDR schwelgte, ohne von der unbestreitbaren Vorreiterrolle der polnischen Demokratiebewegung groß Notiz zu nehmen, konnte aus Sicht der politischen Klasse jenseits der Oder nicht ohne geschichtspolitische Antwort bleiben.[1]

Zehn Jahre später, zum 30. Jahrestag des Wendejahres 1989, war nicht nur die (west)deutsche Selbstzufriedenheit über die Wiedervereinigung einer nachdenklicheren Perspektive auf deren ambivalente Umstände und Folgen gewichen. Auch von dem internationalen Sendungsbewusstsein, das die polnische Geschichtspolitik zehn Jahre zuvor noch an den Tag gelegt hatte, war 2019 nicht mehr viel zu spüren. Das lag nicht etwa daran, dass sich die polnische Erinnerung an die spät- und postsozialistische Transformation mittlerweile zu einer historisch-antiquarischen Angelegenheit entwickelt hätte – im Gegenteil. Mehr noch als in den vergangenen Jahrzehnten ist sie zu einem politisch heftig umstrittenen Minenfeld geworden, auf dem

---

[1] Vgl. Piotr Buras/Burkhard Olschowsky: 1989: Mauerfall & Runder Tisch. Asymmetrische Gründungsmythen. In: Hans-Henning Hahn/Robert Traba (Hg.): Deutsch-Polnische Erinnerungsorte. Band 2: Geteilt/Gemeinsam. Paderborn 2014, S. 199–224, hier S. 218f.

die tonangebenden Fraktionen der polnischen Eliten geradezu konträre Lesarten der historischen Ereignisse vertreten. Während die Liberalen stolz auf die aus ihrer Sicht erfolgreiche Selbstbefreiung vom Staatssozialismus zurückblicken, sehen ihre national-konservativen Widersacher im Systemübergang eine verratene und unvollendete Revolution. Da diese innenpolitische Auseinandersetzung alle Kräfte bindet, schert sich in Polen kaum noch jemand darum, den europäischen Nachbarn die polnische Sicht der Dinge auf 1989 nahezubringen.

Die Bruchlinie dieses geschichtspolitischen Konflikts verläuft aber nicht ausschließlich zwischen dem liberalen und dem national-konservativen Lager, sondern überlagert sich zusätzlich mit der Konkurrenz zwischen nationalen, regionalen und lokalen Deutungsansprüchen. Dabei kommt Gdańsk (Danzig) als »Wiege« der Solidarność-Bewegung von 1980/81 eine besondere Bedeutung zu, die sich bereits in dem Slogan der Plakatkampagne von 2009 widerspiegelte. Die städtischen Eliten der Hafenstadt bemühten sich seit der Jahrtausendwende aktiv darum, den Mythos der Oppositionsbewegung im Rahmen einer kommunalen Geschichtspolitik und für Zwecke des Stadtmarketings nutzbar zu machen. Zugleich ist die lokale Danziger Geschichtskultur eng mit der geschichtspolitischen Spaltung auf nationaler Ebene verflochten, da die Stadt sich seit Beginn der Transformationszeit zu einer ausgesprochenen liberal-konservativen Hochburg entwickelt hat und neben der Freiheitsikone Lech Wałęsa auch führende Politiker wie der vormalige polnische Ministerpräsident und Präsident des Europäischen Rates Donald Tusk hier ihre politische Heimat haben. Seit der Regierungsübernahme durch Jarosław Kaczyńskis national-konservative Partei »Recht und Gerechtigkeit« *(Prawo i Sprawiedliwość, PiS)* im Jahr 2014 wurde Danzig deshalb zu einem zentralen Schauplatz der geschichtspolitischen Auseinandersetzungen in Polen. Insofern bietet die Stadt ein aufschlussreiches Beispiel für Fragen nach Interferenzen und Gegensätzen zwischen kommunalen und nationalen Deutungen von 1989.

Um die Konfliktfelder zwischen städtischer und nationaler Geschichtskultur sowie ihre wechselseitige Verflechtung herauszuarbeiten, skizziere ich im Folgenden zunächst die Grundzüge des gegenwärtigen polnischen Erinnerungskonflikts um die Transformation von 1989. Anschließend richte ich den Blick auf die städtische Danziger Geschichtskultur und deren schrittweise Aneignung des Erbes von Solidarność und friedlicher Transformation. Ein Schwerpunkt liegt dabei auf dem »Europäischen Solidarność-Zentrum«, das 2014 auf dem Gelände der ehemaligen Danziger Werft eröffnet wurde und seither zu einem wichtigen erinnerungskulturellen Akteur, zugleich aber auch zu einem Kristallisationspunkt des spannungsreichen Verhältnisses von städtischer und nationaler Geschichtspolitik geworden ist.

1. Triumphale Selbstbefreiung oder unvollendete Revolution?

Dass die Erinnerung an den Systemwechsel von 1989 in den letzten Jahren mehr als zuvor zum Gegenstand politischer Auseinandersetzungen wurde, ist beileibe keine polnische Besonderheit. Auch mit Blick auf Ostdeutschland lässt sich beobachten, dass einseitige Erfolgsnarrative über die »Friedliche Revolution« und die rasche Wiedervereinigung unter Druck geraten.[2] Im Kern ist dies darauf zurückzuführen, dass der politische und ökonomische Doppelcharakter der spät- und postsozialistischen Transformationen immer weniger Selbstverständlichkeit für sich beanspruchen kann. Schließlich machten sich die ostmitteleuropäischen Gesellschaften nicht nur auf den Weg von der kommunistischen Diktatur zur parlamentarischen Demokratie, sondern nahmen zugleich die wirtschaftliche Transformation von der staatssozialistischen Planwirtschaft zum Kapitalismus in Angriff. Während viele Zeitgenossen diese paradigmatische Ausrichtung auf Demokratie *und* Kapitalismus als mehr oder weniger natürlich betrachteten, sind die Zweifel an der vermeintlich harmonischen Symbiose von liberaler Demokratie und (neo)liberaler Wirtschaftsordnung inzwischen gewachsen.[3]

Gerade in Polen, das nicht nur beim Kampf um politische Freiheit und Demokratie eine Vorreiterrolle einnahm, sondern auch bei der Entscheidung für eine radikale wirtschaftliche Schocktherapie, zog diese doppelte Transformation eine erhebliche erfahrungs- und erinnerungsgeschichtliche Polarisierung nach sich. Viele Polinnen und Polen erlebten die neugewonnene politische Freiheit als teuer erkauft. Denn die von Leszek Balcerowicz, dem Finanzminister der ersten nichtkommunistischen Regierung, in Anlehnung an zeitgenössische neoliberale Rezepte des Internationalen Währungsfonds umgesetzte schlagartige makroökonomische Liberalisierung bei strenger fiskalischer Austerität brachte statt der erhofften raschen Verbesserung der Wirtschaftslage zunächst einen weiteren Einbruch der ohnehin schon seit Jahren stagnierenden Wirtschaft. Die schwere Rezession der frühen neunziger Jahre war für viele Menschen mit schmerzhaften lebensweltlichen Einschnitten verbunden, insbesondere in ländlichen Regionen und durch industrielle Monostrukturen geprägten Provinzstädten.[4] Die damit einhergehenden gesellschaftlichen »Frakturen« (Steffen Mau) und biographischen Brüche wurden zudem – anders als in der ehe-

---

2   Siehe beispielhaft für diesen Trend zur kritischen Reflexion Steffen Mau: Lütten Klein. Leben in der ostdeutschen Transformationsgesellschaft, Berlin 2019; etwas polemischer Ilko-Sascha Kowalczuk: Die Übernahme. Wie Ostdeutschland Teil der Bundesrepublik wurde, München 2019.
3   So z. B. bei Wolfgang Streeck: Gekaufte Zeit. Die vertagte Krise des demokratischen Kapitalismus, Berlin 2013.
4   Für eine anthropologische Bestandsaufnahme siehe Tomasz Rakowski: Hunters, Gatherers, and the Practicioners of Powerlessness. An Ethnography of the Degraded in Postsocialist Poland, London/New York 2016.

maligen DDR – nicht durch milliardenschwere Sozialtransfers aus dem Westen abgefedert. Dagegen konnten insbesondere jüngere und gut ausgebildete Polinnen und Polen die neuen Chancen für sich nutzen, sodass sie die Transformation als persönliche Erfolgsgeschichte erlebten.[5] Die widersprüchlichen Erfahrungen dieser Zeit bilden folglich einen emotional höchst aufgeladenen Gegenstand individueller und kollektiver Erinnerungen. Auch nach zwei Jahrzehnten wirtschaftlicher Prosperität und wachsenden Wohlstands sind diese Widersprüche keineswegs in den Hintergrund getreten, sondern sie strukturieren in Gestalt entgegengesetzter sinnstiftender Erzählmuster die individuelle Erinnerung an die Transformationszeit.[6] Damit eignen sie sich bis heute hervorragend als Reservoir für die Mobilisierung politischer Emotionen.

Anfangs lag die Meinungsführerschaft weitgehend unangefochten auf Seiten derjenigen Dissidenten und Oppositionellen, die 1989 primär als selbst erkämpfte Befreiung von der kommunistischen Diktatur auffassten. Im liberalen Gründungsmythos des »freien Polens« erscheinen der Runde Tisch und die teilweise freien Wahlen vom 4. Juni 1989 als krönender Abschluss des langjährigen Kampfes der demokratischen Opposition gegen die kommunistische Herrschaft. Die zyklisch wiederkehrenden polnischen Revolten, die mit den Jahreszahlen 1956, 1968, 1970, 1976 und 1980 verbunden sind, beglaubigen in diesem Narrativ eine die ganze polnische Nation einschließende Freiheitsgeschichte, die ihren unbestrittenen Höhepunkt in dem Streik auf der Danziger Leninwerft und der Gründung der unabhängigen Gewerkschaft Solidarność im August 1980 fand. Dem unwiderstehlichen Sog dieser Freiheitsliebe vermochten sich demnach auch die polnischen Kommunisten am Ende nicht mehr zu entziehen, sodass sie am Runden Tisch Einsicht zeigten und auf ihr Machtmonopol verzichteten. Auf diese Weise habe die polnische Oppositionsbewegung zugleich die Mauern des gesamten Ostblocks aus den Angeln gehoben und den Weg für Polens erfolgreiche »Rückkehr nach Europa« geebnet.

Diese Meistererzählung zieht also eine gerade Linie vom kollektiven Aufbegehren der großindustriellen Arbeiterschaft 1980 bis zum Runden Tisch und zur kompromisslosen Transformationspolitik des ersten nichtkommunistischen Finanzministers Leszek Balcerowicz. Dass die Arbeiterinnen und Arbeiter in der staatssozialistischen Großindustrie zu den ersten Opfern dieser Transformation gehörten, betrachten die meisten Verfechter dieses Narrativs als bedauerliche, aber unvermeidbare Härte. Die von Balcerowicz im Herbst 1989 im Hauruck-Verfahren durch das Parlament gepeitschte Schocktherapie bildet aus ihrer Sicht die Grundlage für den wirtschaftlichen Erfolg der letzten Jahrzehnte, der Polen zum europäischen Spitzenreiter beim Wirtschaftswachstum gemacht und das Wohlstandsgefälle gegenüber Deutschland

---

5 Dazu aus soziologischer Sicht Henryk Domański: The Polish Middle Class, Frankfurt am Main 2015.
6 Vgl. Aleksandra Leyk/Joanna Wawrzyniak: Cięcia. Mówiona historia transformacji [Einschnitte. Eine oral history der Transformation], Warszawa 2020, S. 41–50.

um die Hälfte reduziert hat.[7] Dieser Interpretation haben sich in Polen frühzeitig auch die pro-europäisch gewendeten Postkommunisten angeschlossen, die dabei auf den konstruktiven Beitrag ihres Lagers zur friedlich ausgehandelten Systemtransformation am Runden Tisch verweisen konnten.

In den letzten Jahren ist dieses lange Zeit hegemoniale Geschichtsbild allerdings zunehmend unter Druck geraten. Die national-konservative Rechte wirft den mehrheitlich linksliberalen Oppositionseliten vor, sie hätten am Runden Tisch gemeinsame Sache mit den Kommunisten gemacht und grünes Licht für die Selbstbereicherung der Nomenklatura gegeben. Insbesondere um die vertraulichen Gespräche im Konferenzzentrum des Innenministeriums in dem Warschauer Villenvorort Magdalenka, die der Vorbereitung des Runden Tischs und der Klärung entscheidender strittiger Probleme im kleinen Kreise dienten, ranken sich zahlreiche Mythen, die selbst noch die Frage, wer dort nach stundenlangen Verhandlungen mit wem Wodka getrunken hat, dreißig Jahre später zum Gegenstand eminent politischen Streits werden ließen.[8] Gegner des Runden Tisches waren und sind der Meinung, die damals geknüpften Seilschaften zwischen dem linksliberalen Flügel der Opposition und den Vertretern des kommunistischen Sicherheitsapparats hätten in den Folgejahren einer Aufteilung der wirtschaftlichen und politischen Macht unter elitären Cliquen Vorschub geleistet, während eine ernsthafte Abrechnung mit der kommunistischen Vergangenheit ausgeblieben sei. Deshalb müsse die damals durch sinistre Machenschaften vereitelte antikommunistische Revolution endlich nachgeholt werden – und sei es auch nur symbolisch.

Diese prononcierte Gegen-Erzählung von rechts ist keineswegs neu, sondern wurde bereits seit den neunziger Jahren von konservativen Intellektuellen und Politikern kolportiert. Schon damals mobilisierten rechte Publizisten gegen die vermeintliche postkommunistisch-liberale Elitenverschwörung am Runden Tisch, um die daraus hervorgegangene Dritte Republik zu diskreditieren.[9] Jarosław Kaczyńskis PiS griff diese Deutung während ihrer ersten Regierungszeit in den Jahren 2005–2007 auf, indem sie sich die Errichtung einer moralisch gesäuberten »Vierten Republik« auf die Fahnen schrieb. Seither hat sich der geschichtspolitische Diskurs der polnischen Rechten weiter radikalisiert. Während Staatspräsident Lech Kaczyński 2009

---

7   Vgl. etwa Marcin Piątkowski: Europe's Growth Champion. Insights from the Economic Rise of Poland, Oxford 2018.
8   Umstritten ist insbesondere, ob auch Lech Kaczyński, der Zwillingsbruder des PiS-Vorsitzenden Jarosław Kaczyński und spätere polnische Staatspräsident, der zum Teilnehmerkreis dieser Geheimgespräche gehörte, damals mit Innenminister Czesław Kiszczak angestoßen hat. – Vgl. Adam Leszczyński: Pił, ale się nie fraternizował? Co robił Lech Kaczyński w Magdalence [Er trank, aber fraternisierte sich nicht? Was Lech Kaczyński in Magdalenka tat], OKO.press, 6.6.2019, https://oko.press/pil-ale-sie-nie-fraternizowal-co-robil-lech-kaczynski-w-magdalence/ (Zugriff 25.8.2020).
9   Vgl. Ewa Dąbrowska: New conservatism in Poland. The discourse coalition around Law and Justice. In: Katharina Bluhm/Mihai Varga (Hg.): New Conservatives in Russia and East Central Europe, London/New York 2019, S. 92–112.

trotz seiner Kritik am Runden Tisch die Wahlen vom 4. Juni 1989 noch als »unumkehrbaren Zusammenbruch des totalitären Regimes« würdigte und nicht ohne Pathos bekundete: »An jenem Tag wurden wir alle zu freien Menschen«,[10] stellen rechte Geschichtspolitiker seit der erneuten Regierungsübernahme der PiS im Jahr 2015 die Zäsur von 1989 grundsätzlich in Frage. So behauptete der von der PiS-Regierung berufene Chef des Instituts für Nationales Gedenken *(Instytut Pamięci Narodowej, IPN)* Jarosław Szarek, der Kommunismus habe seinen Untergang als politisches System doch irgendwie überdauert: »Nach 1989 wurde die Dekoration geändert, aber die Instrumente [der Macht] blieben in der Hand von Leuten des alten Systems.«[11] Bei anderer Gelegenheit verglich Szarek die Einigung am Runden Tisch sogar mit der Aufteilung Europas unter den Siegermächten des Zweiten Weltkriegs in Jalta – beide Male habe es sich um eine Einigung über die Köpfe der Polen hinweg gehandelt, noch dazu auf ihre Kosten.[12] Der Vorwurf des unzureichenden Bruchs mit dem kommunistischen Unrechtsregime dient der PiS-Regierung dazu, ihre Politik als Vollendung der damals angeblich vereitelten antikommunistischen Revolution zu inszenieren. Nur so ist zu verstehen, warum Innenminister Mariusz Błaszczak Ende 2017 verkündete, erst mit den umstrittenen Justizreformen der PiS-Regierung sei der Kommunismus in Polen endgültig zu einem Ende gekommen.[13]

Im Zuge dieses politisierten Geschichtsdiskurses greifen die regierungstreuen Staatsmedien auch auf ältere Anschuldigungen gegen unliebsame Ikonen der demokratischen Oppositionsbewegung wie Lech Wałęsa zurück, die heute auf der anderen Seite der politischen Barrikade stehen. Dem Friedensnobelpreisträger und

---

10 Zit. nach Robert Traba: 4 czerwca będzie świętem narodowym. Pytanie: kiedy? [Der 4. Juni wird Nationalfeiertag werden. Die Frage ist nur: wann?]. In: Gazeta Wyborcza Olsztyn vom 4.6.2019, https://olsztyn.wyborcza.pl/olsztyn/7,48726,24858879,4-czerwca-bedzie-swietem-narodowym-pytanie-kiedy.html (Zugriff 2.2.2021); vgl. zu den damaligen Differenzen über den Jahrestag Michael Bernhard/Jan Kubik: Roundtable Discord. The Contested Legacy of 1989 in Poland. In: Dies. (Hg.): Twenty Years After Communism. The Politics of Memory and Commemoration. Oxford 2014, S. 60–83.
11 Odzyskać bohaterów niepodległości. Z dr. Jarosławem Szarkiem, prezesem Instytutu Pamięci Narodowej, rozmawia Marcin Wikło [Die Helden der Unabhängigkeit zurückgewinnen. Mit Dr. Jarosław Szarek, dem Präsidenten des Instituts für Nationales Gedenken, spricht Marcin Wikło]. In: Sieci, Nr. 2 vom 8.1.2018, S. 40–42.
12 Siehe Olga Łozińska/PAP: Prezes IPN Jarosław Szarek: Okrągły stół jest polską Jałtą [IPN-Präsident Jarosław Szarek: Der Runde Tisch ist das polnische Jalta], Dzieje.pl, 31.8.2018, https://dzieje.pl/aktualnosci/prezes-ipn-jaroslaw-szarek-okragly-stol-jest-polska-jalta (Zugriff 7.9.2020).
13 Siehe Adam Leszczyński: Błaszczak: »Tydzień temu w Polsce skończył się komunizm«. O co mu chodzi? Rozszyfrowujemy [Błaszczak: »Vor einer Woche endete in Polen der Kommunismus«. Worum geht es ihm? Wir entziffern], OKO.press, 27.11.2017, https://oko.press/blaszczak-tydzien-temu-polsce-skonczyl-sie-komunizm-o-mu-chodzi-rozszyfrowujemy/ (Zugriff 17.8.2020).

späteren Staatspräsidenten wurde bereits seit Längerem von Widersachern innerhalb der Oppositionsbewegung und rechten Historikern vorgeworfen, mit dem kommunistischen Staatssicherheitsdienst kooperiert zu haben.[14] Diese Vorhaltungen wurden durch 2016 neu aufgefundene Dokumente untermauert, die belegen, dass der politisch noch unerfahrene Wałęsa sich als 27-Jähriger nach der blutigen Niederschlagung der Danziger Unruhen von 1970 kurzfristig auf eine Zusammenarbeit mit der Geheimpolizei einließ. Dabei wurde er offenbar als Inoffizieller Mitarbeiter unter dem Tarnnamen »Bolek« registriert und lieferte seinen Führungsoffizieren anfangs einige mehr oder weniger wertvolle Informationen, bis diese den Kontakt spätestens 1976 entnervt beendeten.[15] Diese Episode aus den frühen siebziger Jahren wird nun allerdings bei jeder sich bietenden Gelegenheit genutzt, um die spätere politische Rolle des Gewerkschaftsführers ins Zwielicht zu rücken. Auch der unter maßgeblicher Beteiligung Wałęsas ausgehandelte Kompromiss am Runden Tisch wird so als Teil einer von den kommunistischen Geheimdiensten gesteuerten fassadenhaften Demokratisierung dargestellt.

Für die auswärtige Kulturpolitik Polens, die zuvor stets von dem Bemühen geprägt war, den polnischen Beitrag zum europäischen Revolutionsjahr 1989 im Ausland bekannter zu machen, bedeutete diese neue Linie einen Kurswechsel um 180 Grad. So publizierte das vom polnischen Außenministerium betriebene Informationsportal *Poland.pl*, das laut Selbstauskunft das Ziel verfolgt, Ausländern alles näherzubringen, »was faszinierend, außergewöhnlich und schön an unserem Land ist«, eine englische Übersetzung des Artikels »Eine kontrollierte Revolution« des Journalisten Konrad Kołodziejski. Anstatt Faszinierendes über die situative Dynamik des polnischen Umbruchsjahres 1989 zu berichten, zog dieser grundsätzlich in Zweifel, dass es damals in Polen überhaupt so etwas wie eine Revolution gegeben habe – wenn überhaupt, dann sei diese vom KGB initiiert und kontrolliert worden, um den kommunistischen Eliten den Verbleib an der ökonomischen Macht zu sichern.[16] Auch in der Popkultur ist diese Geschichtsdeutung längst angekommen: »*Red is bad*«, einer der Marktführer der unter nationalbewussten jungen Polinnen und Polen seit eini-

---

14 Zu den Klassikern der einschlägigen Enthüllungsliteratur gehören Sławomir Cenckiewicz/ Piotr Gontarczyk: SB a Lech Wałęsa. Przyczynek do biografii [Der Sicherheitsdienst und Lech Wałęsa. Beitrag zu einer Biographie]. Warszawa 2008; Paweł Zyzak: Lech Wałęsa – idea i historia. Biografia polityczna legendarnego przywódcy »Solidarności« do 1988 roku [Lech Wałęsa – Idee und Geschichte. Politische Biographie des legendären Solidarność-Führers bis 1988]. Kraków 2009.
15 Für eine sachliche Analyse des wissenschaftlichen Kenntnisstands über Wałęsas frühe Kooperation mit dem Staatssicherheitsdienst siehe Jan Skórzyński: Od informatora do kontestatora. Akta »Bolka« – próba lektury [Vom Informanten zum Gegner. Die »Bolek«-Akten – ein Lektüreversuch]. In: Wolność i Solidarność, 2016, Nr. 9, S. 7–25.
16 Konrad Kołodziejski: A controlled revolution, Poland.pl, 26.8.2016, https://poland.pl/ politics/foreign-affairs/controlled-revolution/ (Zugriff 17.8.2020, inzwischen nicht mehr abrufbar).

Abb. 1: Der Abgeordnete Rafał Wójcikowski mit einem gegen den Runden Tisch gerichteten T-Shirt der »patriotischen« Bekleidungsmarke RED IS BAD im Plenarsaal des Sejm, Februar 2016. Foto: Maciej Luczniewski/REPORTER.

gen Jahren beliebten (und entsprechend kommerziell erfolgreichen) »patriotischen« Mode, die sich mit Vorliebe martialisch-militaristischer Symbolik aus dem Kontext des Zweiten Weltkriegs bedient, hatte anlässlich des runden Jahrestags auch ein stylisches T-Shirt in seiner Kollektion, das den Runden Tisch mit einem infantilen Abzählreim als kommunistische Inszenierung karikierte (Abb. 1).[17]

---

17 Dazu hieß es auf der Website des Anbieters: »Dieses T-Shirt ist Ausdruck des Protests gegen den sog. Runden Tisch. 1989 ging der Kommunismus in Polen nur scheinbar unter. Den Profiteuren des alten Systems wurde die Unantastbarkeit ihrer Interessen garantiert, und die früheren Verbrecher wurden nicht abgeurteilt.« – https://www.redisbad.pl/okragly-stol-entliczek-pentliczek-czerwony-stoliczek-damska (Zugriff 9.10.2019, inzwischen nicht mehr abrufbar).

2. Solidarność-Erbe und Transformation in Danzigs städtischer Geschichtskultur

Der regionale und lokale Gebrauch der Vergangenheit in Polen stand bisher meist im Schatten der dominanten nationalen Geschichtskultur und ihrer politisch aufgeladenen Konflikte. Allerdings ging die seit den achtziger Jahren zu beobachtende Wiederaneignung von historischen Ereignissen, Akteuren und Deutungen, die in der staatssozialistischen Geschichtspolitik unerwünscht gewesen waren, vielerorts mit einer markanten Renaissance lokalen und regionalen Selbstbewusstseins einher. In den erst nach dem Zweiten Weltkrieg zu Polen gekommenen West- und Nordgebieten war dies mit einer zunehmend unbefangenen Wiederentdeckung der jahrhundertelangen deutschen Vergangenheit dieser Regionen verbunden.[18] Etwa seit der Jahrtausendwende hat dieser Trend durch die wachsende Bedeutung von Stadtmarketing und regionaler Tourismusförderung einen weiteren Schub erfahren. Soweit diese an (reale oder imaginierte) historische Traditionen anknüpfen, beeinflussen und überformen sie die Vergegenwärtigung lokaler und regionaler Geschichte mit ihrer spezifischen Eigenlogik.[19]

Solche lokal- und regionalgeschichtlichen Imagebildungen beziehen sich im Allgemeinen eher selten auf die Zeitgeschichte. Meist zielen sie mit Vorliebe auf vormoderne Vergangenheiten und bedienen sich entsprechender Ästhetiken (die bei Bedarf in aufwändig rekonstruierten historischen Altstädten aufs Neue vergegenwärtigt werden). Das »Zeitalter der Extreme« (Hobsbawn) mit seinen in Ostmitteleuropa besonders sichtbaren Verheerungen klammern sie dagegen üblicherweise eher aus.

Dass auch Facetten der jüngeren Zeitgeschichte zu identitätsstiftenden (und vermarktungsfähigen) kommunalen Ikonen werden können, beweist hingegen das niederschlesische Wrocław (Breslau): Seit 2001 ziert dort eine stetig wachsende Zahl von inzwischen mehreren hundert bronzenen Zwergen-Statuetten den öffentlichen Raum, die (wenn auch unausgesprochen) an lokale Oppositionstraditionen aus den späten achtziger Jahren anknüpfen. Die Breslauer Zwerge greifen nämlich die subversiven Zwergen-Graffiti der hier beheimateten Oppositionsgruppe *Pomarańczowa Alternatywa* (»Orangefarbene Alternative«) auf, die ab 1987 mit dadaistischen Happenings überregional auf sich aufmerksam machte. Zu deren charakteristischen Ak-

---

18 Vgl. beispielhaft für zwei hinterpommersche Kleinstädte Katarzyna Woniak: Verdrängen und Wiederentdecken. Die Erinnerungskulturen in den west- und nordpolnischen Kleinstädten Labes und Flatow seit 1945. Eine vergleichende Studie. Marburg 2016.
19 Siehe zu diesen Wechselwirkungen einführend Sabine Stach: Geschichtstourismus, Version: 1.0, in: Docupedia-Zeitgeschichte, 10.7.2020, http://docupedia.de/zg/Stach_geschichts tourismus_v1_de_2020 (Zugriff 26.8.2020); für das oberschlesische Kattowitz Juliane Tomann: Geschichtskultur im Strukturwandel. Öffentliche Geschichte in Katowice nach 1989, Berlin 2017, S. 273–364.

tionsformen gehörte es, Zwerge mit orangefarbenen Mützen auf weißgetünchte Stellen an Hauswänden zu malen, die durch das Übertünchen oppositioneller Slogans seitens der Staatsmacht entstanden waren. Daran anknüpfend trugen die Anhänger der *Pomarańczowa Alternatywa* auch bei vielen ihrer Happenings orangefarbene Zipfelmützen.[20] Zur Erinnerung an die Aktionen der Gruppe wurde 2001 auf Initiative der Tageszeitung *Gazeta Wyborcza* an dem Ort in der Breslauer Fußgängerzone, an dem die meisten Happenings stattgefunden hatten, die erste Zwergen-Statuette enthüllt. Einige Jahre später wurde diese Idee vom offiziellen Stadtmarketing aufgegriffen, allerdings ohne den zeithistorischen Kontext explizit zu machen. Die Ausbreitung der Zwerge in der Breslauer Innenstadt lässt sich durchaus als kreative Anverwandlung von oppositionellen Traditionen auffassen[21] – man kann sie freilich auch als »neoliberales Kidnapping« einer ursprünglich subversiven Symbolik kritisieren, das nicht mehr auf die kritische Hinterfragung bestehender Denkmuster zielt, sondern bloß wettbewerbsorientierter Standortreklame dient.[22] In einem ähnlichen Spannungsfeld bewegen sich *nolens volens* viele lokale Initiativen, die Geschichte für gegenwärtige Identitäts- und Imagebildung in Anspruch nehmen.

Auch für Danzig, das ebenso wie Breslau nach 1945 einen beinahe vollständigen Bevölkerungsaustausch erlebt hatte, schien es auf den ersten Blick nahezuliegen, Ankerpunkte für das kommunale historische Selbstverständnis in der jüngeren Vergangenheit, vor allem in der Geschichte der Opposition gegen das kommunistische Regime zu suchen. Es brauchte aber einen gewissen zeitlichen Abstand, bevor die Danziger Kommunalpolitik begann, sich des symbolischen Erbes der Solidarność-Bewegung aktiv anzunehmen. Das hing nicht zuletzt damit zusammen, dass die neuen, in der Stadt tonangebenden liberal-konservativen Eliten sich bereits in den Jahren vor der politischen Wende schrittweise von der Solidarność der Jahre 1980/81 und ihrer gewerkschaftlich-kollektivistischen Prägung distanziert hatten.[23] Insbesondere Donald Tusk, der sich zum wichtigsten Wortführer dieses Milieus entwickelte und als studierter Historiker großen Wert auf die vergangenheitspolitische Dimension des mit der Systemtransformation verbundenen Neuanfangs legte, wandte sich in den neunziger Jahren bevorzugt der bürgerlichen Vergangenheit der einstigen Hanse- und Handelsstadt zu. Mit dem 1996 von ihm herausgegebenen,

---

20 Vgl. Padraic Kenney: A Carnival of Revolution. Central Europe 1989, Princeton 2002, S. 157–194.
21 So Andrea Genest: Wenn subversive Zwerge zum Stadtwahrzeichen werden. Wrocław und die regionale Oppositionsgeschichte. In: Harald Schmid (Hg.): Erinnerungskultur und Regionalgeschichte, München 2009, S. 147–165.
22 So Hana Cervinkova: The Kidnapping of Wroclaw's Dwarves. The Symbolic Politics of Neoliberalism in Urban East-Central Europe. In: East European Politics, Societies & Cultures 27 (2013), H. 4, S. 743–756.
23 Zur Evolution des Milieus der sogenannten »Danziger Liberalen« innerhalb der Oppositionsbewegung der achtziger Jahre siehe Konrad Knoch: Pisma liberalne drugiego obiegu w Polsce w latach 1979–1990, Warszawa 2015, S. 70–80.

aufwändig gestalteten Bildband *Był sobie Gdańsk* (»Einst in Danzig«), der historische Ansichten der Stadt aus der Zeit vor dem Zweiten Weltkrieg präsentierte, beschwor Tusk einen vermeintlichen *genius loci* seiner Heimatstadt. Dieser hatte mit dem nur wenige Jahre zurückliegenden Aufbegehren gegen das kommunistische Regime jedoch weniger am Hut als mit der gründerzeitlichen Bürgerstadt und ihren gepflegten Blumenrabatten.[24] Die Hinwendung zur Vorkriegsgeschichte Danzigs war insofern ein Novum, als sie die Anerkennung der während des Staatssozialismus stets verleugneten deutschen Prägung der Stadt ebenso selbstverständlich einschloss wie die kaschubischen Traditionen der umgebenden Region. Auf diesem Wege ließ sich die proletarisierte, seit dem 19. Jahrhundert von Industrie und Häfen geprägte Großstadt in eine bodenständig-konservative regionale Identitätskonstruktion eingemeinden. Vor allem aber versprach dieses Identifikationsangebot dem neu entstehenden Danziger Mittelstand einen mit dem Wertehorizont der Marktgesellschaft kompatiblen Lokalpatriotismus, der um Ideale wie Kaufmannsgeist, Selbstbestimmung und Multikulturalität kreiste. Damit traf es ganz offensichtlich den Nerv der Zeit: Tusks erstes Album war so erfolgreich, dass rasch weitere Auflagen und sogar ein vierteljährlich erscheinendes illustriertes Magazin gleichen Titels folgten.[25]

Die verdreckten Blaumänner der schnurrbärtigen Werftarbeiter, die auf den Fotos der Streiks von 1980 dominierten, blieben für diese sorgsam konstruierte, an Patriziern und wohlhabenden Kaufleuten orientierte Deutung der Stadtgeschichte nicht nur in ästhetischer Hinsicht ein Fremdkörper. Anders als in den akademischen Zentren Warschau, Krakau oder Wrocław war das Gesicht der Oppositionsbewegung in Danzig nicht von kritischen Intellektuellen und kreativen Kunststudenten geprägt gewesen, sondern in erster Linie von den Arbeitern jener Industriebetriebe und Werften, die nach 1989 als überkommene Relikte der alten staatssozialistischen Ordnung galten. Deshalb schien es den neuen städtischen Meinungsführern als Bezugspunkt für eine Neuprofilierung des lokalen Geschichtsbewusstseins anfangs wenig attraktiv. Aus ihrer Sicht war die Solidarność-Gewerkschaft allzu sehr mit jener grauen Tristesse des Spätsozialismus verbunden, die sie so schnell wie möglich hinter sich lassen wollten, indem sie sich in die imaginierte Kontinuität einer bürgerlich-hanseatischen Vorkriegsvergangenheit einschrieben.

Dies änderte sich erst nach der Jahrtausendwende und dem polnischen EU-Beitritt im Jahr 2004, als das Bedürfnis, sich selbst in politischer, wirtschaftlicher und eben auch historischer Hinsicht als Teil des europäischen Westens zu verorten, langsam in den Hintergrund trat. In dem Maße, in dem die von den Transformationseliten beschworene »Rückkehr nach Europa« Wirklichkeit wurde und Polen sich seines Platzes in Europa sicherer fühlen durfte, drängte sich verstärkt die Frage auf, welcher *eigene* Beitrag zur europäischen Geschichte auch bei den westlichen Nachbarn auf Aufmerksamkeit und wohlwollendes Interesse stoßen könnte. Erst diese

---

24 Donald Tusk u. a.: Był sobie Gdańsk, Gdańsk 1996.
25 Vgl. Peter Oliver Loew: Danzig und seine Vergangenheit 1793–1997. Die Geschichtskultur einer Stadt zwischen Deutschland und Polen, Osnabrück 2003, S. 501–513.

Besinnung auf transnationale Anschlusspotenziale der eigenen Nationalgeschichte ließ die Solidarność und die polnische Pionierrolle beim friedlichen Systemübergang von 1989 attraktiv genug erscheinen, um sie offensiv in den Vordergrund der städtischen Geschichtskultur zu rücken. Danzigs liberal-konservativer Stadtpräsident Paweł Adamowicz, der die kommunale Selbstverwaltung von 1998 bis zu seinem Tod infolge eines Attentats im Januar 2019 lenkte, erkannte das symbolische Kapital, das mit der Geschichte der Solidarność verbunden war, und agierte fortan als wichtiger Impulsgeber für eine entsprechende Erweiterung des historischen Selbstverständnisses der Stadt. Es war also die transnationale Ausstrahlungskraft der Solidarność als größter und einflussreichster Demokratiebewegung im sowjetisch dominierten Teil Europas, die den Ausschlag für deren Integration in das Narrativ vom freiheitlichen *genius loci* Danzigs gab.

Zum Wendepunkt der städtischen Erinnerungskultur wurde das 25-jährige Jubiläum der Gründung der Solidarność im August 2005. Dessen Höhepunkt war ein Großkonzert von Jean-Michel Jarre auf dem Danziger Werftgelände, das unter dem Titel »Raum der Freiheit« weit über 100.000 Besucherinnen und Besuchern anzog und bei dem der französische Elektro-Musiker unter anderem eine elektronische Version der inoffiziellen Solidarność-Hymne *Mury* (»Mauern«) des polnischen Liedermachers Jacek Kaczmarski zum Besten gab.[26] Das jenseits der polnischen Grenzen schlummernde Aufmerksamkeitspotenzial für die Geschichte der Solidarność zeigte sich an der geballten Präsenz internationaler Politprominenz, die zu den Feierlichkeiten anreiste und gemeinsam mit Lech Wałęsa und Stadtpräsident Adamowicz den Gründungsakt des »Europäischen Solidarność-Zentrums« *(Europejskie Centrum Solidarności, ECS)* unterzeichnete. Damit nahm das bis dahin vor sich hindümpelnde Projekt zur Gründung eines Museums für die Solidarność-Bewegung an Fahrt auf, dessen Benennung von Anfang an das Bemühen um eine europäische Verortung seines Gegenstands demonstrierte. Der ambitionierte, über 55 Millionen Euro teure Neubau neben dem historischen Eingangstor der einstigen Werft wurde denn auch von der Stadt Danzig mit erheblicher Unterstützung aus EU-Mitteln finanziert. Auch die national-konservative Rechte reihte sich damals noch unter den Förderern des geplanten Museums ein: Das Warschauer Kulturministerium sagte während der ersten Regierungszeit von Jarosław Kaczyńskis PiS zu, weitere neun Millionen Euro für die geplante Ausstellung beizusteuern (Abb. 2).[27]

---

26 Vgl. Peter Oliver Loew: Danzig. Biographie einer Stadt, München 2011, S. 263.
27 Die Baukosten für das Solidarność-Zentrum beliefen sich auf 231 Millionen Złoty (gut 55 Mio. Euro), von denen 107 Mio. Złoty (gut 25 Mio. Euro) aus EU-Mitteln bestritten wurden. Das PiS-geführte Kulturministerium verpflichtete sich 2007 zur Finanzierung der Ausstellungs- und Forschungsinfrastruktur, die weitere 38 Mio. Złoty (9 Mio. Euro) kostete. Siehe https://ecs.gda.pl/projekt_budowa_europejskiego_centrum_solidarnosc_w_gdansku (Zugriff 28.8.2020).

Abb. 2: Das historische Tor 2 der Danziger Werft mit dem rostfarbenen Neubau des Europäischen Solidarność-Zentrums, Dezember 2014. Foto: Florian Peters.

Die Berufung auf die europäische Dimension des Wandels von 1989 hatte freilich nicht nur den Hintergrund, innenpolitische Kontroversen um den Verlauf des Systemübergangs in Polen zu umschiffen und die Kofinanzierung des Museumsprojekts aus EU-Mitteln zu ermöglichen. Zugleich brachte sie den mit dem Projekt verbundenen Wunsch zum Ausdruck, den polnischen Beitrag zum Sturz des osteuropäischen Staatssozialismus stärker ins Bewusstsein einer internationalen Öffentlichkeit zu rücken und insbesondere der Strahlkraft der Bilder vom Fall der Berliner Mauer etwas entgegen zu setzen. Diese geschichtspolitische Zielsetzung des Solidarność-Zentrums sprach Polens Staatspräsident Bronisław Komorowski bei der Grundsteinlegung im Mai 2011 offen aus: »Wir erinnern uns alle an unsere zwiespältigen Gefühle und unser Hadern mit dem Schicksal, dass andere wichtige Ereignisse zu Ikonen des Wandels in Europa nach 1989 wurden. Wir erinnern uns gut daran, dass wir uns wünschten, dass die polnische Solidarność überall zum Zeichen des Wandels zum Besseren in unserem Teil der Welt würde.«[28] Die Danziger Initiative passte sich also ideal in das von den damaligen polnischen Regierungen grundsätzlich geteilte Ziel ein, der polnischen Perspektive auf die Geschichte des 20. Jahrhunderts einen

---

28 Rede Komorowskis zur Grundsteinlegung des ECS am 14.05.2011, zitiert nach der Website des Staatspräsidenten www.prezydent.pl (Zugriff 7.1.2015, inzwischen nicht mehr abrufbar). Vgl. die gekürzte Fassung auf der ECS-Website https://ecs.gda.pl/title,Historia,pid,28. html (Zugriff 28.8.2020).

prominenteren Platz im gemeinsamen europäischen Gedächtnis verschaffen – so wie es auch die Großplakate in Berlin mit dem Slogan »Es begann in Gdańsk« versuchten.

Ähnliche Ziele verfolgte auch das 2007/08 von der inzwischen von Donald Tusk geführten liberal-konservativen Regierung auf den Weg gebrachte »Museum des Zweiten Weltkriegs«, das als polnische Antwort auf die vom Bund der Vertriebenen angestrebte Errichtung eines »Zentrums gegen Vertreibungen« in Berlin konzipiert war und ebenfalls in Danzig angesiedelt wurde. Für beide Häuser wurden architektonisch anspruchsvolle Gebäude am räumlichen Schnittpunkt der historischen Danziger Innenstadt und der ehemaligen Werft- und Hafenflächen errichtet, die im Zuge der sukzessiven Deindustrialisierung seit der Transformationszeit nicht mehr benötigt und – wie in vielen anderen europäischen Hafenstädten – für eine städtebauliche Umnutzung frei wurden. Im Gegensatz zum Solidarność-Zentrum wurde das Museum des Zweiten Weltkriegs vollständig aus Mitteln der Warschauer Zentralregierung finanziert und war von Anfang an ein Leuchtturmprojekt der nationalstaatlichen Geschichtspolitik; auch in der im März 2017 eröffneten und seither politisch umkämpften Dauerausstellung des Hauses spielen stadt- und regionalgeschichtliche Aspekte bestenfalls eine randständige Rolle.[29] Die von Tusk durchgesetzte Ansiedlung des Weltkriegs-Museums in Danzig ermöglichte gleichwohl seine Integration in das neukonturierte historische Image der Stadt. So wie das Solidarność-Zentrum den Danziger Auguststreik von 1980 als Ausgangspunkt für die friedliche Überwindung des Staatssozialismus in Europa inszeniert, nimmt das Weltkriegs-Museum Bezug auf den Beginn des Zweiten Weltkriegs am 1. September 1939 und den polnischen Widerstand gegen den deutschen Angriff auf die an der Danziger Hafeneinfahrt gelegene Westerplatte. Beide Museen ergänzen sich also komplementär darin, Danzig als für Polen und Europa zentralen Ort des antitotalitären Freiheitskampfes des 20. Jahrhunderts zu profilieren.

Für Danzig zahlt sich das zunächst einmal in Form einer Erweiterung seiner touristischen Angebotspalette aus: Seit ihrer Eröffnung haben sich sowohl das Solidarność-Zentrum als auch das Weltkriegs-Museum zu wichtigen touristischen Landmarken der Stadt entwickelt, die massenhaft Besucherinnen und Besucher aus dem In- und Ausland anlocken. Die Dauerausstellung des ECS zählte in den ersten fünf Jahren seit ihrer Eröffnung im August 2014 über eine Million Gäste; darunter waren (nach Zahlen für 2018) 45 % Touristen aus dem Ausland. Insgesamt kamen sogar über vier Millionen Menschen zu Veranstaltungen und anderen Angeboten oder

---

29 Vgl. Daniel Logemann/Juliane Tomann: Gerichte statt Geschichte? Das Museum des Zweiten Weltkrieges in Gdańsk, in: Zeithistorische Forschungen 16 (2019), H. 1, S. 106–117, https://zeithistorische-forschungen.de/1-2019/5685, DOI: https://doi.org/10.14765/zzf.dok-1339 (Zugriff 31.8.2020); sowie die Darstellung des Ideengebers und Gründungsdirektors des Museums Paweł Machcewicz: Der umkämpfte Krieg. Das Museum des Zweiten Weltkriegs in Danzig. Entstehung und Streit, Wiesbaden 2018.

Abb. 3: Postindustrielle Brache auf dem ehemaligen Werftgelände gegenüber dem Europäischen Solidarność-Zentrum, Dezember 2014. Foto: Florian Peters.

einfach als Schaulustige in das Gebäude des Solidarność-Zentrums.[30] Das im März 2017 eröffnete Museum des Zweiten Weltkriegs konnte trotz (oder wegen?) eines von der PiS-Regierung angezettelten heftigen politischen Konflikts um die inhaltliche Ausrichtung des Hauses bis November 2018 eine Million Besucherinnen und Besucher begrüßen; im Jahr 2019 waren es weitere 487.000 Ausstellungsbesucher.[31]

---

30 Siehe die Jahresberichte des ECS: Raport roczny 2019, https://ecs.gda.pl/library/File/media/ECSRAPORTROCZNY_2019.pdf (Zugriff 6.9.2020); Raport roczny 2018, https://ecs.gda.pl/library/File/media/ECSRAPORTROCZNY_2018.pdf (Zugriff 6.9.2020).
31 Siehe Logemann/Tomann: Gerichte statt Geschichte?, S. 107; sowie den Jahresbericht des Museums Raport z działalności Muzeum II Wojny Światowej w Gdańsku za rok 2019, S. 61, https://muzeum1939.pl/raport-roczny-2019/raporty-roczne/3547.html (Zugriff 6.9.2020). Das Weltkriegs-Museum veröffentlicht leider keine aussagekräftigen Zahlen über den Anteil ausländischer Besucherinnen und Besucher.

Die Stadt profitiert von beiden Museumsprojekten jedoch nicht nur durch die Akzentuierung ihres historischen Images und die touristische Attraktivätssteigerung. Darüber hinaus erhofft sie sich von den prägnanten Gebäuden beider Museen auch Impulse für die städtebauliche Erschließung der zum Hafen hin gelegenen postindustriellen Brachflächen, die als Bauland für moderne Bürokomplexe und hochpreisige Wohnsiedlungen aufgewertet werden (Abb. 3). Nachdem Pläne privater Investoren für eine gigantische Shopping-Mall auf dem einstigen Werftgelände *ad acta* gelegt wurden, bemühte sich das Solidarność-Zentrum, das nicht zuletzt mit seiner von rostigen Stahlplatten umhüllten Fassade auf das industrielle Erbe des Ortes Bezug nimmt, als Katalysator für eine reflektiertere Überbauung des Areals zu wirken.[32] Dies ging einher mit der Ansiedlung von Ateliers und kreativen Zwischennutzern auf dem Terrain, die mit ihren temporären Aktivitäten dessen Attraktivität für nachfolgende Aufwertungsschritte steigerten. Inzwischen wird unmittelbar neben dem ECS ein »multifunktionales«, aus Büro-, Wohn- und Gewerbeeinheiten bestehendes Immobilienprojekt namens *Doki* (»Docks«) errichtet, das ausdrücklich mit dem »industriellen und freiheitlichen Erbe« des Standorts beworben wird. Die Projektentwickler versprechen, »den Winkeln der Werft den Geist der Moderne einzuflößen, ohne zugleich die historischen Wurzeln dieses Geländes zu vergessen.« Schließlich sei der Investitionsstandort nichts weniger als »die Wiege der polnischen Freiheit – genau hier erblickte die Solidarność das Licht der Welt, und 1989 folgte darauf der endgültige Zusammenbruch des Kommunismus in Polen«.[33] Nachdem die historische Werft als Knotenpunkt und materielle Basis einer ganzen sozialen Welt unwiederbringlich Vergangenheit geworden ist, sollen zumindest die Mythen marktgängig gemacht werden, die von dieser Welt geblieben sind.

---

32 Siehe Basil Kerski/Andrzej Trzeciak: Poprzemysłowe tereny dawnej Stoczni Gdańskiej i Europejskie Centrum Solidarności [Die postindustriellen Flächen der einstigen Danziger Werft und das Europäische Solidarność-Zentrum]. In: Europejskie Centrum Solidarności. Portret pierwszego dziesięciolecia [Das Europäische Solidarność-Zentrum. Ein Porträt des ersten Jahrzehnts]. Gdańsk 2017, S. 23–37, https://ecs.gda.pl/library/File/nauka/e-booki/ECS_Portret_dziesieciolecia.pdf (Zugriff 6.9.2020); zu denkmalpflegerischen und künstlerischen Perspektiven auf das ehemalige Werftgelände siehe die Beiträge von Marcin Gawlicki und Grzegorz Klaman in Konrad Knoch u. a. (Hg.): Historia Stoczni Gdańskiej [Die Geschichte der Danziger Werft]. Gdańsk 2018.
33 Alle Zitate von der Website https://doki.pl/ der Firmen Euro Styl und Torus (Zugriff 31.8.2020).

3. Die Danziger Transformationserzählung im Konflikt mit der nationalen Geschichtspolitik

Wer explizit den Anspruch erhebt, am »Gründungsmythos Europas« mitstricken zu wollen,[34] kommt naturgemäß nicht umhin, die großen Linien seines Gegenstands gegenüber dessen inneren Widersprüchen und Brüchen zu privilegieren.[35] So ist der Dauerausstellung des Europäischen Solidarność-Zentrums die Tendenz zur vereindeutigenden, widerspruchsfreien Erzählung deutlich anzumerken. Obwohl die Ausstellung sichtlich um Ausgewogenheit bemüht ist und unterschiedlichen sozialen Trägergruppen und konkurrierenden Flügeln der Oppositionsbewegung durchaus angemessenen Raum einräumt, läuft ihre Dramaturgie insgesamt doch auf die politische Systemtransformation von 1989 als Fluchtpunkt und krönenden Abschluss des Aufbegehrens von 1980/81 hinaus. Damit positioniert sich das Solidarność-Zentrum unzweideutig an der Seite der liberalen Erfolgsgeschichte der Transformation. Folglich blieb das Aushängeschild der kommunalen Danziger Geschichtskultur von der zunehmenden Polarisierung des geschichtspolitischen Feldes in Polen nicht unberührt.

Woran lässt sich die teleologische Engführung der Danziger Ausstellung festmachen?[36] Während die Streikbewegung des Sommers 1980 und die Mobilisierung der polnischen Gesellschaft in den 16 Monaten nach den Auguststreiks in den ersten Sälen des Rundgangs beeindruckend in Szene gesetzt werden, wird dem im Dezember 1981 von General Jaruzelski verhängten Kriegsrecht, der Zerschlagung der gewerkschaftlichen Massenbewegung und dem diskursiven Wandel in der zweiten Hälfte der achtziger Jahre allenfalls die Rolle eines dramatischen Suspense zugebilligt. Dass sich zwischen 1982 und 1989, als die Opposition den staatlichen Repressionen mit einem beeindruckenden Netz von Druckereien und Untergrundverlagen zu trotzen vermochte, der ursprüngliche inklusive Charakter, die soziale Basis und schließlich

---

34 Das ECS definiert es als seine »Mission«, »im Gedächtnis der Polen und der Europäer die Erfahrung der Solidarność als friedliche europäische Revolution zu bewahren, damit die Solidarność in der Gemeinschaft der europäischen Demokratien ein wichtiger Teil des Gründungsmythos Europas sei.« – https://ecs.gda.pl/title,Misja,pid,29.html (Zugriff 30.8.2020).

35 Vgl. auch Anna Ziębińska-Witek: Przeszłość w muzeach – dwa modele reprezentacji. Analiza porównawcza Europejskiego Centrum Solidarności i Muzeum II Wojny Światowej w Gdańsku [Die Vergangenheit in den Museen – zwei Repräsentationsmodelle. Eine vergleichende Analyse des Europäischen Solidarność-Zentrums und des Museums des Zweiten Weltkriegs in Danzig], in: Teksty drugie, 2020, H. 4, S. 213–232.

36 Im Folgenden greife ich auf meine Rezension der Dauerausstellung zurück: Florian Peters: Rezension zu: Europäisches Solidarność-Zentrum (Europejskie Centrum Solidarności), H-Soz-Kult, 10.1.2015, http://www.hsozkult.de/exhibitionreview/id/rezausstellungen-205 (Zugriff 31.8.2020).

Abb. 4: Blick in die Dauerausstellung des Europäischen Solidarność-Zentrums: Rauminstallation in Saal 5 *(Droga do wolności)*, die den Runden Tisch als Schlüsseletappe des »Wegs in die Freiheit« inszeniert; im Hintergrund Tadeusz Mazowiecki in Siegerpose als frischgewählter Ministerpräsident. Dezember 2014. Foto: Florian Peters.

auch die konkreten politischen Ziele der Bewegung sukzessive wandelten, gerät dabei leicht aus dem Blick. Den politischen Systemübergang inszeniert die Ausstellung als suggestiven Dreischritt, der mit dem dritten Besuch von Papst Johannes Paul II. in Polen 1987 und der Streikwelle im Sommer 1988 beginnt und über den Runden Tisch bis zur ersten teilweise demokratischen Parlamentswahl am 4. Juni 1989 führt. Dem christdemokratischen Intellektuellen Tadeusz Mazowiecki begegnet man zunächst noch Arm in Arm mit Lech Wałęsa an der Spitze der streikenden Arbeiter, bevor man ihn kurz darauf bereits auf der Rednertribüne des Sejm die Hand zum Siegeszeichen heben sieht – als erster nichtkommunistischer Ministerpräsident des Ostblocks. Dem Runden Tisch, der mit einer aufwendigen multimedialen Inszenierung als entscheidende Metamorphose des öffentlichen Raumes erlebbar gemacht wird, kommt in diesem Arrangement eine zentrale Scharnierfunktion zu (Abb. 4).

Der Ziel- und Endpunkt des auf diese Weise inszenierten Narrativs wird im letzten Saal der ECS-Dauerausstellung überdeutlich als »Triumph der Freiheit«

benannt. Hier weitet sich die Perspektive erstmals über Polen hinaus, indem die friedlichen Revolutionen der Jahre 1989 bis 1991 von der DDR bis ins Baltikum kurz vorgestellt werden. Was sich infolge dieser Umwälzungen für die Menschen in Polen und Osteuropa konkret verändert hat und in welchem Verhältnis dies zu den Zielen der Oppositionellen und der streikenden Werftarbeiter von 1980 steht, bleibt jedoch offen. Dass die 1989 errungene Freiheit nicht ganz genau dasselbe war wie die 1980 eingeforderte Solidarität, fällt irgendwo unterwegs unter den Tisch. Das Danziger Solidarność-Zentrum präsentiert die plurale und vieldeutige soziale Bewegung der Solidarność also als bloße Vorgeschichte des politischen Systemwechsels von 1989. Das macht es konservativen Kritikern leicht, auf die augenfälligen Widersprüche dieses triumphalistischen Narrativs zu verweisen und sich selbst als wahre Erben des Solidarność-Mythos zu gerieren.

So nimmt es nicht wunder, dass auch das Solidarność-Zentrum die scharfe Frontstellung zu spüren bekam, die sich seit dem Amtsantritt der PiS-Regierung zwischen der kommunalen Danziger Geschichtskultur und der nationalen Geschichtspolitik entwickelt hat. Nachdem das Museum des Zweiten Weltkriegs mit juristischen Verfahrenstricks auf Linie gebracht wurde[37] und die Warschauer Zentralregierung städtischen Grund und Boden rund um das 1966 errichtete monumentale Denkmal auf der Westerplatte mithilfe eines Sondergesetzes enteignet hat, um dort die jährlichen Gedenkfeiern zum Beginn des Zweiten Weltkriegs ohne kommunale Mitwirkung ausrichten zu können, wuchs auch der politische Druck auf das Solidarność-Zentrum. Konservative Politiker nahmen wiederholt daran Anstoß, dass das Zentrum in seinem umfangreichen Kulturprogramm aktuelle zivilgesellschaftliche Entwicklungen wie die in Polen höchst umstrittene Gleichstellung von Homosexuellen aktiv aufgreift. Da Versuche des Kulturministeriums, auf die inhaltliche Linie des Zentrums und die Besetzung der Hausleitung Einfluss zu nehmen, am Widerstand der Stadt Danzig scheiterten, kürzte das Ministerium Anfang 2019 seinen jährlichen Zuschuss für das ECS kurzerhand um fast die Hälfte. Der Fehlbetrag von drei Millionen Złoty (gut 700.000 Euro) kam jedoch innerhalb weniger Tage durch eine spontan organisierte Online-Spendenaktion zusammen, was die beträchtliche Verankerung des Zentrums in der Stadtgesellschaft und weit darüber hinaus eindrucksvoll unterstrich.

Als Reaktion auf diesen Konflikt zog sich allerdings die Gewerkschaft Solidarność, die seit Jahren als treuer Bündnispartner an der Seite der PiS auftritt, aus den Gremien des ECS zurück. Die Gewerkschaftsführung sieht sich als einzige legitime Sachwalterin des Erbes der Solidarność von 1980/81 und pocht auf eine stärkere Akzentuierung »patriotischer« und katholischer Akzente in der Dauerausstellung. Wie eine Musealisierung der Oppositionsbewegung nach Meinung der Gewerkschafter aussehen sollte, lässt sich einstweilen in dem direkt neben dem modernen ECS-Neubau gelegenen einstigen »Arbeitsschutzsaal« *(Sala BHP)* der Werft erleben:

---

37 Vgl. Tomann/Logemann: Gerichte statt Geschichte?; Machcewicz: Der umkämpfte Krieg.

Dieser authentische historische Ort, in dem das Streikkomitee am 31. August 1980 die epochemachende Übereinkunft mit der Regierungskommission unterzeichnet hatte und der seit 2004 von der Solidarność verwaltet wird, kommt heute einer Devotionalienkammer recht nahe. Hier verkündeten der stellvertretende Kulturminister Jarosław Sellin und Gewerkschaftschef Piotr Duda am 31. August 2019 die Gründung eines »Instituts des Erbes der Solidarność« *(Instytut Dziedzictwa Solidarności)*, das offensichtlich als regierungsamtliche Alternative zum städtischen ECS konzipiert ist (und für seine Arbeit jährlich vier Millionen Złoty aus Steuergeldern erhält).[38]

Um ihren Alleinvertretungsanspruch auf das historische Erbe der Solidarność zu untermauern, unternahmen Kulturministerium und Gewerkschaft rechtzeitig zum 40. Jahrestag der Gründung der Solidarność einen gemeinsamen Versuch, dem ECS eines seiner wichtigsten Exponate abspenstig zu machen. Offenbar auf Anordnung des übergeordneten Ministeriums forderte das Nationale Meeresmuseum *(Narodowe Muzeum Morskie)* das Solidarność-Zentrum ultimativ auf, die Originaltafeln mit den 21 Postulaten des Überbetrieblichen Streikkomitees aus dem Danziger Auguststreik 1980 an das Meeresmuseum zurückzugeben. Die heute zum UNESCO-Weltdokumentenerbe zählenden Tafeln, die seit 2014 in der ECS-Dauerausstellung zu sehen sind, überlebten das Kriegsrecht nur dank des persönlichen Engagements eines Konservators des Meeresmuseums, der sie jahrelang auf seinem privaten Dachboden versteckte. Nun sind sie zum Gegenstand eines symbolpolitischen Ringens geworden, das seither vor Gericht ausgetragen wird. Denn das Solidarność-Zentrum verweigert die Herausgabe der Tafeln und beruft sich dabei auf urheberrechtliche Expertisen sowie auf den erklärten Willen der beiden Oppositionellen, die damals die Forderungen der Streikenden auf die Holztafeln malten.[39]

Angesichts der geschichtspolitischen Polarisierung, die sich in solchen Spiegelfechtereien manifestiert, hat es sich schon beinahe eingebürgert, dass die historischen Jahrestage von Solidarność und Systemwechsel in Polen von den konkurrierenden politischen Lagern mit getrennten Feierlichkeiten begangen werden. Aufgrund ihres geschichtspolitischen Engagements ist der Stadt Danzig dabei die Rolle als Gastgeberin der liberalen Gedenkveranstaltungen zugewachsen. Besonders deutlich zeigte sich dies im Juni 2019, als sich die ersten teilweise freien Wahlen im östlichen Europa zum 30. Mal jährten. Diese hatten am 4. Juni 1989 als Ergebnis der Übereinkunft

---

38 Vgl. Adam Leszczyński: Instytut Dziedzictwa Solidarności. Kolejne pisowskie muzeum-dubler [Das Institut des Erbes der Solidarność. Das nächste Museums-Double der PiS], OKO.press, 4.9.2019, https://oko.press/instytut-dziedzictwa-solidarnosc/ (Zugriff 1.9.2020).

39 Vgl. Estera Flieger: Gliński i Duda chcą zabrać tablice z 21 postulatami z ECS. Polityka historyczna PiS kontra prawo [Gliński und Duda wollen dem ECS die Tafeln mit den 21 Postulaten wegnehmen. Die PiS-Geschichtspolitik gegen das Recht], OKO.press, 23.8.2020, https://oko.press/glinski-i-duda-chca-zabrac-tablice-z-21-postulatami-z-ecs-polityka-historyczna-pis-kontra-prawo/ (Zugriff 1.9.2020).

zwischen Regime- und Oppositionsvertretern am Runden Tisch stattgefunden und endeten mit jener vernichtenden Wahlniederlage der polnischen Kommunisten, die schließlich den Weg für die Bildung der nichtkommunistischen Regierung Mazowiecki im August 1989 ebnete.

Die PiS-Regierung, die sonst stets große Mühe auf geschichtspolitische Inszenierungen verwendet, hielt sich bei diesem Jubiläum wegen ihrer grundsätzlichen Kritik am Runden Tisch auffällig zurück. Die Gewerkschaft Solidarność organisierte am 4. Juni 2019 zwar eine Gedenkveranstaltung in der besagten *Sala BHP* – diese war allerdings nicht dem Jahrestag des demokratischen Durchbruchs von 1989 gewidmet, sondern dem ersten Besuch des polnischen Papstes Johannes Pauls II. in seinem Heimatland 1979. Dagegen richtete die kommunale Selbstverwaltung der bürgerstolzen Stadt Danzig gemeinsam mit dem ECS ein zehntägiges Festival aus, das die Ereignisse von 1989 als historischen Durchbruch zu Freiheit und Demokratie feierte und in einer umjubelten Rede des damaligen Präsidenten des Europäischen Rates Donald Tusk kulminierte. Die neue Stadtpräsidentin Aleksandra Dulkiewicz, die wenige Monate zuvor die Nachfolge des ermordeten Paweł Adamowicz angetreten hatte, nutzte die Gelegenheit, um den Schulterschluss mit der Politprominenz der liberalen Opposition und Vertretern der Zivilgesellschaft aus ganz Polen zu suchen. Mit 220.000 Teilnehmerinnen und Teilnehmern war das »Festival der Freiheit und Demokratie« zweifellos ein Höhepunkt der städtischen Geschichtspolitik, der zugleich dezidiert den Anspruch erhob, auch auf die nationale Ebene auszustrahlen.[40]

Wegen seines großen Erfolgs wurde das Format der Festwoche ein Jahr später anlässlich des 40. Jahrestags der Danziger Auguststreiks im Sommer 2020 wiederholt, wenn auch mit pandemie-bedingten Einschränkungen. Diesmal zeigte auch das Regierungslager erwartungsgemäß mehr gedenkpolitisches Engagement – schließlich werden die PiS-Spitzen nicht müde, sich selbst als wahre Erben der Werte der Solidarność zu bezeichnen. Folglich ließen Staatspräsident Andrzej Duda, Ministerpräsident Mateusz Morawiecki und Solidarność-Chef Piotr Duda es sich nicht nehmen, sich auf dem Platz vor dem historischen Tor der Danziger Werft als Siegelbewahrer der Solidarność-Tradition in Szene zu setzen. Zu diesem Zeitpunkt hatte der von der Stadt Danzig organisierte Gedenkmarsch, der von Lech Wałęsa, Stadtpräsidentin Aleksandra Dulkiewicz und Tomasz Grodzki, dem liberalen Präsidenten des polnischen Senats, angeführt wurde, den Platz bereits wieder verlassen. Das Staatsfernsehen TVP, das seine Hauptnachrichtensendung eigens in das historische Ambiente der *Sala BHP* verlegt hatte, berichtete ohnehin nur wenige Sekunden über die städtische Gedenkveranstaltung, während es der Rede des Staatspräsidenten, den

---

40 Vgl. Anton Ambroziak: 4 czerwca. W Gdańsku znów miało wydarzyć się coś wielkiego [4. Juni. In Danzig sollte sich wieder etwas Großes ereignen], OKO.press, 6.6.2019, https://oko.press/4-czerwca-w-gdansku-znow-mialo-wydarzyc-sie-cos-wielkiego-reportaz/ (Zugriff 17.8.2020); Teilnehmerzahl nach ECS: Raport roczny 2019.

bekannten Mutmaßungen über die Stasi-Kontakte Wałęsas und einem rührselig-pathetischen Live-Konzert vom Werftgelände ausführlich Sendezeit einräumte.[41]

4. Schluss

Die letzten runden Jahrestage von Solidarność und Systemwechsel haben unübersehbar vor Augen geführt, wie tief die polnische Gesellschaft mit Blick auf die Deutung des politischen und wirtschaftlichen Wandels von 1989 gespalten ist. Dass die städtische Erinnerungskultur Danzigs sich dabei als Gegenpol zur nationalen Geschichtspolitik der PiS-Regierung etabliert hat, ließ sich wohl am deutlichsten an den wütenden Anwürfen der regierungsnahen rechten Presse ablesen. Getreu der Logik, dass sich außerhalb der nationalen Gemeinschaft stellt, wer nicht mit dem PiS-Lager marschiert, stellte etwa *Sieci* (»Netzwerke«), nach eigenen Angaben »das größte konservative Meinungsmagazin in Polen«, im Sommer 2019 auf seiner Titelseite offen die Frage: »Will Gdańsk nach Deutschland?«[42] (Abb. 5). Aus nationalpolnischer Sicht ist jede Bezugnahme auf die transnationale Verflochtenheit der Lokalgeschichte, wie sie sich in Danzig seit den neunziger Jahren als Kernbestandteil des städtischen Selbstverständnisses und als Basis des damit verbundenen Sendungsbewusstseins etabliert hat, verdächtig – und die vermeintliche Sabotage zentralstaatlicher Geschichtspolitik durch eine selbstbewusste kommunale Selbstverwaltung erst recht.

Allerdings sollten solche kuriosen Blüten nicht darüber hinwegtäuschen, dass die öffentliche Erinnerung an 1989 in Polen auf beiden Seiten der Barrikade eine unübersehbare Tendenz zur Mythologisierung aufweist: Die Verklärung der Solidarność als Inkarnation einer pluralistisch-liberalen Zivilgesellschaft *avant la lettre* und die Überhöhung von 1989 als Akt der gesellschaftlichen Selbstbefreiung weist ebenso mythologisierende Züge auf wie die exklusive Berufung auf die nationalen und katholischen Werte der Solidarność und die Verabsolutierung einer nationalen Gemeinschaft, die Verhandlungen und Kompromiss als Verrat ausschließt. Ohne die Plausibilität dieser beiden Deutungen im Einzelnen miteinander zu vergleichen, lässt sich doch festhalten, dass beide konkurrierenden Meistererzählungen einer kritischen Historisierung der Transformationszeit eher im Wege stehen.

Um die geschichtspolitische Polarisierung zu überwinden, wäre es nötig sich einzugestehen, dass die Geschichte der ursprünglichen, von der großindustriellen Arbei-

---

41 Siehe Wiadomości TVP. Wydanie główne codziennego serwisu informacyjnego [TVP-Nachrichten. Hauptausgabe des täglichen Informationsdienstes] vom 31.8.2020, 19.30 Uhr, https://wiadomosci.tvp.pl/49358773/31082020-1930 (Zugriff 1.9.2020).
42 Czy Gdańsk chce do Niemiec? [Will Gdańsk nach Deutschland?], Sieci Nr. 26/2019 vom 1.7.2019; vgl. Anna Mierzyńska: Wojna PiS-u z Gdańskiem. Kara za niepokorne wolne miasto [Der Krieg der PiS gegen Danzig. Die Strafe für die unbotmäßige freie Stadt], OKO.press, 7.7.2019, https://oko.press/wojna-pis-u-z-gdanskiem-kara/ (Zugriff 1.9.2020).

Abb. 5: »Will Gdańsk nach Deutschland?« Titel des PiS-nahen Meinungsmagazins *Sieci* vom 1. Juli 2019. Die Fotomontage zeigt das »Denkmal für die Verteidiger der Küste« (1966) auf der Danziger Westerplatte umringt von Porträts des langjährigen Danziger Stadtpräsidenten Paweł Adamowicz, seiner Nachfolgerin Aleksandra Dulkiewicz und des ehemaligen polnischen Ministerpräsidenten Donald Tusk. Den Hintergrund bilden historische Aufnahmen aus deutscher Zeit, darunter ein Aufmarsch mit Hakenkreuz-Flaggen, aber auch ein Foto des 1981 von der Solidarność errichteten Werftarbeiter-Denkmals. Im Untertitel heißt es: »Erschütternde Reportage: Warum kultiviert die Opposition die Tradition der Freien Stadt Danzig, in der Polen verfolgt wurden, der Antisemitismus tobte und der Nazismus wuchs? Warum sorgt sich dort kaum jemand um das Polentum?«

terschaft geprägten Solidarność in mancher Hinsicht eine Geschichte gescheiterter Hoffnungen ist, die weder von den liberalen Transformationseliten noch vom pathetischen Gebaren der gegenwärtigen Rechtsregierung erfüllt wurden. Denn anders als beide Seiten gerne behaupten, war das kollektivistische Aufbegehren von 1980/81 kein unmittelbarer Vorläufer der Transformation zu Demokratie und Kapitalismus, die 1989 mit den teilfreien Wahlen und der neoliberalen Schocktherapie des Balcerowicz-Plans begann. Zwar gab damals erneut Polen den entscheidenden Anstoß, der die kommunistischen Regime im östlichen Europa zum Einsturz brachte und die Teilung des Kontinents beendete. Doch die Gewissheiten der industriellen Moderne und das für die Solidarność von 1980/81 so charakteristische Vertrauen in die Wirksamkeit kollektiven politischen Handelns waren inzwischen Vergangenheit. Im Jahr 1989 kämpften die meisten Polinnen und Polen nicht mehr dafür, ihre Welt durch gemeinsames politisches Handeln besser zu machen, sondern sie waren auf halblegalen Handelsrouten und »Polenmärkten« zwischen Westberlin und Istanbul unterwegs, um zumindest individuell über die Runden zu kommen.[43]

Gerade am Standort des Danziger Solidarność-Zentrums erschließt sich die Plausibilität der liberalen Deutung der Transformation nicht auf den ersten Blick. Schließlich führt die weitläufige postindustrielle Brache, die hinter dem mehr oder weniger originalgetreu hergerichteten historischen Werfttor beginnt, anschaulich vor Augen, dass von dem soziokulturellen Umfeld, in dem die Solidarność als Massenbewegung der großindustriell geprägten Arbeiterschaft entstand, nicht viel mehr übriggeblieben ist als der Mythos, um den sich heute beide Lager streiten. Angesichts dessen liegt die Einsicht nahe, dass die Geschichte der polnischen Oppositionsbewegung nicht mit dem politischen Umbruch 1989 enden kann, sondern auch die Transformationsgeschichte einbeziehen muss – namentlich den Niedergang des sozialen und kulturellen Ursprungsmilieus der Solidarność, das der Mehrzahl der heutigen Museumsbesucherinnen und -besucher wohl weitgehend fremd ist. Ohne eine solche Historisierung der Transformationszeit läuft jede öffentliche Erinnerung an die Solidarność und den demokratischen Neuanfang von 1989 unweigerlich Gefahr, bei der sterilen Reproduktion des Mythos zu verharren. Diese eignet sich allenfalls zur Vermarktung touristischer Images und Investorenträume, nicht aber als Grundlage eines vertieften, reflexiven Geschichtsbewusstseins.

---

43 Vgl. Florian Peters: Von Solidarność zur Schocktherapie. Wie der Kapitalismus nach Polen kam, Berlin 2023.

Comics im Knast

Die Andreasstraße als publikumsorientierter Erinnerungsort deutscher Diktatur- und Demokratiegeschichte

Jochen Voit

> »›Was ist die längste Straße der Stadt?‹ – ›Die Andreasstraße. Wer einmal hineingeht, kommt so schnell nicht wieder raus!‹«
> *(Erfurter Volksmund, 20. Jahrhundert)*

Wer nach Erfurt mit dem Reisebus kommt, macht höchstwahrscheinlich Halt am Domplatz, diesem überdimensionierten ehemaligen Aufmarschgelände des preußischen Militärs mitten in der Stadt. An der nordwestlichen Seite des Platzes, wo die Busse parken, empfängt die Aussteigenden das Landgericht mit seiner schmucken neogotischen Fassade aus dem späten 19. Jahrhundert. Wer genauer hinschaut, erkennt rechts dahinter, umgeben von einer durchbrochenen Mauer, einen ziegelroten Backsteinbau aus derselben Zeit, das ehemalige Gerichtsgefängnis. Der frühere Zweck des Gebäudes erschließt sich Neuankömmlingen nicht ohne Weiteres, da bei der Umgestaltung des Areals 2011 der repräsentative vordere Gebäudeteil für Büroräume umgebaut und von den Fenstergittern befreit wurde. Wer näher tritt, kann freilich die Gitter am zurückgesetzten Westflügel sehen und eine überraschende architektonische Entdeckung machen: Zwischen Gericht und altem Hafthaus hat sich ein schwarz-verspiegelter Würfel eingenistet, bedeckt mit eindrucksvollen Zeichnungen des Comic-Künstlers Simon Schwartz und Parolen der Friedlichen Revolution vom Herbst 1989; die wichtigste Forderung jener Zeit, die auf dem Kubus prangt, lässt sich, bei günstigem Lichteinfall, von der nördlichen Domplatzecke aus lesen: »Keine Gewalt!«. Der Slogan fungiert damit zugleich als Claim der Gedenkstätte, deren Eingang am Anfang der Andreasstraße liegt, die vom Domplatz in Richtung Norden verläuft. Ihr verdankt die Gedenkstätte ihren Namen. Der Titel unserer Dauerausstellung lautet HAFT | DIKTATUR | REVOLUTION – THÜRINGEN 1949–1989.

1. Zwei Gedenkstätten in Erfurt, eine für jede deutsche Diktatur

Als ich Anfang 2012 damit begann, im Auftrag der Stiftung Ettersberg als »Leiter Aufbaustab« zusammen mit einem fünfköpfigen Team diese Gedenkstätte zur SED-Diktatur und ihrer Überwindung (mit regionalem Schwerpunkt auf Thüringen) zu entwickeln, stand die Bezeichnung »Gedenk- und Bildungsstätte Andreasstraße« bereits fest. Sie schien mir unnötig sperrig, ich hätte »Erinnerungsort Andreasstraße« bevorzugt. Mittlerweile habe ich mich mit dem Namen angefreundet, finde ihn jedenfalls passend, enthält er doch mit den Worten »Gedenken« und »Bildung« die beiden zentralen Forderungen der zwei wesentlichen Gruppen von Zeitzeug*innen, die am Transformationsprozess des Hauses in den letzten Jahrzehnten beteiligt waren. Dies sind einerseits ehemalige politische Häftlinge, die hier zu DDR-Zeiten einsaßen, andererseits ehemalige Akteur*innen der Friedlichen Revolution, die hier am 4. Dezember 1989 die erste Besetzung einer Stasi-Zentrale wagten.

Das Label »Erinnerungsort« hätte außerdem zu Verwechslungen geführt. Denn in Erfurt war bereits 2011 der *Erinnerungsort Topf & Söhne* eröffnet worden, der sich mit dem konfrontierenden Untertitel »Die Ofenbauer von Auschwitz« klar als Geschichtsort zum NS-Regime und zum Holocaust positioniert hatte. Heute gibt es also zwei Gedenkstätten in Erfurt, eine für jede deutsche Diktatur des 20. Jahrhunderts, wobei wir uns nicht nur inhaltlich deutlich unterscheiden: Im Gegensatz zu den geschätzten Kolleg*innen im *Erinnerungsort Topf & Söhne* sind wir keine städtische Einrichtung, sondern ein Haus in Trägerschaft der (beim Freistaat Thüringen angedockten) Stiftung Ettersberg, liegen nicht am Rand des Stadtzentrums, sondern mittendrin (mit entsprechend höheren Besucher*innenzahlen) und werden von unserer Trägerin nicht in Kauf genommen, sondern angemessen ausgestattet. Die städtische Verwaltung in Erfurt und das hiesige Stadtmarketing, man kennt dieses Phänomen auch andernorts, tun sich schwer mit der (doppelten) diktatorischen Vergangenheit der Stadt. Auch die Erfurter Militär- und Industriegeschichte sind museal unterbelichtet. Lieber konzentrieren sich die zuständigen Stellen in ihrer Museums- und Ausstellungsförderung aufs Schöne, Altehrwürdige und Erwartbare. Im Fall der Mittelalter-Perle Erfurt sind dies insbesondere mediävistische Themen; Zeitgeschichte findet selten statt, weder im Rahmen offizieller Stadtführungen noch in nennenswertem Umfang im Stadtmuseum; am ehesten findet man sie noch im Museum für Thüringer Volkskunde, aber das wird komplett vernachlässigt. Was zu der unbefriedigenden Situation führt, dass die jüngere und jüngste Vergangenheit fast ausschließlich in den zwei Gedenkstätten verhandelt wird, die jedoch durch ihren jeweiligen Bezug zum historischen Ort und zur Repressionsgeschichte etwas limitiert in ihren Themen scheinen. Wir, in der *Gedenkstätte Andreasstraße*, versuchen freilich, dieser Limitierung zu trotzen, erweitern unseren Radius stetig und wenden uns in Sonderausstellungen und Veranstaltungen zunehmend diversen und internationalen Themen zu. Belohnt wurden wir dafür jüngst mit dem Museums-

Abb. 1: Eingang der *Gedenk- und Bildungsstätte Andreasstraße* / Foto: Norman Hera.

preis der Sparkassen-Kulturstiftung Hessen-Thüringen 2020. Diese Entwicklung ist das neueste Kapitel einer vielschichten Transformationsgeschichte der *Andreasstraße*, die ich im Folgenden kurz darlegen möchte.[1]

---

1 Zur Transformationsgeschichte genauer: Jochen Voit: Gedenkstätte Andreasstraße. Haft, Diktatur und Revolution in Erfurt. Berlin 2016.

2. Von der Grünanlage zum Gefängnis

Im 19. Jahrhundert entwickelt sich Erfurt zur modernen Metropole: 1802 endet die rund 800-jährige Erfurter Zugehörigkeit zum Kurfürstentum Mainz. Erfurt kommt zu Preußen – und wächst zur Großstadt. Aus dem 16.000 Einwohner*innen zählenden Städtchen wird innerhalb eines Jahrhunderts ein Verwaltungszentrum und bedeutender Industriestandort mit starker Militärpräsenz und 100.000 Einwohner*innen. Der Bau der Thüringer Eisenbahn in den 1840er Jahren begünstigt den Aufbruch der Stadt in die Moderne. Die Kehrseite der Medaille sind wachsende soziale Unterschiede, zunehmend beengte Wohnverhältnisse und steigende Kriminalität. Als der preußische König Friedrich Wilhelm III. die Stadt Erfurt 1823 besucht, erhält der Domplatz ihm zu Ehren den Namen Friedrich-Wilhelms-Platz. An der Nordseite entsteht das Luisenthal, eine spendenfinanzierte Grünanlage. Der Park erfreut sich bei der Erfurter Einwohnerschaft großer Beliebtheit. Doch nach Gründung des Deutschen Reiches muss er in den 1870er Jahren einem Gebäudeensemble weichen, das nicht dem Müßiggang, sondern der Disziplinierung dient: einem Gerichtsgebäude mit direkt angrenzender Haftanstalt im Geist der Gefängnisreformbewegung der Kaiserzeit.

Gefängnishaft als wichtigste Form der Bestrafung ist eine Erfindung des 19. Jahrhunderts. Statt körperverletzender Akte setzt sich das Mittel des Einsperrens durch. Zugleich wandelt sich das Gefängnis vom verwahrlosten Kerker zur penibel aufgeräumten Anstalt mit strikten Regeln und Arbeitsnormen. Als Vorbild für das Gefängniswesen dient das Militär. Aufseher verlangen von den Gefangenen Ordnung, Sauberkeit und Gehorsam. Ziel der Haft sind nicht nur Abschreckung und Vergeltung. Gefängnisreformer setzen auf Resozialisierung der Verbrecher: Hinter Gittern sollen sie zu besseren Menschen und somit »gesellschaftsfähig« werden.

Nach Gründung des Deutschen Reiches plant die preußische Landesregierung den Bau eines Gerichtsgebäudes mit dazugehöriger Männer-Haftanstalt in Erfurt. Als Baugrund dient das Luisenthal, ein Park direkt am Domplatz (damals: Friedrich-Wilhelms-Platz). 1873 erwirbt die Regierung den Grund für 60.000 Thaler von der Stadt. 1874 wird der Grundstein für das Gericht gelegt, ein Jahr später beginnt der Gefängnisbau, den der Justizminister 1878 einweiht. Ziel der Haft sind Abschreckung und Vergeltung. Die Todesstrafe vollstreckt ein Scharfrichter im Gerichtshof mit dem Handbeil. Das Hafthaus mit seiner Backsteinfassade und den angedeuteten Zinnen ist typisch für die historische Architektur der Kaiserzeit. Bis zur Jahrhundertwende wird das Aufnahmevermögen von 108 auf 200 Inhaftierte erhöht.

Im Oktober 1878 beginnt die Nutzung des Erfurter Gefängnisgebäudes. Das direkt davor platzierte Gerichtsgebäude ist neun Monate später fertiggestellt. In der Architektur spiegeln sich protestantische Arbeitsethik und preußischer Herrschaftsanspruch: Das Hafthaus mit dem T-förmigen Grundriss, seiner rötlichen Backsteinfassade und den angedeuteten Zinnen ist ein Musterbeispiel für historistische Gefängnisbauten des späten 19. Jahrhunderts. Das Gerichtsgebäude mit seiner Werksteinverkleidung und den schmückenden Spitzbögen drückt Traditions- und Standesbewusstsein aus. Im Jahr seiner Einweihung 1879 treten die Reichjustizgesetze in Kraft. Erstmals herrschen nun einheitliche Gerichtsarten und Verfahrensregeln in Deutschland.

3. Neuerungen in der Weimarer Republik

Nach dem Ende der Monarchie erschüttern Attentate die junge Republik. Politische Straftäter aus dem rechtsradikalen Lager erhalten meist mildere Haftstrafen als ihre linksradikalen Gegenspieler. Viele Richter sind autoritär und nationalistisch eingestellt. Zugleich erproben Haftanstalten moderne, liberale Methoden. Vorreiter der Gefängnisreformbewegung ist das 1920 entstandene Land Thüringen, statt religiöser Seelsorger kommen erstmals Erzieher und Sozialarbeiter zum Einsatz.

In der preußischen Enklave Erfurt äußert sich Fortschritt im Strafvollzug eher durch Baumaßnahmen: 1924 weicht die Gasbeleuchtung einer elektrischen Lichtanlage. 1928 werden nach einem Ausbruchversuch die Zellentüren durch Eisenblechbeschlag verstärkt. 1929 stellt das Gefängnis die Handwäscherei auf maschinellen Betrieb um. Ein Jahr später wird eine besonders gesicherte »Beruhigungszelle« eingeführt. Das Wachpersonal führt ein straffes Regiment. Immerhin: Das routinemäßige Abrasieren von Bart und Haupthaar bei der Einlieferung der Gefangenen wird eingeschränkt. Von riskanten »Dachinstandsetzungen und ähnlichen mit Lebensgefahr verbundenen« Tätigkeiten stellt das Strafvollzugsamt Gefangene ausdrücklich frei. Aufseher wohnen direkt auf dem Areal an der Andreasstraße. Medizinische Betreuung besorgen Amtsärzte aus dem Stadtgebiet. Sie kommen, ähnlich wie Gefängnisgeistliche, bei Bedarf ins Haus. Hinrichtungen finden weiterhin im Hof des Landgerichts durch das Handbeil statt. Für Aufsehen sorgt etwa die Tötung des Häftlings Johannes Rudolph, der im Februar 1926 schuldig befunden wird, auf der Straße zwischen Nordhausen und Sondershausen zwei Autofahrer erschossen zu haben.

Die Weltwirtschaftskrise 1929 wirkt sich auch auf die Haftbedingungen aus. Die Politik fordert Geldeinsparung beim Strafvollzug und mehr Strenge in den Anstalten. Einflussreiche Thüringer Gefängnisreformer werden entmachtet. Anhänger*innen des Vorurteils, wonach es »Unverbesserliche« gebe, deren Straftaten als Ausdruck degenerierten Verhaltens zu werten seien, gewinnen an Boden. Kriminalbiologische Untersuchungen scheinen zu bestätigen, dass Verbrecher*innen bestimmte physische Merkmale hätten und »genetisch vorbelastet« seien. Der Ruf der Nazis nach weniger »Humanitätsduselei« im Umgang mit Straftätern und nach vermehrter Verhängung der Todesstrafe findet große Zustimmung. Bereits vor der Ernennung Adolf Hitlers zum Reichskanzler ist der liberale Vollzug der Weimarer Republik gescheitert. Der Besserungs- und Erziehungsgedanke rückt in den Hintergrund. Worauf es nun vor allem ankommt, ist das Wegsperren.

Abb. 2: Westansicht der Gedenkstätte mit Kubus der Friedlichen Revolution im Vordergrund; Norman Hera 2021.

4. Unterdrückungsort im Nationalsozialismus

Nach der Machtübernahme der Nationalsozialistischen Deutschen Arbeiterpartei (NSDAP) beginnt die Abschaffung der bürgerlichen Freiheitsrechte. Wer eine abweichende politische Meinung vertritt, wer als »fremdvölkisch« oder homosexuell gilt, kann inhaftiert werden: in Konzentrationslagern, aber auch in normalen Gefängnissen.[2] Sowohl das Erfurter Gericht als auch das Gefängnis entwickeln sich zu Agenturen der Unterdrückung: Hunderte Menschen werden aufgrund ihres Glaubens (z. B. Zeugen Jehovas), wegen ihrer sexuellen Orientierung, wegen antinazistischer Äußerungen oder ihrer angeblich nicht »arischen« Abstammung verurteilt und inhaftiert. Das Amtsgericht wirkt überdies an »rassenhygienischen« Verfahren mit, durchgeführt am neu gegründeten Erfurter Erbgesundheitsgericht. Anträge auf »Unfruchtbarmachung« gehen dort aus dem gesamten Regierungsbezirk ein – die meisten wegen angeblich »angeborenen Schwachsinns«. Nur in seltenen Fällen entscheidet sich das Gremium gegen den Eingriff. Das Städtische Krankenhaus und die Landesfrauenklinik in Erfurt führen zwischen 1934 und 1940

---

2 Nikolaus Wachsmann: Gefangen unter Hitler. Justizterror und Strafvollzug im NS-Staat. A. d. Engl. V. Klaus-Dieter Schmidt. München 2004.

Abb. 3: Jugendlicher Widerstand gegen die Nazis; Montage aus Fotos von Wanderausflügen, 1942/43; Sammlung Gedenkstätte Andreasstraße.

mehr als 500 Zwangssterilisationen durch, unter den Opfern sind auch Häftlinge aus der Andreasstraße. Im Zweiten Weltkrieg leisten Inhaftierte Zwangsarbeit in der Rüstungsindustrie. Das Gefängnis platzt gegen Kriegsende aus allen Nähten. Die durchschnittliche Tagesbelegung im Jahr 1943 beträgt ca. 350 Personen, ein Jahr später sind es fast 400. Darunter sind mehrere, die sich skeptisch über die deutsche Kriegsführung geäußert haben. Wegen »gemeiner Abwandlung eines Weihnachtsliedes« und »heimtückischer Äußerungen gegen den Führer des Großdeutschen Reiches« wird 1944 beispielsweise der Metallarbeiter Theodor Herzberg zu neun Monaten Haft verurteilt. Er hatte in seiner Wohnung, nach Aussage der Nachbarin, gesungen: »O Du fröhliche, / O Du selige, / gnadenbringende Weihnachtszeit! / Adolf geht verloren, / Christ wird geboren, / Freue Dich du schöne Welt!« Herzberg stirbt in Haft am 9. Februar 1945, angeblich an »Herzschwäche«, wenige Wochen vor Ablauf seiner Haftzeit.

»Nieder mit Hitler!« schreiben Schüler auf Schutzhütten im Erfurter Steigerwald. »Frieden, Freiheit, Brot« fordern sie auf ihren Flugblättern. Die Parolen haben

Jochen Bock und seine Freunde 1943 aus deutschsprachigen Sendungen der BBC und von Radio Moskau übernommen. Die fünf Klassenkameraden aus der Handelsschule ahnen, dass der Krieg nicht mehr zu gewinnen ist – und wagen eine Widerstandsaktion. Die Gruppe wird von Mitschülern verraten und von der Gestapo verhaftet. Jochen Bock, Karl Metzner, Helmut Emmerich, Joachim Nerke und Gerd Bergmann sind 15 und 16 Jahre alt, als man sie in der Andreasstraße inhaftiert. Sie werden beschuldigt, eine »Zelle« des Nationalkomitees »Freies Deutschland« gegründet zu haben. Ihr Klassenlehrer Albrecht Schulz setzt sich für sie ein. Mit Glück entgehen die Fünf einer Anklage wegen Hochverrats. Der Richter verurteilt sie wegen »Rundfunkverbrechens« und »Vorbereitung eines hochverräterischen Unternehmens«. Metzner, Emmerich und Bergmann werden 1944 nach neunmonatiger Untersuchungshaft entlassen. Nerke erhält 18 Monate und muss ins Gefängnis nach Bautzen. Bock ist als »Rädelsführer« verschärften Haftbedingungen ausgesetzt und muss ins Zuchthaus Hoheneck. Er kommt erst nach Kriegsende wieder frei. Jochen Bock stirbt 1947 an Tuberkulose, vermutlich eine Folge der Haftbedingungen.[3]

5. Kriegsende in der Andreasstraße

Die jungen Widerständler müssen, wie andere Gefangene auch, »kriegswichtige« Schlosserarbeiten verrichten: z. B. Magazine für Schnellfeuergewehre entgraten. Bei Fliegerangriffen werden sie ausdrücklich nicht evakuiert. Die Benutzung der Luftschutzräume bleibt den Wärtern vorbehalten. Herangezogen werden Häftlinge für Lösch-, Bergungs- und Instandsetzungsarbeiten sowie zum Bombenentschärfen in der Stadt. Am 15. März 1945 wird das Gefängnisgebäude durch einen Luftangriff stark beschädigt. Die Einrichtungen in Ichtershausen bei Arnstadt und Gräfentonna bei Gotha nehmen einen Teil der Gefangenen auf. Alliierte Truppen dringen derweil weiter nach Deutschland vor. Kurz bevor US-amerikanische Soldaten Erfurt einnehmen, werden die meisten politischen Häftlinge entlassen. Unter denen, die bleiben müssen, ist der Kaufmann Walter Sturm, der eine Verurteilung zum Tod fürchtet. Ihm wird vorgeworfen, an der Vorbereitung des Attentats auf Hitler vom 20. Juli 1944 mitgewirkt zu haben. In der Häftlingshierarchie steht Sturm weit oben – nicht nur, weil er ein »Politischer« ist. Zusammen mit einem inhaftierten Elektrotechniker hat er im Gefängnis ausländische Radiosender abgehört und Nachrichten über den Frontverlauf unter die Mitinsassen verbreitet. Am 12. April 1945 befreien US-amerikanische Truppen ihn und die restlichen Häftlinge der Andreasstraße.

---

3 Vgl. Christiane Kuller/Annegret Schüle/Jochen Voit (Hg.): Nieder mit Hitler! Der Widerstand der Erfurter Handelsschüler um Jochen Bock. Erfurt (Landeszentrale für politische Bildung) 2016. Vgl. auch die Graphic Novel über einen der fünf Widerständigen, Karl Metzner von Jochen Voit (Text) und Hamed Eshrat (Zeichnungen): NIEDER MIT HITLER! oder Warum Karl kein Radfahrer sein wollte. Berlin 2018.

Die Alliierten teilen Deutschland auf, Thüringen ist zunächst von US-Amerikanern besetzt, ab Juli 1945 untersteht es der sowjetischen Militärverwaltung. Das Erfurter Gefängnisgebäude wird beschlagnahmt, das Personal entlassen. Der Besatzungsmacht dient das Haus als Materiallager. Einzelne Zellen nutzt die sowjetische Geheimpolizei als Haftort für politische Gefangene, die dann mutmaßlich ins Speziallager Nr. 2 nach Buchenwald transportiert werden. Dort inhaftieren die SMAD tatsächliche und vermeintliche Nazis. Menschen mit unstetem Lebenswandel werden in sogenannte Vorbeugungslager eingeliefert. Ab 1948 übernimmt die (weitgehend entnazifizierte) Thüringer Justizverwaltung das Erfurter Gefängnis. Häftlinge setzen das beschädigte Gebäude instand, das erneut als Untersuchungshaftanstalt dient und zugleich dem Strafvollzug für minder schwere Fälle (bis ca. drei Monate Haft). Es gibt 42 Einzel- und 36 Gemeinschaftszellen für insgesamt 212 bis maximal 310 Gefangene.

6. Stasi-U-Haft: Instrument der SED-Herrschaftssicherung

Nach dem Zweiten Weltkrieg wird Deutschland von den Siegermächten aufgeteilt. Erfurt gehört zur Sowjetischen Besatzungszone. In diesem östlichen Teil Deutschlands entsteht 1949 die Deutsche Demokratische Republik (DDR), eine Diktatur unter Vorherrschaft der Sozialistischen Einheitspartei Deutschlands (SED). Die SED ist das Ergebnis einer Zwangsvereinigung von Sozialdemokraten und Kommunisten. Zunächst setzt die neue Partei auf Leitbegriffe wie »Antifaschismus« und »Humanität«. Doch den Kurs bestimmen kommunistische Funktionäre. Auch die Polizei soll im Sinne der Staatspartei funktionieren: 75 Prozent der Thüringer Polizisten werden der SED eingegliedert. Politisch motivierte Verhaftungen nehmen zu. Ab 1950 fungiert die Haftanstalt in der Andreasstraße auch als Polizeigefängnis. Die häufigsten Haftgründe sind »Wirtschaftsvergehen«, also Schwarzmarktgeschäfte, weiterhin Diebstahl und Einbruch, Geschlechtskrankheiten, angebliche Geisteskrankheiten und »Arbeitsbummelei«. Als politische Polizei fungiert anfangs die Abteilung K5, ab 1950 übernimmt diese Funktion das neu gegründete Ministerium für Staatssicherheit (MfS). Das MfS, im Volksmund »Stasi« genannt, vereint als Geheimpolizei nachrichtendienstliche und polizeiliche Funktionen. In der Andreasstraße 38 befindet sich die MfS-Bezirksverwaltung und in der Andreasstraße 37 in den beiden oberen Etagen die MfS-Untersuchungshaftanstalt. Zum Haftregime des MfS gehören nächtliche Verhöre, Schlafentzug und Einzelhaft.
Insgesamt 17 Untersuchungshaftanstalten betreibt das Ministerium für Staatssicherheit auf dem Gebiet der DDR. Das zentrale MfS-Gefängnis befindet sich in Hohenschönhausen in Ostberlin. Die Besonderheit in Erfurt: Die »Andreasstraße« ist das einzige Gefängnis, das Staatssicherheit und Volkspolizei (VP) gemeinsam nutzen. Die Stasi beansprucht die Stockwerke eins und zwei als Untersuchungshaftanstalt. Sie richtet Zellen für maximal 96 männliche und weibliche Häftlinge ein. Die VP, die dem Ministerium des Innern untersteht, muss die beiden Etagen unbefristet und

unentgeltlich zur Verfügung stellen. Im Keller und im Erdgeschoss ist weiterhin die Polizei für die Gefangenen zuständig, in beengten Verhältnissen sitzen hier oft über 200 männliche Personen, vorrangig Kriminelle. Eine Ausnahme sind etwa Zeugen Jehovas, die unten eingesperrt sind und oft als »Hausarbeiter« eingesetzt werden. Angehörige dieser Religionsgemeinschaft sind bereits im Nationalsozialismus verfolgt worden. In der DDR zunächst als »Opfer des Faschismus« anerkannt, werden sie ab 1950 kriminalisiert und zu erheblichen Haftstrafen verurteilt.[4]

Wer sich in der DDR gegen die staatliche Bevormundung auflehnt, muss im Ernstfall mit Gefängnis rechnen. Etwa 200.000 Menschen werden aus politischen Gründen im Lauf der Jahre inhaftiert. Sie erfahren Demütigungen und Schikanen: in den MfS-Untersuchungshaftanstalten und vor Gericht. Menschenrechtsverletzungen im kapitalistischen Ausland prangert der sozialistische Staat an, die eigenen politischen Häftlinge verschweigt er. Mehr als 5000 sind es allein in der Andreasstraße. Pro Jahr werden hier durchschnittlich 150 Personen inhaftiert, etwa 10 % sind Frauen. Die Festnahmebücher geben Aufschluss über die Haftgründe: Bis Ende der 1950er Jahre werden vorrangig Mitglieder bürgerlicher Parteien verfolgt, Angehörige der jugendlichen Opposition und religiöser Gemeinschaften. Die Beschuldigten müssen sich wegen »Spionage«, »antidemokratischer Hetze« und »Wirtschaftsverbrechen« verantworten. Seit dem Mauerbau 1961 sind Fluchtdelikte die häufigste Haftursache. Später, in den 1970er/80er Jahren, wird neben dem »illegalen Grenzübertritt« vielfach auch missliebiges soziales Verhalten als »Rowdytum« geahndet. 90 Prozent aller Inhaftierungen beim MfS sind politisch begründet. Den Vorwand für eine Festnahme liefert das Strafgesetzbuch: Politische Witze unter Kollegen können in den ersten zwei Jahrzehnten zu einer Verhaftung wegen »staatsfeindlicher Hetze« führen. Ein Brief ins westliche Ausland kann ab 1968 als »feindliche Verbindungsaufnahme« mit Haft bestraft werden. Wer sich in der Nähe einer Landesgrenze in Richtung Westen aufhält, riskiert eine Gefängnisstrafe wegen versuchter »Republikflucht«. In den Festnahmebüchern ist manchmal vermerkt, was zur Festnahme geführt hat: »Hinweis aus der Bevölkerung«, kann man dort lesen, »auf frischer Tat« oder »negativ-operatives Material«.

Eine geringe Zahl von MfS-Häftlingen wird wegen klar krimineller Delikte festgenommen und verurteilt. So fallen etwa illegaler Waffenbesitz und NS-Kriegsverbrechen in die Zuständigkeit der Staatssicherheit. Im Jahr 1962 beispielsweise sind

---

4 Die Tatsache, dass es in der Andreasstraße sowohl Häftlinge des MfS, als auch des MdI gab, erschwert uns heute das Erstellen einer exakten Statistik politischer Häftlinge der »Andreasstraße«: Die aufgrund des Datenschutzes schwer zugänglichen MdI-Akten könnten etwa Auskunft geben über Inhaftierte, die bei den landläufig als »kriminell« geltenden Häftlingen der Volkspolizei eingesperrt waren. Politisch konnotierte Haftgründe liegen durchaus auch in diesem Bereich des Gefängnisses vor: Zum Beispiel werden hier Wehrdienstverweigerer inhaftiert – für diese Personengruppe, die etwa gläubige Katholiken wie auch Zeugen Jehovas umfasst, ist nicht die Stasi, sondern die Volkspolizei zuständig.

unter den 135 vom MfS in Erfurt verhafteten Personen zwei, die wegen NS-Verbrechen angeklagt werden. Im Jahr 1973 sind es vier von 142. Die Urteile gegen NS-Straftäter stehen meist vor Prozessbeginn fest. Verhängt werden entweder hohe Zuchthausstrafen oder die Todesstrafe. Nur handverlesenes Publikum ist bei diesen Verfahren zugelassen.

Die SED sieht sich als Vorkämpferin aller »Werktätigen« und fördert ein starres Freund-Feind-Denken: Wer sich gegen »die Partei« und damit gegen »die Arbeiterklasse« wendet, gilt als Gefahr – und als Fall fürs MfS. Nach sowjetischem Vorbild aufgebaut soll das Ministerium für Staatssicherheit die »Feinde des Sozialismus« bekämpfen. Das MfS ist Geheimpolizei, Nachrichtendienst und Untersuchungsorgan für Strafsachen in einem. »Schild und Schwert der Partei« nennt sich das MfS selbst. Chef ist 30 Jahre lang Erich Mielke. Er macht aus der Behörde am Ende einen Überwachungsapparat mit etwa 270.000 Mitarbeitern, davon 180.000 sogenannte Inoffizielle Mitarbeiter (IM). Mielkes Leute bespitzeln die DDR-Bevölkerung und verfolgen Oppositionelle. Das ganze Ausmaß wird erst nach 1990 bekannt.

7. Parteiische Justiz in der DDR

Offiziell gibt es in der DDR keine politischen Häftlinge. Dennoch lässt der Staat politisch Andersdenkende erfassen und verurteilen. Als Ermittlungsorgane arbeiten Kriminalpolizei, Zoll und das MfS. Politische Strafverfahren gelten als »Unterstützung der Partei« im »Klassenkampf«. Die Richter verhängen nicht selten lange Haftstrafen. Das ehemalige Erfurter Landgericht ist ab 1952 Bezirksgericht und setzt Vorgaben der SED um. Im gleichen Jahr findet hier ein Schauprozess gegen Christdemokraten statt, der mit zweistelligen Haftstrafen endet.

Bis Anfang der 1980er Jahre fällen DDR-Gerichte, darunter auch das Erfurter Bezirksgericht, Todesurteile. Aussagen ehemaliger Häftlinge zufolge gibt es in der ersten Etage der »Andreasstraße« zeitweilig eine spezielle (etwas besser ausgestattete) Zelle für Todeskandidaten. Insgesamt finden in der DDR mehr als 160 Hinrichtungen statt. Ein Drittel davon betrifft NS-Verbrecher. Die Vollstreckung erfolgt an zentralen Hinrichtungsstätten: erst in Dresden (Fallbeil), später in Leipzig (Fallbeil bzw. Genickschuss).

In unserer Dauerausstellung dokumentieren wir zahlreiche Fälle politischer Verfolgung, darunter auch die Erfurter Unterschriftensammlung 1976 aus Protest gegen die Ausbürgerung des DDR-Liedermachers Wolf Biermann. Erstunterzeichnerin ist Gabriele Stötzer (damals: Kachold), die später als Galeristin und Künstlerin in Erfurt für Furore sorgt, Performances und Modenschauen organisiert, Super-8-Filme dreht, Bilder malt, Gedichte schreibt und von zahlreichen Inoffiziellen Mitarbeitern der Stasi bespitzelt wird. Sie wird 1977 wegen der Protesterklärung zu Biermann als »Rädelsführerin« verhaftet und zu einem Jahr Haft wegen »Staatsverleumdung« verurteilt und muss nach der U-Haft in der Andreasstraße ins berüchtigten Frauengefängnis Hoheneck. Ein Jahrzehnt später, am 4. Dezember 1989, gehört

Abb. 4: Verdichtete Lebensgeschichten zwischen Anpassung und Individualität: Hinterleuchtete Comicstrips mit Hands-On-Elementen unter dem Motto »Sag mir, wo du stehst!«

Gabriele Stötzer zu den Besetzer*innen der Erfurter Stasi-Bezirksverwaltung in der Andreasstraße.[5]
Wir dokumentieren auch vermeintlich minder schwere Fälle, die vordergründig weniger mit Politik als mit Sachbeschädigung zu tun haben, die gleichwohl von der Stasi mit großer Härte verfolgt worden sind. Zu den in Thüringen schon beinahe legendären widerständigen Aktionen gehören die Graffiti der »Gurkensalater«: Sechs Jugendliche aus Weimar, zwischen 17 und 19 Jahre alt, wollen die graue Stadt etwas bunter gestalten. Sie stehen auf Punk, interessieren sich für Kunst und Musik. Im Oktober 1982 sprühen sie Losungen in knalligem Orange auf Hauswände: »Macht aus dem Staat Gurkensalat!«, »Alle Macht der Phantasie!« und »Neue Männer braucht das Land!«. Das MfS macht die Teenager ausfindig und verhaftet sie. Das Bezirksgericht Erfurt verurteilt sie wegen »Rowdytums«. Zwei von ihnen erhalten Bewährungsstrafen, zwei werden zu fünf Monaten und zwei zu sechs Monaten Haft verurteilt. Der Prozess im Erfurter Bezirksgericht findet unter schwersten Sicherheitsvorkehrungen statt, weil die SED westliche Berichterstatter fürchtet.

5 Zur Vorgeschichte und Politisierung Gabriele Stötzers an der Pädagogischen Hochschule in Erfurt vgl. Jochen Voit (Text) und Gabriele Stötzer (Zeichnungen): Rädelsführer. Studentischer Protest in der DDR 1976. Berlin 2018.

8. Ort der Friedlichen Revolution 1989

Ende der 1980er Jahre rumort es in der DDR. Zu Keimzellen des Aufbegehrens werden die bereits 1978 in Erfurt entstandenen Friedensgebete. Im Herbst 1989 verlässt die Opposition das schützende Dach der Kirche und erobert die Straße. Am 9. November öffnet sich die Grenze zwischen Ost und West. Doch die DDR-Geheimpolizei existiert weiter und beginnt, Spuren ihrer Menschenrechtsverletzungen zu beseitigen. In den Morgenstunden des 4. Dezember besetzen couragierte Menschen das Areal Andreasstraße, um die Aktenvernichtung zu stoppen. Es ist die erste friedliche Besetzung einer Stasi-Zentrale und der dazugehörigen Haftanstalt. Die Aktion in der Andreasstraße wird zur Blaupause für weitere Stasi-Besetzungen, am selben Tag folgen Leipzig, Suhl und Rostock, einen Monat später ist es auch in der Berliner Normannenstraße soweit.

Frauen ergreifen in Erfurt die Initiative. In den Morgenstunden ziehen sie los zur Andreasstraße und erlangen Einlass in die Stasi-Bezirksverwaltung. Dass die Stasi sich jetzt »Amt für Nationale Sicherheit« nennt, macht die Aktion nicht weniger riskant. Die Geheimpolizei ist bewaffnet und niemand weiß, wie sie reagieren wird. Doch die Frauen stellen Öffentlichkeit her, mobilisieren Freunde und Bekannte. Einen Tag zuvor hat der Hausmeister der Andreaskirche gegenüber schwarze Rauchschwaden über dem MfS-Gebäude gesichtet. Er vermutet, dass hier Papiere verbrannt werden, und erzählt es weiter. Am 4. Dezember 1989 blockieren Aktive aus der Bürgerrechtsbewegung, darunter »Frauen für Veränderung« und »Frauen für den Frieden« die Eingänge der Stasi, erzwingen den Einlass und übernehmen die Kontrolle über das Gebäude. Der Verdacht des Hausmeisters bestätigt sich: Im Heizungskeller der Stasi finden sich warme Aschereste und massenweise Papier. Eine Bürgerwache wird installiert, die Aktenvernichtung gestoppt. Das frisch gegründete Erfurter Bürgerkomitee zur Auflösung des MfS nutzt die leeren Zellen der Untersuchungshaftanstalt zum Sichern von Stasi-Akten. Die Erfurter Besetzung ist der Anfang vom Ende der DDR-Geheimpolizei und ein Meilenstein der Friedlichen Revolution.

Nach Herstellung der deutschen Einheit 1990 und Gründung des Freistaates Thüringen wird das Hafthaus noch ein Jahrzehnt lang als Männer-Haftanstalt genutzt. Die MfS-Männer-Haftetage im zweiten Obergeschoss bleibt unbenutzt im Zustand von 1989 erhalten. Bauliche Veränderungen durch die bundesdeutsche Justiz bringen etwas mehr Platz für die Insassen. Wenig bringt die Millionen kostende Modernisierung der Gefängnisküche im Untergeschoss: Kurz darauf, im Januar 2002, werden die letzten 170 Häftlinge in die neue JVA in Tonna, nordwestlich von Erfurt, überführt. Fortan ist das Areal Andreasstraße verlassen und verfällt allmählich. Zivilgesellschaftliches Engagement verhindert den Abriss; ab 2005 engagieren sich ehemalige Akteur*innen der Friedlichen Revolution und ehemalige politische Häftlinge für den Umbau des Areals zu einer Gedenkstätte, es folgen Jahre lange Debatten um die Trägerschaft und inhaltliche Ausrichtung des künftigen Geschichtsortes. 2010 kommt es zu einer medienwirksamen Besetzung des alten Hafthauses

Abb. 5: Zeichnungen des Comic-Künstlers Simon Schwartz mit Parolen der Friedlichen Revolution vom Herbst 1989.

durch ehemalige Häftlinge mit Hungerstreik zur Durchsetzung ihrer Forderung nach einer Gedenkstätte in Trägerschaft von Zeitzeug*innen. Der Staatssekretär muss seinen Skiurlaub abbrechen und versuchen, die Gemüter zu beruhigen. Den Streikenden wird Mitsprache zugesichert, doch die Trägerschaft geht an die Stiftung Ettersberg in Weimar.

9. Transformation im Dialog – Das Konzept Andreasstraße

Unser Konzept bestand darin, im Dialog mit Zeitzeug*innen aus einem ehemaligen Unterdrückungsort einen Ort der Kultur und spannenden Geschichtsvermittlung zu machen. Diese Transformationsarbeit beschäftigt uns bis heute, allerdings gibt es mittlerweile weniger analoge Baustellen im Haus – umso mehr sind wir mit digitalen Dekonstruktionen und Erzählweisen beschäftigt: im virtuellen Ausstellungsbereich *andreasstraße.de*. In den ersten Jahren haben wir unser Haus eine »Gedenkstätte im Werden« genannt. Das war ganzheitlich gemeint und betraf zunächst eine schrittweise (oft parallel verlaufende) Entwicklung: der künstlerischen Fassadengestaltung, der Dauerausstellung, der Museumspädagogik, des Besucher*innendienstes, des Sonderausstellungs- und Veranstaltungsprofils, der Sammlung und, last but not least, des Teams. »Gedenkstätte im Werden« – diese Selbstbeschreibung war zugleich der Versuch, an den Spirit der bürgerbewegten Anfänge dieses neuen Erfurter Erinnerungsortes anzuknüpfen. Zentral war für uns der Austausch mit Zeitzeug*innen, die das Areal vor dem Abriss bewahrt und ab 2005 erstmals mit Führungen, Gottesdiensten, Konzerten und Kunstausstellungen bespielt hatten. Genauso wichtig waren unsere eigenen Vorstellungen, die vor allem junge Menschen als Zielgruppe und popkulturell inspirierte Vermittlungsformate betrafen. Beide Seiten, die der lebensgeschichtlich Involvierten, wie die der Nachgeborenen, wollten wir ansprechen und zusammenbringen. Transparenz gehörte von Beginn an zum Arbeitsprozess: In öffentlichen Veranstaltungen stellten wir Ideen für ein modernes Gedenkstättenkonzept vor, erläuterten unsere Pläne für einen *Kubus der Friedlichen Revolution* mit verspiegelter Comic-Fassade und diskutierten mit ehemaligen politischen Häftlingen und Beteiligten der Stasi-Besetzung über die architektonische Umgestaltung des ehemaligen Freihofs.

Heute gibt es keinen Grund mehr, von der Andreasstraße als einer »Gedenkstätte im Werden« zu sprechen. Wir haben unseren Stil gefunden, haben ein modernes zeitgeschichtliches Museum am historischen Ort etabliert und greifen regelmäßig neue historisch-politische Themen auf: in ästhetisch ansprechenden Ausstellungen, bei Veranstaltungen im Kubus und im Rahmen künstlerischer museumspädagogischer Projekte. Vermittlung ist der Kern unserer Gedenkstättenarbeit. Diese an Daniel Tyradellis geschulte Erkenntnis hat uns bewogen, das gute alte Museumsmotto SAMMELN, BEWAHREN, VERMITTELN einem Relaunch zu unterziehen: VERMITTELN DURCH BEWAHREN UND INSZENIEREN – so ließe sich, was wir tun, beschreiben.[6] Wir sammeln nichts, was nicht auch als Baustein einer szenografischen Raumpräsentation denkbar wäre. Form und Inhalt denken wir stets zusammen. Aus Altem versuchen wir, durch multiperspektivische Kontextualisierung, Neues entstehen zu lassen.[7]

Von unserem stetig wachsenden Publikum lassen wir uns über unsere diversen Kommunikationskanäle gerne die Meinung sagen und uns zu gesellschaftsrelevanten Themen inspirieren. Angeregt durch Diskurse innerhalb und außerhalb der Museumslandschaft und nicht zuletzt durch konstruktive Kommentare junger Kolleg*innen werden wir die Prinzipien unserer Gedenkstättenarbeit auch künftig einer kritischen Prüfung unterziehen.

---

6 Daniel Tyradellis: Müde Museen oder: Wie Ausstellungen unser Denken verändern könnten, Hamburg 2014.
7 Zum kuratorischen Konzept vgl. URL: https://zeitgeschichte-online.de/interview/willkommen-im-designer-knast

Autorinnen und Autoren

Sarah BORNHORST, Dr. phil., Historikerin, seit Ende 2017 Leiterin des Arbeitsbereichs Zeitzeugenarbeit/Oral History der Stiftung Berliner Mauer, davor an verschiedenen Häusern kuratorisch und/oder in der Bildungsarbeit tätig (u. a. Deutsches Historisches Museum, neue Gesellschaft für bildende Kunst, Gedenk- und Begegnungsstätte Leistikowstraße Potsdam), Publikationen zur Historischen Kriminalitätsforschung, Geschichte der Berliner Mauer, Geschichte von Homosexualität*en, zuletzt: Homosexuellenverfolgung im Nationalsozialismus, In: LeMO – Lebendiges Museum Online, Mai 2020.
Kontakt: bornhorst@stiftung-berliner-mauer.de

Bernd BRAUN (*1963), Dr. phil., Geschäftsführer der Stiftung Reichspräsident-Friedrich-Ebert-Gedenkstätte in Heidelberg; Honorarprofessor am Historischen Seminar der Universität Heidelberg, Veröffentlichungen zur Geschichte der Arbeiterbewegung und des Parlamentarismus sowie der badischen Landesgeschichte, u. a.: Die Weimarer Reichskanzler. Zwölf Lebensläufe in Bildern, Düsseldorf 2011; Die Reichskanzler der Weimarer Republik. Von Scheidemann bis Schleicher, Stuttgart 2013.
Kontakt: bernd.braun@ebert-gedenkstaette.de

Dr. Ernst Otto BRÄUNCHE, Leiter des Stadtarchivs Karlsruhe (1985–2020) sowie der Städtischen Historischen Museen Karlsruhe (1998–2020).

Dr. Marco BRENNEISEN, Dipl.-Sozialwissenschaftler und Zeithistoriker, ist als Mitarbeiter des MARCHIVUM mit der Organisation und wissenschaftlichen Leitung der KZ-Gedenkstätte Sandhofen betraut. Er ist zudem Vorsitzender des ›Verbund der Gedenkstätten im ehemaligen KZ-Komplex Natzweiler e. V.‹ (VGKN). Forschungsschwerpunkte u. a.: NS-Konzentrationslager und KZ-Außenlager, NS-Rezeption, Geschichts- und Erinnerungspolitik, Erinnerungskulturen. Publikationen u. a.: »Schlussstriche und lokale Erinnerungskulturen. Die ›zweite Geschichte‹ der südwestdeutschen Außenlager des KZ Natzweiler seit 1945«, hg. von der Landeszentrale für politische Bildung Baden-Württemberg, Stuttgart 2020.

Annemarie Susan FRISCH, Dr. phil., Kulturwissenschaften, Leiterin der Gedenkstätte Deutsche Teilung Marienborn, Studium der Germanistik, Journalistik und Kulturwissenschaften in Leipzig und Rom
Kontakt: susan.frisch@erinnern.org

Dr. Christian GROH, Studium der Geschichte, Anglistik (Universität Heidelberg), der Archivwissenschaften (FH Potsdam), Abteilungsleiter Ausstellungen beim MARCHIVUM, 1998–2014 Stadtarchiv/Institut für Stadtgeschichte Pforzheim, 2014–2021 Abteilungsleiter Archiv bei Arolsen Archives (vormals International Tracing Service) Bad Arolsen. Publikationen zur Stadtgeschichte, Erinnerungskultur. Kontakt: christian.groh@mannheim.de

Werner JUNG, geb. 1954 in Köln, Studium der Geschichte, Germanistik und Psychologie in Köln. Promotion mit der Dissertation über »August Bebel – deutscher Patriot und internationaler Sozialist«. 1985 Volontariat bei der Deutschen Welle. Seit dem 1. Juli 1986 wissenschaftlicher Mitarbeiter im NS-Dokumentationszentrum der Stadt Köln, zunächst als stellvertretender Direktor, seit 2002 als Direktor. Verfasser von Büchern zur Kölner Stadtgeschichte, insbesondere zur Kölner NS-Zeit.
Kontakt: werner.jung@stadt-koeln.de

Prof. Dr. Heidrun KÄMPER, Studium der germanistischen Linguistik und der Politologie, bis Mai 2021 Leiterin des Arbeitsbereich ›Sprachliche Umbrüche des 20. Jahrhunderts‹ und seit Juni 2021 kooptiertes Mitglied des Leibniz Instituts für Deutsche Sprache, bis 1992 wiss. Mitarb. an der TU Braunschweig, 1993 bis 2021 wiss. Mitarb. am IDS, Forschungsschwerpunkte sind Diskurslinguistik und -geschichte, lexikalische Semantik und Sprachgeschichte des 20. Jahrhunderts.
   Publikationen: »Der Schulddiskurs in der frühen Nachkriegszeit« (Berlin, New York 2005); »Demokratisches Wissen in der frühen Weimarer Republik« in: Kämper/Haslinger(/Raithel (Hgg.), Demokratiegeschichte als Zäsurgeschichte (Berlin, Boston 2014); »Sprachliche Sozialgeschichte 1933 bis 1945 – ein Projektkonzept«, in: Kämper/Schuster (Hgg.), Sprachliche Sozialgeschichte des Nationalsozialismus (Bremen 2018)
Kontakt: kaemper@ids-mannheim.de

Wilhelm KREUTZ, Professor Dr., Studium der Germanistik, Geschichte und Politischen Wissenschaften an der Universität Mannheim, Staatsexamen 1976, Promotion 1982, Habilitation 1992; seit 1992 Privatdozent, seit 2014 apl. Professor für Neuere und Neueste Geschichte der Universität Mannheim; von 2002 bis 2014 im Schuldienst des Landes Baden-Württemberg; 2008 bis 2014 Fachberater für Geschichte und Landesgeschichtsbeauftragter; seit 2014 Vorsitzender der Hambach-Gesellschaft für historische Forschung und politische Bildung.
   Weit über 100 Publikationen vor allem zur Geschichte der Aufklärung, der Französischen Revolution, zu den demokratischen Bewegungen im deutschen Südwesten und Süden, zur deutsch-jüdischen Geschichte, zur Rezeption von Humanismus und Reformation im 19. und 20. Jahrhundert und zur (Kultur)Geschichte des Dritten Reichs.
Kontakt: wilhelm.kreutz@t-online.de

Sonja ROSENSTIEL, 2016 bis 2021 Referentin für Bildung und Vermittlung in der Stiftung Gedenkstätte Lindenstraße, seit 2021 Bildungsreferentin Stiftung Haus der Geschichte der Bundesrepublik Deutschland in Berlin.

Peter STEINBACH, geb. 1948, Studium der Geschichte, Philosophie, Politikwissenschaft in Marburg, Staatsex. 1972, Promotion (bei G. Oestreich) 1973 (Marburg), Doppel-Habilitation 1978/79 (FU Berlin) für Neuere Geschichte und Politikwissenschaft, 1980 Heisenberg-Stipendiat der DFG, 1982–1992 Professor für Historische und theoretische Grundlagen der Politik an der Universität Passau, seit 1983 wissenschaftlicher Leiter der ständigen Ausstellung »Widerstand gegen den Nationalsozialismus« in Berlin, seit 1989 wiss. Leiter der Gedenkstätte Deutscher Widerstand Berlin, 1992–2001 ord. Professor für Historische Grundlagen der Politik an der Freien Universität Berlin und Leiter der Forschungsstelle Widerstandsgeschichte an der FU Berlin, seit dem Wintersemester 2001 ord. Professor für Neuere und Neueste Geschichte an der Universität Karlsruhe (TH), 2007–2013 Lehrstuhl für Neuere und Neueste Geschichte II (Zeitgeschichte) Universität Mannheim.
Kontakt: polhist1@gmx.de

Johannes TUCHEL, Prof. Dr., Leiter der Gedenkstätte Deutscher Widerstand.
Kontakt: Tuchel@gdw-berlin.de

Jochen VOIT, promovierter Historiker, ist Leiter der Gedenk- und Bildungsstätte Andreasstraße. Trägerin der Gedenkstätte ist die Stiftung Ettersberg. http://www.stiftung-ettersberg.de/andreasstrasse/
Jochen Voit ist Historiker, Autor und Kurator. Er arbeitete als freier Journalist in München und Berlin (Süddeutsche Zeitung, Berliner Zeitung u. a.) und als Ausstellungstexter für das DDR Museum in Berlin. 2010 wurde er in Jena mit einer Arbeit über die sozialistische Ikone Ernst Busch promoviert. Im Jahr darauf war Voit Redakteur beim Online-Zeitzeugenportal »Gedächtnis der Nation« in Mainz. Seit 2012 ist er Leiter der Gedenk- und Bildungsstätte Andreasstraße und Lehrbeauftragter im Bereich Public History an der Universität Erfurt. Er schreibt Comic-Szenarios zu historischen Themen, seine neue Graphic Novel ERNST BUSCH – DER LETZTE PROLET erscheint im September im Berliner avant-Verlag. Seine aktuelle Ausstellung (ab 23.9. in der Andreasstraße) heißt: GEWALT UND FREUNDSCHAFT – DIE DDR UND KAMBODSCHA IM ZEITALTER DER IDEOLOGIEN.
Kontakt: voit@erinnerungsort.de

Register

Personenregister

Abresch, Johann Philipp 47
Abresch, Ludwig 45
Abresch, Philipp 45
Ackermann, Friedrich 54
Adamowicz, Paweł 244, 253, 255
Adamowski, Janusz 180
Adenauer, Konrad 60, 69, 84
Agathe, Markgräfin von Baden-Durlach 21
Altmeier, Peter 61
Amalie, Markgräfin von Baden 19
Ammon, Otto 14, 17
Amrehn, Franz 119
Apostel, Hans Erich 25
Aschinger, Fritz 36
Assmann, Aleida 96
Augusta, Kaiserin 21

Bachelin, Helmut 21
Balcerowicz, Leszek 235 f.
Barth, Mario 96
Bauer, Fritz 125
Baumberger, Amalie geb. Deimling 14
Baumberger, Friedrich 14
Baumberger, Karl 14
Baur, Wilhelm 25
Bebel, August 19, 34
Becker, Johann Philipp 48, 51
Becker, Max 61
Beck, Kurt 82
Beck, Ludwig 118, 131, 135
Bennigsen, Rudolf von 19
Bensemann, Walther 28
Bergmann, Gerd 264
Bergmann, Gretel 87
Berkmann, Adolf Ernst Theodor 47
Bessel, Friedrich Wilhelm 34
Bhakdi, Sucharit 67
Bialkowski, Käte geb. Bauer 101
Bialkowski, Wladislaw 101
Bielefeld, Adolf 14

Biel, Georg von, auch Biehl 43
Biermann, Wolf 267
Billet, Paul 23, 33
Bismarck, Otto 86
Bismarck, Otto von 48, 69
Blask, Falk 206
Błaszczak, Mariusz 238
Blum, Robert 47
Bock, Jochen 264
Börne, Ludwig 60
Brakebusch, Gabriele 192
Brandt, Willy 63, 69, 76, 82
Branecki, Andrzej 184
Brauchitsch, Walther von 118
Braun, Albert 19
Bruckner, Friedrich Conrad 44
Brydak, Lech 179
Bubis, Ignatz 82
Budziejewski, Jan 183
Bumb, Philipp Peter 44
Bürckel, Josef 60
Buselmeier, Michael 80
Bütikofer, Reinhard 77

Cäcilia Auguste, Prinzessin von Baden, später auch Großfürstin von Russland 21
Canaris, Wilhelm 118
Candan, Can 209
Caroli, Michael 179
Carstens, Karl 63
Cernyak Spatz, Susan 81
Charrin, Anne 163
Charrin, Philibert 163
Churchill, Winston 122 f.
Çil, Nevim 209
Clemens, Gabriele 7
Cooper, Gary (eigtl. Frank James) 233
Corbach, Dieter 160
Corbach, Irene 160
Cornelius, Ludwig 102

Crispien, Artur 72
Culmann, August Ferdinand 47
Cuno, Wilhelm 72
Czuj, Jerzy 177

Dacqué, Ludwig 43 f.
Dagenbach, Klaus 179
Dahmen, Leopold 145, 155
dall'Armi, Max Isidor 44
Dankert, Piet 63
Deidesheimer, Friedrich 44, 48
Demnig, Gunter 162
Devrient, Eduard 16
Diem, Carl 87
Dohnanyi, Klaus von 119
Dortu, Maximilian 220
Dosenbach, August 24, 36
Dovifat, Emil 57
Drais, Freiherr Karl Friedrich Sauerbronn von 16 f., 23
Dreyer, Malu 66
Duda, Andrzej 253
Duda, Piotr 252 f.
Dulkiewicz, Aleksandra 253, 255
Dziggel, Bettina 207, 212

Ebert, Friedrich 8, 69 f.
Ebert, Karl 71 f.
Ebert, Katharina 71
Ebert, Louise 73
Eberts, Friedrich 72
Eckart, Dietrich 33
Effner, Bettina 213
Elser, Georg 134
Elser, Johann Georg 125
Emmerich, Helmut 264
Engler, Carl 17
Erberich, Hans 145
Eymann, Peter 47

Fanz, Norbert 179
Felder, Josef 82
Fieser, Emil 19
Finck, Albert 60
Finter, Julius 36
Fischer, Helene 96
Foerster, Cornelia 64
Förster, Wieland 226

Francois, Etienne 88
Frank, Anne 82
Frank, Karl 22
Frank, Ludwig 19
Frank, Reinhold 24 f., 36
Freisler, Roland 82
Frey, Georg 42, 44
Frey, Ludwig 44
Frey, Theodor 48
Friedrich Wilhelm, König von Preußen 220
Friedrich (Wilhelm Ludwig), Großherzog von Baden 19
Fritsch, Werner Freiherr von 118, 130
Frommel, Emil Wilhelm 15, 23
Fromm, Friedrich 118, 129 f., 134
Fuchs, Gottfried 27

Gansert, Daniele 67
Gauck, Joachim 82
Gehm, Ludwig 82
Geiß, Anton 19
Gelbert, Johann Peter 47
Gerwarth, Robert 85
Geßler, Otto 118
Glazar, Richard 182
Goebbels, Joseph 89, 91, 205
Goethe, Johann Wolfgang von 21
Göring, Hermann 23 f., 33, 205
Grass, Günter 82
Grodzki, Tomasz 253
Grohé-Henrich, Georg Friedrich 44
Grohé, Ludwig 42 f.
Grönemeyer, Herbert 96
Grütters, Monika 65, 192

Haeften, Werner von 131
Haitzinger, Amalie 19
Haitzinger, Anton 19
Hammerstein-Equord, Kurt Freiherr von 118
Hammerstein-Equord, Kurt von 130
Händel, Georg Friedrich 91
Haseloff, Rainer 192
Häußner, Josef 14
Hebel, Johann Peter 14 f.
Hecht, Casimir 43
Hecker, Friedrich 34
Heid, Tatjana 78
Heine, Heinrich 60

Heinemann, Gustav 67, 74
Hepp, Philipp 44, 47
Hepp, Philipp Johann Adam 47
Hermann, Winfried 78
Hertle, Hans-Hermann 226
Herwegh, Georg 34
Herzberg, Theodor 263
Herzog, Roman 82
Heurich, Fridolin 36
Heuss, Theodor 60, 69, 139
Heuß, Theodor 57
Himmler, Heinrich 205
Hindenburg, Paul von 21–23, 55
Hirsch, Julius 27
Hitler, Adolf 33, 84, 87, 90, 94, 118, 126, 129 f., 135, 139, 205, 261, 264
Hoch, Hans Peter 119
Hofer, Carl 25
Holl, Kurt 144
Höpker Aschoff, Hermann 38
Horning, Conrad 43
Hörsing, Otto 55
Hoss, Christiane 153
Huber, Gernot 144
Huiskes, Manfred 149
Hummel, Hermann 54

Itzstein, Adam von 46
Izabiliza, Diane 209

Jäger, Adolf Friedrich 24
Jakobs, Jann 227
Jarre, Jean-Michel 244
Jaruzelski, Wojciech 249
Johannes Paul II Papst 250, 253
Jones, Mark 84
Jung, Anna 51
Jung-Stilling, Johann Heinrich 15
Jung, Werner 168

Kaczmarski, Jacek 244
Kaczyński, Jarosław 234, 237, 244
Kaczyński, Lech 237
Kalliwoda, Johann Wenzel 16, 23
Karim, Imrad 66
Karl (Friedrich), Großherzog von Baden 19
Kentenich, Josef 86
Kermann, Joachim 64

Kessler, Albert 36
Kier, Hiltrud 144
Kirsch, Heinrich 176
Kiszczak, Czesław 237
Klein, Johann Heinrich senior 43
Klopstock, Friedrich Georg 15
Klotz, Günther 22, 25
Koch-Weser, Erich 55
Köhler, Heinrich 27
Köhler, Horst 82
Köhler, Walter 33
Kohlhepp, Johann Philipp Michael 47
Kolb, Georg Friedrich 47, 50
Kołodziejski, Konrad 239
Komorowski, Bronisław 245
Koppenhöfer, Peter 177–179
Köth, Erika 30
Krall, Markus 66
Krause, Axel 67
Krauss, Stefan 199
Krier, Vincent 180
Kröber, Fritz 33
Küblböck, Daniel 86
Kühn, Adolf 18
Kühn, Heinz 76
Kühn, Siegfried 36
Kurz, Peter 187

Lafontaine, Oskar 64, 82
Lamey, August 15
Lammert, Norbert 65
Lasalle, Ferdinand 19
Lauré al-Samarai, Nicola 209
Lembert, Abraham 42, 44
Lembert, Gustav 43
Lembert, Rosa 43
Lemmer, Ernst 54, 62
Lengsfeld, Vera 66 f.
Liebermann, Peter 153
Liebmann, Curt 129
Liesenberg, Tilly 55
Lindenberg, Udo 96
Lischka, Kurt 143
Litfin, Günter 203, 217
Louis, Spyridon 91
Lübke, Heinrich 74
Lüderitz, Adolf 34
Lüders, Marie-Elisabeth 54

Luise, Großherzogin von Baden (später Königin Viktoria von Schweden) 19
Lutz, Thomas 187

Madonna(eigentlich Madonna Louise Ciccone) 96
Maedge, Sammy 143
Maier, Reinhold 58
Majewski, Edward 183
Mandelstam, Ossip 81
Mann, Heinrich 81
Marchand, Carlotta 81
Marchewka, Marian 179
Marg, Volkwin 94
Marie Alexandra (Thyra Viktoria Luise Carola Hilda), Prinzessin von Baden 21
Marie Maximilianowa, Prinzessin Romanoski 21
Marie, von Bayern 46
Marum, Ludwig 24, 36, 54, 117
Marx, Karl 19
Marx, Wilhelm 55
Masire, Quett 82
Matheis, Maria 19
Mattil, Christian 43
Matzerath, Horst 153
Mau, Steffen 202, 235
Max(imilian Joseph, Herzog von Bayern 46
Mazowiecki, Tadeusz 250, 253
Metternich, Klemens Wenzel Lothar von 52
Metzner, Karl 264
Meuthen, Jörg 66
Mielke, Erich 267
Mocznay, Hans 66
Möhl, Valentin 46
Moltke, Helmuth James Graf von 38
Mombert, Alfred 25
Morawiecki, Mateusz 253
Mühlhausen, Walter 81
Müller, Adam 47
Müller, Franz Josef 82
Müller, Karl Alexander von 57
Müller, Mathäus Joseph 44
Müller, Richard 55
Müller, Wilhelm Jeremias 18
Müller-Würtz, Herman 38
Münch, Paul 51
Müntefering, Franz 82

Napoleon Bonaparte 19
Nau, Alfred 73
Naumann, Friedrich 34
Nerke, Joachim 264
Nimis, Rainer 77
Nolde, Emil 30
Nooke, Maria 204
Noske, Gustav 118

Olbricht, Eva 118
Olbricht, Friedrich 117 f., 129 f.
Otte, Max 66
Otterstaetter, Melchior 43
Oven, Margarethe von 130
Owens, Jesse 87

Peters, Carl 34
Pflimlin, Pierre 63
Piesche, Peggy 209
Pistor, Daniel 48
Poppe, Ulrike 225

Quirnheim, Albrecht Ritter Mertz von 117, 129 f.

Ratzel, Friedrich 18
Rau, Johannes 82
Rauscher, Ute 213
Reagan, Ronald 64
Redslob, Edwin 119
Redtenbacher, Ferdinand 16 f.
Reil, Alma 39
Reinhard, Sophie 104
Reiss, Karina 67
Remarque, Erich Maria 81
Renger, Annemarie 82
Reusch, Erich 119
Reuter, Ernst 119, 123
Richter, Eugen 19, 34
Rieber, Angelika 205
Riedinger, Berthold 24
Riefenstahl, Leni 87
Röder, Karl 52
Röhm, Ernst 118
Römhildt, Adolf 14
Rommee, Ina 199
Roth, Michael 65
Roth, Robert 33

Rudolph, Johannes 261
Rüegg, Michèle 94
Sabrow, Martin 200

Sack, Erwin 39
Sander, Georg Adolf 46
Sarrazin, Thilo 66
Schalamow, Warlam 81
Scharpff, August Christian 47
Scharpff, Karl 47
Scheel, Walter 63
Scheffel, Josef Viktor von 15
Scheibe, Richard 119
Schenkendorf, Max von 15
Schiff, Alfred 87
Schimpf, Christian Adam 43
Schlabrendorff, Fabian von 123
Schlageter, Albert Leo 19, 23, 33
Schloss, Otto 160
Schmid, Carlo 61 f.
Schmidt, Helmut 69
Schmidt, Joseph 81
Schmitt, Johannes 71
Schmitz, Karl-Heinz 155
Schnetzler, Karl 14, 22
Scholze, Thomas 206
Schönenberg, Erna 160
Schönenberg, Max 160
Schöpf, Melitta 21
Schopmann (auch Schoppmann), Johann Jakob 42, 44
Schopmann, Franz Heinrich (auch Schoppmann) 42
Schröder, Gerhard 78, 82
Schubert, Mike 224
Schuhmacher, Kurt 34
Schulenburg, Ehrengard Gräfin von der 130
Schüler, Friedrich 47 f.
Schulz, Albrecht 264
Schulze, Hagen 88
Schulz, Martin 65
Schurz, Carl 34
Schwartz, Simon 257
Seeckt, Hans von 118
Seelenbinder, Werner 221
Sellin, Jarosław 252
Semprún, Jorge 82
Siebenpfeiffer, Philipp Jakob 44

Silberstein, Max 22
Slabon, Günter 179
Soell, Hartmut 76
Sollmann, Wilhelm 55
Sommer, Lina 19
Sophie, Großherzogin von Baden 19
Späth, Lothar 76
Speer, Albert 90
Stammberger, Georg Friedrich 48
Starbatty, Joachim 66
Stauffenberg, Claus Schenk Graf von 12, 117 f., 125, 129 f., 134 f.
Steegmann, Robert 186
Steinbach, Peter 119
Steinmeier, Frank-Walter 85
Stockinger, Georg Jakob 47
Storm, Theodor 220
Stötzer, Gabriele 267 f.
Strauß, Richard 91
Ströbele, Hans-Christian 77 f.
Struve, Gustav 34
Stündt, Otto 56
Sturm, Walter 264
Süßmuth, Rita 82
Szarek, Jarosław 238
Szobski, Eugeniusz 183

Thierse, Wolfgang 82
Thoma, Hans 18
Tirpitz, Alfred von 118
Tischleder, Goswin 43
Töpper, Friedrich 36
Toscano, Luigi 187
Treitschke, Heinrich von 34
Tresckow, Erika von 130
Tresckow, Henning von 123, 131
Tschäpe, Rudolf 226
Tusk, Donald 234, 242 f., 246, 253, 255
Tyradellis, Daniel 271

Uhse, Beate 86
Ungers, Simon 165
Unruh, Fritz von 55
Urbański, Bolesław 184, 187

Valentin, Veit 57
Vierordt, Heinrich 14, 23, 39 f.
Vogel, Bernhard 63

Vogel, Hans-Jochen 82
Voit, August 47
Vorholz, Christoph 18

Wacker, Theodor 19
Wagner, Richard 18
Wagner, Robert 24, 34
Wałęsa, Lech 234, 238, 244, 250, 253
Weidt, Otto 115, 120
Weil, Stephan 192
Weiss, Christoph 48
Weizsäcker, Richard von 64, 75, 78, 82, 119
Wels, Otto 72
Weltz-Rombach, Alexandra 211
Widder, Gerhard 179
Wierling, Dorothee 205
Wilhelm (Ludwig August), Prinz von Baden 21
Wimmer, Willy 66
Windhorst, Ludwig 34
Winter, Georg Ludwig 15
Wirth, Johann Georg August 44, 50
Wirth, Joseph 57
Wiśniewski, Mieczysław 175, 182
Wißmann, Hermann von 34
Witter, Eduard 48
Wojciewski, Jerzy 183 f.
Wójcikowski, Rafał 240
Wulff, Christian 122

Yılmaz-Günay, Koray 211 f.

Zeuner, Heinrich 71
Ziegler, Johann 111
Zinkgraff, Philipp 42
Zundel, Reinhold 77

Ortsregister

Aachen 146
Arnstadt 264
Auschwitz 28, 81, 163, 171, 205

Bad Arolsen 12, 100
Bad Boll 185
Bad Dürkheim 64
Baltmannsweiler 119
Bayreuth 18
Berlin 10, 65, 70–72, 81, 87, 91, 94, 96, 115, 119 f., 123, 130, 137 f., 183, 199 f., 203, 205–207, 209, 213, 215, 217, 220, 233, 246, 256, 265, 269
Bitburg 64
Bonn 9, 60, 73, 76, 146
Bremen 70
Breslau (Wrocław) 241–243
Buchenwald (Konzentrationslager, Gedenkstätte) *siehe* Weimar

Dachau (München) 7, 100, 102 f., 112, 175, 179, 182 f.
Danzig (Gdańsk), Polen 10, 233, 236, 239, 242–244, 246, 249, 251–254
Daxlanden (Karlsruhe-) 34
Den Haag 82
Dresden 267
Durlach (Karlsruhe-) 27, 30, 33

Edenkoben 47
Erfurt 11, 257 f., 260, 262–265, 267–269
Frankfurt am Main 47, 65, 71, 183
Freiburg i. Br. 34
Fuhlsbüttel (Hamburg-) 82
Fürth 27

Gotha 264
Gräfentonna 264
Gurs 23

Haardt 44
Hambach 7, 41 f., 44 f., 47 f., 50–52, 55, 57 f., 62, 64
Hamburg 78
Handschuhsheim (Heidelberg-) 71
Hannover 21
Heidelberg 9, 69 f., 76, 81, 181
Hessental (Schwäbisch Hall-) 185
Hinzert 180
Hoechst (Frankfurt-) 100

Hohenschönhausen (Berlin-) 265
Hötensleben 190, 192, 195

Ichtershausen 264

Jalta 238
Jena 70

Kaiserslautern 46
Karlsruhe 8, 13–15, 17, 20–24, 26, 28, 30, 33, 37–40
Kirchheim 46
Knielingen (Karlsruhe-) 34
Kochendorf (Bad Friedrichshall-) 183, 185
Köln 9, 141 f., 145–147, 149, 152 f., 155 f., 159 f., 162–164, 166 f., 170, 172 f.
Krakau (Krakov) 243
Kreuzberg (Berlin-) 211, 215

Lebach 213
Leipzig 51, 267, 269
Litzmannstadt (Landkreis, heute Lodz) 161, 171
Lodz 101
Lörrach 65

Magdalenka 237
Magdeburg 21
Mainz 64 f., 260
Mannheim 9, 25, 27, 42, 46, 101 f., 105, 111, 175 f., 178–181, 183, 185, 188
Marienborn (Sommersdorf-) 11, 189 f., 192, 195, 198
Marienfelde (Berlin-) 11, 199, 203 f., 215
Melchiorshausen 72
Minsk 161
München 7, 57, 82, 145
Müngersdorf (Köln-) 165
Mußbach 43, 46
Mutterstadt 43

Natzweiler (Natzwiller), Frankreich 9, 111, 175, 183–186
Neckarelz (Mosbach-) 185

Neuengamme (Hamburg-) 112
Neukölln (Berlin-) 206
Neustadt an der Weinstraße 10, 42–44, 47, 50, 54–56, 64, 66
Nordhausen 261
Nürnberg 90, 205

Oberhambach 62
Offenburg 65

Palmbach (Karlsruhe-) 39
Paris 186
Pforzheim 74
Potsdam 11, 219 f., 222, 224, 226 f.
Pruszków 184

Rastatt 65, 186
Ravensbrück, (KZ-Gedenkstätte), heute Fürstenberg/Havel 81
Rhöndorf 76
Rostock 269

Sandhofen (Mannheim-) 9, 106, 176–179, 182
Sobibór, (Vernichtungslager), Sobibór (Polen) 82
Sondershausen 261
Speyer 82
Stalingrad (heute Wolgograd) 205
Suhl 269

Theresienstadt, (KZ), Teresín 81, 161
Tonna 269
Treblinka 182
Treptow (Berlin-) 206

Ulm 82, 185
Unterriexingen (Markgröningen-) 183

Vaihingen/Enz 182 f., 185

Warschau 179, 183, 187
Weimar 7 f., 82, 85, 96, 101, 103, 183, 265
Wien 81
Winzingen 43